U0149290

新聞編輯實務

—— 標題之製作與比較

張 岳 山 著

文史哲出版社印行

國家圖書館出版品預行編目資料

新聞編輯實務：標題之製作與比較 / 張岳山
著, --初版 -- 臺北市：文史哲,民 101.09
頁; 公分
ISBN 978-986-314-019-1（平裝）

1. 新聞編輯

893.4   101002959

新聞編輯實務
—— 標題之製作與比較

著　　者：張　　　　岳　　　　山
出 版 者：文　史　哲　出　版　社
http://www.lapen.com.tw
e-mail：lapen@ms74.hinet.net
登記證字號：行政院新聞局版臺業字五三三七號
發 行 人：彭　　　　正　　　　雄
發 行 所：文　史　哲　出　版　社
印 刷 者：文　史　哲　出　版　社
臺北市羅斯福路一段七十二巷四號
郵政劃撥帳號：一六一八〇一七五
電話 886-2-23511028 ‧ 傳真 886-2-23965656

定價新臺幣六八〇元

中華民國一百零一年（2012）二月初版
中華民國一百零一年（2012）九月修訂再版
中華民國一百零三年（2014）九月修訂再版二刷

ISBN 978-986-314-019-1   52202

新聞編輯實務

——標題之製作與比較

目　次

靈魂的試煉場

——新聞編輯工作的挑戰

石永貴

　　春節期間，接到台灣新生報往日同事張岳山先生自台中打來電話，喜知他的大作新聞編輯實務一書，即將問世，並希望我能提供一篇序文。這是新聞學術界春雷第一聲，聞之甚為欣喜。隔日，他的大作校稿即由快遞送來。連夜拜讀，為之感動不已，岳山真是有心人。

　　岳山畢業於中國文化大學新聞所，得碩士學位。服務新聞界二十三年，橫跨編採兩部。最為一般新聞人鮮有經歷的，曾在不同背景報社工作，其中包括：大華晚報、自立晚報、台灣新生報及中國時報。從記者、編輯做起，做到採訪主任、副總編輯，垂二十三年，現仍在他的母校教授編輯學。

　　累積數十年接受新聞教育及工作新聞界的經驗，他深知編輯工作的難為，要想出頭天比登天還難，不知多少青年埋藏青春深谷，作者有感於此，乃發憤埋首二年的時間，完成新聞編輯實務一書，以貢獻於正在新聞編輯工作崗位者以及有志於此道的學子。「為何而寫」？他自謙：「乃因作者過去的學習經驗所促成的，不希望初學者再重蹈覆轍」，「能使本書成為一本真正易讀易懂的好書。」

　　讀岳山的大作，使我想起對執世界報業牛耳的紐約時報有一句刻骨銘心的一句話：「編輯部是靈魂的試煉場」。

　　「靈魂的試煉場」，聽起來令人心驚肉跳，無數人成為試煉

場的殘渣，只有少數人千錘百鍊成金。

一個編輯部如何運作？「為什麼有人飛黃騰達，有人卻因失敗受挫而黯然離職？」紐約時報只是一個典型，世界上無數稱得上報紙稱得上編輯部的，也莫不如此！

艾德文・戴蒙在紐約時報一書中，很清楚明白地道出紐約時報以編輯掛帥的報紙經營精神：「新進人員年輕進取可塑性高，很快就學會編輯檯想要什麼。他們透過報社的獎懲模式，知道好的報人應具備何種價值觀。」

紐約時報所以是紐約時報，它有自己一套恆久不變的編輯準則，就是編輯的聖經，厚達二百三十頁的「紐約時報編採體例手冊」，編輯同仁「必須念茲在茲，緊記時報的目標和決策等事項」。

我們台灣報業，也有類似作法，如過去的中央日報、聯合報就有編採手冊，作為新聞編採的規範。

新聞編輯，成為「學問」，乃源於近代新聞高等教育學術的建立，新聞課程的開設，而有著書立說的教授學者，以美國米蘇里新聞學院作為典範，就有編輯學與編輯實習，新聞研究所則有當代編輯問題課程。

薛心鎔先生，曾連續在國內青島及台灣台北大報，擔任總編輯二十二年之久，並在台灣國立政治大學新聞學系教授新聞編輯課程，他的編輯台上大著，是極具典範之作。在他翻譯有關現代新聞編輯學一書中，有這麼二句評論的話：「優越的編輯工作，有賴於優越的判斷力的運用。」「新聞編輯之道涉及自由裁量」，換句話說，就是「會諸一心」，範圍深廣，複雜萬端，自不限於文字的運用而已，但是要「作正確的決定」，一言道破新聞編輯的全部學問。

　　春節期間的台北市夜空，鞭炮齊鳴，響徹雲霄，萬里通明，煙火爭艷，此起彼落，蔚為奇觀。屋內燈下拜讀岳山大作，字裡行間，蘊藏著作者啟迪後進，期待來者的熊熊火燄。這使我想到吾師謝然之先生，也是台灣各大專院校新聞科系創辦人，包括今天文大新聞傳播教育的輝煌成就，在謝師半世紀前為美國佛羅里達大學新聞學系主任瓊斯原著，陸崇仁先生譯的現代新聞記者手冊所寫的序文中，有這樣的評語：「本書的內容，優點甚多；而其中最大的特色，是語無空泛，對編採方面所提出的原理與法則，都是從各報社、通訊社多年實際工作經驗中歸納提鍊而來。讀者若能取精用宏，細心體會，當可領悟作者的苦心。」

　　以至尊先師的評語，移作啟迪岳山後進與他的大作新聞編輯實務，有心的讀者們，讀後當會允稱適當。

　　　　　　　　　　　　　　　　　　二〇一二年初春台北

莊　序

莊伯仲

　　長久以來，在新聞系的課程中，採訪課總是比編輯課受到重視，同學也都偏愛當記者，因為在鏡頭前可以顯現自己的自信，在報紙上可以展示自己的文筆，而當編輯者，總默默在幕後扮演無名的推手，不似記者風光，也因此它的重要性就受到漠視，但當我看了張老師這本著作後，驚覺編輯的學問竟然這麼多，重要性竟然這麼強，心中對編輯的欽佩，油然而生！

　　有關新聞編輯的著作，前輩、先進們早年多有鉅作問世，可惜多偏重理論、規範、道德等較抽象概念，讀者很難有清晰的印象長留心中，尤其有關新聞標題的部分，僅有小小篇幅點到為止，遑論實際運用，張老師積二、三十年的編採經驗，耗費兩年多蒐集案例，從最基本的主題、引題、副題到修辭學的應用，條理分明、闡釋透澈，十六章節概括了所有製作標題的原則，最難得的是把各報同一則新聞的標題拿來比較，加深讀者的印象，尤其口語化的說明，讓人看起來毫不費力，翻閱坊間同類書籍，實在很難找到相似著作。

　　本書聚焦於新聞標題的製作，但是編輯的工作，還包括稿件審核、版面規劃，尤其是前者，如何刪除不當內容（例如最受人詬病的殺人、自殺工具、方法，該如何處理才能兼顧社會道德與媒體實際運作）、如何補充及調整文稿內容、次序……等，都是非常實用的，希望岳山兄再花一些工夫寫作，有所增補，相信這會是台灣傳播學界與業界所共同期盼的。

我爲何要寫這一本書？

－自序－

「做這樣的題，還敢來當編輯！？」這是大華晚報總編輯段守愚看到不當標題時的嚴厲指責，雖然已事隔近卅年，段總也已作古多年，這些教誨仍在耳邊迴盪，久久不能自已，回想當年編輯同仁聽到這句訓斥時的那種尷尬，如今回味起來，反而甘甜無比，人生幾何？何其有幸能遇如此嚴師教誨！

民國六十七年，筆者以一個非新聞科系畢業的小伙子，勇闖新聞界，曾經「傷痕累累」，最糗的是，一個不當的標題被台灣新生報總編輯徐昶收錄在其所著的「新聞編輯學」一書內，現在每次看到這個標題，總汗顏不已，筆者之所以不遮前醜自我揭露，無非是深刻體會「知錯能改，善莫大焉」的古訓，願與年輕一輩的學子及新聞界同業共勉之。

在新聞界服務廿三年，筆者在台灣新生報橫跨編、採兩部門，深切瞭解編、採「唇齒相依」的關係，也因此比其他只在單一部門工作的同仁，更加體會「守門人」的責任。當時台灣新生報是一家公營媒體，尺寸的拿捏比一般民營報紙更嚴苛，撰稿的角度與標題的走向，不同於民營報紙，稍有差錯，不只自己「受傷」，也連累長官，這種事件屢見不鮮，是一種無奈，也是一種訓練。

筆者也曾在中國時報服務過，對編輯前輩字字斟酌、句句推敲，經過層層關卡，才能磨成一個漂亮標題的敬業態度，欽佩不

已；筆者在大華晚報最大的收穫是紮實基本功夫，段總不放過每一位編輯的大小標題，一定親自修改，遇有不當標題，自己重做一個，等報紙印出來，把新舊標題一起比較研究，每週一次交同仁、長官傳閱簽名，以期下次能精確下標，不知改進者是無法勝任的，能過關的也練就一身好功夫；自立晚報當年號稱是「黨外」報紙，報紙走向迥異公營報紙，筆者既在公營報紙服務，又同時在自立晚報當編輯，在當時的時空環境，簡直是「異數」，常常同一則新聞，在兩報分別標示不同的標題，功力受到相當地考驗。

筆者自認是資質駑鈍，但工作認真的新聞從業人員，幸有以上四家不同性質報紙的磨練，少有人相似，在離開媒體 10 年之後，閱報時常發現年輕一輩又犯相同的錯誤，與其嘆息扼腕，不如振筆疾書，留作經驗傳承。

有關編輯之著作，新聞界前輩、先進多有所著墨，唯多偏重理論，少見實務，且年代已久，大多與目前實務脫節，本書多所引用這些書中理論，再搭配最新的實務內容，期盼兩者相輔相成，有益莘莘學子之學習。

為找出實際案例，筆者從民國98年10月1日起努力翻閱各大主要報紙，每天耗費三、四小時細讀，遇有佳作，不禁心喜，碰到瑕疵之題，難免頹喪，過程中特別著重同一則新聞之比較，藉以說明標題之當與不當，加深讀者印象，這是本書最大的特色。每則新聞附上出處，包括何報？何日見報？刊在何版？以便查考。

本書所舉出之案例，均是自然挑選，並未偏重那家媒體、那類新聞、那些版面，好的標題，自然予以讚賞，有缺失的作品，不免予以指正，純就事論事，毫無偏見，遇到一些不佳寫作或不

當報導，姑隱記者姓名，加以保護；更重要的是，為了避免「二次傳播」、「二次傷害」，將不當內容以「〇〇〇〇……」取代；為節省版面，也將一些較不重要的內文或標題予以省略，僅保留重要部分供參考。

的確，標題的製作沒有一定的標準答案，但是多年來，新聞界的前輩、先進已建立一套模式，並經過各報多年的洗煉與磨合，已成為媒體界公認遵循的規則，本書遵照這些規則，加上筆者多年教學經驗，以最淺顯的文字、最易瞭解的寫法來剖析標題的製作，不僅是一種學術研究，更考量其實用性。

筆者要再次強調，這是一本學習基礎編輯最實用的專書，寫法之異於其他同類書籍，在於每則案例說明中，將以往艱深難懂的理論、通則、規定、習慣，化作口語化文字，使讀者在無形之中潛移默化，得到正確理念，絲毫不覺得枯燥乏味，為何有這種改變？乃因筆者過去的學習經驗所促成的，不希望初學者再重蹈覆轍，也至盼這種改變能使這本著作成為一本真正易讀易懂的好書。

筆者之所以花費如此工夫，無非是希望為以下有志編輯工作者及同業提供最好的參考：

一、為學生而寫

不管是新聞、大眾傳播或是其他科系學生，在競爭激烈的職場裡，想要謀得一份穩定、單純工作，編輯就是一個很好的選擇，而報社或其他大眾傳播機構也都與編輯息息相關，只是用的多或少而已，沒有正確、熟練的編輯概念或實務，一時的處理不當，往往造成媒體重大傷害，這種事件屢見不鮮，熟讀本書可學得一技之長，無往不利。

二、為編輯而寫

　　既然身為編輯，當然要熟練各種理論與實務，但目前新聞或大眾傳播科系教學往往重採訪輕編輯，學生所學有限，不足以立即上場擔當大任，往往要經過一段時間養成，非本科系學生更是一張白紙，受訓時間更長，對報社或編輯都是一種浪費及負擔，熟讀本書可立即進入狀況，出類拔萃。

三、為記者而寫

　　記者所寫稿件一定要經過編輯的處理才能見報，如果對編輯作業全然不懂，稿件被刪改、被丟棄的機率就高了，反之，記者知道如何把重點凸顯出來，抓得住編輯需求，雙方配合必更加密切，熟讀本書可知個中竅門，如魚得水。

四、為校對或其他部門人員而寫

　　相對地，編輯比校對或其他部門的一些工作受到重視，有些同仁想轉行當編輯，往往不知如何下手，抽空到編輯台實習緩不濟急，天天接觸作業也未必就知道該如何着手，熟讀本書可快速入門，應用自如。

五、為編輯部主管而寫

　　編輯部許多主管都是記者出身，不了解編輯如何下標，但身為主管，總會對某些要強調的重點作一些修改，要改人標題，就要懂得製作原則與規範，否則改出來的標題不倫不類，又如何讓編輯接受，熟讀本書可事半功倍，讓人信服。

六、爲社會人士而寫

　　出版一份刊物在目前的社會是很常見的，沒學過編輯不知如何動手，委託他人又擔心不合己意，只有自己學會當一位編輯，才能稱心如意，熟讀本書可省錢省力，不必求人。

　　編輯是新聞見報的最後一道「守門人」，若不能善盡職責，讓錯誤與不當隨一份份報紙散布各處，比記者撰稿不當所造成的傷害更大，對讀者是不公平的，對媒體本身更是一種莫大的傷害，實在值得媒體人重視。

　　誠如徐昶總編輯所言「談論標題製作，只能淺涉一些原理原則以供參考，恐怕也沒人敢狂妄地要教人如何做出好標題」，筆者不揣淺陋，謹記長官、師父教誨，費時兩年完成本書，資料蒐集與比較撰寫，難免有所疏漏，深盼前輩、先進不吝指正，感激不盡。

　　本書出版首先要感謝前台灣新生報、中央日報社長、前台視、中視總經理石永貴先生及國民黨文傳會主委、前中國文化大學新聞系系主任莊伯仲教授作序，使本書生色不少，當年若無石社長提攜進入新聞界，就沒有本書問世，去年若無莊主任鼓勵，這本書就缺乏實際教學的考驗；也要感謝聯合報、中國時報、自由時報、蘋果日報、聯合晚報所刊登的新聞報導當做案例，若無這些案例，本書將無法達到「易讀易懂」的要求；此外，吳宜婷教授、林柏杉教授、夏士芬教授及蕭麗玉老師指正與協助，也功不可沒。其次，我要深深地感謝父親、母親、舅舅、舅媽、大弟、二弟、妹妹、堂妹麗華及內人、愛女多年來在精神上、經濟上的支持，這是我度過難關的最大支柱，能得到家人如此關愛，夫復何求；在我的人生旅途上，也幸有蘇玉珍社長、駱明哲總編

輯、萬礎總編輯、吳碧芳老師、彭素華老師、袁公瑜老師、高資
彬先生、羅弘鉦先生、簡正通先生、李月英小姐、吳玉珠小姐、
朱心應小姐、陳逸力先生等貴人相助，濃情厚意，不敢忘懷。最
後要感謝文史哲出版社負責人彭正雄先生的賞識、宋英小姐的推
薦及余澤儀、張雅筑同學的細心校對，讓本書順利付梓，謝謝您
們！

張岳山　謹識

民國101年2月

前　言

　　民國100年11月初，最高法院判決：A週刊必須為「過失」責任，在該刊及P報刊登道歉啟事。這是罕見的標題惹禍之處分，足見短短幾個字的標題，宛如一把利刃，殺傷力不容小覷！

　　98年1月間A週刊報導「L報陷入外交洗錢醜聞」，並於P報刊登該期廣告，但L報認為嚴重損害該報信譽，經民調公司作企業形象調查，有五成二受訪者看完雜誌封面，認為L報涉及洗錢，L報向法院提告，A週刊反駁指報導是否有侵害L報的名譽權，應遍閱全篇報導綜合判斷，不能單憑標題，而且標題僅客觀表示，L報有掉入或被捲入外交洗錢醜聞的情事，未指L報就是洗錢案當事人，一、二審均認定A週刊的報導內容，僅單純記載L報收取入聯公投活動的廣告費用，並無L報任何人涉入洗錢犯罪行為，A週刊及社長須負過失責任，三審維持二審判決（聯合報/100/11/5 A11）。

　　由該案判決足見內容未有不當報導，標題誇大渲染，仍有觸法的可能，編輯下的一字一句都像一把把利刃，處理不當，就硬生生地砍在當事人的身上，使其名譽受損，不可不慎！

　　標題有這種負面功能，但也有正向的效益，新聞界前輩、先進都有闡釋，如徐昶在「新聞編輯學」中指出，標題功能有：㈠索引、㈡說明內容：①表現新聞內容重要性②表現新聞的嚴肅性與趣味性③表現整個版面的美貌④表現報紙的個性；荊溪人則認為標題的功能有：一、明示內容，二、便於閱讀，三、引起興趣，四、表現風格，五、美化版面（新聞編輯學/荊溪人/P.171,172,173），由

此可見，標題是一把砍人的利刃或一個便於閱讀的「索引」，端看編輯如何的運用，因此，要成為一位稱職編輯至少應具備以下條件：

一、要有悲天憫人、將心比心的胸懷
二、要有一顆細膩、敏銳的心
三、要有深厚的國學造詣，用字遣詞恰到好處
四、要能大公無私，不與人同流合污，不偏袒任何一方
五、要能增廣見聞，多閱覽相關報章、雜誌

編輯至少具備以上「五要」，所下的標題自然合乎最其本的要求，不會誇大事實，不會渲染內容，不會偏愛羶色腥……。

其實，一位好的編輯不僅要會下好的標題而已，也要懂得刪補文稿內容，對不當的報導，要勇敢刪除，對需要補充的內容，要會要求記者補充，更要懂得在一片字海中，整理出頭緒，然後規劃出一個既創新又條理分明的版面。

所以編輯至少要完成以下三項工作：一、製作標題，二、審核文稿，三、規劃版面，其中以製作標題最為重要，因為編輯所下的標題，一般只經核稿人員修改即排版，出錯的機率最大，編輯的責任相對加重；記者的文稿往往經過許多關卡審核，稿件到編輯手裏已修改得差不多，該補充的在採訪中心都應處理過了，該刪除的，也在過程中一一劃掉，按理說，不會出大錯，但是一些重大的不當出現在報紙上，卻是這樣逃過種種關卡，令人扼腕，可見編輯不能當一位稱職的最後「守門人」，也只能在第二天徒乎負負了，這也就是前輩告誡的「編輯要比記者強」的原因；版面的規劃，往往因為各報的要求而有所不同，初學編輯者只要略知基本原則即可。

標題的製作既是編輯最重要工作，自然所花費的學習工夫也

應最多，惟有事前的充分準備，才能從容應付各種挑戰，這就是本書問世的最大原因，希望標題能成為便利讀者閱讀又引起興趣的「索引」，不要再變成傷人的「利刃」。

第一章　新聞標題之主題

第一節　主題特性與結構

一、主題的特性

主題，顧名思義是這則新聞中最重要的內容，也是這則新聞稿中最吸引人的精華，讀者只要看到主題，雖未閱讀內文，已能了解文中所強調的重點。

在整則標題中，主題居於最顯著地位，所用的字號也是這個標題中最大的一號（新聞標題之研究/郭伯佾/P.120），副題及引題在標題中只扮演輔助角色，重要性比不上主題。

因此，主題要有以下六大特性：

一、主題要完整表達意思，不可令人一知半解

二、主題要精簡正確，不可令人曲解其意

三、主題要有實際主要內容，不可空洞無物

四、主題要點出最新內容，不可新瓶裝舊酒

五、主題要雙主詞分明，不可混淆不清

六、主題要用字遣詞通順、生動，不可受文稿牽絆

主題因為要具有以上六大特性，才能成為這則新聞稿的中流砥柱，才能扮演主角的角色，茲分析說明如下：

（一）主題要完整表達意思，不可令人一知半解

在討論主題特性之前，必須先搞懂一個標題兩、三行字中，到底哪一行才是主題？字體最大或一樣大的兩行就是主題，其餘大大小小的字體，不是引題就是副題（詳見主題的結構）。

既然最大的字體就是主題，那麼蓋住其他小字的副題、引題，只看這行主題時，主題就必須表達完整的意思，這是主題最重要的特性，茲舉案例說明如下：

■案例1-1-1，主題「中山獎學金的神秘任務」，副題「專心讀書　盡早回國」，「中山獎學金的神秘任務」未能表達一個完整的意思，看主題不知所云、語焉不詳，必須看副題才知是「專心讀書　盡早回國」，一個必須看副題才能明瞭主要內容的主題，就是一個不恰當的標題，此標題若能改為引題「專心讀書　盡早回國　學以致用　服務民眾」，主題「中山獎學金神秘任務不神秘」，就較恰當。

■案例 1-1-2，按字體的大小來看，引題「當中國統治世界」，主題「全球暢銷書」，「全球暢銷書」既然是主題，但不能表達完整的意思，就不是恰當的主題，此標題若改為「『當中國統治世界』　全球暢銷書之一」，兩行都是七個字，而且字體一樣大，同屬主題，就比較恰當。

案例1-1-1

中山獎學金的神秘任務　專心讀書 盡早回國

【記者楊湘鈞/台北報導】外傳國民黨中山獎學金得主出國留學，均肩負「特殊神秘任務」，昨天得主之一的師大大傳所教授胡幼偉「解密」，吐露十六字口訣，原來特殊神秘任務是「專心讀書、盡早回國、學以致用、服務民眾」。

國民黨今年恢復停辦十年的中

山獎學金，昨天邀請副主席詹春柏、政務委員薛承泰、台中縣副縣長張壯熙及胡幼偉四位中山獎學金

得主，分享經驗。

....

（聯合報 99/8/5 A4）

案例1-1-2

當中國統治世界
全球暢銷書

【記者林琮盛/台北報導】近一、兩年來，西方國家談論中國的書相當眾多，但賈克的「當中國統治世界」一推出，就受到西方媒體的重視。連大陸媒體也爭相討論「中國的朝貢體系」是否真的回潮。這股探索的風潮也吹進了台灣。

「當中國統治世界」由聯經出版社在台灣推出繁體字版。該書的英文版一出刊，立即吸引「新聞周刊」等全球極具權威的媒體聚焦評論，成為全球暢銷書之一。

....

....

（聯合報 99/5/17 A10）

　　■案例1-1-3，主題「兒童住院給付　健保明年起限縮」，副題「醫界反彈　憂重症病童成人球」，主題中的前一句六個字，後一句七個字，編輯為了讓這兩行字一樣大小，於是前一句變成大字，後一句字體變小一點，這樣的安排，完全疏忽了「最大字那一行」是主題的製作原則，此標題若改為主題「兒童住院給付限縮」，副題「健保明年起實施　醫界反彈　憂重症病童成人球」就好多了，不適合作兩行主題，就要改成一行主題，勉強為之，就易違反標題製作原則。

　　■案例1-1-4與案例1-1-3恰恰相反，不適合作一行主題，就要改成兩行主題，按標題製作原則，「網評美女實習生」字體較大應屬主題，但這行主題不能表達完整意思，不知所云，「名會計公司掀非議」八個字字體較小，應屬副題，兩行若從一主題一

副題來看，這個標題就不恰當，必須兩行同屬主題，才能完整表達其意，所以必須將副題改為「名會計公司遭議」，使其成為主題，兩行都有七個字，字體一樣大小，同屬主題，就符合標題製作原則。

案例1-1-3

兒童住院給付
健保明年起限縮
醫界反彈 憂重症病童成人球

【記者魏怡嘉/台北報導】健保財務吃緊，繼骨鬆藥之後，限縮之手也伸向兒童住院給付。健保局擬明年將兒童住院納入 DRG（住院診斷關聯群），即採定額方式給付，引起兒科醫界反彈，擔心因此迫使醫院選擇容易治療的病患，需要複雜治療的兒童可能成為醫院間的人球。

醫界人士認為，國內生育率已經很低，在政府宣導國人多多生育的同時，兒童醫療給付卻設下更多的限制，健保窮也不能窮孩子。

....
....
（自由時報 99/11/13 A11）

案例1-1-4

網評美女實習生
名會計公司掀非議

【編譯魏國金/綜合外電報導】這原本是男會計人員間的祕密玩笑，然而這封流傳在全球知名的 PwC 會計師事務所（PricewaterhouseCoopers）十七位男職員的「十大美女實習生」的電郵，因粗鄙的品評、不斷地轉寄，加上媒體的推波助瀾而弄得廣為人知，現在這些形同性騷擾同事的男職員將面臨懲處，而 PwC 則面臨極大的難堪。

....
....
（自由時報 99/11/13 A13）

（二）主題要精簡正確，不能令人曲解其意

主題要用最少的文字，表達最多的意思，當然用字要精簡，如果因為追求精簡而令人曲解其意就不是精簡主題的原意（詳見第七章），因為能夠正確表達主題的意思，比精簡還要重要，所以編輯下標題時，思慮要周密，要特別注意用字不謹慎所帶來的不當標題，茲舉以下案例說明：

■案例1-1-5，報導台北縣議員為播放熱比婭所拍的紀錄片，租借縣府會議室，縣府原本同意後又駁回，主題「場地租借　北縣不歡迎熱比婭？」，熱比婭的記錄片在高市播放，曾引起兩岸緊張，讀者曾有所聞，但並非所有讀者都知道，未看內文的讀者，對原題一定不知所云甚至曲解其意，以為熱比婭要來台北縣，況且「北縣」不等於「北縣府」，所以原題宜改為「北縣府不借場地　熱比婭紀錄片移地播放」。

■案例1-1-6，報導國立台灣師大附屬高中，無經費修繕校園建築物，傳在建設公司協助下，打算出租五分之一校地建大賣場，以換取教務基金，此案爭議很大，目前還未定案，主題「籌修繕費　師大附中割地建賣場」，主題中精簡了一個「擬」字，讓讀者以為已經成事實而曲解其意，如此精簡就是不恰當。

■案例1-1-7，報導陳水扁家族涉及洗錢案，是陳家在瑞士存錢的銀行報案，瑞士洗錢舉報中心調查後發現有嫌疑，才交瑞士司法部門偵辦，主題「扁涉洗錢案　歸功瑞士的銀行」，乍看之下，莫非瑞士的銀行，在陳水扁家族洗錢案中幫了大忙？從字面來看，的確如此，但事實上不是如此，標題精簡了幾句字，讓讀者曲解其意，若改為「扁涉洗錢曝光　歸功瑞士的銀行」，多一個字，就清楚多了。

案例1-1-5

場地租借　北縣不歡迎熱比婭？

【記者顏玉龍/北縣報導】民進黨籍台北縣議員為放映熱比婭紀錄片「愛的十個條件」，上月卅日以「選民服務」為由，向縣府租借會議室。縣府原本同意租借，事後獲悉是要播放熱比婭記錄片後急踩剎車，引發民進黨團不滿。

但縣府另協調新莊文化藝術中心提供場地。民進黨團最後決定轉移陣地，昨晚改在縣議會放映。

（中國時報 98/10/2 C2）

案例1-1-6

籌修繕費　師大附中割地建賣場

【記者曾薏蘋、林志成/台北報導】國立師大附中因無經費修繕校園建築物，傳出在樺福建設公司「協助」下，依促參法在師大附中校園內蓋大賣場。民進黨立委林淑芬踢爆，校方答應以 BOT 模式出租五分之一校地，租約長達五十年，及廠商提供一千五百萬元的獎學金。「師大附中有那麼窮嗎？需要割地換修繕？」

教育部長吳清基表示，師大附中這個案子在民國九十六年就開始討論，不過目前還未成案，教育部屆時會作必要的監督。吳清基表示，一旦讓師大附中將校地拿來和廠商合建商場，後續影響很大，需考慮其他學校跟進的話，怎麼處理。

（中國時報 99/5/28 A8）

案例1-1-7

扁涉洗錢案　歸功瑞士的銀行

【歐洲特派員陳玉慧/十一日電】瑞士洗錢舉報中心（MROS）發言人貝蒂告訴媒體，該中心在二○○八年間舉報陳水扁家族涉嫌洗錢，並非該中心懷疑陳水扁貪污，而是陳家在瑞士的銀行報案，該中心調查後發現有洗錢嫌疑，才交瑞士司法部門偵辦。

（聯合報 99/4/12 A7）

（三）主題要有實際主要內容，不可空洞無物

主題存在的目的就是要讓讀者一看之下，就知道主要內容為何，有沒有副題及引題輔助，都不會影響主題所要表達的意思，這樣的標示，才是成功的主題，反之，不看引題或副題，主題語焉不詳，就是有瑕疵的主題。

■案例 1-1-8，基隆市三位女童施打流感疫苗，第一季打國光，第二季打諾華，家長很擔心會不會有不良反應，主題「基市南榮國小3女童　家長很擔心」，光看這行主題，實在無法理解擔心的原因，讀者勢必先看引題「施打新流感疫苗　第一劑打國光　第二劑卻打諾華」才知道原因，所以主題沒有把「施打疫苗」這個重要內容標示出來，就顯得空洞了，其實主題中的「基市南榮國小」實無必要在主題顯現，因為它在本則新聞中非關鍵字眼，就算是地方版，也是一樣的，「女童」兩字足以表現這個主詞，所以站在精簡的觀點，應予以省略，而改以「3女童混打疫苗」替代，就顯得主題內容完整多了。至於引題「第一劑打國光　第…」，雖可以看做解釋主題「3女童混打疫苗　家長很擔心」這件事，但不標示出來也無傷大雅。

■案例1-1-9 Ａ 則，彰化縣長參加第八屆華人企業高峰會論壇，提出八大教育革新政策，主題「人才培育　彰化縣推8大政策」，8大政策為何？是一個空洞的內容，讀者必須看內文才知道具體內容為何，這種標示並不算錯誤，但沒有讓主題發揮應有「實際主要內容」的功能，應在八大政策中找出一個比較吸引人或重要的政策當主題內容，其他的政策以副題標示或省略即可，所以本題改為「彰縣革新教育　推動國中小免費營養午餐」，就比較具體。類似這種新聞常見，例如○大措施、○大目標、○大

指示…等數目式的內容，都不宜直接當主題的題材，編輯必須花些心思，從其中找出較具體內容來發揮。

但是，有些內容屬於「三大前提」、「十大保證」、「三種可能」……就與前所敘述有出入，後者所表達的內容屬「同等重要」，不能只抽出其中一個來標示，否則就屬偏袒某一項，所以「三大前提」……等字眼可以在主題中標出，如 B 則主題「洽簽和平協議　馬提十大保證」，至於保證的內容可以放在引題或副題中解釋。C 則雖是風花雪月的社會新聞，惟「三大可能」性質如同「十大保證」，可以在主題中標出，「三大可能」的內容放在引題或副題即可。

案例1-1-8

施打新流感疫苗　第 1 劑打國光　第 2 劑卻打諾華
基市南榮國小 3 女童　家長很擔心

【記者俞肇福/基隆報導】基隆市南榮國小上月 29 日接種新流感第 2 劑，驚傳 3 名小三女童接種諾華疫苗；記者向仁祥診所查證時，診所人員竟說，因為國光疫苗一打開就要打 40 人，諾華包裝比較小，只要打 10 人，就自行決定改打諾華。

目前學童都還好，只是家長十分擔心學童打了不同廠牌的疫苗會怎樣？迄今校方仍每天電話追蹤學童健康狀況。

（自由時報 99/1/12 B6）

案例1-1-9

A 則　　人才培育　彰化縣推 8 大政策

【記者鐘武達/彰化報導】第八屆華人企業高峰會論壇十九日在台北登場，專題探討「城市與人才共舞─看見共榮商機」，彰化縣長卓伯源受邀與談，提出彰化教育的創新以及人才培育等主張。

....
....
....

卓伯源表示，人才培育與教育息息相關，「窮不窮教育，苦不能苦孩子」，他特別提出推動百萬人口大縣的新創舉─國中小免費營養午餐及校園護眼計畫、校護充實及設置英語村等八大教育革新政策，強調投資教育就是投資未來。

....
（中國時報 99/10/20 C2）

B 則　　　　1 架構 2 前提 3 原則 4 確保
洽簽和平協議　馬提十大保證

【記者錢震宇、陳文星、林宛諭/彰化報導】……馬總統昨天前往咸安宮上香參拜，結束後在宮廟前表示，他把兩岸和平協議列入「黃金十年」的規畫中，可是有無機會簽、要怎麼簽，需要滿足許多

條件與前提，他把這些條件歸納成「十大保證」，就是「一個架構、兩個前提、三個原則、四個確保。」

....
（聯合報 100/10/25 A2）

C 則　　同業中傷？自爆炒新聞？前男友報復？
師生戀曝光　補教業說 3 種可能

【記者喻文玟、張明慧/台中報導】台中市副市長蕭家淇么子與劉毅補習班女主任相戀，在中部補教圈掀起話題………

補教業者昨透露，劉毅補習班名聲大，樹大招風，得知阮蕙穎和蕭家淇兒子「走得很近」，有同業故意爆料打擊名聲；也不排除劉毅

補習班「自爆」炒新聞。甚至傳出第三種說法，阮蕙穎和前男友分手，對方想挽回遭女方拒絕，才爆料這段「畸戀」。

....
....
（聯合報 100/11/5 B2）

　　■案例1-1-10，報導中華職棒廿一年球季賽首戰，陣容殘破的兄弟象以一比○完封陣容最整齊的統一獅，讓球迷大感意外，A則「中職開幕戰　象重新出發」，重新出發是啥意思？有很多解釋，是一個模模糊糊的字眼，從字面來看，完全無法顯現具體內容，只是一個空洞的動詞，讀者不看內文，只能從中意會，要用這些模糊字眼，必須有一些較具體內容輔助才行，例如本題改為「中職開幕戰　1：0擒獅　象重新出發」，語意就清楚多了。

　　B則的引題「意外完封獅」，主題「少了18球員　弱象氣不滅」，把象隊少了18個球員而實力變弱的關鍵原因標出，再用「弱象氣不滅」字眼，讓讀者更了解象隊的求勝決心，完全把象隊的志氣顯現出來，主題若改為「少了18球員　弱象完封獅」就更能表達完整意思，至於原引題可改為「人手短缺志氣不減」。

　　由於比賽內容較單純，場與場之間差異不大，體育新聞的標題，要吸引讀者注意，往往使用「懸疑式」標題（詳見第十六章第一節），編輯所使用的字詞「天馬行空」，有時誇大，有時渲染，無可厚非，但萬變不離其宗，就是要讓讀者在這些字眼中，能清楚實際主要內容，甚至不要產生誤解，所以還是要遵循標題製作原則，不可自創一格，自以為是，讓讀者不知所云。

　　C則的標題「只准自己放火　不准外人點燈」是由「只許州官放火　不准百姓點燈」所改變的，如同「重新出發」這類模糊字句，少用在標題上，因為這種成語式、俚語式的字句，幾乎可以套在任何性質相似的新聞中，編輯雖下標很快速，但讀者不看內文不能瞭解其中內容，失去標題的基本功能，屬於「萬年題」的一種。

案例1-1-10

A 則　　中職開幕戰　象重新出發

【記者張國欽/台北報導】在第五次假球案陰影下，中華職棒廿一年球季昨日在天母球場鳴鑼開打。比賽結果跌破眼鏡，陣容殘破、一度面臨瓦解的兄弟象隊，在三位洋投把關下，以一比○完封去

年剛完成「三連霸」、陣容最整齊的統一獅隊。可說是在「黑象事件」後，踏出重新出發的第一步。

....
....
（中國時報 99/3/21 A1）

B 則　意外完封獅少了 18 球員　弱象氣不滅

菜鳥上陣 頂替球員名不見經傳 振總嘆不成隊形
打心理戰 輸人不輸氣勢 三新秀敲出首安

....
....
（聯合報 99/3/21 A3）

C 則　　只准自己放火　不准外人點燈

【李文輝/台北報導】台灣人在大陸買店面，從限制買、隨便買、到不能買，主要是依據兩文件而來，大陸實施宏觀調控後，首次針對外資設定的調控管理意見，要求外資個人購房以「自住自用」為原則；外資企業購房以「商業存

在」為原則，落地註冊的企業才可購房，五年來房價依舊飆升，形成「只准自己放火，不准外人點燈」怪現象。

....
....
（中國時報 100/11/3 A13）

（四）主題要點出最新內容，不可新瓶裝舊酒

　　一則新聞發生，大部分都有後續發展，每個階段有其最新發展情況，都要以最新內容當主題，尤其是社會新聞，歷經檢警調查、檢方是否予以起訴、地院一審、高院二審、最高法院三審，甚至高院更一審、二審…七審、八審，往往有長達一、二十年不

能定案，都要有不同標示，以說明案情發展到那一階段（詳見第五章最新發展），所以「起訴」、「一審」、「二審」、「三審」、「更一審、二審…」這些字眼，都必須在主題中顯現，不可省略，雖然有人認為，如此標示太過枯燥乏味，但是若每一階段，都標案發時的相同標題，讀者一定搞不清楚到底是新案或舊案。

■案例1-1-11，報導一位男子抄下韓片中殺人手法砍殺父親一百一十一刀致死，板檢依殺人罪起訴，求處死刑，此新聞已發展到檢方起訴階段，標題理應標出「起訴」字眼，但主題「宅男被趕出家門　111刀弒父」還停留在案發調查第一階段，讀者會誤以為又發生類似命案，而且若每一階段都如此標示，豈不一個標題用到底，讀者非看內文不可，否則不知該案已發展到哪個階段，那就喪失主題應有的功能。

案例1-1-11

宅男被趕出家門　111 刀弒父

【記者何祥裕/台北縣報導】新莊市陳姓輕度智障男子因不事生產，被父親責備後懷恨在心，抄下韓片「○○」片中殺人手法對付父親，日前砍殺父親一百一十一刀致死，還揚言要殺其他家人，陳母痛心不已，向法官表示希望兒子判死刑，板檢昨依殺人罪起訴陳嫌，求處死刑。

....
....

（聯合報 99/12/07　A13）

■案例1-1-12，一位郵政人員利用下班時間到夜市擺攤賣郵票，每月業績20萬，意外成了超人氣攤位，A則是新聞第一次報導，主題「郵員夜市擺攤　每月郵票變20萬鈔票」，標示正確，後來立委建議行銷手法制度化，乘勝追擊，增加銷售據點，B則主題「夜市賣郵票　立委促制度化」也沒有不當之處，但C則是

刊在該新聞首次見諸報端之後第四天，也就是與 B 題見報同一天，主題「夜市賣郵票　每月業績20萬」，引題「立委批：不能光靠員工打游擊」，將「最新發展」的「立委批：…」作為引題，而把其他媒體已見報的舊聞「夜市賣郵票　每月業績20萬」當主題，顯然是「新瓶裝舊酒」（詳見第二章引題），此標題應將主題、引題對調，才是妥當的。

案例1-1-12

A 則　郵員夜市擺攤 每月郵票變 20 萬鈔票

【記者陳金聲/高雄報導】買郵票及郵冊不一定非得到郵局，夜市也買得到！高雄市六合夜市就有人擺攤賣郵票，結果引來一堆陸客搶購，每月營業額超過廿萬元。陸客最愛的郵票，包括鄧麗君及蔣氏父子紀念郵冊和台北花博紀念郵票。

．．．．．．．．．．．．．．．．．．．．．．．．．

（聯合報 99/12/3　A12）

B 則　有質疑　有支持
夜市賣郵票　立委促制度化

【記者沈育如/台北報導】高雄一名郵局專員下班後到六合夜市擺攤賣郵票，因台灣郵票印刷精美，深受陸客喜愛，意外成為夜市超人氣攤位。昨天立法院交通委員會審查中華郵政預算時，有立委建議應乘勝追擊，增加銷售據點。

民進黨立委郭玟成建議中華郵政，應將同樣的行銷方式，推廣到其他陸客常去的風景區。國民黨立委李鴻鈞更建議，如夜市賣郵票是項商機，那更應將行銷手法制度化，

．．．．．．．．．．．．．．．．．．．．．．．．．

．．．．．．．．．．．．．．．．．．．．．．．．．

（聯合報 99/12/7 A8）

C 則　立委批：不能光靠員工打游擊
夜市賣郵票　每月業績 20 萬

【記者黃如萍/台北報導】郵局員工夜市擺地攤賣郵票，一個月賣出二十萬元的好成績，立法院交通委員會昨日審查中華郵政公司預算，多位立委以此案例抨擊，郵政公司未拿出具體行銷策略，靠員工

打游擊，營運管理有待加強，對於
陸客匯集的風景區或夜市，可考慮
常設據點。

....
....
（中國時報 99/12/7 A8）

（五）主題要雙主詞分明，不可混淆不清

　　標題是一句、兩句或三句句子，為了簡化用字，常省略一些字眼，但精簡過度，往往造成語焉不詳、前後矛盾，這些缺點並不難預防，只要在做標題時，先要敲定以何者當主詞即可，兩個句子，若是同一主詞，當然另一主詞可省略，甚至兩個主詞都可省略，若是不同主詞，一個也不能省略，必須全部精簡化標出。

　　■案例1-1-13，主題「『后宮』佳人以身相許　半年被騙460萬」，從標題可以解讀出，這位酒店小姐，對某一客人以身相許，半年又被騙走460萬元，真是失財又失身，令人同情，但看了內文後，才發現不是這回事，而是這位酒店小姐對客人謊稱要贖身和他共同生活，前後詐騙460萬元，依這個標題標示結構，理應有兩個主詞，一個主詞是「后宮」佳人，一個主詞是經營園藝生意的被害人—老闆，省略了「老闆」這個主詞，就變成兩句子共同使用「后宮佳人」這個主詞，題意就完全扭曲，令讀者搞不懂誰騙誰，非要看內文才知真相，類似標題在目前報紙上常見，誠為一大遺憾，這個標題若將「半年被騙460萬」改為「半年騙走460萬」，就沒有語病，題意也清楚不易搞混了。

　　■案例1-1-14，「法官也偷　求刑10年」，看了這個標題，一定令人大吃一驚，難道法官也幹起小偷，而且被求刑10年？事實上完全不是這回事，而是一位小偷在法官家中行竊，連同其他竊案，一共被求刑10年，標題中將「竊嫌」這個主詞省略，「法官」就變成主詞，語意被曲解，自然就變成一條罕見的奇聞，這

個標題若改為「法官家也偷　求刑10年」，就不易被誤會了。

案例1-1-13

「后宮」佳人以身相許　半年被騙 460 萬

【記者蕭承訓/台北報導】檢警昨天破獲俗稱的剝皮酒店，一名經營園藝生意的被害人，在去年七月接獲叩客電話，被騙入后宮酒店內後，即遭小姐以家人生病、節數不足等種種理由借錢剝皮，最後小姐說要贖身和他共同生活，向他借二百萬元後，即失去蹤跡。

警方說，被害人在半年內，拿錢數十次給小姐，總共被騙四百六十萬元，卻沒和小姐發生過關係，氣得半死，才向警方報案。

....

（中國時報 99/1/21 A15）

案例1-1-14

法官也偷　求刑 10 年

【記者何祥裕/台北縣報導】開設水電行的男子楊凌翔利用工作時勘察地形，再找友人去行竊，五個月犯案十七件，偷過「江澤民」住家，取走「蔣中正字畫」，連裁定羈押陳水扁的高院法官宿舍也偷過，檢方昨天依加重竊盜罪嫌起訴四人，並對楊具體求刑十年、請求宣告四人強制工作。

....

....

（聯合報 99/4/21 A10）

■案例1-1-15，報導立委涂醒哲批評台灣以「中華台北」名義參加世界衛生大會，還要經過中國同意，形同四級觀察員，衛生署長楊志良重砲回批，引題「指台灣參加 WHA 須經大陸同意　形同四級觀察員」，主題「楊志良回批涂醒哲自我矮化」，這則標題中是誰「指台灣參加…」？當然是涂醒哲立委，但是依引題與主題的關係，一旦引題主詞省略，主題中的主詞「楊志良」，也是引題的主詞，如此認定，符合閱讀習慣，也符合引題省略主詞的結構，這麼說來，原標題顯然不恰當，楊志良「指台

灣…」，又「回批涂醒哲自我矮化」，前後矛盾，正確的標示應
為「立委指台灣…」，加上「立委」這個主詞，使引題的主詞與
主題的主詞分開來，讀者才不至於誤解，B 則是另一種標示方
法，由於使用「負面字句」（我矮化為第四級）加問號，也有不
當之處（詳見第九章第一節）。

案例1-1-15

A 則　指台灣參加 WHA 須經大陸同意　形同四級觀察員

楊志良回批涂醒哲自我矮化

【記者黃天如/台北報導】前任衛生署長、現任立委涂醒哲昨召開記者會，批評台灣以「中華台北」名義參加世界衛生大會（WHA），還要經過中國同意，形同「四級觀察員」。衛生署長楊志良重砲回批：「簡直就是胡說八道，觀察員哪有分類或分級，涂委員自我矮化說詞，讓國人不齒。」

………………………………………

………………………………………

（中國時報 99/5/26 A12）

B 則　WHA 我矮化為第四級？涂醒哲楊志良互槓

………………………………………

………………………………………

（自由時報 99/5/26 A5）

（六）主題要用字遣詞通順、生動，不可受文稿牽絆

標題是要讓各個階層的讀者閱讀，用字遣詞要生動活潑、淺
顯易懂，唸起來要通順不拗口，畢竟，報紙是大眾化刊物，尤其
現在國人中文造詣早已不如昔，用字稍微深奧點，可能很多人看
不懂，二、三十年前的編輯喜歡用一些詩句、俗語、典故來襯托
出新聞的可看性，對國文造詣較佳者而言，整版看起來，賞心悅
目，戲而不謔，令人會心一笑，但對中文程度不佳者，可能因為
看不懂而看不下去，失去報紙存在的價值；近年來，編輯的中文

程度不似那些老編輯，用字遣詞較為通俗，但也要注意通順、生動、活潑，最好能跳脫文稿牽絆，讓人有耳目一新的感覺。

■案例1-1-16，汽車駕駛人不滿機車騎士闖紅燈，致使兩車險相撞，氣得緊追對方，撞到機車尾部，致使騎士摔倒不治，引題「躲過車禍變殺人」，主題「差點撞到他…氣得撞死他」，是一則難得一見的好標題，編輯跳脫文稿的牽絆，原本需用許多字句才能說明清楚的新聞，用短短10個字，就把它的精髓生動地顯示出來，唯一遺憾的是未將最高法院判十三年的刑責在主題標出。

■案例1-1-17，報導跆拳道國手楊淑君去南投縣民和國中為該校跆拳隊加油，標題「民和國中跆拳隊　楊淑君去加油」，這個標題短短幾個字用了兩個主詞「民和國中跆拳隊」、「楊淑君」，第一句話純是主詞，沒有具體內容，第二句話有主詞，也有具體內容「去加油」，不能說這個標題有錯誤，但是連續兩個主詞，唸起來卻很拗口，不如改為「楊淑君訪民和國中　為跆拳隊加油」較通順。

案例1-1-16

躲過車禍變殺人
差點撞到他…氣得撞死他

【記者王文玲/台北報導】汽車駕駛許振鴻不滿機車騎士吳坤宗闖紅燈，致兩車差點相撞，氣得高速緊追對方，結果撞到機車尾部，吳坤宗摔落地面送醫不治；最高法院昨天依殺人罪，判許振鴻十三年徒刑確定。

....

....

（聯合報 99/5/21 A16）

案例1-1-17

民和國中跆拳隊　楊淑君去加油
教練是大師兄　她專程到投縣　捐贈 20 萬元獎學金
勉勵小選手不放棄　全校學生歡迎　驚喜尖叫

【記者紀文禮/水里報導】亞運跆拳國手楊淑君昨天專程到南投縣民和國中，為起步才兩年就成績斐然的民和跆拳道選手加油，並一口氣捐贈 20 萬元獎學金，她強調，今後會盡最大的努力投入公益。

....
....
（聯合報 99/12/7 B）

■案例1-1-18，一名女子受不了三個月大兒子吵鬧，竟然五度幫小孩施打海洛因，被判刑十三年，主題「寶寶乖　媽媽餵你海洛因…」，這則標題把悲劇新聞用嘻笑口吻描述，對被告不公平，三個月大的男嬰遭到生母如此的虐待，連承審女法官也忍不住鼻酸，「寶寶乖　媽媽餵你海洛因…」在內文中未曾有此字眼及相關描述，完全是編輯模擬被告的口氣來下標題，被告當時有無這種心態不得而知，直接下這種標題，可能對被告造成傷害，因為她可能是在百般無奈之下才出此下策，不是以一種哄騙、蓄意的態度犯下此罪行，編輯為了跳脫文稿牽絆，追求生動、活潑，超過頭了！

案例1-1-18

寶寶乖　媽媽餵你海洛因…

【記者何祥裕、黃福其/台北縣報導】三重市張姓女子，因受不了三個月大兒子吵鬧，竟然五度幫小孩施打海洛因毒品，小孩呼吸一度停止，救活後還出現毒癮者才有的戒斷症狀。板橋地院審理認為張姓女子惡性重大，判刑十三年。

承審女法官本身也初為人母，看到男嬰手上的針孔也忍不住鼻酸，

....
（聯合報 99/10/13 A11）

二、主題的結構

　　一個標題由一行、二行甚至三行、四行字組成的，字體有最大、次大、最小的，到底要如何分辨其所扮演的角色呢？其實很簡單，標題中，字體最大的那一行或字體最大且一樣大的兩行就是主題，主題頂多是兩行，很少有三行以上，其餘的不管字體大小有多少種，不是引題就是副題（詳見第二章）。

　　主題不論是橫排或直排，都不失其原有功能，主題不管是一行或兩行，其所扮演的角色都是一樣的。橫排或直排隨編輯版面規劃所調整，字形的應用也是隨心所欲，不過，為了不使版面太過雜亂，一般說來，一個版面的主題字形，以不超過兩種為宜。

　　主題有一行或兩行，哪一種較佳？沒有定論，早期編輯習慣用二行主題，在那個時代，用鉛字排版，一個版20欄，一欄9個字，一個標題有一欄、二欄…，甚至有八欄、九欄，習慣上，五欄以下都會以二行主題來標示，欄數較多者，以一行主題標示，主要是因為欄數較少者，二行主題較能表達完整意思，欄數較多者，一行主題就足以表達主要內容。近期電腦排版後，欄數已打破每欄9個字及一版20欄的限制，改成一版是十二欄或十三欄，各報互異，常常看見大大的長長的標題，如果加上美工設計，主題的大小、形式更天馬行空，花樣百出，但不管怎麼變化，字體最大的那一行或兩行就是主題，這個標題製作原則是不變的。

第二節　如何抓主題

　　有人認為，如果用最簡單易懂的比喻，抓主題就是在一篇已經寫好的作文中找出一個題目，而寫作文恰恰相反，是根據一個已經存在的題目，去發揮寫成一篇文章，也許這樣的比喻不見得很恰當，但卻是實務中的寫照！

　　抓主題是編輯最重要的工作，主題抓得好或不好，影響到處理這則新聞的速度，有一半要靠記者撰稿佈局能否與編輯的考量相契合，雙方一旦認知相似，主題便手到捻來，毫不費功夫，往往在導言中就能抓到，這也就是為什麼說編輯若改行做記者，比較能夠將主題的題材在導言中表現，有利於編輯判斷；另一半要看編輯是否掌握近日新聞脈動？換句話說，有沒有對近日新聞發展相當熟悉？這些要靠多看平面媒體、電子媒體，才能擴展自己的視野，才不致於淪為井底之蛙，誤把舊聞當新聞處理，今日媒體上不當標題，許多是這個因素造成，要改正這種缺點，不只是編輯的責任，核稿人員、單位主管都應負起相當責任，及時彌補編輯不足。

一、主題表現方式

　　主題的表現，有下列幾點方式：（新聞標題之研究/郭伯佾/P. 184）

　　1. **新聞原句的稿錄**：在新聞中，將代表性的重要句子，稿錄出來，作為主題

　　2. **概括式說明**：對新聞內容比較複雜、牽涉多方向，但是沒

有可以提出的顯著要點，多採概括式說明的主題

　　3. 重要內容的提示；將新聞中最主要的事實提示出來

　　茲將以上三點詳細說明，並舉案例說明之：

（一）新聞原句的稿錄：

　　在新聞稿中，找出足以代表整條新聞的重要句子，稿錄出來作成主題，這是最簡單最方便的作法，往往適用內容單純、無爭議性的新聞，這句句子到底會在導言或軀幹中出現，並無一定的原則，要視記者撰稿角度及編輯取材的敏感度而定。

　　■案例1-2-1，報導高雄縣長楊秋興治療大腸癌舊疾並割掉膽囊康復出院，楊秋興縣長並有一番自嘲，引題「以前渾身是膽　現在變『沒膽』」，主題「楊秋興：輸了選舉　贏了生命」，主題及引題的題材都是直接從新聞稿導言中擷取，編輯做標題毫不費功夫，本則引題應加上一個引號，改為「『以前渾身是膽　現在變沒膽』」較恰當，因為它是直接引述楊秋興縣長的話，加上引號，表示此話非記者主觀上的評判或描述。（詳見第七章精簡）

案例1-2-1

以前渾身膽　現在變「沒膽」
楊秋興：輸了選舉　贏了生命

　　【記者王昭月/高雄報導】高雄縣長楊秋興住院治療大腸癌舊疾，並割掉膽囊，昨天康復出院，他笑稱「以前渾身是膽，現在變沒膽了」，雖然輸了選舉，但贏了生命，以後會善待自己。「人可以賣力演出，但不能賣命演出」。

　　…………………………………
　　…………………………………
　　（聯合報 99/12/15 A6）

（二）概括式說明：

　　複雜的事件或多人表現看法的新聞，重點往往有許多個，到底要標示那個點才好？常常會顧此而失彼，若是這些點又沒有顯著要點，編輯選主題題材更是困難，這時，權宜的方法就是採用「概括式」的主題，換句話說，一言以蔽之，一句話就代表整條新聞的精髓。

　　■案例1-2-2，A則報導教育部傾向研擬「校園霸凌法」，國民黨與民進黨立委紛紛表示支持，這是同版上一條反霸凌的配合新聞，於是編輯採取「概括式」說明，用「立委挺立法」五個字當主題，但又覺得此標題太過空洞，於是從立委的說法中選出「反霸從小做起」的看法，充實主題的份量。

　　B題報導國光石化興建案聽證會場外，支持與反對陣營爆發衝突，拳棍相向，這則吵吵鬧鬧的新聞，編輯用「打成一團」概括式的形容詞，描述聽證會的混亂，避免了五個多小時內發生的各種狀況需要一一敘述的麻煩。

　　這種概括式的主題，雖然省事輕鬆，但存在著缺點─缺少實質的內容，無法顯現新聞特色，以案例1-2-2B則為例，內文提及「…場外支持、反對陣營隔著警方人牆互嗆並爆發肢體衝突，拳棍相向…」，「…部分民眾拳腳相向，拉扯棺材，爆發第一波衝突，兩陣營持旗桿互戳…」這些新聞特色都是主題題材，如果沒有標出，而用「打成一團」四個字概括之，任讀者由字面上去想像「打成一團」是啥狀況，無法顯現該新聞現場混亂的細節及特色；A題是以「立委挺立法」，表達所有受訪者意見，點到為止，卻是一個索然無味空洞標題，幸好編輯又選了立委的具體意見充實標題內容，「反霸從小做起」並非唯一可選之點，「避免

二次傷害」、「思考輔導而非懲罰」，都可考慮，如此安排，可減少「缺乏實質內容，無法顯現新聞特色」的缺點。

案例1-2-2

A 則　　立委挺立法「反霸從小做起」

【記者林正忠、楊湘鈞/台北報導】教育部傾向研擬「校園霸凌法」，民進黨立委黃淑英、田秋堇均表支持，並提醒要預防對受害者的二次傷害；國民黨立委趙麗雲則要求教育部擬法時，更應思考如何輔導而非懲罰「小霸王」。

⋯⋯⋯⋯⋯⋯⋯⋯⋯⋯⋯

田秋堇也指出，⋯⋯應從基礎教育開始教起。

⋯⋯⋯⋯⋯⋯⋯⋯⋯⋯⋯

黃淑英表示，⋯⋯並應注意受害人隱私權的處理，避免二次傷害。

⋯⋯⋯⋯⋯⋯⋯⋯⋯⋯⋯

國民黨立委趙麗雲表示，⋯⋯更應傾力去思考如何輔導而非懲罰「小霸王」。

⋯⋯⋯⋯⋯⋯⋯⋯⋯⋯⋯

蔣乃辛認為，⋯⋯也應從小學開始教育與宣導做起。

⋯⋯⋯⋯⋯⋯⋯⋯⋯⋯⋯

（聯合報 99/12/13 A3）

B 則　　國光石化聽證會　打成一團

【記者林宛諭、陳文星/彰化縣報導】經濟部工業局昨天在彰化縣舉辦國光石化興建案行政聽證會，場外支持、反對陣營隔著警方人牆互嗆並爆發肢體衝突，拳棍相向，並從場外一直吵到場內，會議歷經五個多小時，吵鬧聲中草草收場。

⋯⋯⋯⋯⋯⋯⋯⋯⋯⋯⋯

⋯⋯⋯部分民眾拳腳相向，拉扯棺材，爆發第一波衝突，兩陣營持旗桿互戳，警方立刻架開激動的民眾，無人傷亡。

⋯⋯⋯⋯⋯⋯⋯⋯⋯⋯⋯

（聯合報 99/12/15 A13）

（三）重要內容提示：

將新聞中最主要事實提示出來，這種方式用的最多，也是三種方式中最困難的做法。

　　首先，得確定那一點是重要內容？一則新聞稿中往往有許多重要內容，找出來以後，按其重要性一一排列，最重要的特點當然是主題題材，其它以副題表現，問題是，哪一個特點才是最重要的？每一位編輯主觀上及客觀上的判斷存在許多差異，同一則新聞事件常常看到迴然不同的標示。

　　■案例1-2-3，在八卦山上經營牧場的嫌犯，以牛奶為代號販毒，為了拒捕，搏命演出爬樹、跳崖…等驚險動作，警方前往逮人時，父母嗆聲「又不是打死人，20、30個警察來抓他，是在浪費國家資源。」這些都是新聞重點，但編輯選擇重要內容的看法不同，標題完全不一樣，A題「牛奶為幌販毒　跳懸崖中槍被逮」，B題「兒販毒被逮　父母反嗆警方」，所以「重要內容」、「最主要的事實」是哪一點？常常因人而異。

　　其次，字句的組合也是讓編輯傷腦筋的難題，要用短短地幾個字表達一條新聞的精髓，如同前所述及的主題六大特性之一的「用字遣詞要通順、生動，不可受文稿牽絆」，說來簡單，做起來不容易，需要編輯用心體會，修改再修改，才能達到理想的境界。

案例1-2-3

A則　　牛奶爲幌販毒　跳懸崖中槍被逮

【記者吳敏菁/彰化報導】「阮的牛奶正港有純！」毒品前科許中平在八卦山上經營牧場，以牛奶為代號販毒，昨天為了拒捕，搏命演出爬樹、跳懸崖和衝山谷等驚險戲碼，右腳踝被警方開槍擊中後又潛入草叢。彰化警分局動員搜山，他埋在草捆中被踩也不吭聲，後來被員警發現踏起來怪怪的，才被揪出來。

（中國時報 99/12/01 A11）

B 則

「又不是打死人…」
兒販毒被逮　父母反嗆警方

　　【記者劉明岩/彰化報導】在彰化市八卦山經營乳牛牧場的許中平，卻以「牛奶」為暗號，涉嫌買賣毒品，彰化警分局昨天搜索，許中平企圖脫逃，被員警開槍打中右腳踝就逮，警方偵訊後，以毒品罪嫌移送法辦。

　　許中平的弟弟許吉祥，去年持槍強盜住處附近的八卦山少林寺，警方前往逮人時，遭許的父母嗆聲。昨天警方再度上門，父母又質疑警方「又不是打死人，20、30個警察來抓他，是在浪費國家資源。」讓員警也忍不住反問「你們是怎麼教孩子的？」

………………………………………
………………………………………

（聯合報 99/12/01 B2）

二、抓主題的方法

　　由於抓主題是編輯工作最重要、最困難的任務，左右當天的工作情緒及版面編排的好壞，每一位從業人員無不竭盡所能思考如何快速地、簡單地、精準地作決定，所以抓主題，各有各的思考模式，新聞界先進並多有所著墨：（新聞編輯學/陳石安/P.526）

一、已肯定的事實，選為主題；未肯定的事實選為副題

二、最新發展的事實，選為主題；已經過的事實選為副題

三、事實為主題；評論、推測為副題

四、影響大的為主題；影響小的為副題

五、已實現的事實為主題；將來的可能為副題

六、包含多項內容的事實，以概括的說明為主題；個別的事件為副題

七、相關的兩件新聞合併為一組，以較重要的一事為主題；次要的為副題

八、主要的行為為主題；次要的行動為副題

九、預測將來的為主題；追述過去的為副題

筆者根據多年的實務經驗，從中歸納、分析，特提出下列五種簡單的方法供參考：

（一）爭議（對比）之點

（二）最新發展之點

（三）稀奇（罕見）之點

（四）特殊（有違常理）之點

（五）新鮮的用字遣詞

以上五點雖不敢說涵蓋所有抓主題的方法，唯「雖不中，亦不遠矣！」，並分析如下（本書以後各章將詳述之）：

（一）爭議（對比）之點

爭議性新聞在媒體上屢見不鮮，要抓出這種爭議之點，必須考慮以下兩點因素：

（1）必須要有新聞價值，要能引起讀者共鳴

（2）必須要兩造平衡報導，不可偏袒其中一方

爭議性新聞的發生往往有連續性，爭議之點也不是很快就浮現，當時的社會氛圍是什麼？常常決定這個爭議之點是什麼？不管是記者或編輯做決定時，一定要考量這個爭議點有無新聞價值，能否引起讀者共鳴，以案例1-2-4來講，A則及B則雖是由不同記者撰稿，顯然，雙方均將粗話風波當作主要爭議點，吳敦義表示，蔡英文是女性，對鄭弘儀的粗口風波，怎能裝聾作啞，悶不吭聲？蔡英文則反擊指出，「唉！這個行政院長」，她覺得鄭弘儀在情緒激動的情況下，講話是有所不當，但也在最短時間道歉了。雙方的口水之戰，也是爭議之點，有無拿出來做標題的價

值，不言可喻，編輯反而對另一爭議之點的陸生補助政策，覺得較有實質的意義，讀者很想一窺雙方內心的想法及辯解，這時，拿來作主題，自然容易引起讀者的共鳴。

其次要強調的是，這種爭議之點，一定要有平衡報導，讓雙方的論點公平地呈現出來，記者與編輯都要拋棄主觀上的認知與報社立場，不能心裡認同哪一種想法就把哪一種想法的標題做大一點，也不可因為報社編輯政策偏愛哪一種說法，就特別凸顯那一種說法，任何的偏袒在聰明的讀者眼中，都是不公平，對報社是一種傷害（詳見第四章平衡報導）。

案例1-2-4

A 則　　吳揆：補助陸生　蔡擴大辦理

【記者沈育如/台北報導】鄭弘儀的粗話風波持續發燒，行政院長吳敦義昨天表示，他看到鄭弘儀流淚道歉，本來以為他是誠心誠意，沒想到鄭在電視上講更多謊話，希望他「不要再說謊」。對於民進黨主席蔡英文的「冷處理」態度，吳敦義深感意外，他說，蔡英文是女性，對於鄭弘儀的粗口風波，「怎能裝聾作啞，悶不吭聲？」。

吳敦義表示，鄭弘儀所指補助台灣研究生與大陸研究生的政策，是從前總統李登輝在任時開始，陳水扁主政時持續辦理，蔡英文任陸委會主委時，不僅續辦，還擴大辦理。吳敦義說，陸委會之前就告知鄭弘儀，但沒想到鄭還是在電視上說謊。至於是否會因此停辦兩岸研究生補助政策，吳敦義說，這部分需要陸委會、教育部研究後再決定。

....

（聯合報 99/11/10 A2）

B 則　　蔡承認補助　辯時空環境不同

【記者林政忠、鄭宏斌、林昭彰、洪敬浤、蔡佳妤、趙容萱/連線報導】鄭弘儀國罵風暴延燒，總統府昨三問民進黨主席蔡英文。蔡英文說：「總要講個理由嘛！」她任陸委會主委或政務官，很多立委對她出言不遜、人身攻擊；海基會副董事長高孔廉為了ECFA也用不堪的言語罵她，她從來沒有要求馬英九以黨主席或總統的身分道歉。

對於行政院長吳敦義要她不要再裝聾作啞，蔡英文嘆口氣說：「唉！這個行政院長」，她覺得鄭弘儀在情緒一時激動的情況下，講話是有不當，但也在最短時間道歉了。

至於陸生補助政策，蔡英文表示，那是前階段國民黨執政時就有的制度，當時兩岸相對不開放，所以以單一個案方式對大陸的研究生補助，跟現在時空環境不一樣。

（聯合報 99/11/10 A2）

（二）最新發展之點

既稱「新聞」，主題當然是指這個事件中的「最新發展」，如何在訊息新舊並陳的稿件中，抓出最新發展之點，編輯一定要掌握新聞事件的變化，應熟讀本報及其他媒體的報導，不管其他媒體已報導過了或本報其它版面已見報了，都算是舊聞，不是最新發展，編輯不能假設本報讀者沒有看其他媒體，而對其他媒體的報導不予理會，這種錯誤觀念在今日傳播多元化及快速化的媒體生態下，只有貽笑大方！

再以案例1-1-12為例，A 題「郵員夜市擺攤　每月郵票變20萬鈔票」已在99年12月3日一家媒體見報，立委閱報後，12月6日質詢中華郵政，要求制度化，不能光靠員工打游擊，B 題是同一媒體，次日立刻將其作主題，標出「夜市賣郵票　立委促制度化」，處理完全正確，但是 C 題是另一家媒體，編輯不知是未看先前那一家媒體報導，或是假設本報讀者未看其他媒體，仍把「夜市賣郵票　每月業績20萬」作主題，反而把最新發展「立委批：不能光靠員工打游擊」當了引題，完全不符合標題製作原則。（詳見第五章最新發展）

（三）稀奇（罕見）之點

　　什麼是稀奇古怪之事？簡單地說，好奇是人類的天性，稀奇古怪之事最能吸引人！不能常常看見、知曉之事皆屬之，這種判斷，除了編輯主觀的認知，也要考量客觀的看法，也許編輯認為不稀奇、不罕見，但在大部份的讀者心目中可能已構成「稀奇」的概念，換句話說，要站在廣大讀者的角度去考量是否屬稀奇之點，如果屬於稀奇之點，必然吸引讀者目光，自然是主題的好題材。

　　■案例1-2-5，台北市文化局舉辦「剝開族譜尋寶趣」特展，發現甲、乙、丙、丁、真、假、是、非，都是姓氏，這絕對是一則「稀奇」的新聞，主題「陳林人最多　真假都是姓」點出姓「真」、姓「假」的稀奇，令人一見不禁莞爾，這種稀奇（罕見）的新聞，無關是非，不涉政治，更與羶色腥沒有牽連，老少皆宜，是最受歡迎的新聞，過去，曾有報紙專闢「大千世界」版，報導全球此類新聞，廣受歡迎，近年這種新聞僅能在國際新聞版偶而見之，編輯一看此種新聞，無不見獵心喜，一定要抓出最稀奇之點以饗讀者。本題若改為「『真』『假』都是姓『壹』『丙』各一人」，更能凸顯罕見，至於「陳林人最多」，在比較之下，還並非「稀奇」之點，大部分生長在台灣的人都已知道陳、林是大姓。

案例1-2-5

陳林人最多　眞假都是姓

【記者高詩琴/台北報導】
甲、乙、丙、丁、眞、假、是、
非，都是姓氏。台北市文化局昨天
在萬華剝皮寮歷史街區舉辦「剝開
族譜尋寶趣」特展活動，展示四十
七個罕見姓氏，全台姓「壹」與姓
「丙」的都只有一人。

此外，姓「多」的人，果然比
姓「少」的人多一些，全台姓

「多」的有五十五位，姓「少」的
只有五位。

現場也展示全台及台北市前十
大姓氏。全台第一大姓是陳，占全
台總人口的百分之十一點一三，第
二是林，……………………………
…………………………………………
…………………………………………
（聯合報 99/12/13 A11）

（四）特殊之點

首先必須釐清「特殊」這個詞的定義，本書將「特殊」定義
為：「有違常理、習慣」，凡是新聞中有違常理、習慣的人、事
都是特殊之點，所以特殊之點涵蓋的範圍很廣，絕大部分的新聞
標題都從「特殊」這個層面去考量題材。

編輯在看稿時，要從字裏行間去找尋「特殊之點」，必須跳
脫記者撰稿的牽絆，因為雙方在主觀、客觀上的認知不同（詳見
本章第三節），所以記者及編輯對「特殊之點」的看法常常不
一，編輯與編輯之間亦存有很大差異，優劣不免淪為見仁見智。

■案例1-2-6美國外交官郝爾布魯克身體不適緊急送醫不治，
這則新聞在兩家媒體的主題上有所不同，A題「郝爾布魯克　希
拉蕊面前倒下」，B題「郝爾布魯克辭世　享壽69」，這兩個標
題，那個比較吸引人呢？B題的內文指出「郝爾布魯克十日在國
務院不支倒地，送往…醫院…延至週一晚上辭世」，記者文稿記
載郝爾布魯克倒在國務院，A題的內文敘述「郝爾布魯克十日在

華府國務院會見國務卿希拉蕊‧柯林頓時，突感身體不適緊急送醫…多數時間昏迷不醒，十三日離世」，兩則新聞報導大致相似，唯標題有不同，A題能夠把握這則新聞的特殊之點—「在希拉蕊面前倒下」，讓一則看似平淡無奇的外交官之死，不免令人心頭一震，而B題則是一則普通的名人去世的標題，毫不起眼，兩相比較，可知「特殊之點」在標題中的重要性，當然，記者的文稿撰寫角度也很重要，B題內文沒有提及「會見希拉蕊‧柯林頓時…」，編輯比較不會抓出這個「特殊之點」。

案例1-2-6

A 則　　美「終極外交官」去世
郝爾布魯克　希拉蕊面前倒下

【編譯莊蕙嘉/報導】在美國政界素有「推土機」稱號的美國阿富汗及巴基斯坦特使郝爾布魯克（Richard Holbrooke），十三日因心臟主動脈破裂不幸去世，得年六十九歲。外交官出身的郝爾布魯克，最著名事蹟是結束波士尼亞戰爭，臨終遺言是「必須中止阿富汗戰爭」。

郝爾布魯克十日在華府國務院會見國務卿希拉蕊‧柯林頓時，突感身體不適緊急送醫，…………

郝爾布魯克當過兩次助理國務卿，也曾任美國駐聯合國及駐德國大使，被時代周刊譽為「華府最受歡迎的終極外交官」和「美國最強悍的外交策略家」，曾七度獲提名角逐諾貝爾和平獎。

（聯合報 99/12/15 A4）

B 則　　郝爾布魯克辭世　享壽 69

【劉屏/華盛頓十四日電】美國與中華民國斷交時的國務院東亞助卿郝爾布魯克（Richard Holbrooke），十三日因主動脈剝離急救無效逝世，享年六十九歲。他曾調停波士尼亞戰火而獲國際稱道，歐巴馬譽之為「美國外交政策的巨人」。

郝爾布魯克十日在國務院不支倒地，送往喬治‧華盛頓大學附設醫院，手術歷時廿一小時，但未脫離險境，延至週一晚上辭世。

（中國時報 99/12/15 A13）

　　■案例1-2-7，報導高檢署檢察長顏大和在立院報告連勝文被
槍擊案，記者全程報導經過及內容，編輯發現沒有新的發展及內
容，如果要採用該稿，必須另找其他「特殊之點」，發現最後一
段「顏大和說…部分媒體及名嘴報導內容與偵查事實有很大的出
入…」，是未曾報導過的內容，立刻以這個「特殊之點」做標
題，把握住抓主題的要訣，一般讀者大多信任媒體報導，比較不
會質疑內容的真實性，顏檢察長居然提出否定的看法，「有違常
理、習慣」，自然成了主題的好題材，該則新聞有些媒體甚至不
報導，可見沒有新內容的訊息，不用也罷！

案例1-2-7

顏大和：名嘴講的　跟事實出入很大

【記者蕭白雪/台北報導】高檢署檢察長顏大和昨天在立法院首度公開表示，他看過連勝文被槍擊錄影畫面「看不出有自導自演的現象」，相關人證、物證檢警都已傳喚、調閱，也嘗試透過凶嫌林正偉的家人對林道德勸說，但目前關鍵的行凶動機仍待釐清。

　　顏大和說，部分媒體及名嘴報導的內容與偵查事實有很大的出入，他建議國人不要看媒體、對媒體報導要存疑，不要全然相信。

（聯合報 99/12/2 A2）

　　■案例1-2-8，陳彥博參加南極超級馬拉松比賽得到亞軍後，
暢談比賽過程，兩家媒體的編輯觀點不同，A 則著眼陳彥博的
「邊跑邊流淚」，B 則看上陳彥博「用力想家人、朋友」，究竟
這兩個重點那一個較好？就牽涉編輯主觀、客觀上的看法。一位
選手快跑到終點，大多會顯現愉悅之情，眺望完賽的終點線，陳
彥博居然邊跑邊流淚，眼淚才沒結冰，A 則編輯認為這個重點較
特殊，把它當主題，而把「強烈孤獨感，讓人產生放棄念頭」的
重點擺在副題，這是個人的判斷與認知；B 則編輯則認為「用力

想家人、朋友…每次只要一個個想一遍，就可多跑好幾公里」比較特殊，拿來當主題，反而把導言中「最後兩百公尺，我是又哭又跪的回到終點！」捨棄掉，編輯與記者的認知上又有不同。兩位編輯的選擇沒有不當之處，純粹是個人的觀點，至於孰優孰劣，端視讀者的偏好與看法。

　　「特殊之點」的選擇，沒有一定的標準，主觀、客觀選擇是關鍵之點，唯在選擇時要考慮因素之一是「有沒有社教的功能？讀者會不會模仿？」如果從這個觀點來看，「靠想家人完賽」顯然優於「哭著跑完超馬」，另一考慮因素是「有沒有稀奇之處？會不會吸引讀者眼光？」，如從這個觀點考量，「哭著跑完超馬」就比「靠想家人完賽」吸引人，類似比較，本書將在後面章節中詳細說明。

案例1-2-7

A 則　　　陳彥博　哭著跑完超馬

南極 100 公里長征　恐怖孤獨感不斷襲來
看到終點一直哭　眼淚才沒結冰

【記者楊育欣/綜合報導】「好恐怖啊。」陳彥博完成南極超級馬拉松 100 公里後，昨天終於回到智利篷塔阿雷納斯，回憶這趟超馬，他低沉嗓音說，「真的好恐怖啊，好想放棄呀。」

　　他感嘆強烈孤獨感，讓人產生放棄念頭，「我們跑在南緯 80 度的位置，沒有靠近海岸，所以也沒有企鵝可以看，真的很悶。」

　　所以最終 200 公尺，陳彥博看到終點線，邊跑邊流淚，「眼淚沒有結冰，我想是因為我一直哭的關係吧，我真的很高興能完成這趟艱難旅程。」

（聯合報 99/12/20 B3）

B 則　　　**陳彥博歷險　靠想家人完賽**

【曾文祺/綜合報導】經歷待在南極大陸征戰南極超級馬拉松共約120小時，「夢想鬥士」陳彥博帶著臉部、手腳凍傷，由南極成功下撤，搭機飛抵智利。陳彥博好想再哭一次：「最後兩百公尺，我是又哭又跪的回到終點！」

他道出支撐他跑到最後的力量：「用力想家人、朋友。幫過我的人那麼多，每次只要一個個想一遍，就可以多跑好幾公里。」終點處，好人緣的陳彥博得到一個又一個，含著熱淚的擁抱。

....
（中國時報 99/12/20 C4）

（五）新鮮的用字遣詞

什麼是新鮮的用字遣詞？簡單地說，就是文稿中一些「語不驚人死不休」的罕見字眼，這些字眼要有其一定的代表性與所代表的意義，可以表達文稿中的主要的內容，讀者一看到它，必然眼睛為之一亮，想要一窺內容，探究是怎麼回事？具有這些功能的字眼，編輯只要有足夠概念，很快就能從文稿中抓出，快速做成一則漂亮的標題。

■案例1-2-9，A 則報導上海市學習台北市，欲推動垃圾分類，不料引起廣泛爭議，媒體批評上海市環保局是「照貓畫虎」，這四個字在台灣很少看到，是罕見的用字遣詞，又能代表媒體諷刺上海市學習台北市的意義，把它用在標題上，必定快速地吸引目光。

B 則報導愛盲基金會副處長張捷，為爭取視障者福利奔走，他深信「Impossible 就是 I'm possible」，立刻被當主題來標示，堪稱一絕！Impossible 能夠變成 I'm possible 是新鮮的用字遣詞，同樣的英文字母，能夠從否定的字眼蛻變成肯定又能鼓舞人心的

字眼，實在罕見！記者撰稿能把它凸顯在導言中，編輯又能慧眼獨具，自然讓這個標題十分突出。

案例1-2-9

A 則　**學台北推垃圾收費　上海挨轟照貓畫虎**

○○○○○○○○○○○○○○○○○○○○○○○○○○○○○○

【特派記者胡明揚/上海報導】上海世博會已經結束，但由世博促成的台北與上海雙城互動，仍方興未艾。台北市政府在世博期間展示的垃圾分類資源回收案例，受到各界高度肯定；上海市政府環保局計畫仿效推動，但消息甫一曝光就引發廣泛爭議。

東方早報社論標題甚至標出「垃圾分類不能又打市民錢袋的主意」，內文更批評兩地狀況不同，民眾收入也大不相同。上海市環保局欲學習台北是「照貓畫虎」。

（聯合報 99/12/01 A14）

B 則　**視障張捷把 Impossible 當 I'm possible**

○○○○○○○○○○○○○○○○○○○○○○○○○○○○○○

【記者羅印沖/台北報導】內政部昨天公布今年身心障礙楷模「金鷹獎」得獎名單，肯定身障者不向命運低頭的強韌生命力。愛盲基金會副處長張捷患有重度視覺障礙，仍持續為爭取視障者福利奔走，更促成台北市「騎樓整平」鋪設計畫，他深信「Impossible 就是 I'm possible」。

（聯合報 99/12/02 A14）

■案例1-2-10，A 則報導國民黨向親民黨溫情喊話，一向很喜歡詩詞的副總統參選人吳敦義就拋出「希望宋不要讓期待馬宋的支持者為難，也期盼烏雲早日隨風散去，守得雲開見月明」，編輯立即將「守得雲開見月明」用在標題上，就是一則新鮮的用字遣詞；不料兩天之後，內灣支線復駛，吳敦義又說「……如今通車『守得雲開見月明』……」，另一報編輯也將此句用在 B 則

標題上，就顯得「老調重彈」，雖然兩個標題分屬不同報社，中間只隔兩天，這句「守得雲開見月明」對看過兩則報導的讀者而言，就有「舊聞」的感覺，因此，後者不應再套這個詩句，因為編輯理應上班前，翻閱各大報，看過此標題。

詩句偶而一用，不失為新鮮的用字遣詞，但也要用得恰到好處，否則各種類似情況都套用此句，又會淪為「萬年題」了，個中尺寸拿捏費思量。

C 則報導「新黨勸宋轉戰立院」「橘批郁慕明：愛吃又要裝淑女」，這是一則利用俚語的標示，偶而一用，一樣令人耳目一新，常常在報上出現，也會淪為「只許州官放火　不許百姓點燈」那句話的下場。

成語、俚語的運用除非用得「恰恰好」，完全吻合那句成語、俚語的由來典故，否則還是應避免，例如「只許州官放火　不許百姓點燈」這句話，常被用在「官員自己可以做……，不許百姓做……」，一味地套在標題上，若無其他引題、副題輔助，讀者只能憑藉了解這句話的原意，而得知大概，對新聞實質內容完全不知，豈不枉費下標題的用意？（詳見1-1-10C 則）

案例1-2-10

Ａ 則　等宋回頭　吳揆：守得雲開見月明

○○○○○○○○○○○○○○○○○○○○○○○○○○○○○○○○○○○○

【記者陳洛薇、王長鼎/連線報導】泛藍分裂，選情吃緊，行政院長吳敦義昨天向親民黨主席宋楚瑜溫情喊話，指「團結遠比分裂好」，國親新系出同源，許多人對馬宋都有期待與感情，希望宋不要讓期待馬宋的支持者為難，也期盼烏雲早日隨風散去，守得雲開見月明。

....
....

（聯合報 100/11/10 A4）

B 則　　內灣支線復駛　吳揆：守得雲開見月明

○○○○○○○○○○○○○○○○○○○○○○○○○○○○

【羅浚濱/新竹報導】台鐵新竹六家支線完工通車暨內灣支線復駛典禮，十一日成為新竹縣、市的大事，特別派出停駛廿八年的 DT668 蒸汽老火車，拉著彩繪列車從新竹站開到竹中站。

吳敦義說，內灣支線經過波折，一下子賠了廿、卅億是很大疏失，一定要記取教訓，在馬總統就任後馬上補漏洞，如今通車有如「守得雲開見月明」，將帶給民眾許多方便。

....

（中國時報 100/11/12 A8）

C 則　　　橘批郁慕明：愛吃又要裝淑女

○○○○○○○○○○○○○○○○○○○○○○○○○○○○

【記者雷光涵/台北報導】新黨主席郁慕明表示，為了勸親民黨主席宋楚瑜轉戰立法院，他才願列新黨不分區立委的第一名；親民黨發言人吳崑玉回擊，請郁慕明「不要愛吃又要裝淑女」，「幹嘛拿我們當墊背？」

郁慕明前天呼籲宋楚瑜退出總統選舉，和他一起分列新黨、親民黨兩黨不分區立委第一名，吳崑玉說，「郁慕明想做就直講」，黨主席應該管好自己的政黨，「管到別人，就管太寬。」

....
....

（聯合報 100/11/10 A4）

■案例1-2-11，報導自由車國手蕭美玉姐弟練車的動力，主題「騎下去才能活下去」，短短幾個字凸顯她們成功的原因，令人感動不已。蕭家姐弟靠比賽獎金過活，要活下去必須努力練騎求得好名次，在運動員中恐怕是絕無僅有的，自然值得大書特書，而且具有媒體社教功能。

■案例1-2-12，南韓總統向南韓民眾發表全國電視談話，其中兩句話用字比較新鮮，一是「北韓再挑釁必付代價」，一是「屈辱的和平，會帶來更大災難」，這兩句話，都可以做為主

題，唯比較之後，前者較有實質正面意義，後者顯得內容空洞，用前者當主題自然是不二之選，後者用在引題中陪襯主題，更顯現主題的莊嚴。

這種官方宣示性的談話，為避免老生常談的官腔官調，都採用「新聞原句的稿錄」，所以稿錄的字眼必須具有高度新鮮性，才能引起讀者的注意，「屈辱的和平，會帶來更大災難」一詞，就具有這種特性。二、三十年前，每逢國慶日、台灣光復節、元旦、新總統就職，都有官方文告，各報無不絞盡腦汁去抓一些具有代表意義的新鮮字眼，一來考驗編輯的功力，二來甚至成為各報間的一種競賽。

案例1-2-11

蕭家姐弟「騎下去才能活下去」

【記者楊育欣、雷光涵/綜合報導】蕭美玉抵達終點不久，與隊友弟弟蕭世鑫相擁而泣；兩人從小相依為命，騎下去才能活下去，這是姐弟倆練車動力。

蕭美玉小時在宜蘭踢足球，中學時，「有比賽就拼名次，有名次就有獎金，有錢就有飯吃。」她苦笑生活都依賴比賽獎金，「但獎金不是每個月都有，得省吃儉用。」蕭世鑫同樣是這次自由車國手，他說，「一個月只有幾千塊，有一餐沒一餐，日子就這樣一天一天過。」

（聯合報 99/11/24 A5）

案例1-2-12

李明博： 美韓聯合軍演第二天　發表七分鐘談話「屈辱的和平，會帶來更大災難」

北韓再挑釁　必付代價

【編譯彭淮棟、夏嘉玲/報導】南韓總統李明博廿九日上午首度針對北韓砲轟黃海延坪島事件，

向南韓民眾發表全國電視談話，批評北韓不人道，並表示北韓日後若再挑釁，必將付出相對代價。

延坪島砲戰造成南韓軍民四人喪生。李明博在七分鐘的《關於延坪島砲擊挑釁的總統談話》指出，軍事襲擊平民，是即使戰時也嚴格禁止的不人道罪行。南韓人民已認清，忍耐和寬容只會讓北韓的挑釁變本加厲，歷史也證明，屈服於威脅而得的「屈辱的和平」，只會帶來更大災難。

（聯合報 99/11/30 A1）

第三節　主題題材為何常不在導言中？

理論上，一則按倒寶塔形式所寫的新聞稿，正常情況下，主題題材應該出現在最重要的第一段導言上，如有特殊，頂多在第二段、第三段的輔助導言上，而按正寶塔形式所寫的新聞稿，第一段的導言並非事故的摘要，所以主題題材多半會在第二段、第三段出現，實務上，翻開報紙仔細比較就會發現，許多標題的主題題材來源，並非如此，往往來自以後幾段的軀幹中，甚至在新聞稿最後一段或是最後一句話，如案例1-3-1。

案例1-3-1

中縣票落後
「多講沒用　做給你看」

【記者喻文玟/台中報導】已「空降」之姿參選大台中市長的蘇嘉全，半年來喊出「Change（改變）」口號，獲得百分之四十八點八八的選民認同。台中市長參選人胡志強並沒有輕忽，他認為「台中市本來就在改變，政績就是一切！」

胡志強強調他要用台中市經驗讓台中縣民感覺「改變」，「我必須用政績來證明，我會是一個好市長，是一個肯做事、會做事的市長」。他以台語強調，「多講沒用，做給你看」。

（聯合報 99/11/29 A5）

之所以會發現以上的情形，大體上不外乎以下三個原因：

一、記者撰稿未按基本的寫作原則

絕大部分按倒寶塔形式所撰寫的新聞稿，最重要的部分都在導言上，然後依重要性遞減，一來可以讓讀者未看完全部內容

時，對整條新聞已有清楚概念，越往下看越清楚，不往下看也無損其完整性，換句話說，越前段的新聞稿越重要，越後面的新聞稿只在補充或解釋前幾段的新聞稿而已，不看也可以；二來方便編輯在排版時，可應版面之需，從後面起開始刪減捨棄，而不會影響其完整性。

如果記者未按以上原則撰寫，那麼便出現將最重要的新聞點擺在後面的段落，讀者也許看到最後數段或最後一段時，才恍然大悟知道新聞的關鍵點，編輯也可能大筆一揮或編排時大刀一砍，把關鍵點捨棄掉，造成遺憾。

■ 案例1-3-2，A則即是一則寫作不佳的新聞稿，第一段「台北市永康商圈…」是說明張介梅的胞兄、胞姊日前召開記者會指羅駿樺脫產，第二段「羅駿樺不滿…」則是報導羅駿樺不滿兩人說法委託律師控告兩人涉嫌誹謗，這則新聞有新舊兩個新聞點，舊點是「日前開記者會，指羅駿樺脫產」，新點是「羅駿樺控告兩人涉嫌誹謗」，理應將「最新發展」的新點放在第一段導言，而將「日前開記者會」的舊點擺在第二段的軀幹中，但是撰稿記者並未如此安排，顯然違反寫作原則，而B則的內容，則直接將「羅駿樺控告兩人涉嫌誹謗」的重點寫在導言中，完全符合基本寫作原則。

案例1-3-2

A 則　　被指脫產　冰館老闆告前妻兄姊

【記者○○○/台北報導】台北市永康商圈的知名店家「冰館」，負責人羅駿樺與前妻張介梅發生股權糾紛，無預警歇業。前妻胞兄張介白、胞姊張秋萍日前開記者會，指稱羅駿樺脫產。

羅駿樺不滿兩人說法，昨天下午委託律師李漢中，控告兩人涉嫌誹謗，另向兩人提起民事訴訟，求償六百萬元，並要求在中時等四家報紙，連登三天道歉啟事。

....
....
（中國時報 99/1/23 A16）

B 則　　冰館負責人　控前妻兄姊

【記者蘇位榮/台北報導】台北市永康街冰館歇業風波繼續延燒，冰館負責人羅駿樺委任律師向台北地院提告，控告前妻的姊姊張秋萍、哥哥張介凡誹謗，求償600萬元及登報道歉。

....
（聯合報 99/1/23 A13）

　　A 則的重點寫在第二段，是否可視為正寶塔的寫作方式呢？正寶塔式新聞結構其必具的要點：包括導言並非事故的摘要，僅是其中一個枝節，卻可逐漸引出高潮，高潮的出現多半在第二段、第三段即見其輪廓，使讀者必須竟讀，方知全貌。倒寶塔結構之新聞多屬短文，段落較多，但不冗長，事實上，正寶塔式結構多用於人情味較為濃厚之故事，亦用於特寫（*新聞報導學/王洪鈞/P.150*），A 則顯然不是人情味較濃厚的故事，所以並不適合正寶塔結構的寫法，應以倒寶塔結構來寫較適當。

　　雖有新聞界先進認為「第二段」仍可以視為導言的一部分，例如王洪鈞教授曾提及，由於導言必須交代許多事實，不能侷限在一個段落之內，乃見導言可由兩個或三個段落所組成，以說明各項主要事實，亦見有導言之第一段僅為一句話，接下去再用幾

段文字，組成完整導言，然則開頭的一段或一句便是主導言，以後數段則為輔助導言。」（王洪鈞/新聞報導學/P.138），惟這種導言在目前的新聞寫作中較罕見，像A則這種有爭議的新聞，還是以標準的倒寶塔結構方式來寫較佳。

二、編輯主觀上認知與記者不同

　　老一輩的長官常常告誡編輯：「編輯應該比記者強，記者可以犯錯，編輯不能犯錯。」所以要擔任編輯最好先去當記者，但是在目前實務界中，許多編輯往往未曾當過記者，有些是從校對轉任，不知記者辛苦，對新聞的敏感度也較遜色，但有些編輯則是記者轉任，較能體會新聞的重要性在哪裏，在主觀的認知中與編輯較契合，反之，認知差異一大，取材就不同。尤其在社會新聞中，記者的看法與編輯的觀點，常常南轅北轍，所以抓主題就有差異。

　　■案例1-3-3，連勝文遭槍傷案，檢警追查通聯記錄，發現兇嫌曾打電話給永和民眾服務社理事長杜義凱，記者撰稿就以「兇嫌打電話給杜義凱」為重點寫在導言中，可是編輯一看導言中所寫的並未有具體內容，於是在稿中另找出「杜義凱：當晚見林嫌有異　要劉振南注意」當主題，這段「兇嫌打電話給杜義凱」新聞在另一家媒體中，亦因無具體內容而淹沒在一片字海中，編輯另挑「陳鴻源父　指不認識馬面」當主題，可見，記者寫稿追著新聞脈動跑比較簡單，不會去思考導言中有無主題題材，編輯要抓重點當主題，則比較傷腦筋，必須考慮斗大的標題字，要有具體內容，於是兩人在認知上就出現差異。當編輯發現主題的題材，不在空洞的導言中，於是就在新聞稿的軀幹中去找尋一句有

內容又吸引人的句子。

如果曾擔任編輯的新聞從業人員，改調擔任記者，會不會與編輯在認知上較能契合？答案是肯定的，為什麼？據一位曾有此經歷的記者表示，撰稿以前他都會在稿子段落的布局中，考慮到編輯會拿哪些內容當主題，而把它放在導言中，雙方對主題的認知十之八九相同，稿子的見報率提升，編輯相對地也省事多了。

案例1-3-3

A 則　　杜義凱：當晚見林嫌有異　要劉振南注意

【記者蕭承訓/台北報導】檢警追查連勝文遭槍擊案，從通聯紀錄發現，林正偉案發前曾打了兩通電話給陳鴻源的競選總幹事、綽號「黑狗」的永和民眾服務社理事長杜義凱，但杜都未接，陳父陳明雄事後曾向杜查明，杜表示當時會場太吵，沒聽到電話聲響，對於林嫌打電話給他，覺得莫名其妙。

杜義凱曾表示，當晚他看見許久不見的「馬面」林正偉到場，他上前詢問，但林正偉一直閃避，讓他直覺有異，通知舞台旁的劉振南要特別注意林，沒想到林突然從階梯衝上舞台，他急忙大吼，但還是難以阻止槍擊案的發生。

（中國時報 99/12/01 A3）

B 則　　　　陳鴻源父　指不識馬面

【記者張榮仁/台北報導】…

……對於關鍵的通聯紀錄，陳明雄也作了說明。他說，陳鴻源競選總幹事杜義凱在案發前和林正偉有通聯，杜曾任永和市代會主席，是他廿幾年的好友；杜說林正偉在案發前打兩通電話給他，因為晚會很吵，都沒聽到響鈴而未接

通。

陳明雄說，他或家人都不認識兇嫌「馬面」林正偉，沒有金錢往來，也從未合作建案。外傳因古亭市場都更案引發殺機，根本不可能；當初他透過開發公司仲介「買斷」土地，產權清楚，沒有糾紛。

（聯合報 99/12/01 A3）

三、編輯客觀上視野與記者不同

編輯一上編輯台，所看到是整版全盤的稿件，記者大都只顧到自己所跑路線的新聞，兩者客觀上視野不同。

當一件新聞發生時，許多記者會從不同角度去採訪撰稿，如果採訪中心主管掌握全局，了解各種情況，會要求記者有橫向聯繫，其目的是要記者針對一個主題，將來自不同來源的新聞，作比較性的撰寫，稿子整理好再送到編輯中心，編輯遇到這種稿子，絕對處理起來得心應手，反之，編輯瀏覽全盤稿件後，抓出今天的新聞重點後，必須在不同的記者所寫的一片字海中懂得如何整併、比較，這時，編輯抓主題時，往往跳脫記者原先撰稿角度，不見得在導言中取材，反而會在軀幹中去找主題，一旦發現稿子撰寫角度不理想，如果時間允許的話，應將稿子做適當調整，將主題的題材移到導言中，讓讀者快速瞭解新聞的主要內容。

■案例1-3-4，Ａ則及Ｂ則是同一家媒體作對比式報導，幾位記者分別訪問吳敦義院長及蔡英文主席，撰稿的重點都傾向報導粗話風波的反應，這種已淪為「公說公有理，婆說婆有理」的口水戰已經報導多日，在編輯看來已經不值得用斗大標題來凸顯，並客觀上認為讀者也已厭煩了，這兩份稿件在編輯心中，反而覺得陸生補助風波才是新的重點，於是在新聞稿軀幹中，找出雙方對此政策的反應，作對比式標示，將此重點凸顯出來，吸引讀者注意。此兩篇稿子在補助政策的反應，藍綠雙方只有短短的幾句話而已，誠是遺憾，若採訪中心主管審稿時早一點要求採訪藍綠兩方的採訪記者，針對此點做詳細報導或增添一些背景資料，相

信讀者更能對此補助政策有更清晰了解，至於雙方對粗話風波的反應，應分割出來另寫一則新聞報導比較恰當。

案例1-3-4

A 則　　吳揆：補助陸生　蔡擴大辦理

【記者沈育如/台北報導】鄭弘儀的粗話風波持續發燒，行政院長吳敦義昨天表示，他看到鄭弘儀流淚道歉，本來以為他是誠心誠意，沒想到鄭在電視上講更多謊話，希望他「不要再說謊」。對於民進黨主席蔡英文的「冷處理」態度，吳敦義深感意外，他說，蔡英文是女性，對於鄭弘儀的粗口風波，「怎能裝聾作啞，悶不吭聲？」。

吳敦義表示，鄭弘儀所指補助

台灣研究生與大陸研究生的政策，是從前總統李登輝在任時開始，陳水扁主政時持續辦理，蔡英文任陸委會主委時，不僅續辦，還擴大辦理。吳敦義說，陸委會之前就告知鄭弘儀，但沒想到鄭還是在電視上說謊。至於是否會因此停辦兩岸研究生補助政策，吳敦義說，這部分需要陸委會、教育部研究後再決定。

……………………………………

（聯合報 99/11/10 A2）

B 則　　蔡承認補助　辯時空環境不同

【記者林政忠、鄭宏斌、林昭彰、洪敬浤、蔡佳妤、趙容萱/連線報導】鄭弘儀國罵風暴延燒，總統府昨三問民進黨主席蔡英文。蔡英文說：「總要講個理由嘛！」她任陸委會主委或政務官，很多立委對她出言不遜、人身攻擊；海基會副董事長高孔廉為了ECFA也用不堪的言語罵她，她從來沒有要求馬英九以黨主席或總統的身分道歉。

……………………………………

對於行政院長吳敦義要她要不要再裝聾作啞，蔡英文嘆口氣說：

「唉！這個行政院長」，她覺得鄭弘儀在情緒一時激動的情況下，講話是有不當，但也在最短時間道歉了。

……………………………………

至於陸生補助政策，蔡英文表示，那是前階段國民黨執政時就有的制度，當時兩岸相對不開放，所以以單一個案方式對大陸的研究生補助，跟現在時空環境不一樣。

……………………………………
……………………………………

（聯合報 99/11/10 A2）

■案例1-3-5B則，更是一則編輯與記者客觀上視野不同的例子，馬英九與王金平能不能成為「馬王配」？眾人關心，主觀上編輯與記者認知沒有太大差異，理應把王金平對此事反應當主題，記者也逮到機會大力著墨，但在客觀上，編輯放棄此重點，另抓「呂宋配」當主題，為什麼？因為編輯已發現該報在前一天已報導過王金平的反應（A則），當天王金平說法了無新意，再當標題毫無意義，於是找了一個次要重點當主題，這樣處理是很正確的，何況「吃柿就不能吃蝦」這句話很新鮮，是當主題的好題材。

　　記者跑新聞時固然要對自己路線所發生的新聞要搞得很清楚，對非自己路線的新聞也不能陌生，才能對新聞發生的脈動掌握得好，精確調整撰稿角度；編輯更要總覽新聞變化全局，看晚報、電子媒體報導了解事件變化，坐上編輯台時才不會不知所措，果如此，記者與編輯視野才不會差距太大，主題取材也不至於南轅北轍。

　　由以上分析，可知主題的題材不見得會出現在導言中，從新聞稿的第一個句子到最後一個句子，都可能是主題的題材，編輯要竭盡所能將主題題材調整到導言中，以方便讀者閱讀；記者也應在撰稿中，切實掌握新聞重點，減少雙方主、客觀認知差距，當然，新聞採訪中心的主管也應擔任雙方溝通的橋樑。

案例1-3-5

A 則　　　**王金平淡笑「不可能的事」**

【記者楊湘鈞、林政忠/台北報導】前總統李登輝呼籲民進黨跳脫二〇一二年「民民配」思維，親李人士並點名要納入泛藍的立法院長王金平、倒扁總指揮施明德。王金平昨晚聽聞此訊息，淡淡一笑地強調：「對我個人來講，那是不可能的事，也不會有這種事情；對該傳言，也不願作任何回應。」

....

....

（聯合報 99/12/14 A4）

B 則　　　**綠營：吃柿就不能吃蝦**

【記者楊湘鈞、郭安家、曾雅玲/台北報導】前總統李登輝點名立法院長王金平與綠營天王搭配、在二〇一二挑戰馬英九總統；昨天國民黨立委邱毅率先拋出「馬王配」，將有利國民黨大團結，並會在今天的中常會當面向馬總統建議。

王金平面對敏感話題，仍是一貫低調，強調「聯合報已說得非常清楚了（指「這是不可能的事」）」。

....

對於李登輝意欲籌組第三勢力，綠營方面則顯得低調，民進黨團幹事長管碧玲表示，已聽聞前副總統呂秀蓮對被放話非常生氣，她不好多作評論。

她也認為，目前「第三勢力」名單、如呂秀蓮配宋楚瑜，不會成局，應只是「起鬨」或「誤傳」，她比喻：「吃柿子就不要吃蝦子；柿子跟蝦子放在一起，應該不是很好的安排」。

（聯合報 99/12/15 A6）

第二章　新聞標題之引題及副題

引題（又稱肩題、眉題）及副題（又稱子題、從題）之區別，最令初學者混淆，如果一開始就不清楚，以後下標題時，就迷迷糊糊，如果只知道把內文的菁華重點用文字堆砌上去，分不出主從關係，讀者也會前因後果搞不清，跟著迷糊起來，這樣的標題失去應有的功能。

要釐清引題及副題的觀念，其實並不難，只要一開始概念分辨清楚，以後就會駕輕就熟，水到渠成，無論任何種類新聞或複雜的內容，都可化繁為簡，駕輕就熟。

本章將以多個實例加以一一解剖，利用最淺顯的文字表達，以利讀者了解其區別，首先要闡釋兩者的基本定義：

一、引題的定義：

A.位置：共有 6 種，圖示如下，黑點即是引題（詳見 p.74 說明）：

B.可有可無：讀者不看引題，只看主題，要能清楚地了解新聞的綱要，亦即引題可有可無，反之，則是有缺陷的引題。

C.功能性：

①因果關係：因為何種原因（引題），以致產生何種結果（主題）。

②增加主題清晰度：有了引題，會使主題更加清楚，讀者更易了解。

二、副題的定義：

A.位置：共有6種，圖示如下，黑點即是副題（詳見 p.102 說明）：

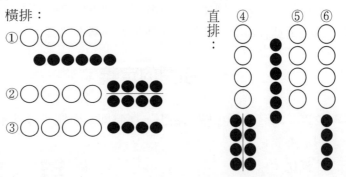

B.可有可無：閱讀者不看副題，只看主題，仍能清楚地了解新聞綱要，亦即副題可有可無。

C.功能性：

1.補充性：

①該副題存在目的在補充主題之不足；或者說副題中任何一個句子的內容，未曾在主題中有提及。

②該副題其中任何一句與主題或與副題中其他任何一個句子相較，屬於不同過程或先後次序。

2. 解釋性：

該副題存在的目的，是在解釋主題；或者說該副題中的某句子與主題中相同內容的句子相較，顯得意思更清楚。

■案例2-0-1，引題「車闖平交道進退不得」，主題「火車撞賓士　3歲童命危」，副題「離譜駕駛未抱童逃　獨自下車按緊急鈕釀禍」。

第一種標示：

引題「車闖平交道進退不得」，主題「火車撞賓士　3歲童命危」，副題「①離譜駕駛未抱童逃　②獨自下車按緊急鈕釀禍」，副題中①、②兩句話，皆屬補充性，其特色如下：

A：①、②為補充性：兩句子內容皆未在主題中提及。

B：①、②兩句子存在目的在補充主題之不足，亦即表達與主題不同意義。

第二種標示：

本題亦可改為主題「④火車撞賓士　3歲童命危」，副題「①車闖平交道進退不得　②離譜駕駛未抱童逃　③獨自下車按緊急鈕釀禍」，副題中①、②、③三句話，亦是屬於補充性，加上④「火車撞賓士　3歲童命危」，構成完整的一個事件，其特色為：

A：①、②、③為補充性：三句內容都未在主題中提及。

B：①、②、③三句存在的目的在補充主題之不足，亦即表達與主題不同意義。

C：副題中①、②、③任何一個句子與主題④或與副題中其他任何一個句子①、②、③相較，屬於不同過程或先後次序。

第三種標示：

本題可以改為主題「駕駛遲按鈕　火車撞賓士　3 歲童命危」，副題為「①名車卡平交道　②柵欄移不開　③區間車緊急煞車仍釀禍　④可憐男孩頭顱重創」，說明如下：

A：①、②為補充性：二句句子內容都未曾在主題中提及，旨在補充主題之不足，亦即表達與主題不同意義。

B：③、④為解釋性：二句子存在目的在解釋主題中「火車撞賓士」、「3歲童命危」，使其更清晰，更易了解。

第四種標示：

主題為「火車撞賓士　2歲童命危」，副題為「①男載童出門　②卡在平交道　③下車按鈴不及　④區間車緊急煞車無效」這個標題特色如下：

A：①、②、③為補充性：三個句子的內容未在主題提及。

B：①、②、③三個句子存在目的在補充主題之不足，亦即表達與主題不同的意義。

C：④為解釋性：詳細說明主題中「火車撞賓士」。

案例2-0-1

車闖平交道進退不得

火車撞賓士　3歲童命危

離譜駕駛未抱童逃　獨自下車按緊急鈕釀禍

【李政遠/雲林報導】雲林縣斗六市「後庄一」鐵路平交道昨下午發生火車撞轎車車禍，一輛白色賓士車載著三歲男童，趁柵欄還未放下前闖越鐵路平交道，結果柵欄放下，車子在柵欄間進退不得，駕駛下車企圖移動柵欄未果，再要按緊急鈕時已來不及，車子遭火車撞上，男童頭部重創，雖經送醫急救命危。

林姓目擊者說：當時白色賓士車卡在鐵軌上，火車已逼近，有人大喊「衝過去！不要停在軌道上」、「抱小孩快逃」，但駕駛

卻將男童留在右前座，企圖推開平交道柵欄未果後，才折返跑去按緊急鈕求救，此時火車已飛快衝撞來，只聽到「砰」一聲，車子被撞飛了，轎車擠成一團爛鐵。

警方指出，昨下午一時四十四分許，黃信展（27歲）駕賓士轎車載鄰居的3歲男童林育誠，經縣政府附近的「後庄一」平交道時，

....

....

（蘋果日報 99/7/24 A8）

■案例2-0-2與前例屬於同一條新聞，標題中贅字不少，或謂編輯想拉長標題，不過仍應加入有實際意義的字眼，剔除重複或無意義的句子。

主題「火車撞來　賓士成廢鐵　2歲童命危」，副題「男載鄰童出門　「卡」在平交道　火車駛近　下車按鈴來不及　台鐵區間車急煞車　男童送醫未脫險」，這組標題有很多字是可以被精簡掉而不損害原來的意思，主題可以精簡為「火車撞賓士　2歲童命危」，為什麼呢？賓士車被火車撞成廢鐵，已不是新聞，若是完好如初或輕微損害，才是新聞，才值得在標題上標示，在本條新聞中被撞成廢鐵，是理所當然，所以根本不值得在珍貴的標題空間中，佔一席之地，省略可也！其次「火車撞來」之「來」字，也是一樣可以省略而不影響原來意思。副題中「火車駛近」、「台鐵」也皆可精簡掉，「男童送醫未脫險」與「2歲童命危」意思相同，沒有必要再重複說一遍，「區間車緊急煞車」一詞，宜改為「區間車緊急煞車無效」。

案例2-0-2

火車撞來　賓士成廢鐵　2歲童命危
男載鄰童出門　「卡」在平交道　火車駛近
下車按鈴來不及　台鐵區間車緊急煞車　男童送醫未脫險

....

....

（聯合報 99/7/24 A5）

第一節　如何標示引題

　　引題的定義，本章前已略作闡釋，為加深讀者印象，本節再做詳細說明。

位置

　　引題，從字面解釋，乃「導引」、「指引」也，顧名思義，其存在目的，在導引讀者進入主題，使主題表達意義更加明確，更易明瞭，引題又稱「肩題」、「眉題」，乃是取其位置而命名，一般稱之為「眉題」，乃因其位於直式標題之上方，呈現橫排方式，形狀猶如人之眉毛，不管稱其「眉題」、「肩題」、「引題」，其功能仍屬「引題」，初學者不必為這些名稱搞混，統稱「引題」可也！

　　一般引題大都位於主題的上方（橫式題）或主題的右方（直式題），此外，為節省標題的空間，引題的位置也會以夾題的方式或較小的字體，置於主題的左方（橫式題）或主題的上方（直式題）（詳見本章 p.69圖示），其功能不變，舉例如下：

　　■案例2-1-1A　題，主題為「俄建議設超國家貨幣」，引題「美元跌跌不休」，即是將引題以較小字體擺放在主題左方，B題的引題為「主院決議不得私用」，也是將其以夾題方式置於主題「豪宅須開放民眾停車」的左方，C題的主題「高錕　獲諾貝爾物理獎」，引題放在主題左方，解釋高錕是何許人也，D題的引題「張忠謀：」放在主題左方，其字體較小，在說明主題「領導人要誠信正直」是誰說的，這是橫式題的作法，直式題則擺在主題上方，作法相同。

案例2-1-1

A 則　美元跌跌不休俄建議設超國家貨幣

【編譯劉千郁/綜合報導】國際美元仍持續走軟，歐元週三在紐約匯市對美元匯率升至十四個月高點，突破一‧四九美元，日圓對美元也升至八十九日圓兌一美元，因市場預估美國聯準會將維持低利政策到明年，投資人因此轉而買入利率較高的歐元等貨幣。與美元走向相反的黃金，週三盤中攀上一○七二美元高價。

另外，俄羅斯財政部長庫德林表示，美元佔全球外匯準備比例將會下降，逐漸讓位給超國家貨幣，使外匯準備構成更加多元。

俄羅斯總統梅德維傑夫呼籲採用盧布等地區性準備貨幣與超國家貨幣，以降低對美元的依賴，穩定全球經濟。俄羅斯於四月 G20 會議期間提議創設一超國家貨幣。

（自由時報 98/10/15 A14）

B 則　立院決議不得私用豪宅須開放民眾停車

（中國時報 98/1/13 A1）

C 則　中研院院士高錕　獲諾貝爾物理獎

（自由時報 98/10/7 A3）

D 則　張忠謀：領導人要誠信正直

【記者陳智華/台北報導】領導人才需要具備什麼特質？台積電董事長張忠謀昨天在一場演講中指出，領導人首要的就是誠信和正直，這兩項主流的道德觀千年不變。

（聯合報 98/10/25 A4）

可有可無

引題一定要存在嗎？不一定要存在，六、七十年代的標題，流行一行引題，一行或兩行主題，甚至再加一行副題或兩行副

題，總之，編輯想儘辦法要把新聞重要內容在標題中說個清楚，整版看起來都是標題字，美其名，讀者只看標題，不須看內容，但仔細檢討起來，既不美觀，又嫌累贅，有時又會輕重不分，如今，年輕編輯流行單行標題，偶而看到另一行副題伴隨，引題倒是少見，不過，只要出現引題，就常看到許多錯誤的標示，令人扼腕，其實，引題如非必要，儘可能不要標出，換句話說，下標題時，就以主題為主要思考方向、下手目標，不要考慮引題的必要性，更明確地說，放棄標示引題，純粹以主題為出發點，更易得心應手，但是一旦標示引題，就不要出錯，以免貽笑大方。

引題位於主題右方或上方，要分辨這個引題是否恰當，其實很簡單，只要蓋住引題，從主題開始看起，看看主題能否表達一個完整意思，如果可以；那麼這個引題就 "沒" 什麼問題，如果不能表達完整意思，這個引題就不恰當，編輯要重新思考如何再下新的標題。

引題特性

一、因果關係

引題與主題之間存在著因果關係，引題所表現的內容是「因」，主題所表現的內容是「果」，亦就是「因為（引題）……所以（主題）」，兩者存在，互有因果關係。其實「因」不一定要放在引題中，有時單單標示主題，不標示引題時，往往會把「因」也擺在主題中，如果這種標示，不會讓主題的句子顯得過長的話，是可以被接受，如果主題的句子過長的話，則應避免將「因」擺在主題中。

甚至可以將「因」擺在副題中，成為副題中的「補充性」標

題，例如前面所提的案例2-0-1，「車闖平交道　進退不得」原本
是「因」，亦即是「因為車闖平交道進退不得」，「所以火車撞
賓士」，第二種標示，就是把引題「車闖平交道進退不得」改為
副題，成為副題中的「補充性」，一樣是可以被接受的。

二、增加主題清晰度

　　引題存在的目的，就是要讓主題更加清晰，讀者更易了解，
所以引題往往是**解釋主詞的「名詞」、事件發生的「地點」、
「時間」、甚至是「消息來源」、「活動名稱（案件、會議）」**
……等等（本節後面將舉實例說明），這類引題，其所存在的必
要性，比「因果關係」更低，換句話說，沒有這種引題，對主題
沒有多大影響，有這種引題，會讓主題所表現的意思更加完整，
標示或不標示無傷大雅。此外，引題也有一項比較特殊功能，就
是將先前已經發生過的「**舊聞**」，用引題的方式呈現，而將最新
發展的新聞用主題來表達，利用引題增加主題的清晰度。

　　同樣地，這種增加主題清晰度的引題也可以改為副題中的
「補充性」或「解釋性」，但是也會依新聞的需要擺在主題中，
雖然它的「必要性」比「因果關係」低，放在主題中，也會有
「畫龍點睛」的功效（詳見後面實例說明）。

壹、引題實例說明：

（一）因果關係

　　■**案例2-1-2**，報導**韓美取消10月底黃海聯合軍演**，只要考慮
到11月將在首爾舉行G20高峰會議，引題「G20前避免刺激行為」
即是因，亦就是說因為「G20前避免刺激行為」，所以「韓美取

消月底黃海聯合軍演」，因果關係十分明顯。

　　■案例2-1-3，報導公立大學每年約500位教師退休，有些人轉到私立大學任教，同時領兩份薪水，又阻礙年輕博士進大學任教機會，教部修改「教職員退休條例」，強迫教授延後十年退休，引題「防轉私校　坐領雙薪」即是因，主題「公立大學教授延退10年」即是果。

　　案例2-1-2

A 則
G20 前避免刺激行為
韓美取消月底黃海聯合軍演

　　【陳文和/綜合廿四日外電報導】南韓「聯合通訊社」（韓聯社）廿四日報導，原定本月底在南韓西部黃海水域舉行的南韓與美國航空母艦打擊群聯合軍事演習已取消，且今年內兩國的聯合軍演都不會再有美國航空母艦參與。

　　南韓媒體認為，韓美此舉可能是考慮到下月十一日與十二日在南韓首都首爾舉行的「廿國集團」（G20）高峰會議。

（中國時報 99/10/25 A12）

B 則
防轉私校　坐領雙薪
公立大學教授延退 10 年

　　【林志成/台北報導】公立大學每年約五百位教師退休，有些人轉到私立大學任教，同時領兩份薪水，又阻礙年輕博士進大學任教機會，不符社會公平正義。教育部表示，正著手修改《學校教職員退休條例》，領月退條件由「七五制」改為「八五制」，強迫公立大學教授延後十年退休。

　　國民黨立委洪秀柱表示，最近她辦公室接到許多年輕人的電話，他們都擁有國內或國外大學博士學位，想要進大學教書，卻不得其門而入。他們都說，公立大學教授退休後，紛紛轉私大任職，一邊領政府月退俸、一邊領私校全額薪水，還卡住私大教職名額，他們很不滿。

（中國時報 98/11/9 A1）

　　■案例2-1-4報導台中市一位男童騎小折一路追趕騎機車的媽媽到草屯，騎了十多公里，在中投路橋下車鏈脫落放聲大哭，A則引題「母負氣離家　他落鏈大哭」，主題「媽媽不要走　男童騎小折狂追」，這個標題，把前後因果關係及先後次序完全混淆，從因果關係來看，「母負氣離家」即是因，「媽媽不要走　男童騎小折狂追」即是果，如果原來標題如此標示就沒有問題，但是在引題又加上「他落鏈大哭」這個「果」，就不符合標題製作原則，把「因」、「果」都放在引題「因」的位置上，令讀者看了迷迷糊糊。

　　A則標示有一定的次序，理論上，從引題至主題再看到副題，有其順序，本題即是「母負氣離家→媽媽不要走→男童騎小折狂追→他落鏈大哭」，這樣的順序順合乎讀者的思緒，將「他落鏈大哭」擺在「引題」的位置，也搞亂了讀者的閱報習慣。

　　B則一行主題「媽媽吵架離家　男童騎單車追8公里」，清清楚楚表達前因後果，「媽媽吵架離家」是因（本章前曾說明「因」也可以當主題），「男童騎單車追8公里」是果，至於「媽媽不要走」及「他落鏈大哭」這些字眼，擺在副題即可，甚至不要也罷！

　　案例2-1-4

A 則　　　　母負氣離家　他落鏈大哭
　　　　媽媽不要走　男童騎小折狂追

　　【林欣儀/中縣報導】父母吵架，母親負氣離家，讓年僅十歲的劉姓男童很憂心，害怕媽媽一去不回，竟騎著心愛的小折，一路從台中市追趕騎機車的媽媽、打算到草屯外婆家，結果騎了十多公里路，在中投公路橋下車鏈脫落，在旁值勤的員警發現哭泣的他，通知劉父將孩子領回，結束一場追母驚魂記！

　　「媽媽會不會不要我了？」劉姓男童站在中投公路下放聲大

哭，引來在附近臨檢的霧峰分局警　　親。
員注意，沒想到，劉童見到員警，
哭得更大聲，還苦苦哀求幫忙找母　　……………………………………
　　　　　　　　　　　　　　　　　（中國時報 99/7/28 A8）

B 則　**媽媽吵架離家　男童騎單車追 8 公里**

……………………………………　……………………………………
……………………………………　　　　　　（聯合報 99/7/28）

（二）增加主題清晰度：

1. 解釋主詞：

■案例2-1-5，報導倫飛電腦股票大漲，董事長高育仁即是國民黨新北市長候選人朱立倫岳父，所以在引題（眉題）上，標示「董事長為朱立倫岳父　被視為藍營概念股」，即是在解釋「倫飛」這個主詞的背景，讓讀者在看「倫飛」股票上漲這個新聞時，可以更清楚了解它的背景關係。

■案例2-1-6，報導雪霸國家公園武陵管理站主任廖林彥被戲稱為「山寨版梁朝偉」，廖林彥是怎麼樣的人呢？他曾說：「我和牠們一樣　都是天蠍座的孩子」，把這句話放在引題上，即是在解釋廖林彥這位主任的背景，讓讀者看了標題，更加清楚這位「櫻花鉤吻鮭之父」；本標題應在引題上加上「」引號，較恰當。

■案例2-1-7，美國前亞太助卿訪台，解析美國總統歐巴馬民調遽降的原因，主題上的「薛瑞福」是誰？恐怕不是一般讀者都知道的，於是在引題上說明他的身份是「美前亞太助卿」，而且來台訪問，其目的就是增加讀者對他的了解。本題應將主題改為「薛瑞福解析歐巴馬民調遽降」較為恰當，因為引題所解釋的名稱，通常是主題上的第一個主詞，而非後面的主詞，否則讀者會

搞不清楚哪個才是引題所要解釋的主詞；原題尚有主題空洞的缺失，若改為：「薛瑞福：議題選擇錯誤　歐巴馬民調遽降」更佳（詳見第一章主題）。

　　■案例2-1-8，北韓飛機在曼谷加油時，5名乘員因機上滿載重型武器而遭到拘押，引題「飛斯里蘭卡　迫降曼谷」在解釋北韓飛機的背景，主題「偷運35噸武器　北韓機被泰扣押」，雖然只有一個主詞「北韓機」，不似案例2-1-7較易被混淆，但是仍應避免主詞放在主題的後半句，若改為「北韓機偷運35噸武器　被泰扣押」，則較清楚。

　　■案例2-1-9，警察被殺人通緝犯近距離朝胸口開槍，幸有穿防彈衣，才未受傷，引題「生死一瞬間」是一句形容詞，描寫當時的情景，也是在解釋主題「匪朝胸口開槍」的突發狀況，主題「匪朝胸口開槍」語焉不詳，若改為「嫌犯朝警胸開槍」則好多了。

案例2-1-5

董事長為朱立倫岳父　被視為藍營概念股
倫飛一周漲三成　勇冠三軍

【劉宗志/台北報導】五都選舉逼近，台股近期因量能不足，指數仍呈現區間震盪走勢，不過盤面似已開始反應選舉行情。上周大盤小跌三十七點作收，惟被市場貼上「翁婿檔」標籤的上市公司倫飛電腦，股價連結性大漲，周漲幅近三成，勇冠七百多檔上市個股。

　　去年九月初朱立倫確定接下副閣揆一職，其岳父高育仁擔任董事長的倫飛電腦，股價一飛衝天。

....

....

（中國時報 99/10/25 A7）

案例2-1-6

我和牠們一樣　都是天蠍座的孩子
櫻花鉤吻鮭之父　山寨版梁朝偉

【唐鎮宇/中縣報導】被外界譽為「櫻花鉤吻鮭之父」的雪霸國家公園武陵管理站主任廖林彥，同事稱他是「山寨版梁朝偉」，投入國寶魚復育已達十一年。把每隻復育的魚都視為自己孩子的他，即使復育過程遇到不少挫折，他依然樂天笑說「我和牠們一樣都是天蠍座的孩子（櫻花鉤吻鮭產卵季節在十月），不會輕易放棄的。」

....

（中國時報 99/3/5 A12）

案例2-1-7

美前亞太助卿訪台
歐巴馬民調遽降　薛瑞福解析

【記者楊湘鈞/台北報導】美國前亞太助卿薛瑞福率領的共和黨訪華團，昨天拜會立法院長王金平及立委林郁方等。………………

....

堪稱「台灣通」的薛瑞福訪問團，昨天與王金平、林郁方會談時，傳遞了近來共和黨勝選氛圍，並分析民主黨籍總統歐巴馬民調遽降的原因：

一、議題選擇錯誤，二、議題處理方式錯誤，三、競選諾言未能實現，四、華府與國會關係不佳，以讓在野的共和黨近來屢戰屢勝。

....

（聯合報 99/2/3 A4）

案例2-1-8

飛斯里蘭卡　迫降曼谷
偷運 35 噸武器　北韓機被泰扣押

【編譯陳世欽/綜合報導】泰國官員表示，一架自北韓起飛的俄羅斯製伊留申 76 型運輸機 11 日在曼谷降落加油時，5 名乘員因機上滿載重型武器而遭到拘押。

....

....

（聯合報 98/12/14 A11）

案例2-1-9

生死一瞬間
只隔 3 步匪朝胸口開槍

【記者蔡政諺、莊亞築/高雄市報導】「生死一瞬間！」被殺人通緝犯劉傳成近距離朝胸口開槍的保大特勤中隊小隊長馬延德，槍戰後慶幸地說，還好執勤時依規定穿防彈衣，否則可能「完了」。

馬延德說，昨天狀況發生太突然，當時他和劉傳成只有三步距離，劉竟然一轉身就朝他的胸口開槍，還好擊中防彈衣，如果偏右五公分擊中腋窩，「倒地的可能就是我」。

（聯合報 98/10/8 A3）

2.消息來源：

■案例：2-1-10，千代文教基金會公佈一項問卷調查指出，逾6成受訪者認為學校老師只重視升學，忽略品格培養，引題「千代基金會民調」，即是指出主題「6成民眾：學校只重升學」的消息來源。

■案例：2-1-11，報導中國大陸的大蒜、黑豆的價格突飛猛漲，大陸網民為難以控制的五穀雜糧價格取了一個特殊名字，大蒜漲價叫「蒜你狠」、黑豆漲價被稱為「豆你玩」，主題「豆你玩　蒜你狠　成都雜糧猛漲」，利用這種戲稱，饒富趣味，引題「網友戲稱」即是指這種戲稱來源。

■案例：2-1-12，新加坡內閣資政李光耀指出，即使沒有發生當前影響全球的金融危機，以中國和印度這兩大國的經濟自然成長，長遠而言也將促成世界秩序改變，引題：「新加坡資政李光耀：」即是消息來源，不過這種標示方法有其瑕疵（詳見第四章第四節），但是在實務界廣泛被利用，較正確的主題標示應為：「李光耀：中印經濟改變世界」。

案例2-1-10

千代基金會民調
6成民眾：學校只重升學

【記者李威儀/台北報導】千代文教基金會昨日公布一項問卷調查指出，逾6成受訪者認為學校老師只重視升學，忽略品格培養，並有過半數受訪者認同，政府拚教育比拚經濟更重要的說法，學者呼籲將品德教育列入正式課程。

....
....

（聯合報 99/1/21 A4）

案例2-1-11

網　友　戲　稱
豆你玩　蒜你狠　成都雜糧猛漲

【記者賴錦宏/綜合報導】大蒜價格突飛猛漲超過豬肉，成都市場上的黑豆價格近日離奇攀升，一度超過肉價。往年二、三元人民幣一斤都賣不出去的黑豆，現在最高價達到九元多一斤。大陸網民為難以控制的五穀雜糧價格取了一個特殊名字，大蒜漲價叫「蒜你狠」，綠豆、紅豆、黑豆漲價被戲稱為「豆你玩」

....

（聯合報 99/5/21 A23）

案例2-1-12

新加坡資政李光耀：
中印經濟改變世界秩序

【中央社/新加坡電】新加坡內閣資政李光耀前晚指出，即使沒有發生當前影響全球的金融危機，以中國和印度這兩大國的經濟自然成長，長遠而言也將促成世界秩序的改變。

李光耀認為，金融風暴所發揮的作用，是將世界秩序出現改變所需的時間，縮短大約四、五年。

....
....

（聯合報 98/10/21 A4）

---

3. 時間：

■案例2-1-13，報導縣市長及議員選戰揭曉的那一夜，對新竹縣長鄭永金來講，是最難熬、最痛心的時刻，引題「最難熬的一夜」，表達鄭永金的心情的時間點，主題「鄭永金　次子、兄嫂也落敗」則說明落敗的事實。

■案例2-1-14，兩位「開心農場」的網友見面時，男方指女方醜，不唱卡啦 OK，反而打人，引題「開心農友見面」……即是指「時間」點，主題「嫌女網友醜　不 K 歌……K 人」，編輯巧妙用「K 歌」及「K 人」，讓整個標題生動多了。

案例2-1-13

最難熬的一夜
鄭永金　次子、兄嫂也落敗

【記者羅緗綸、王慧瑛/新竹縣報導】昨晚對新竹縣長鄭永金來說，是最難熬、痛心的時刻。

心臟裝了四根支架的鄭永金，不僅輔選議長張碧琴參選縣長落敗，就連他參選縣議員的次子鄭朝鐘、爭取新竹市議員五連霸的兄嫂鄭劉淑妹也全部落敗。

………………………………

（聯合報 98/12/6 A8）

案例2-1-14

開心農友見面……
嫌女網友醜　不 K 歌……K 人

【記者王宏舜/台北報導】已婚男子陳嘉麟從網路遊戲「開心農場」結識女網友「兔兔」，分別邀她及互不相識的三名酒店女子等四人半夜到 KTV 唱歌，陳認為兔兔長相像「米其林人」拉低四女水準，還很火大她不自覺地拿麥克風一直唱，上前打她、搶走衣物，還叫她匯錢贖物，警方偵訊後依強盜罪嫌將陳送辦。

………………………………

（聯合報 98/12/14 A8）

4. 地點：

　　■案例：2-1-15，白冰冰在台灣科技大學演講，希望法務部長曾勇夫鍘該鍘之人，引題「在台科大演講」即是指白冰冰演講的地點，主題「白冰冰：勇伯加油　該鍘就鍘」即是一種最恰當的標示，將「白冰冰：」放在主題上，凸顯發言者的重要性（詳見第四章第四節）。

案例2-1-15

在台科大演講
白冰冰：勇伯加油　該鍘就鍘

　　【記者胡清暉/台北報導】藝人白冰冰昨晚針對廢除死刑議題發表演說，她說，大家看電視劇包青天執法虎頭鍘，大快人心，她高喊「勇伯加油！加油！加油！」，並希望曾勇夫鍘該鍘之人，民眾會為他喝采。

　　白冰冰昨晚在台灣科技大學演講「為何要反對廢除死刑？」約五百名同學到場聆聽。

（自由時報 99/3/23 A5）

---

5. 活動名稱（案件、會議）：

　　■案例2-1-16，台東縣立委補選，行政院長吳敦義以黨員身分為國民黨提名的鄺麗貞站台，引題「東縣立委補選」即在說明這項活動的名稱，主題「吳揆挺鄺　賴坤成批換了腦袋」，即在表達新聞的主要內容。

　　■案例2-1-17，蘇花改環評初審會議中，多數與會人士皆對破壞地層提出動工的「安全」疑慮，引題「初審會議」，即是這個活動名稱，而把實質內容在主題中標出，「『地質最破碎……』　花蓮人聞言跪求」使得這條新聞更有可看性，如果把「初審會議」放在主題中，就顯得累贅了。

案例2-1-16

東縣立委補選
吳揆挺鄺　賴坤成批換了腦袋

【記者黃明堂/台東報導】台東立委補選將於明年元月九日投票，行政院長吳敦義昨天為國民黨提名的鄺麗貞站台輔選；民進黨徵召的提名人賴坤成批評吳敦義在國民黨秘書長任內，不讓鄺競選連任縣長，現在卻輔選立委根本是換了腦袋。

....

（自由時報 98/12/14 A2）

案例2-1-17

初　審　會　議
「地質最破碎……」　花蓮人聞言跪求

【記者曾懿晴/台北報導】蘇花改環評初審會議昨天足足討論了六小時，才有條件通過，蘇花地段的地質調查及開發所需面對的地質破碎情形，是會議的重頭戲，多數與會人士會中皆針對破碎地層，提出動工的「安全」疑慮。

....
....

（聯合報）

6. 舊聞

　　一件新聞的發生，有其連貫性，「已經發生」的舊聞，絕對不可放在主題上，「最新發展」的新聞才是主題的題材（詳見第五章）。

　　■案例2-1-18，報導前彰化議長白鴻森戒護就醫偷渡大陸，但從廈門被押回來，這條新聞分為二階段，第一階段「戒護就醫」屬舊聞，第二階段「從廈門押回來」屬「最新發展」的新聞，引題「彰化前議長　戒護就醫偷渡大陸」，一方面在解釋白鴻森是何許人也（詳見本章「解釋主詞」），另一方面在敘述他曾戒護就醫偷渡大陸的舊聞，主題「白鴻森　從廈門押回來」則

是「最新發展」的新聞點。

案例2-1-18

彰化前議長　戒護就醫偷渡大陸
白鴻森　從廈門押回來

【本報記者/連線報導】在廈門落網的彰化縣前議長白鴻森、白的妹婿羅道堅，及涉嫌安排白偷渡出境的楊浩雄，刑事局昨天循小三通遣返，晚間解送彰化地檢署歸案；主任檢察官黃智勇確認白、羅身分後，暫羈押彰化看守所，明天一早將發監到雲林二監服刑。

....

（聯合報 99/3/7 A1）

貳、不當引題實例說明：

引題的功能，以上有詳細的解釋，但是引題也常被誤用，在報紙上屢見不鮮，試舉例說明如下：

1. 主詞擺在引題的不當

前曾提及，引題是可以不存在的，也就是讀者用手蓋住引題，主題要能表達完整的意思，若將主詞擺在引題上，主題一定不能表達完整的意思，那麼這個標題就有缺失了。

■案例2-1-19，報導楊姓女子一家四口全靠她打零工過活，但因無照駕駛遭開單，無力繳罰款以致無法考照，交通部決定修法，開放所有無照逾期未繳民眾分期付款，繳第一期罰鍰即可考照，A題引題「無照接紅單　弱勢連環罰」，主題「罰鍰繳一期七月起可考照」，主題中的罰鍰是指何種罰鍰呢？語焉不詳，讀者非要看引題才知道是「無照接紅單」，這樣的標示，就不符合標題製作原則，所以「無照」這個主詞，不能直接放在引題，而應擺在主題才對，整個標題改為，「無照罰鍰繳一期　七月起可考照」就可以了，至於「弱勢連環罰」、「接紅單」可以省

略。

　　B 題的主題可以精簡為「無照分期繳罰款　年中可考照」，省了一個字，語意更清楚。如用原題的話，引題的「最快年中實施」應改為副題才正確。

　　案例2-1-19

A 則
無照接紅單　弱勢連環罰
罰鍰繳一期　七月起可考照

【許俊偉/台北報導】雲林斗六楊姓女子父母身障，妹妹還在讀高中，一家四口全靠她打零工，但因曾無照駕駛遭開單，無力繳交罰單以致無法考照，偏偏負擔家計必須騎車討生活，又遭開單，雪上加霜。

交通部決定修法，開放所有無照逾期未繳民眾分期付款繳第一期罰鍰後即可考照，預計七月可公告修正上路。
....
（中國時報 99/4/29 A1）

B 則
最快年中實施
無照駕駛分期繳罰鍰　就可考照

【記者曾鴻儒/台北報導】民眾無照駕駛遭查獲後，如果沒有繳清罰鍰就不能考照，不少民眾生計因此受影響，公路總局與交通部推動修法，最快今年中，此類民眾只

要辦理分期付款並繳交頭期款，就能考駕照。
....
....
（自由時報 99/4/29 A7）

　　■案例2-1-20，國三七堵段罹難者獲協議國賠，引發效應，豐丘明隧道、雙園大橋、台十六線事故及小林村便道事故，也將辦理國賠，雙園大橋（事故）、豐丘隧道（事故）都是主詞，將「雙園大橋（事故）豐丘隧道（事故）」擺在引題上，而將「小林便道事故」放在主題上，顯然不符合引題製作原則，所以原標示是不恰當的，這種標題有以下兩種標示方法：

　　Ａ在四種事故中，尋找一個「最新發展」、「最重要」的事故當做主題，本題中當選「小林村便道」當主題為佳，其他的三個事故改為副題形式，所以主題「小林村便道事故　尋求國賠」，副題「豐丘明隧道、雙園大橋、台十六線事故也將重啟辦理」。

　　Ｂ將四種事故中，利用夾題方式，全部在主題中顯現，由於字體較小，不利讀者閱讀，這種標題在早期報紙上常見，目前很少看到，而且也不符合夾題製作原則（詳見第十六章第二節）

案例2-1-20

雙園大橋、豐丘隧道
小林便道事故　　也尋國賠

【記者蔡惠萍/台北報導】國三七堵段罹難者獲交通部協議國賠，引發國賠效應。先前遭交通部駁回協議的豐丘明隧道、雙園大橋及台十六線事故，都因被監院糾正而出現「新事證」，將重啟國賠程序；小林村便道事故，公路總局也主動協助家屬辦理國賠。

（聯合報 99/5/7 A6）

2.主題題材擺在引題的不當

　　■案例 1-1-12 C 則，引題「立委批：不能光靠員工打游擊」，主題「夜市賣郵票　每月業績20萬」，即是這種不當的標示。「最新發展」是「立委批：不能光靠員工打游擊」，這是主題題材，卻在把它擺在引題的位置上。

3. 與主題無關連的新聞擺在引題的不當

　　■案例2-1-21，報導桃園機場有航務員涉嫌騷擾女員工案，以及交通部徵詢名人以「旅客」意見提供建言，這兩件事情都發生在桃園機場，雖然事件的發生有前後牽連，實質上兩條新聞無前因後果的關係，也就是說是可以單獨存在，這種新聞本來就應

該分開來寫成兩條新聞才好，若要寫成一條新聞來報導也是可以，但在標題上就要注意了。

A 則，將這兩條新聞寫成一則，導言報導要徵詢名人意見，第二段報導航站人員懲罰案，第三段報導申訴案有無包庇，最後一段報導林鵬良出任機場公司總經理，整篇報導由兩位記者署名，很顯然兩人稿件綜合成一則新聞，引題「性騷擾成案　督導李鑑敏停職　送公懲會」，主題「桃園機場體檢　請『吐槽』名人指教」，主題與引題間沒有前因後果關係或其他引題與主題應有的關連性，所以把「性騷擾成案」擺在引題是不對的，應放在副題才恰當。

B 則及 C 則是同一家媒體所報導，將兩條新聞分開來報導，不僅內容詳細，而且涇渭分明，讀者看來毫不吃力，堪稱是理想的兩篇報導。

D 則雖將所有相關新聞綜合成一條，雖以性騷擾成案為主題，卻也埋沒了其他新聞點，可惜了！

案例2-1-21

A 則　性騷擾成案　督導李鑑敏停職　送公懲會
桃園機場體檢　請「吐槽」名人指教

【許俊偉、高興宇/綜合報導】國門負面新聞不斷，交通部除邀專家籌組桃園機場改善小組，今（十三）日首次開會展開體檢外，八月還要徵詢曾公開批評航站的節目製作人王偉忠、美食作家韓良露及觀光意見領袖亞都麗緻總裁嚴長壽等「旅客」意見。交通部痛定思痛全面檢討國門，成效靜待觀察。

至於涉嫌對昔日女員工性騷擾的桃園機場督導李鑑敏，航站申訴委員會經訪談兩造當事人和相關員工，確認成案後，考績會隨即決議予以停職並移送公懲會處理。

外界質疑去年被害人向總統府申訴結果查無實情，為何這次卻水落石出？交通部政次葉匡時強調正調查有無包庇，還將全面檢視過去兩年機場各項申訴案件有無處理不當。

…………………………………
…………………………………

　　另外，交通部也證實改制後機場公司總經理由林鵬良出任。林鵬

良昨天現身與媒體會面，坦言必須強化各項軟硬體競爭力才能吸引廠商投資。

　　（中國時報 99/7/13 A1）

B 則　　機場大悶鍋　請韓良露王偉忠掀蓋
交部下月邀專家會診　改善小組今開會
羅淑蕾參加前爆料：海關沒入洋酒上下其手

　　【記者蔡惠萍、楊湘鈞/台北報導】從軟硬體太爛到員工紀律敗壞，桃園機場最近成了「全民大悶鍋」。交通部決邀請航空專家成立「機場改善小組」，下個月還將邀請電視節目製作人王偉忠、美食作

家韓良露、亞都麗緻總裁嚴長壽等人一起「掀鍋蓋」，從使用者的角度全方位改善機場服務品質。

…………………………………

　　（聯合報 99/7/13 A1）

C 則　　　涉性騷督導停職　移送公懲會

　　【記者陳嘉寧/桃園機場報導】桃園航空站中控中心督導李鑑敏被指控涉嫌性騷擾案，桃園航空站昨天開會決議，李鑑敏停職並移

送公務員懲戒委員會議處。

…………………………………
…………………………………

　　（聯合報 99/7/13 A2）

D 則　　　機場性騷擾成案　李鑑敏停職

　　【記者曾鴻儒、顏若瑾/綜合報導】桃園機場昨日調查航務員李鑑敏性騷擾機場女員工案，性騷擾案確定成案，李鑑敏立遭停職處分。

…………………………………
…………………………………

　　交通部昨天也派出民航局副局長王德和即日起進駐桃園航站，直接負責航站指揮與監督，上週已進駐的葉匡時和交通部次長張邱春，仍會不定時到航站督導。

　　葉匡時說，未來也會請作家韓良露、觀光業大老嚴長壽、節目製作人王偉忠等人從旅客的角度提供意見。

　　交通部昨天也正式發佈民航局長尹承蓬、機場公司總經理林鵬良兩項人事案。此外，交通部運輸研究所所長黃德治本週五將退休，職缺可望由交通部技監林志明接任；日前下台的前民航局長李龍文，則可能在休養一段時間後接任技監。

　　（自由時報 99/7/13 A9）

■案例2-1-22及2-1-23是兩則只是主題及引題報導內容性質相同，實際是完全不相干的新聞，主題「蔡英文路邊吃黑輪　朱立倫推銷桃園經驗」與引題「廖了以婉拒為胡志強選戰主委」有何關係？完全沒有引題與主題間的關連性，而是兩條都是有關選戰的新聞，兩者要在同一則標題出現，應該是主題與副題的關係，而不是主題與引題的關係；同樣的情形，「楊志良硬肩膀藍營驚豔」與「大台南綠搶唐山牌」也是毫無瓜葛的同性質選戰新聞，也沒有存在引題與主題的關連性，所以應以主題與副題的形式出現（詳見本章第三節如何標示副題）。

案例2-1-22

廖了以婉拒當胡志強選戰主委
小英路邊吃黑輪　朱推銷桃園經驗

【朱真楷、秦蕙媛、林如昕/台北報導】新北市戰鼓擂！空降角逐新北市長的民進黨主席蔡英文，第一站跑去哪？前晚，她與黨內國際部主任蕭美琴低調出現永和市，兩個女生一路「晃到」著名的樂華夜市，隱身人群熟悉環境，經過關東煮攤，還索性坐到路邊大咬黑輪。國民黨新北市長參選人朱立倫，昨天到台北縣林口鄉與泰山鄉直接面對基層選民，他強調這場選戰的任務，就是好好建設新北市，實現理想與政見。

…………………………………
………立法院長王金平拱廖了以擔任台中市長胡志強競選總部主委，廖沒有正面回應，只強調「我有行政職，去當主委不太好…………
…………………………………
…………………………………

（中國時報 99/5/28 A4）

案例2-1-23

大台南綠搶「唐山牌」
楊志良硬肩膀　藍營驚豔

【記者楊湘鈞/台北報導】衛生署長楊志良請辭,但他的高民調與高人氣,卻讓藍營驚豔。有國民黨人士昨天指出,楊志良形象好、爆發力強,更有當朝官員罕見的硬肩膀,與台南有相當淵源,若能進一步獲地方認同,是張參選大台南市長的好牌。

....

【記者林政忠/台北報導】民進黨昨天是五都初選黨內登記首日,參選大台南市長的立委葉宜津、台南縣長蘇煥智完成登記,立委李俊毅則是先領表,擇日再登記。他們三人互搶「唐山牌」,爭著和老縣長陳唐山拉關係。

....

（聯合報 99/3/9 A9）

第二節　引題題材亦可當主題使用

前曾說明，引題的題材亦可當做主題來標示，端看編輯以何種觀點來衡量，只要不違反標題製作原則，兩種差別只在好與壞而已。

標題的好、壞其實也是見仁見智，沒有一定的標準，不過，不管怎樣去評定好、壞，標題一定要遵循一定的規則去標示，不能愛怎樣就怎麼樣，這也是本書存在的目的

引題有第一節中所講的「因果關係」、「解釋主詞的名詞」、「消息來源」、「時間」、「地點」、「活動名稱（案件、會議）」、「舊聞」的標示功能，這些引題題材，如果標示在主題上，常常會顯得主題冗長，佔用太多主題空間，換句話說，主題會不夠精簡，缺乏鏗鏘有力的味道，比較不會吸引人，如果沒有這些缺點，把引題的題材拿來當主題用，標題更精簡反而更好。

老一輩的編輯，常常會要求初學者，儘量不要去標示引題，一開始下標時，就要從主題著手，主題有了，看看有沒有不足的地方？非必要，引題寧願棄而不用。理論上，看標題是依循引題→主題→副題的順序，但是一般讀者看標題往往從主題開始看，而捨棄字體較小的引題，這就是引題儘量不要標示的原因。

■案例2-2-1，一名法律系女學生在便利商店遭到一位男子貼背磨蹭，女學生指當時處理的員警竟然說「你就當作噩夢一場吧！」，未將嫌犯帶回處理，最後還是靠她網搜找到嫌犯報案，這條新聞，A及B兩則的編輯看法不同，A則的引題「警：當作噩夢一場吧！」，主題「法律系女大生　網搜揪超商狼」，引題

是因，主題是果（「法律系女大生」改為「女大生遭騷擾」更佳），編輯認為「網搜揪超商狼」比較重要，於是用此句當主題，但是 B 則的編輯認為「當作噩夢一場吧！」是比較有震撼性，於是將此句用來當主題，同樣都是一句話，可用來當引題，也可用來當主題，平心而論，B 則較 A 則為佳，「網搜揪超商狼」這種所謂的「人肉搜索」在網路上方興未艾，時有所聞，不算稀奇，而警員對受害人說：「當作噩夢一場吧！」倒是難得一聞，編輯在主題、引題間玩起「文字遊戲」，個人對新聞的「敏感度」，相當重要。

　　案例2-2-1

A 則

警：當作噩夢一場吧！

法律系女大生　網搜揪超商狼

【蕭博文/台北報導】北市一名法律系女大學生在便利商店遭林姓男子貼背磨蹭，檢方昨依性騷擾防治法起訴林某。女大生指稱當時處理的員警竟然說「妳就當作噩夢一場吧！」未將林某帶回派出所，事後還是靠她從網路搜尋找到林某進而報案。承辦檢察官已去函市警局督察室要求查處。

....

（中國時報 99/3/11 A15）

B 則　　**女遭騷擾　警：當做噩夢算了**

【記者姜炫煥/台北報導】一名法律系的女大學生，數月前在台北市一家超商列印資料時，遭人性騷擾，嫌犯趁亂離去後，處理員警卻要她當成噩夢作罷；女生自力查出嫌犯是林子修報警抓人。士林地檢署昨天依性騷擾防治法罪嫌將林起訴。

....

　　鄭嘉欣偵查時，女大學生指稱案發後，林姓警員私下對她說「就當成噩夢一場」，要她作罷，不要提告；鄭嘉欣已函請市警局督察室，追查林姓警員有無失職。

....

（聯合報 99/3/11 A11）

■案例2-2-2，報導偷遍南北六縣市的官府竊嫌，在某次作案

打開保險櫃時，看到裡面有一、二千萬元，怕「樹大招風」只拿十多萬元，Ａ、Ｂ兩則所取材重點完全不同，Ａ則引題「保險櫃輕鬆開　千萬只偷10萬意思一下」，主題「官府大盜張傑評　也光顧校園」，引題用來解釋主詞「官府大盜張傑評」的行為，而Ｂ則恰恰相反，把Ａ則的引題當作主題來標示，「千萬現金取十萬　小偷不想變大盜」，把社會新聞最突出的特「點」凸顯出來，較Ａ則棋高一籌，主題與引題間的重要性比較，有時端看編輯的一念之間。Ａ則中稱嫌犯為「大盜張傑評」，顯有標題審判之嫌（詳見第六章新聞標題審判）。

案例2-2-2

Ａ則　「保險櫃輕鬆開　千萬只偷 10 萬意思一下」
官府大盜張傑評　也光顧校園

【鐘武達/彰化報導】八至九月偷遍南北六縣市政府大樓的官府大盜張傑評，彰化縣警方上月將他緝捕到案後擴大追查，清查出他還涉及全國至少廿所公、私立大學的校園竊案，初估行竊校園所得，約四、五百萬元。張嫌自稱，在某校作案時，曾經很輕鬆就打開一只保險櫃，裡面藏有一、二千萬元，害他掙扎許久，最後怕「樹大招風」，只拿十餘萬「意思一下」。

（中國時報 99/10/25 A10）

Ｂ則　**千萬現金取十萬**　　**小偷不想變大盜**

【記者劉明岩/彰化縣報導】偷遍六縣市政府的張傑評落網後，彰化警方發現他還曾潛入台大等十九所大學院校行竊，共得手上百萬元。

張傑評（卅歲）供稱，他曾潛入台中縣一所私立中學發現未上鎖的保險櫃內有上千萬元鈔票，他怕變成警方追緝重點，只偷了抽屜內的十多萬元，因校方未報案他才繼續犯案。

（聯合報 99/10/25 A8）

引題拿來當主題，在「活動名稱」、「消息來源」、「因果

關係」較常見，但在「時間」、「地點」、「解釋主詞」、「舊聞」則較少見，主要是前三者的重要性往往比後四者為大，有時用來當主題，往往有意想不到的效果，當然，這要看編輯的選材角度，後四者，如果用來當主題，往往是很重大的新聞發生，例如天災、人禍、高峰會……或其他特定需求，非在主題中出現不足以顯現新聞的重要性時才標示，其他小新聞、持續發展或配合新聞，主題若標示後四者，反而會顯得累贅，舉例說明如下：

■**案例2-2-3**，A則報導中國大陸廣西爆發副傷寒疫情，這是一條重大新聞，尤其對前往旅遊者影響更大，若將「廣西」這個地名放在引題，容易讓讀者忽略掉，而把它放在主題上，「旅人小心！廣西爆發副傷寒疫情」彰顯這個地點的嚴重疫情，提醒讀者特別注意。

B則是國軍排雷人員在蘇花公路114.5公里再測出金屬物，懷疑是創意旅行社車體，主題「蘇花114.5公里再測出金屬物」，將「114.5公里」這個地點在主題上標出，其目的在凸顯這種大面積多處坍塌的地方，又有新發現，如果放在引題上，容易讓讀者忽略掉，無法明確告知讀者新發現的地點。

C則報導上海世博閉幕，將世博國際展覽局旗，交給下屆2015年主辦單位義大利米蘭市，主題「上海世博閉幕　2015年米蘭見」，在主題中把「2015年」這個時間點標出，在強調世博並非年年舉辦，而是五年一次，讓讀者更加了解，如果「2015年」不在主題中標出，也不算是錯誤，標示出來，更凸顯它的重要性。

D、E則都是利用引題來解釋主詞，一個將「準議長」放在引題，另一個將「51歲，藍領之子」放在引題，卻將「準議長」放在主題中，有明顯差別。美國期中選舉，共和黨的眾議員貝納（鮑納）可望出任眾議院議長，貝納是誰？絕大多數讀者不知

道，如果像Ｄ則把「準議長」放在引題位置，很容易被忽略，如果把它放在主題中，「準議長貝納　歐巴馬勁敵」，很清楚地看出，此人的地位與身份，大大提高，讀者也一目了然，至於「51歲，藍領之子」這些解釋主詞貝納的字眼放在引題即可，若置於主題則嫌瑣碎、累贅。

案例2-2-3

Ａ則　　旅人小心！廣西爆發副傷寒疫情

【邱俐穎/台北報導】中國大陸廣西自治區河池市羅城仫佬族自治縣，爆發血清型Ａ型副傷寒疫情，截至十月廿九日共累計一○七例，其中八十例住院隔離治療，以學生居多。衛生署提醒民眾前往副傷寒流行區，注意飲食衛生，吃熟食、喝包裝水、勤洗手，水果最好自己削皮，不要買現成削好的水果，以免感染。

....

（中國時報）

Ｂ則　　蘇花114.5公里再測出金屬物

【記者徐尉庭、張祐齊、吳淑君/宜蘭縣報導】蘇花公路搜救行動有新進展，國軍排雷人員昨天下午在一一四點五公里處，測出地底有五公尺長的金屬物，懷疑是創意旅行社車體，今天將增派八輛重型機具，集中火力開挖。

....

....

（聯合報 99/11/1 A4）

Ｃ則　　創3項世界紀錄　參展單位、人數及舉辦活動最多
　　　　上海世博閉幕　2015年米蘭見

【李文輝/上海報導】「我宣布，中國二○一○年上海世界博覽會閉幕！」卅一日晚間，大陸國務院總理溫家寶在上海世博園文化中心，為長達一八四天的上海世博拉下帷幕，並將世博國際展覽局旗，交給下屆、二○一五年主辦方義大利米蘭市。昨閉幕活動長達十六小時，白天有高峰論壇，與會各方並通過《上海宣言》，宣布未來每年十月卅一日為世界城市日。

....

....

（中國時報 99/11/1 A1）

D 則　眾院準議長鮑納泛淚：票匭聽到民眾聲音

○○○○○○○○○○○○○○○○○○○○○○○○○○○○○○○

‥‥‥‥‥‥‥‥‥‥‥‥‥‥‥‥‥‥‥‥‥‥‥‥‥‥‥‥‥‥

‥‥‥‥‥‥‥‥‥‥‥‥‥‥‥‥‥　　（中國時報 99/11/4 A2）

E 則　　　　　　　51 歲，藍領之子

準議長貝納　　歐巴馬勁敵

【編譯莊蕙嘉/報導】美國國會眾議院首位女議長南西‧波洛西，領導眾院四年，本屆期中選舉雖然成功連任，卻得將議長寶座拱手讓給取得多數優勢的共和黨，由俄亥俄州議員貝納擔任新議長，貝納也被看好有望更上一層樓，在下屆總統選舉代表共和黨挑戰歐巴馬。

將滿五十一歲的準議員貝納，出身俄州十二個小孩的藍領家庭，排行老二。一九九〇年當選眾議員，曾任眾院多數黨領袖，被認為是政治立場極端保守的共和黨員。

‥‥‥‥‥‥‥‥‥‥‥‥‥‥‥‥‥‥‥‥‥‥‥‥‥‥‥‥‥‥

（聯合報 99/11/4 A3）

　　有時候，這種將原為「解釋主詞」的引題句子，拿來當主題用，和另一種本來就是該當主題用的句子相比，在標題形式上，很容易混淆的，例如案例 2-2-4，兩則標題，乍看之下沒什麼分別，但實際上卻大大不同，A 則主題「中鋼董座　張家祝閃辭」，就是將引題解釋主詞的句子移為主題之用，換句話說，「中鋼董座」這個句子是在解釋張家祝是何許人也，按引題製作原則，大多將此句子放在引題上，但是為凸顯張家祝的身分，編輯將引題的題材改當做主題標示，而 B 則的主題「台酒董事長　徐安旋內升」，此處的「台酒董事長」並非將「解釋主詞」的引題句子移做主題之用，而是一個理應標示為主題的「職位」，較正統的標示應為「徐安旋內升台酒董事長」，但為了凸顯「台酒董事長」這個職位，利用修辭學中的『倒裝法』把它拿到最前面，加重其重要性，並吸引讀者注意。

案例2-2-4

A 則

董事會錯愕　經濟部早知道
中鋼董座　張家祝閃辭

【記者歐祥義、林恕暉/台北報導】中鋼董事長張家祝昨日在剛剛改選完的新董事會中突然請辭，由於變生肘腋，董事會亂成一團，會中推舉總經理鄒若齊升任董事長，中龍董事長歐朝華接任中鋼總經理。

…………………………………

同為官股董事代表的經濟部國營會副主委陳昭義指出，張家祝是在幾星期前向經濟部表達辭意，不過因為中鋼有公開徵求委託書，新任董監事名單在五月四日就上網公告……………………………………

…………………………………

（自由時報 99/6/24 A1）

B 則

台酒董事長　徐安旋內升

【記者賴昭穎/台北報導】行政院昨天核定，台灣菸酒公司董事長由台酒公司現任總經理徐安旋內升，總經理由副總經理林讚峰升

任。

…………………………………

…………………………………

（聯合報 99/11/24AA3）

第三節　如何標示副題

副題與主題間的關係，比引題與主題的關係要簡單得多了，副題與主題不含因果關係，也沒有其他的先決條件限制，僅僅是為「解釋」主題與「補充」主題而已。

位置：

副題又稱「子題」、「從題」，從語義來看，它僅是主題的「隨從」而已，也就是說它必須依附主題而存在，其位置擺在主題的左方（直式題）或主題的下方（橫式題），有時為了節省篇幅，利用夾題方式或較小字體，置於主題下方（直式題）或主題右方（橫式題）（詳見本章 p.70圖示）。

■案例2-3-1A則就是為了節省篇幅，而在橫式題中，將副題放在主題的右方，主題是「王丹險遇刺」，副題「授課遇精障女攻擊　所幸反應冷靜空手奪白刃」利用夾題方式置於主題右方，本題可惜有以下兩個缺失：

（一）「授課……」與「所幸……」兩行字應顛倒位置，因為讀者閱讀習慣是從上行到下行，原題的擺放方式，不利閱讀。

（二）「所幸……」一行副題，可精簡為「反應冷靜空手奪刃」，與另一行副題的字數相同，唸起來較通順，也沒有贅字。

B 則主題是「搶藍軍」，副題是「秋訪陳田錨　陳行動挺黃」，是直式標題，利用夾題方式將副題置於主題下方，（限於編排方式，只能用橫排說明）。

案例2-3-1

A 則　　**王丹險遭刺**　所幸反應冷靜空手奪白刃
授課遇精障女攻擊

【記者黃以敬、王錦義/綜合報導】中國民運人士王丹險些遭刺！目前在新竹清華大學擔任客座助理教授的王丹，十一日中午上課時，突然有一名女性闖入意圖行刺，所幸王丹冷靜反應、奪下對手中的水果刀，一旁學生立刻一擁而上制止，免除一場血光之災。

學生及校方人員隨即報案，警方將她帶回偵訊，在她身上找到兩把帶有刀套的新買水果刀。警方調查，患有精神疾病的三十三歲女子疑因感情挫折而出現異常行為，聲稱王丹是她前男友，且對她始亂終棄。

....
....
（自由時報 99/11/13 A10）

B 則　　**搶藍軍**　秋訪陳田錨
陳行動挺黃

【記者蔡清華、黃佳琳、郭芳綺/綜合報導】無黨籍高雄市長候選人楊秋興昨登門拜訪前高雄市議長陳田錨，尋求支持。陳田錨說，朋友來訪當然歡迎，其他兩位候選人也來找過他，昨傍晚陳田錨現身國民黨候選人黃昭順競選總部，以行動表達力挺的決心。

....
（自由時報 99/11/15 A2）

可有可無：

副題一定要存在嗎？答案是不一定要存在，可以有也可以不要，端視主題有無補充或解釋的必要，本章第一節曾提及，早期編輯喜歡把副題標示成兩行，甚至三行，目前報紙上流行一行，這些都要看編輯的需要而定，沒有任何規定。

標題講究的是簡潔，如果一行主題能夠講得清楚，一行主題就夠了，沒有必要非再加上副題不可，否則整個版面看起來千篇一律，缺少變化，另一方面，把一些無關緊要的內容，硬塞在副題上，也會顯得累贅。

功能性

　　主題因為力求簡潔，字體也要比副題、引題大，往往無法將重要的內容說明清楚，這時就要利用副題加以補充、解釋，讓讀者更加清楚。

一、解釋性

　　解釋性的副題，用在主題中「已經有提及」該內容，但內容不夠詳細有必要再加說明，例如本章第一節中的第三種標示，「區間車緊急煞車仍釀禍」在解釋主題「火車撞賓士」，「可憐男孩頭顱重創」在解釋主題「3歲童命危」，經過副題的解釋，讀者不看內文，也知道整個事件的輪廓。

　　標示解釋性的副題，不是將主題已提及的內容，利用不同的文字再敘述一遍，而是將主題「概括性」的內容，再精確的解釋清楚，例如「3歲童命危」就是「概括性」內容，讀者只知道命危，到底嚴重到何種程度？從字面來看，無法理解，於是利用解釋性副題「頭顱重創」來說明，如果用一些「3歲童未度過危險期」、「3歲童命在旦夕」、「3歲童難倖存」……這些與「命危」相同內容的字眼，就不恰當了。

二、補充性

　　補充性的副題在補充主題中「未曾提及」的內容，換句話說，主題因為必須精簡，無法涵蓋許多重要內容，只好利用補充性副題來彌補，例如本章第一節第四種標示，主題「火車撞賓士　2歲童命危」，副題「男載鄰童出門　卡在平交道　下車按鈴不及」，副題中的三個句子的內容，皆未在主題中顯現出來，所

以這三句都是屬於補充性的副題。

　　補充性的副題還有一種較特殊的情況，當兩條性質相近或兩條有關連性的新聞放在一起時，就會產生併題的情形，當中較重要的新聞就會利用引題及主題來表現，而較不重要的另一條新聞，就用副題來標示，舉例說明如下：

　　■案例2-3-2，為加強花博的國際行銷，台北市長郝龍斌邀請白嘉莉出任「花博全球宣傳大使」，另一則相關的「繽紛花博演唱會」將邀請周杰倫、林志玲等人參加，將兩則新聞併成一個標題，主題「花博銷全球　白嘉莉美麗加持」，副題「郝龍斌邀請出任「花博全球宣傳大使　17日晚市府廣場花博演唱會　周杰倫、林志玲等 A 咖藝人雲集」，副題中的前一句即是解釋性副題，後兩句則是補充性的副題，這也說明補充性副題可以與解釋性副題同時出現在副題中，換句話說，副題並非要全部是補充性或全部是解釋性，兩者是可以同時存在，各自扮演不同功能的角色。

案例2-3-2

花博銷全球　白嘉莉美麗加持
郝龍斌邀請出任「花博全球宣傳大使」17日晚市府廣場花博演唱會　周杰倫、林志玲等 A 咖藝人雲集

　　【周志豪/台北報導】為加強花博的國際行銷，台北市長郝龍斌邀請白嘉莉出任「花博全球宣傳大使」，並於昨天在花博爭豔館正式授證。郝龍斌表示，白嘉莉種花也畫花，本身就是花博美麗力量的象徵，也希望花博能藉由白嘉莉的高國際知名度，行銷全球。

　　【林佩怡/台北報導】十七日晚上在市府前廣場將舉辦「繽紛花博演唱會」，邀請多位 A 咖藝人同台演出，如周杰倫、Ｓ•Ｈ•Ｅ、五月天、伍佰和林志玲等；市長郝龍斌說，這些人齊聚同台「是音樂界不可能的任務」，希望民眾到場參加，體驗花博「美麗的力量」。

（中國時報 99/10/13 A5）

副題實例說明：

副題的功能並非很複雜，但是有許多該標示為副題者卻往往被擺放在引題，致使讀者唸起來因為缺乏因果關係或前後次序混淆，而產生矛盾，試舉例說明如下：

（一）與主題無直接關連，應作副題卻標示爲引題之不當

　　■案例2-3-3報導索馬利亞海盜向美國飛彈巡防艦開火，想要撈一票，不料二艘海盜船，一被擊沉，一被查扣，五名海盜一網成擒；另一則新聞是報導屏東琉球籍漁船「日春財六八號」，遭索馬利亞海盜挾持，船隻朝索國前進，這兩則同遇索馬利亞海盜的新聞，兩者無直接關連，亦無因果關係，編輯以併題方式處理，依前所敘述的副題製作原則，應將重要的新聞以主題、引題來標示，另一則新聞則以副題表現，但原題卻將理應標示為副題的「台灣日春財68號……」擺在引題上，是不恰當的。

　　■案例2-3-4，報導英國研究發現，BMI 在19-20的女性，最具有性吸引力，為了健康和外觀，再減下去不會更好看，同時疾管局也決定，減肥藥諾美婷的說明書警語，應明確改為「心臟病患禁止服用」，兩者同樣都是與減肥有關，卻無直接關連，理應寫成兩則新聞，記者把它們合併寫成一則新聞，文中也交代得很清楚，如同案例 2-3-3，是兩則新聞合成的併題，主題「女生BMI19-20　最具性魅力」與引題「諾美婷改警語　心臟病患禁用」，也沒有主題與引題間所應具備的關係，所以應將原引題「諾美婷……」改為副題才正確。

■案例2-3-5，讀者文摘公布信賴排行榜，主題「信賴排行榜　性工作者贏名嘴」，引題「阿基師勝馬英九」，性工作者與名嘴是行業比較，阿基師與馬英九是人物比較，兩者是單獨存在的評比，沒有引題與主題間的因果關係或增加清晰度功能，所以把「阿基師勝馬英九」標示為引題是不恰當，而應改為補充性的副題才妥當。

■案例2-3-6，存摺或印鑑遺失，要親自到原開戶銀行辦理補發手續嗎？國泰世華、中國信託及台新銀行的客戶，到任何一家分行都可辦理，而彰銀客戶仍需親自到原開戶行辦理補發存摺及變更印鑑手續，這些標題的題材，都是單獨存在，相互之間沒有任何關連，怎可將其標示為引題與主題呢，正確的標示應為：引題「存摺、印鑑遺失怎辦？」，主題「國泰、中信、台新　補辦最便民」，副題「台銀、第一、華南要收一百元　彰銀須到原開戶行辦理」，本則標題的副題是屬於補充性，而非解釋性。

案例2-3-3

台灣日春財 68 號　被挾往索國
海盜襲美鑑踢到鐵板　船沉就擒

【劉屏/華盛頓二日電】向美國飛彈巡防艦開火的下場是什麼？暗夜裡，一群目目的索馬利亞海盜，誤把美國一艘戰功赫赫的「派里級」軍艦當作肥羊，發動攻擊想要大撈一票，結果夜路走多終遇鬼，這回踢到鐵板，二艘海盜船一被擊沉，一被查扣，五名海盜則一網成擒。

....

【潘建志屏東報導】屏東琉球籍漁船「日春財六八號」遭索馬利亞海盜挾持，依船上 VMS 顯示，船隻仍繼續朝索馬利亞方向前進

....

（中國時報 A1）

案例2-3-4

諾美婷改警語　心臟病患禁用
女生 BMI19-20　最具性魅力

【張翠芬、黃天如/台北報導】年節減肥門診大熱門，但台灣肥胖醫學會指出，英國研究發現，BMI 在十九至廿的女性，最具「性」吸引力，為了健康和外觀，

再減下去不會更好看。疾管局昨天也決定，減肥藥諾美婷的說明書警語應明確標示心臟病者禁用。
....
（中國時報 99/2/11 A12）

案例2-3-5

阿基師勝馬英九
信賴排行榜　性工作者贏名嘴

【記者李威儀/台北報導】讀者文摘昨天公布一項「信賴排行」網路調查，證嚴法師獲選台灣最受信賴名人，國宴主廚阿基師也入選前十名，遠勝馬英九總統；而民意

代表與名嘴的信賴度，甚至輸給性工作者和外勞。
....
....
（聯合報 99/2/26 A7）

案例2-3-6

彰銀換印鑑最嚴
國泰、中信、台新　補辦最便民

【記者羅兩莎、孫中英/台北報導】存摺或印鑑遺失，要親自到原開戶行辦理存摺補發手續嗎？台灣銀行、第一銀行和華南銀行都表示，可就近在分行辦理相關存摺補發或印鑑變更等手續，但因為要將文件寄回開戶行重新辦理，需繳納一百元手續費。

民營銀行部分，包括國泰世華、中國信託及台新銀行等業者表

示，客戶若遺失金融卡、存摺、印鑑等，任何一家分行都可辦理。
....
彰銀則擔心，因詐騙案件層出不窮，為降低存戶被冒名補發存摺或變更印鑑風險，客戶仍需親自到原開戶行辦理補發存摺及變更印鑑手續。
....
（聯合報 99/3/7 A6）

（二）混淆新聞發展前後次序之不當

引題、主題兩者是有密切關連，前已詳述，今姑且不論引題製作原則，依一般習慣，讀者閱讀理應先看引題，再看主題，而副題一定是最後閱讀的，所以三者有前後次序關係，讀者閱報思緒才會連貫，若混淆新聞發展順序，會令人迷糊。

■案例 2-3-7，彰縣府擬定「烏日溪南產業發展特定區計劃」，受到部分地主反對，主題「溪南特定區　逾二千地主反對」，題意非常清楚，引題「縣府：若反對地主過半　計劃依法終止」，依先看引題，再看主題的習慣，讀者一定搞不清狀況，因為「若反對地主過半　計劃依法終止」是一句有前提性質的句子，在說明若過半地主反對情況下，將如何處理，應是接主題「……逾2千地主反對」之後的縣府反應，是有前後次序之分的，所以該句不宜放在引題，而應擺在副題位置扮演補充主題的角色。

■案例2-3-8，報導中鋼董事長張家祝閃電辭職，董事會由於變生肘腋而錯愕，但是經濟部早在幾星期前就已知張家祝辭意，主題「中鋼董座　張家祝閃辭」，引題「董事會錯愕　經濟部早知道」，讀者依標題的順序閱讀就出現矛盾，按原題的排列，讀者先看到「董事會錯愕　經濟部早知道」，但不知所云，非要看完整個主題，才恍然大悟，原來如此，「張家祝閃辭」在先，「董事會錯愕」在後，有前後次序之分，將該引題「董事會……」改為副題，整個標題就順暢多了。

案例2-3-7

縣府：若反對地主過半　計畫依法終止
溪南特定區　逾 2 千地主反對

【記者俞泊霖/烏日報導】縣府擬定「烏日溪南產業發展特定區計畫」，因地主反對，縣府 12 日加開公聽會，烏日鄉代會主席魏周森說，地主累計已送出逾 2 千份反對意見表，縣府說若反對地主過半，計畫依法需停止，會循程序辦理。

....

（自由時報 99/6/13 B5）

案例2-3-8

董事會錯愕　經濟部早知道
中鋼董座　張家祝閃辭

【記者歐祥義、林恕暉/台北報導】中鋼董事長張家祝昨日在剛剛改選完的新董事會中突然請辭，由於變生肘腋，董事會亂成一團，會中推舉總經理鄒若齊升任董事長，中龍董事長歐朝華接任中鋼總經理。

....

同為官股董事代表的經濟部國營會副主委陳昭義指出，張家祝是在幾星期前向經濟部表達辭意。

....
....

（自由時報 99/6/24 A1）

■案例2-3-9及案例2-3-10都有相同的瑕疵，引題「小白菜飆最凶　漲一倍以上」，主題「中南部雨災　蔬果漲兩成」同樣地，姑且不論標題製作原則，原主題的內容是整體敘述漲價結果，原引題是說明其中漲最多的蔬菜，兩者有先後次序之分，讀者非要先看原主題，再看原引題，才能搞清楚題意，所以「小白菜……」應該作副題才對，用來補充主題之不足；另一則主題「日本小鼠研究　吃大豆防白髮」，引題「醫師：證據力不足」，也是要先看原主題，再去看原引題，才能知其所表達原意，顯然將「醫師……」標示為引題是不正確的，改為副題才正

確。

　　綜觀本章副題的實例，可以看出，許多編輯往往將副題誤標為引題，這種錯誤往往來自對引題的功能欠缺了解，以為標題只要把文字堆砌上去就可以，殊不知引題和副題的功能性有很大不同，初學者務必釐清觀念，才能對本書以後諸章的說明更能領會。

案例2-3-9

小白菜飆最凶　　漲一倍以上
中南部雨災　　蔬果漲2成

　　【呂妍庭、鄭光宏、周麗蘭、李宗祐/綜合報導】去年八八水災過後最強的西南氣流侵台，連著三天在中南部造成豪雨，蔬果價格也隨著產地陸續傳出淹水災情而上漲。以台北果菜市場為例，昨日蔬果平均批發價比前天漲兩成，菜葉類漲幅最明顯，尤其是小白菜批發價從每公斤八‧四元飆到十八‧二元，漲幅一倍以上。

　　　　　　　　（中國時報 99/7/29 A4）

案例2-3-10

醫師：證據力不足
日本小鼠研究　　吃大豆防白髮

　　【記者王昶閔、黃以敬/台北報導】日本學者以一項小鼠研究指出，補充大豆異黃酮有助於毛髮變黑、預防白髮，認為人類吃了也有效，但國內醫師認為，小鼠研究不能直接代表人類，況且國內有很多婦女在吃大豆異黃酮食品，如果真的有助頭髮變黑，恐怕早就被發現了，但臨床上沒有聽說過有這樣的說法。

　　　　　　　　（自由時報 99/12/8 A6）

第三章　錯誤發生

第一節　題文不符
　　　　是最不應該發生的錯誤

　　題文不符是編輯作業一大疏失，也是最不該犯錯而犯錯的標示，讀者往往因為一個錯誤的信息，喪失了閱讀報紙應得到正確信息的權利，也許眼尖的讀者可以從標題的「不正常」字句懷疑題文可能不相吻合，而進一步去看內文求證，但一般讀者可不一定具備這種的能力，很容易受到誤導。

　　編輯之所以會犯此種錯誤，不外乎以下兩種原因：

一、編輯看內文時，為了求快，大略閱讀一遍，就輕率下標題。

二、新聞內容複雜，記者撰稿缺乏清晰又明確的筆調，編輯誤會了字意。

　　不管犯了以上哪種錯誤，有責任感的編輯都可以避免，最常見的方法，是在大樣完成後，仔細的在每條新聞內容裡找出下標題的關鍵字句，用紅筆把它畫出，提醒自己對一下題文是否相符，及時修正錯誤，這種方法效果非常好，值得年輕編輯效法採納。

　　■案例3-1-1描述一位醫生違法替代理孕母植入十個胚胎，造成代理孕母進行六次減胎手術，子宮受到永久性傷害，提出民事告訴訴請賠償，法官判賠五十一萬元。

　　A則新聞內容寫的很清楚，可是編輯卻犯了輕率的缺點，造成題文不符，引題「違法植入10胚胎」，主題「代理孕母懷8胞胎 醫師判賠」，從標題來看，好像是因為「醫師違法植入10胚胎，代理孕母懷8胞胎，所以醫師被判要賠償」，從字面來看，不符合常理，仔細看內容查證，才發現不是這麼一回事，編輯跳躍式的因果關係，把「六次減胎手術，造成子宮永久性傷害」的關鍵性字眼完全省略掉。

　　B則標題也犯了相似的毛病，主題「植入十胚胎　代理孕母子宮壞了」，編輯同樣把「再做六次減胎手術，造成子宮永久性傷害」遺漏了，使得題文內容不相符，而且把「違法醫師 判賠五十一萬」當引題，倒果為因，不符合標題製作原則，應將此句改為主題或副題較為妥當。

　　C則標題顯然較符合標題製作原則。其實這則新聞有以下三個新聞特點：

一、醫師違法替代理孕母植入10個胚胎，可能面臨被撤照命運。

二、代理孕母懷了八胞胎，相當罕見。

三、代理孕母進行六次減胎手術，造成子宮損壞，法官判醫師須賠51萬。

　　以上三個特點有先後關係，不易一次在主題上標示清楚，最好的處理方式，是先找出一個最特殊的「點」當主題，其餘的特點用副題來表現即可，C則標題就是這種正確的處理方式。

案例3-1-1

A 則　違法植入 10 胚胎 代理孕母懷 8 胞胎 醫師判賠

代理孕母減胎 6 次子宮重創告醫賠 51 萬

【記者林良哲、徐夏蓮、蘇金鳳/綜合報導】台中市婦產科醫師傅嘉興違法為代理孕母一次植入十個胚胎，造成劉姓代理孕母懷 8 胞胎，進行六次減胎手術，子宮受到永久性傷害。劉女提民事告訴訴請賠償，法官判賠五十一萬元。

台灣生殖醫學會常務理事李茂盛昨天指出，代理孕母在台灣至迄今仍是非法，而人工生殖法規定，每次胚胎植入以四個為限；他說，四個全部順利著床，孕婦約在三十二週就會分娩，他曾有兩位不孕婦女順利產下四胞胎的案例，媽媽在懷孕廿八週時，只能躺在床上，十分辛苦。

該案目前刑事部份尚未判決，一旦確定傅嘉興違法為代理孕母植入胚胎，傅可能面臨被撤銷醫師執照。

蔡姓夫婦否認曾要求醫師傅嘉興一次植入十個胚胎，是傅嘉興在其專業考量下所為，法官判處傅嘉興須賠償劉女五十一萬元。

（自由時報 98/10/16 A25）

B 則　違法醫師 判賠 51 萬
植入 10 胚胎　代理孕母子宮壞了

【馬瑞君/台中報導】台中市婦產科醫師傅嘉興違法為代理孕母植入胚胎，一次植入十個胚胎，致劉姓代理孕母先懷八胞胎、再做六次減胎手術，造成子宮永久性傷害。劉女提出民事訴訟要求兩百萬元賠償金，台中地院審理後判賠五十一萬元。

此案源於，不孕的蔡姓夫婦找了一名曾從事護理相關工作的劉姓女子擔任代理孕母，雙方並約定從進行手術到小孩生下期間，每月酬勞為兩萬元，並找開設婦產科的傅嘉興為代理孕母植入胚胎。

依據目前法令規定，醫師為代理孕母植入胚胎並不合法，且以人工受孕方式為人植入胚胎數量，一次不能超過五個，但傅嘉興卻一次植入十個胚胎，造成劉姓代理孕母懷了八胞胎，又到台中中山醫院進行六次減胎手術，甚至因身心煎熬企圖切腹自殺，也因多次手術造成子宮摧殘，日後已難以受孕。

（中國時報 98/10/16 A18）

C 則　　　　　　植受精卵超過十個
代理孕母　懷八胞胎
提高受孕率　不合格醫師太離譜　少婦連六次減胎
子宮受損致不孕　醫師判賠 51 萬

....　　..
....　　（聯合報 98/10/16 A1）

■案例3-1-2，說明健保對「非離子顯影劑」的給付，取消原先的10%上限規定，只要符合九大適應症都可適用，預計一年有77萬人次受惠，三則新聞稿敘述還算清楚，可惜的是編輯都沒有很精確地標示出來。

A 則「電腦斷層顯影劑給付 元旦上路」有三項缺失：

一、從字面來看屬於新措施，但內文已提及「健保不再設下百分之十的門檻」，可見這是一項擴大給付。

二、內文提及顯影劑可分為「非離子顯影劑」及「離子顯影劑」，這項擴大給付只限於「非離子顯影劑給付」，標題上的「顯影劑」令人難以分辨是哪一種顯影劑。

三、內文提及「會有病患以為健保局全面開放……」、「若符合九大適應症健保局將給付非離子顯影劑……」，可見這只是有限度擴大給付，並非全面開放，標題「……顯影劑給付元旦上路」會讓讀者產生誤會。

綜合以上缺失，若改為「非離子顯影劑 有限度擴大給付」則清楚多了。

B 則的內容與 A 則相似，唯未交代的「有限度擴大給付」也與內文不合，編輯顯然未注意到「只要符合健保規定的適應症」、「新的給付規定不僅將10%的限額拿掉……」的字眼。

C 則標題雖有「擴大給付」，但同樣疏忽「非離子顯影劑」

及「有限度開放」。

案例3-1-2

A 則　電腦斷層顯影劑給付　元旦上路

符合六大適應症即適用 每次可省 1500 元　預估 77 萬人受惠

【記者施靜茹/台北報導】明年元旦起，民眾赴醫院接受電腦斷層檢查，若符合九大適應症，健保將給付非離子顯影劑，預估有七十七萬人受惠，每次可省下一千五百元。

…………過去這些患者使用非離子顯影劑，僅一成可獲給付。

健保局醫務管理處經理蔡淑鈴指出，健保開辦以來，就給付各醫院可使用非離子顯影劑百分之十的檢查人次，……………………

健保局昨天與醫學會開會後，訂出可使用非離子顯影劑的九項適應症，標準與過去稍有不同，如過去肝硬化患者可做，現在需肝臟衰竭才可做；以前病患年齡七十二歲，但現在需大於七十五歲才可以使用。不過，健保不再設下百分之十的門檻。

不過，對健保局這項利多，梁博欽也擔心，會有病患以為健保局全面開放，將來醫師要為不適用健保給付的病患做電腦斷層檢查，可能需多花一點時間解釋。

（聯合報 98/12/2 A8）

B 則　電腦斷層顯影劑　健保下月起給付

預計 77 萬人次受惠

【記者魏怡嘉/台北報導】明年元旦起，民眾到醫療院所做電腦斷層等檢查，只要符合健保規定的適應症，就可使用副作用較小、較不會導致過敏的非離子顯影劑，不用再自付 1500 元，預計一年有 77 萬人次受惠，健保將增加約兩億元支出。

顯影劑應用很廣，除電腦斷層檢查之外，心血管攝影及泌尿道攝影也常會用到，可分為「離子顯影劑」及「非離子顯影劑」。

健保局醫管處經理蔡淑鈴表示，過去健保並非完全沒有給付非離子顯影劑，但給付有各醫院檢查人數的10%上限，超過部份就不給付。

新的給付規定不僅將10%的限額拿掉，非離子顯影劑的給付點數亦由原來的 1500 點下修至 920 點（1 點等於 0.9 元左右）。………

（自由時報 98/12/2 B6）

C 則　　電腦斷層顯影劑　明年擴大給付

【張翠芬/台北報導】中央健保局一日表示，明年元月起擴大給付電腦斷層檢查使用的非離子顯影劑，符合條件的民眾毋需再自付一千五百元，預計一年有七十七萬人次受惠，但健保將增加二億元支付。

電腦斷層檢查使用的顯影劑分為「離子」及「非離子」兩種，離子顯影劑較容易出現噁心、嘔吐、皮膚潮紅、出疹、疼痛等副作用，機率為非離子顯影劑的三倍到五倍。健保兩者都給付，但非離子顯影劑比較貴且有人次限制，醫院往往把額度留給特定人士。

（中國時報 98/12/2 A7）

■案例3-1-3，報導教育部長吳清基表示，民國99年全面開辦免費營養午餐的縣市，明年也會繼續爭取補助預算，99年未全面免費的縣市，明年就不會有這一筆補助，此則新聞強調的是中央政府強烈希望各縣市「全面」辦理免費營養午餐，文稿也寫得很清楚，但是編輯顯然將「全面」疏漏掉了。這則新聞有以下幾個方向值得探討：

（一）題型：編輯有時為了活潑版面，會將相同類型的新聞以相同題型並排在同一版面，如果每個標題都能符合內文的意思，也就是不要為遷就題型而出現題文不符，或是讓讀者覺得唸起來很「奇怪」的，都還可以被接受，本案例就是以相同題型，將類似新聞並列的其中一條，編輯想以相同題型來活潑版面或吸引讀者，但反而造成題文不符。

（二）題文不符：依標題原則，大字就是主題，小字是副題或引題，主題要能表達完整意思，「免費營養午餐」是大字，也就是主題，但未能表達完整意思，而且內文強調的是「全面」兩字，未將「全面」納入，顯然題文不合，副題「不辦明年沒補助」，更是語焉不詳，不符標題製作原則。

　　這則標題之所以會有以上缺失，主要是編輯為遷就題型，硬將不適合這種題型的標題，「削足適履」硬塞進去，這種情形在報紙上常常可以發現，本則新聞若改為「全面免費營養午餐 今年不辦 明年不補助」一行主題，符合標題製作原則，又能題文相合，千萬不要為了遷就題型，而造成詞不達意。

案例3-1-3

免費營養午餐　不辦明年沒補助

【記者林曉雲、張勳騰、陳怡靜/綜合報導】馬政府強力推動營養午餐全面免費政策，已有十一個縣市表態參加，教育部長吳清基昨天強硬宣示，今年配合中央全面開辦免費營養午餐的縣市，明年也會繼續爭取補助預算，今年未全面免費的縣市，明年就不會有這筆補助。

　　儘管部長吳清基祭出補助款壓力，希望各縣市配合中央政策提供免費營養午餐，但教育部官員表示，全面開辦免費營養午餐目前是非強制性政策，未來也得視九十九年辦理情形，再去檢討一百年的措施。

（自由時報 99/1/22 A12）

　　■案例3-1-4，A則標題是最不該發生的題文不符的錯誤，記者在文稿內清楚地敘述「新移民女性離婚除了經濟因素外，還有很多是『不得已』，以價值觀難溝通居首。」，編輯顯然忽略「除了經濟因素外」字眼，比較B則標題「跨國婚姻離異 北市調查經濟是主因」，更可明顯發現A則標題的錯誤。

　　這種錯誤的發生，實在令人扼腕，編輯一時的疏忽，造成讀者的損失，也使報譽受損，再一次強調，編輯若能在看大樣時，將標題的關鍵內容用紅筆劃一下，提醒自己有沒有看錯，這種缺失百分之百可以避免，不管是初學者還是老編輯都應該這樣做。早期的編輯在看大樣時，往往會拿一支紅筆，將標題一字一字的

點一下，這種方法也是避免標題出現錯字的絕佳方法，那個時代的編輯自我要求甚高，長官要求更高，報紙的品質自然更好，可惜近年來在年輕一輩的編輯身上已難看見了。

案例3-1-4

A則　　老公難溝通　新移民離婚禍首

【記者黃驛淵/台北報導】去年金融海嘯，跨國婚姻幸福也受波及？

台北市新移民婦女暨家庭服務中心、肯愛社會服務協會調查大台北地區新移民婦女離婚原因發現，新移民女性離婚除了經濟因素外，還有很多是「不得已」，以價值觀難溝通居首。

這件調查以「經濟」、「不良嗜好」、「溝通」、「自主」、「情緒」五大離婚原因進行，發現經濟因素的最大「不得已」是老公不養家，另外像沒有經濟、行動自主權及溝通問題等，也都是跨國婚姻面臨的挑戰。

（聯合報 99/3/19 A8）

B則　　跨國婚姻離異　北市調查經濟是主因

【記者邱紹雯/台北報導】去年台灣平均每5對離婚的怨偶，就有一對來自跨國婚姻，跨國婚姻離婚率明顯升高。台北市新移民婦女暨家庭服務中心昨天公佈新移民婦女「離婚不得已」指數，老公不養家或失業伴隨而來的經濟因素，經常是導致跨國婚姻走上離婚的主因。

中心主任蘇美文說，最多新移民婦女將「壓倒婚姻最後一根稻草」指向經濟因素，包括先生不願意負擔養家重任、或因失業、家中欠債生活過不下去。

（自由時報 99/3/19 B2）

■案例3-1-5，先看標題，似在說明「一輛牛車沒有裝燈，導致一位騎士不小心撞死牽牛車的老農，負有刑事責任」，但仔細看完全文，與前所敘述的情形截然不同，正確敘述應為「因牛車沒裝燈，導致騎士撞上牛車致死，老農負有刑事責任」，題與文完全不相符合。為何會出現這種錯誤？或許是因為編輯只看導言

就下標題，「台南縣七十歲老農周天賜駕牛車外出，邱姓女子騎車從後方撞上死亡」，是誰死亡？記者所寫的稿件含混不清，編輯未細察就下標。

　　這個標題若改寫為「牛車沒燈 騎士撞死 老農有責」就較為妥當，也許編輯本來就是這樣下的，排版時疏忽半個空格，造成這樣的錯誤。

　　案例3-1-5

牛車沒燈　　騎士撞死老農有責

【記者鄭惠仁、吳政修/台南報導】台南縣七十歲老農周天賜駕牛車外出，邱姓女子騎車從後方撞上死亡，台南地檢署檢察官以周天賜未於夜間開啟燈光，昨依過失致死提起公訴，但因情節輕微，建請法官從輕量刑。

　　「我駕駛牛車五十六年了，從未聽過牛車後方要裝燈，再說當時才下午五時三十分許，天色未暗，要怎麼說呢？」周天賜很無奈。

　　意外發生於去年十月傍晚，他駕駛牛車行經新營市太北里大排水溝狹路時，邱女騎機車撞上牛車後方右側，頭胸重創不治。警方依過失致死將他移送法辦，後不起訴處分；死者家屬聲請再議，經高分檢發回續行偵查，改提起公訴。

　　（聯合報 98/10/15 A13）

　　■案例3-1-6，標題為「車速180撞飛人 更二審無罪」，任何一位讀者看到這個標題，心裡都會有疑問，如此重大車禍事件，肇事者怎麼可能一點責任都沒有？受害者有沒有倖存？法官判決依據什麼理由？仔細閱讀全文，才發現與標題有很大距離，原來肇事者以時速近180公里速度衝撞七十一歲婦人，又被指控倒車將她撞死，一、二審被依殺人罪判刑十四年，被告九年來一再上訴，台南高分院更二審撤銷改判，認為被告倒車輾過死者身體部分無直接證據，判決無罪，這則新聞的重點在「被控倒車將婦人輾死」，而不是「車速180撞飛人」，一個是涉嫌「殺人」罪，

一個是涉嫌「過失致人於死」罪，遺憾的是記者未將後者交代清楚，以致於編輯將兩案混淆成一案，試想，以「車速180撞飛人」肇事者怎可能一點責任都沒有？而且內文也強調輾過死者身體部份，並無直接證據，可見另有一涉及「過失致人於死」的刑責，不知判決結果如何？文中沒有交代，記者有疏漏，編輯不應迷糊。

本題若改為「被控倒車輾死人 更二審判無罪」，顯然較清楚。

案例3-1-6

車速 180 撞飛人　更二審判無罪

【黃文博/台南報導】卅九歲嘉義縣男子許文和，八十九年間酒後駕賓士車，以時速近一八〇公里速度，衝撞七十一歲婦人，又被指控倒車將她輾死，一、二審均被法官依殺人罪判刑十四年。被告九年來一再上訴，台南高分院更二審撤銷改判，認為被告倒車輾過死者身體部分無直接證據，判決無罪。

⋯⋯⋯⋯⋯⋯⋯⋯⋯⋯⋯⋯⋯

至於被告右後車輪血跡，法官勘驗後，也認為很有可疑是高速衝撞時，死者血液所噴灑到的，而且初到現場處理的員警，也沒將肇事車輛的右側車體和車輛附近，是否出現血跡加以全面採樣，所以此部分，自不能成為不利於被告之認定。在罪疑惟輕的原則下，更二審法官認為許文和殺人罪部分證據不足，應該判無罪，本案檢方和死者家屬仍可上訴。

（中國時報 99/1/11 C2）

■案例3-1-7 A 則標題與案例3-1-6標題相比較，兩者全然有不同的感覺，案例 3-1-6，一看就知道標題有問題，案例 3-1-7 A 則，「扁國慶文告傳大陸 台商遭約談」，乍看之下好像沒有什麼問題，但仔細一想才發現「奇怪」，在自由社會的台灣，將總統文告傳真大陸是件好事，怎麼會被約談？仔細看內文，才發現原來不是這麼一回事，記者寫的很清楚，編輯沒有抓到重點。

嫌犯在五年前向承印國慶文告的印刷公司「刺探」內容，將未公開的國慶文告傳真到大陸，讓中國官方事前掌握扁國慶文

告，涉嫌違反國家機密維護法，此案的關鍵點在「未公開」的文告，也因為「未公開」而傳真大陸才犯法，若已公開，何來犯法之有？這在標題上要強調，也不可遺漏，可惜的是編輯還是遺漏了，省掉了「刺探」兩個關鍵字，整個標題完全不對，讓讀者看來「丈二金剛 摸不著頭緒」。

　　此題若改為「刺探國慶文告傳大陸　台商遭約談」，就能完整表達內文的重點。

　　B則是該案於99年7月28日一審宣判，次日媒體標題為「國慶文告洩漏中國　2人各判2.5月」，將「洩漏」兩字用在標題上，就能表達這是不法行為。

案例3-1-7

A 則　扁國慶文告傳大陸　台商遭約談

　　【陳志賢/台北報導】國慶日前夕，驚爆台商洩密疑案。大陸台商孔祥今，涉嫌在五年前向承攬印製總統國慶文告的印刷廠商裕華彩藝公司業務組長陳懷智，刺探當年前總統陳水扁國慶文告內容，並傳真至中國大陸涉台機構，讓中國官方事先掌握我國慶文告，涉嫌違反國家機密保護法。

　　台北地檢署檢察官周慶華九日指揮調查局國家安全維護處、台北縣調查站，搜索孔、陳兩人南港、林口住處，兩人坦承不諱，孔稱他單純提供文稿，只有刺探一次，沒有收受好處，檢調訊後飭回。

．．．．．．．．．．．．．．．．．．．．．．．．．

（中國時報 98/10/10 A16）

B 則　國慶文告洩漏中國　2 人各判 2.5 月

　　【記者劉至元/台北報導】裕華彩藝印刷場前員工孔祥今赴中國經商後疑被對岸吸收，他得知裕華彩藝每年負責印製國慶總統文告，九十三年間回台找老同事陳懷智協助，取得文告內容並傳真至中國，

兩人昨遭台北地院依洩露國防以外機密罪，判刑兩個半月，可易科罰金，仍可上訴。

．．．．．．．．．．．．．．．．．．．．．．．．．
．．．．．．．．．．．．．．．．．．．．．．．．．

（自由時報 99/7/29 A7）

第二節　用詞不當
易引起不必要的誤會

　　奧妙的中國文字，往往一句話蘊含有好幾層的意思，一旦運用不夠恰當時，會讓讀者誤會句中原意，引起一些不必要的困擾，作為一位編輯，每天在字海裡翻滾，中文的造詣一定要比一般人強，思考要比別人周密，用字遣詞更要再三推敲。

　　在報紙上當作標題的字眼，不能夠讓讀者有不同的解釋或理解，當編輯用一個詞句時，除非是「雙關語」的用法，否則它的涵意要相當地明確，就算是「雙關語」也要考慮它的「副作用」，包括「會不會傷害到當事人？」、「會不會引起不當的聯想？」、「會不會超越一般人的理解範圍？」、「會不會扭曲文字本身所代表的涵意？」……，這些考慮因素，在匆促、短暫的編輯作業時間，往往要靠經驗及敏銳度來判斷，當然，層層的核稿人員也要提供相當意見及時糾正，分擔一些責任。

　　■案例3-2-1，是一則典型「用詞不當」的標題，前行政院中部辦公室○○○○○○，信誓旦旦要參選南投縣長，但後來發表聲明，強調因籌措選舉經費遇到困難，決定退選，標題「退選投縣長　○○○全為了錢」，「全為了錢」這四個字引人遐想，因為從字面上來看，它可以有好幾種解釋，一是經費不夠，二是……，不要說有心人會故意去曲解它，就算是一般平民老百姓也會產生不當的聯想，而對當事人造成傷害，令當事人跳到黃河也洗不清。大部分的人看新聞都會先看標題，對有興趣的新聞才會仔細看內容，這個標題容易給不看內文的讀者一個錯誤的信息，犯

了編輯的大忌，如果把它改為「○○○經費不足　退選投縣長」，同樣的字數，意思清楚又不會產生誤會，就好多了，所以編輯要考慮周詳，絕對不能為了一時的隨性，不知不覺傷人又不自知。

案例3-2-1

退選投縣長　○○○全為了錢

【廖肇祥/南投報導】信誓旦旦參選南投縣長到底的前行政院中部辦公室○○○○○○，九日在國民黨主席吳伯雄陪同下宣布退選，消息傳來，讓競選總部的幹部感到相當錯愕，氣氛一片低迷。○○○稍後發表聲明強調，退選是沉重的決定，因籌措選舉經費遇到困難，對支持的鄉親感到很抱歉。

對於各界關心與質疑，○○○昨日中午發表聲明，表示因自身從基層縣議員做起，歷經省議員、立法委員、省政府委員、行政院中辦○○○等職，一路走來清廉自持、一介不取，因此籌不出「千萬計」的競選經費。競選幕僚指出，景氣未明顯好轉，募款情況的確不理想，召開宣佈退選記者會的前幾天，曾見到「老闆」眉頭深鎖、多次進出總部，與數位地方名望人士深談，有可能預計期限到位的資金沒匯進來，才做了痛苦的決定。

（中國時報 98/10/10 C2）

■案例3-2-2，這也是一個用詞不當傷人的標題，一對母子疑因生活無著，在租屋處燒炭自殺，兒子不治，母親奄奄一息，這是一個人間悲劇，令人鼻酸的新聞，任何人都應掬一把同情之淚，但編輯卻下一個「窮死了」的引題，讓人看了不禁認為這位編輯毫無惻隱之心。

「窮死了」這個句子常常被人拿來自嘲「手頭緊」、「經濟困難」，這句話由自己講出來，是一種開玩笑的性質，自己講自己窮，沒有人會有意見，但把「窮死了」這句話對著別人講時，就值得商榷，對方可能惱羞成怒或心中大為不悅，不管如何，兩

種說法都是一種開玩笑性質的「口頭禪」，但是把「窮死了」這句話，用在真正貧窮而致死的人身上，就十分不恰當，因為把開玩笑的話用在一個真實的故事上，不僅顯得唐突，也好像在嘲笑死者的窮困潦倒，編輯欠缺應有的悲天憫人胸懷，如果將「窮死了」改為「可憐窮人家」就比較恰當。

　　案例3-2-2

窮死了！母子燒炭 兒死母獨活

【記者林嘉東/基隆報導】基隆市安樂路一段昨天傳出一對智能障礙的母子，疑因生活無著，在租屋處燒炭自殺，屋主察覺有異報警，基隆市消防局獲報救出奄奄一息的母親吳○○，吳婦的兒子吳○○則因一氧化碳中毒過深，已無氣息。

………………………………………
………………………………………

里長說，吳○○母、子都因智能障礙領有殘障手冊，兩人六年前向金愛華租屋；兩週前，吳○○向金愛華反映，他沒有飯吃，里長表示已向安樂區公所申請急難救助，但兩人已領有殘障津貼 8400 元，所以無法領到急難救助，但仍持續關懷並送麵包給母、子吃，想不到兩人會想不開。

（自由時報 98/12/24 B4）

　　■案例3-2-3是影劇版的一則新聞，報導某女藝人與老公婚後首次合作拍電影，記者為了使報導「生動、活潑」，竟然將戲中的情節與現實社會聯結在一起，「……兩人婚姻生活疑似不美滿，因為○○特別設計多場凌虐、○○、○○○的橋段，惡整老婆○○○，讓她大呼吃不消！」，標題也跟著標示「○○○婚姻不美滿？老公凌虐惡整」，這樣的字眼令讀者大吃一驚，以為真的發生這種不幸，看了內文才知不是這回事，只是一篇記者「突發奇想」的報導而已。

　　報導影劇版的風花雪月，固然要輕鬆、有趣，但也不可衝過頭，讓人真假莫辨，戲外人生與戲內情節總要有所分別，讓只看

標題的讀者不要引起誤會是最基本的要求，本則標題改為「老公新戲惡整　〇〇〇大呼吃不消」比較恰當，夫妻間婚姻美不美滿是一件嚴肅的問題，不宜拿來做文章開玩笑，因為萬一失和又不幸言中，對當事人來講是一件「椎心之痛」，恐非編採人員所願的。

案例3-2-3

〇〇〇婚姻不美滿？老公凌虐惡整

【記者〇〇〇/綜合報導】「〇〇〇〇」是〇〇〇與導演老公〇〇婚後首次合作的電影，但兩人婚姻生活疑似不美滿，因為〇〇特別設計多場凌虐、〇〇、〇〇〇的橋段，惡整老婆〇〇〇，讓她大呼吃不消！

〇〇〇更慘遭以類似坐〇〇的方式，控制其腦波協助警方辦案。她坐在冰冷冷的皮椅上，額頭貼滿了〇〇，雖然不會真的通〇，但還是讓〇〇〇受身心折磨，她說：「這種類似坐〇〇的懲罰，真實生活中還是不要遇到的好。」或許回到家裡，真正被罰坐〇〇的是〇〇！

（自由時報 100/10/27 D2）

■案例3-2-4 A 則報導兄弟象不與捕手〇〇〇續約，主題「鐵捕末路」，副題「象不與〇〇〇續約」，「末路」是何意？一般指「歹徒走上絕路」，是一個沒有明天的用詞，〇〇〇只是因為兄弟象不續約而形同退休而已，怎可用「末路」形容呢？他可以跳到其他隊續當捕手或升格當教練，也可改行做生意，標上「鐵捕末路」這樣沉重字眼，傷人至深；B 則主題「〇〇〇職棒生涯恐 bye bye」就恰當多了。

案例3-2-4

A 則　　　　　　　　鐵捕末路
象不與○○○續約

【記者鄭又嘉/台北報導】曾　　他緣盡，昨天象隊董事長洪瑞河宣
經因為缺捕手，為了簽下○○　　布，將不與○○○續約，這一代鐵
○，不惜打破與牛隊的「默契」，　　捕形同退休。
不過只兩年的光景，象隊就決定與　　　（自由時報 100/11/12 B6）

B 則　　老不敵少　○○○職棒生涯恐 bye bye
象不續約

○○○○○○○○○○○○○○○○○○○○○○○○○○○○○○○○○
．．．．．．．．．．．．．．．．．．．．．．．．．．．．．．．．．．
．．．．．．．．．．．．．．．．．．．．　　　（聯合報 100/11/12 B3）

第三節　不當行為應予以導正

　　媒體負有維護公序良俗、撥亂反正的責任，有什麼新聞，就報導什麼新聞，容易淪為不良示範的「幫兇」，如果基於「讀者有知道權利」非要登不可，也要有相關的配合稿件，告訴讀者這是一種不正常也不正當的偏差行為，給未來有意仿效者當頭棒喝。

　　■案例3-3-1，A則新聞就是將男女間不正常的行為，美化成神聖的婚姻，家中已有合法的妻子，竟然還與女友參加耶誕婚禮「接受親友的祝福」，媒體處裡這類新聞要特別小心。

　　「在天願為比翼鳥，在地願為連理枝」是古人歌頌婚姻的神聖，如果將它用在一對不正常的關係男女身上，格外覺得諷刺，標題上的「出獄結連理」，完全無視男方已有婚姻存在，其妻情何以堪！

　　過去這種不正常男女關係，都在偷偷摸摸情況下發展，惟恐受到他人譴責，但現在居然走向公開化、合理化，參加集體婚禮，抹殺了婚姻的價值，顛覆了傳統的觀念，也是對現存婚姻制度的一大挑戰。

　　如何報導這類新聞？可從以下幾個方向著手：

　　（一）從法律觀點，看這種婚姻是否有效？若是違法，犯了哪些條文？量刑如何？從民國97年5月23日開始，結婚改為登記制度，換句話說，以前只要有公開儀式及兩名證人的制度，已經不存在，目前只要不去登記，就算參加公開的婚禮，也是無效的，問題是參加公開婚禮所帶來的衝擊。

　　（二）從兩性的觀點，探討這種不正常關係的衝擊，當事人

的配偶如何自處？提出告訴或睜一隻眼閉一隻眼？

（三）親友或子女怎樣看？其他人會不會也有樣學樣？這則報導內文提到「他們渴望在一起，親友樂觀其成，『我們給予祝福』」，親友這種不正確觀念，更鼓舞當事人的偏差行為，旁人不能為不正確的行為獻上祝福，更不能予以美化、合理化，凡事如能「將心比心」，是非當可不言可喻。

B則及C則新聞刊出內容顯然比較符合新聞處理原則，從標題及內容來看，都是在譴責這種行為的不當，也是給有意仿效者當頭棒喝：

（一）標題上有「太扯」兩字，當眉題（引題），有違標題不能存有主觀意見的原則，但它有「痛斥」的功能，雖不恰當但可勉強接受，「花心憲兵」、「高調外遇」都有譴責之意，也清楚說明這是一種錯誤的行為。

（二）男方的妻子曾控告兩人妨礙家庭，勇敢地捍衛自己的權益，妻子的妹妹也替自己的姐姐抱屈，期待姐夫懸崖勒馬，趕緊與外遇對象斬斷情絲，男方的母親曾發動親情攻勢，再三勸說…，在在都顯示親友的觀點及立場。

(三) 男方服務的軍方單位，以違反軍紀將他記一大過，勒令退伍。

（四）訪問律師談其涉及的法律問題，明確告訴讀者「結婚以後，仍與外遇女子登記結婚，將觸犯刑法重婚罪，最重可處五年以下有期徒刑，若兩人未辦理結婚登記，也可控告兩人通姦罪，可處一年以下有期徒刑。」

整條新聞的處理，沒有人予以「祝福」，也沒有人「樂觀其成」，只有一片撻伐之聲，相信也不會有人去仿效，更不會顛覆神聖的婚姻觀念。

案例3-3-1

A 則　　　　酒女照料他妻小 出獄結連理

【記者○○○/桃園縣報導】希伯崙全人關懷協會楊姓收容人十六年前犯了殺人棄屍罪，收押前託相識的李姓酒店小姐代為照顧妻小，兩人因誤會失聯十年，兩年前意外重逢，今天他們要參加協會的耶誕婚禮，接受親友祝福。

楊姓收容人說，歷經風雨，決定迎娶這輩子的真愛，他承認與妻子還有婚姻關係，與李姓女子不會去辦結婚登記，「我會去跟妻子報告」。李姓女子說「我不求名分，只要在一起就好。」

「這是很特殊的情況」，希伯崙全人關懷協會游思佳主任說，他們強烈渴望在一起，親友樂見其成，「我們給予祝福！」

....

....

兩年前，楊姓收容人假釋出獄，兩人意外重逢，滋生愛苗，但當時各有婚姻，只能互相關心。

今年初，李女離婚，楊妻遠居花蓮，夫妻分隔兩地，楊姓收容人與李女先到希伯崙協會，「這裡有家的感覺，不會排斥我們。」

今天下午他們要參加耶誕婚禮，「我想讓她穿婚紗，對她負責。」楊姓收容人說，女兒都看在眼裡，今天會參加婚禮，代表家人祝福我們。

（聯合報 98/12/25 A13）

B 則　　　參加集團婚禮 接受電視訪問
「太扯」花心憲兵高調外遇

【王昭濱、王炯華/台北報導】憲兵高調外遇、高調參加集團結婚，還接受電視訪問，真是太誇張！一名專責三軍軍紀的憲兵副排長，不顧已婚身分，上月竟高調地穿著軍服與情婦參加集團結婚，兩人不但當眾親吻、肆無忌憚接受媒體訪問，還得意地將結婚影片貼在自己部落格上，其妻經同事發現緊急告知，才知丈夫的荒唐行為！軍方已將這名外遇憲兵士官記一大過，令他下月退伍。

....

難怪情人節都不在

陳妹替姐姐抱屈，被姐夫背叛雖然心痛不過仍期待姐夫懸崖勒馬，趕緊與外遇斬斷情絲。未料，上月姐姐同事在網路發現，姐夫竟與披白紗的楊憶文以「新人」身分，參加「台南縣2009菁寮嫁妝文化節」集團婚禮，姐夫穿軍服與楊親吻，還接受媒體拍攝訪問，姐姐看後一臉尷尬心碎。

....

律師張建鳴表示，李世泓與陳姓女子結婚後，仍與外遇女子登記結婚將觸犯《刑法》重婚罪，最重可處五年以下有期徒刑，若兩人未辦理結婚登記，陳也可控告兩人通姦罪，可處一年以下有期徒刑。

（蘋果日報 98/12/28 A1）

C 則　　奉子成婚半年 背叛元配

不肯回頭

【記者王昭濱、謝昇璁】高調搞外遇的憲兵士官李世泓，婚前就曾經劈腿被陳姓元配抓包，元配說，兩人三年前奉子成婚，仍遭丈夫背叛，雙方母親曾發動親情攻勢，對李世泓再三勸說，但他仍舊不肯回頭。

母親部落格裡喊話

李世泓外遇事件曝光，他母親曾在其部落格發表文章《心痛的母親》……，寫著「兒子……二十五年來你一直是我的驕傲，而今都變了，手中抱著你的兒子，心中不禁漸漸淌血，你真的放得下你女兒和兒子嗎？」呼籲兒子快結束外遇返家。

（蘋果日報 98/12/28 A1）

第四章　平衡報導

第一節　標題平衡公平對待雙方

公說公有理，婆說婆有理，哪個是對？哪個是錯？甲批評乙，乙指責甲，雙方各執一詞，如何分辨是非？身為媒體從業人員，在短短一天之內，實在無法仔細查證，雖然理論上教導我們要去做，但在實際上難上加難，在這個關鍵時刻，記者仍要負起盡力查證天責，編輯更要緊守「平衡」的概念，基本上就是，記者與編輯要把雙方的說法，平實地在版面上鋪陳出來，讓讀者去判斷對錯，這樣做將來也可能捲入是非中，但至少先站得住腳。

記者或編輯若無以上「平衡」的概念，麻煩就大了，輕者報社予以處分，重責挨告上法院沒完沒了。早期報社有些記者常常頂著「無冕王」的大帽子，為所欲為，地方上若有不順其意的官員，挑其毛病，見諸報端，那個時期，民風未開，官員敢怒不敢言，大都和解了事，編輯若被利用或與記者勾結沆瀣一氣，就淪為幫兇，近年來，民智大開，只要記者片面報導有損其名，大多數人會提出告訴，不肯罷休，編輯作為最後一道守門者，絕對要守住關卡，對得起自己良心，也協助那些無意間未守住「平衡」報導的記者同仁，避免一場風暴。

不管標示是否正確，「平衡報導」大約可分為四種，茲說明如下：

一、形式平衡

　　■案例4-1-1在標題平衡的形式來看，做的很完整，「獨厚中國」對「著眼廣告」，「黃偉哲：台啤涉利益輸送」對「台啤：廖姓經銷商非姻親」，但是就標題製作原則來看，不僅文句不通，而且與內文意思不同，試分析如下：

　　「獨厚中國」是引題，「黃偉哲：台啤涉利益輸送」是主題，兩句話一起閱讀，好像是在說明「台啤獨厚中國，涉利益輸送」，但仔細看內文，才知道兩個句子各自表達一件事，雙方之間毫無關聯，「台啤獨厚中國，涉利益輸送」，完全與內文不相吻合。

　　「著眼廣告」是引題，「台啤：廖姓經銷商非姻親」是主題，兩句話一起閱讀，好像是在說明「台啤著眼廣告，廖姓經銷商非姻親」，仔細看內文，同樣發現兩個句子各自表達一件事，雙方之間毫無關聯，「台啤著眼廣告，廖姓經銷商非姻親」，完全與內文表達的意思不同。

　　標題製作有一定的規則，不能為了標題平衡，胡亂對稱，這則新聞完全為了平衡報導，而不顧標題製作原則，是少見的缺失。

　　這則新聞要適當地處理，並非難事，在台啤贊助亞運一事上，將立委與台啤雙方說法寫成一條新聞，並在標題上平衡標示；同樣的，「利益輸送」一事，也應把雙方的發言寫成一條新聞稿，在標題上也做到平衡，編輯處理稿件的功力，就是表現在以上的改寫。若無法改寫，標題改為以下形式較妥當：

案例4-1-1

> ### A 則　獨厚中國　黃偉哲：台啤涉利益輸送
>
> 【記者林政忠/台北報導】民進黨立委黃偉哲昨天舉行記者會指出，台灣啤酒砸下人民幣一億元贊助廣州亞運，他質疑台啤為何獨厚中國？此外，台灣菸酒公司董事長韋伯韜和台啤在中國主要經銷商負責人有姻親關係，其中是否涉及利益輸送？
>
> 黃偉哲質疑，義登貿易公司負責人廖健雄就是廖敏雯堂兄，令人質疑韋伯韜與義登公司之間，是否違反利益迴避、涉嫌利益輸送？
>
> ### B 則　著眼廣告　台啤：廖姓經銷商非姻親
>
> 【記者賴昭穎/台北報導】台酒公司主管昨天回應，台啤花約新台幣五億五千萬元贊助亞運，是看準經濟效益；至於立委指稱的經銷商，只是和董事長韋伯韜的妻子同樣姓廖，但不是姻親。
>
> 台酒公司昨天發布新聞稿澄清，「台啤在大陸的經銷商，沒有一家與董事長有任何親戚關係。」
>
> 台酒人員指出，台啤在大陸約有十個經銷商，義登公司是唯一與台酒簽約的業者，但不是因為有特權，而是台酒在十月起規定，只要年訂貨量超過五十萬打，就必須與台酒簽約，並附一筆押標金；義登公司向台酒訂了一百萬打，依規定必須簽約，至於其他業者則還在觀望。
>
> （聯合報 98/10/28 A11）

「黃偉哲：台啤獨厚中國　又涉利益輸送」

「台　啤：著眼廣告　廖姓經銷商非姻親」

兩行標題有相同的字數，語意清楚多了，現在有很多編輯，搞不清楚「主題」與「引題」、「副題」的關係，只知道平衡報導，硬把「字數」與「形式」對稱上去，整個標題看起來就像「牛頭對上馬嘴」，完全不符標題製作原則（詳見第二章　引題與副題）。

二、標準平衡

　　■案例 4-1-2，就是一則典型的平衡報導，不管是標題的行數、字數、字體大小以及內文的字數多寡都相仿。藍、綠雙方為ＥＣＦＡ審查鬧翻天，立法院外打得火熱、唇槍舌劍，媒體管不了，唯一能做的是將兩造的對話以相同的版面、形式刊出來，讓讀者去評斷。

案例4-1-2

A 則　想打就打　府轟綠不開會「肇事逃逸」
　　　　想走就走

【記者陳洛薇/台北報導】民進黨以「不為專制背書」為由，退出立法院臨時會。總統府昨天砲轟民進黨「肇事逃逸」，在立法院想打人就打人，想走人就走人，這樣的態度不自重，也不負責，既違背選民託付，也欠缺民主風度。

　　總統府發言人羅智強指出，民進黨籍立委在國會內使用暴力打傷國民黨籍立委吳育昇，民進黨主席蔡英文不但不道歉，現在連會都不開了，這種作法根本就是「肇事逃逸」。

　　　　　　　　　　　　（聯合報 99/7/13 A4）

B 則　拒絕臨會　綠回罵總統府「廢掉好了」
　　　　訴諸大眾

【記者林政忠/台北報導】立法院臨時會今天將處理災害防救法等重大法案，綠營打算「體制外公審」。民進黨不會再參與臨時會，對於相關法案的立場，民進黨將與社會意見領袖、社團召開記者會，向社會大眾說明清楚。

　　林右昌抨擊，一個已被馬英九總統閹割、無法實質審查的立法院，民進黨返回臨時會投下反對票有何用？馬總統強力運作行政院院長吳敦義不到立法院報告，立法院也不讓ＥＣＦＡ實質審查，就是為了向中國北京政府交差，「總統府其實可以廢掉了」。

　　　　　　　　　　　　（聯合報 99/7/13 A4）

三、非實質平衡

■案例4-1-3主題「第二波　藍違紀重鍘 分裂失軍心」這個標題完全漠視記者文稿的平衡報導，而直接挑出一方的內容當標題，換一句話說，內容有平衡報導，標題卻是一面倒。

馬英九總統就任國民黨主席後，面對縣市長三合一選戰祭出黨紀，凡是脫黨參選或違紀輔選站台的黨內幹部，全部遭到撤銷黨籍的嚴厲處分，黨內有人認為馬就是要嚴明紀律……，另一派卻認為將埋下分裂種子……，這篇稿子寫的四平八穩，把兩派的看法都鋪陳出來，而且段落、字數幾乎相同，是一篇標準的寫作，可惜的是編輯選擇了其中一派的看法，完全漠視另一派的意見。

編輯身在報社，往往有不得已的苦衷，長官也是如此，有時候明明知道這樣做是不對的，也不敢據理力爭，類似情況有將車禍死亡照片血腥刊出，讓往生者面臨死亡的痛苦表情赤裸裸地見諸報端，萬一死者是親朋好友，忍心這樣做嗎？大部分人都會說不會，但是報社的政策就是要這樣做，怎麼辦？人為五斗米折腰，常常有萬般無奈，但是心中那把『編輯尺』千萬不要受到影響，絕對要把持住，不要受到報社政策的動搖，換句話說，雖然做了，也要在心中很清楚地認為這是錯的，下次能避免就避免，不要把它當作常態的作法，這是受過新聞教育的從業人員，最應有的正確觀念之一。

再一次強調，平衡報導中有一個很重要的概念，就是將兩造的說詞「平實地」鋪陳出來，簡單地說，就是給甲多大的標題、多大的版面報導，給乙也是同樣大的標題及版面，兩者不能有大

小之分，否則就易被人認為「大小眼」，偏頗其中一方，但目前
大部分的媒體報導類似新聞，大多將發動「攻擊」的一方新聞，
用較大標題、版面報導，被迫「回應」的一方，標題、版面顯然
小的多了，這是不當的作法，容易讓人有意無意間，認為標題、
版面大的一方說詞是對的，標題、版面較小的一方是錯的。

案例4-1-3

第二波　藍違紀重鍘　分裂失軍心

【記者王寓中/台北報導】馬英九總統就任國民黨主席後，除了對中常會開鍘，面對年底縣市長三合一選戰，也祭出黨紀，凡是脫黨參選或違紀輔選站台的黨內幹部，全部遭到撤銷黨籍的嚴厲處分，開鍘人數也是史上最多。黨內強調，馬就是要嚴明紀律、重整隊伍；但另一派卻認為，馬的作法，將埋下黨內分裂的種子，選後馬就會面臨眾叛親離的挑戰。

………………………………

黨內分析，從正面看，兩軍交戰，軍紀不明，何以交戰，中央殺雞儆猴刀下不留情，一方面會產生嚇阻作用，同時讓藍軍清楚知道誰是自家人；………………………

………………………………

但黨政人士指出，中央對黨內同志下重手，將使新竹、花蓮反馬英九的勢力，從縣長、議員、串連到鄉鎮市長，挑戰集體的凝聚力會更強，同時激發背水一戰的決心：當黨紀開鍘完後，就是對方陣營發動反撲的時機，………………

………………………………

（自由時報 98/11/1 A4）

四、不對等平衡

■案例4-1-4 A 則的引題（眉題）是「越勞控訴…」，主題是「恐怖安養院　囚外勞　虐老人」，任何一位讀者看到這條新聞，一定被斗大的主題所吸引，心理直覺得真有這回事，很少人會注意到引題「越勞控訴…」，這件案子的發生，真的是如越勞所控訴的嗎？記者、編輯一時也無法分辨真假，唯一能做的是將兩造

的說法平衡刊出，但被控訴的一方，只用小標題「鴻國否認 稱越勞自願加班」交代，明顯可以看出編採作業偏向越勞忽視雇主，如果將來有一天真相大白，發現越勞指控不實，如何對雇主交代呢？

「甲指控乙」，「丙向媒體爆料」，這種新聞，越來越多，最安全也是負責的作法就是「平等地」對待兩造。

B則與A則有一個顯著的差別，編輯將爭議性最大的「把老人綁起來」、「他們晚上都被反鎖」避開，選擇「工作時間超過16小時」當主題，顯然編輯在看了「鴻國」的反應後，認為爭議過大，不能為了刺激讀者，任意標出聳動的字眼，算是比較「厚道」的作法，A則的「恐怖安養院」，令人想到電影中的「恐怖片」，有擴大渲染之嫌，並不恰當。

C則的引題「越勞挾怨反咬？」，主題「鴻國：束帶保護老人合規定」，是對雇主的反應作一交代，標題沒有B題大，但也差不多，直接標出「束帶保護老人合規定」，明確告訴讀者，「把老人綁起來」，是有很大爭議，算是一種平衡報導。

D則「越勞控訴遭剝削 1人照顧40老人」也將爭議性很大的「綑綁老人」避開，抓「1人照顧40老人」當主題。

E題則是「鴻國」的反應「鴻國養護中心：外勞挾怨報復」。標題也沒有D則大，這種「一大一小」的平衡報導，就是時下一般編輯的通病，值得大力改進。

再一次強調，像這樣大篇幅報導爭議事件，絕不可只重視「攻擊」的一方，「回應」一方的辯解同樣應給予等值重視，最好的標示就是將兩方的說法，一起在主題上並列呈現，避免讀者先看一方意見後，產生先入為主的印象，喪失客觀性，所以本則新聞最好以「越勞：……鴻國：……」為主題，利用概括式句

子，以減少字句應用，再以副題解釋或補充雙方的說法；另一種標示方法，就是如同案例4-1-2的並列方式，讓雙方說法同時呈現，由讀者去判斷是非真偽，就算文稿字數沒有一樣多，至少雙方標題的字體大小、字體種類要一致，做到實質的平衡。

案例4-1-4

A 則

越勞控訴……

恐怖安養院 囚外勞 虐老人

【記　者○○○、○○○、○○○/台北報導】五名越勞外籍看護工昨日出面泣訴，指控台北縣板橋「鴻國」老人養護中心不僅扣押他們護照、不准外出，每日還得工作十六小時，一人最多要照顧超過四十個老人，又說養護中心甚至會把老人綁起來，綁的不夠緊還會挨罵。

一天做16小時1人照顧40老人

越勞指出，養護中心不讓外勞單獨外出，養護中心平時都會上鎖，只有台籍工作人員有鑰匙可開

門。有越勞當場泣訴：「實在很難想像這麼進步的台灣，竟這樣剝削外勞。」照護方面，打針也只交由外勞處理，照護品質嚴重不足。

鴻國否認 稱外勞自願加班

鴻國老人養護中心林經理昨出面否認所有指控。林經理說，安養中心工作時數本來就比較長，仲介公司都已經告知，且每天都有二‧五小時休息，公司會加發兩小時加班費，休假加班也是自願。

（自由時報 98/10/20 A14）

B 則　**養護中心5越勞：每天工作逾16小時**

抱怨吃的差、做的累、領很少　　女看護：一晚照顧40人

被要求把老人綁起來…　台籍員工：惡人先告狀

【記者王鴻舜/台北報導】五名曾在台北縣板橋市鴻國老人養護中心工作的越南籍女看護，昨天指控雇主剝削、超時工作，還要求他們將看顧的老人「綁起來」管理。鴻國負責人不願回應，台籍員工則認為爆料的女看護是「越南人欺負台灣人」。

女看護表示，他們晚上們都被

反鎖，吃和病患相同的流質食物，只能睡在老人旁邊，生活條件實在恐怖。

鴻國老人養護中心一名台籍員工駁斥，這些女看護「惡人先告狀」，他們在台灣吃的又白又胖，「ＯＫ的啦！」，他們這樣指控老東家是「欺負台灣人」。

（聯合報 98/10/20 A10）

C 則

越勞挾怨反咬？
鴻國：束帶保護老人 合規定

【記者饒磐安/台北縣報導】鴻國老人養護中心林姓女經理說，一名自稱受虐越南女看護曾在中心毆打老人而被輔導，因而挾怨報復，聯合四名同國女看護反咬中心，鴻國也未虐待老人。

林姓女經理說，用束帶保護老人，是預防老人睡覺時從床上滾落或是翻身不慎手腳撞傷，都經家屬同意且符合規定。

．．．．．．．．．．．．．．．．．．．．．．．．．

林姓女經理說，女看護每天工作九小時，加班一個半小時，給付兩小時加班工資，每週都放假，女看護為了多賺錢寄回家，都自願加班，……

（聯合報 98/10/20 A10）

D 則　越勞泣訴遭剝削 一人照顧 40 老人

【朱芳瑤/台北報導】「原本是想來台灣賺錢養家，沒想到會被當成『奴隸』使喚！」五名越南外勞昨日出面控訴，在台北縣鴻國老人養護中心工作期間，每天上工超過十六小時，夜間人手不足，一人得照顧超過四十名老人，雇主甚至要求看護工將老人綁起來。慘遭如此剝削，有人工作四個月，竟只有四千元報酬。

．．．．．．．．．．．．．．．．．．．．．．．．．

林建安也否認工作超時，「外籍看護工吃住都在安養院內，不能說醒著的時候都在工作」，且中心一直施行排班制。有關要求看護工綑綁老人，他反批，「我還怕外勞虐待老人！如果有虐待，家屬怎麼會不知？」

（中國時報 99/10/20 A14）

E 則　鴻國養護中心：外勞挾怨報復

【潘杏惠、陳俊廷/北縣報導】五名越南籍的看護工控訴遭北縣板橋鴻國老人養護中心剝削，鴻國經理林建安大聲喊冤，認為是其中一名外勞因為之前違反規定遭糾正，加上服務到期即將返國，所以聯合其他外勞挾怨報復。

針對老人養護中心要求外勞看護工，把原來應被照顧的老人，全部綑綁在一起，林建安直呼，「真是天大的笑話」，如果真的把老人家綁起來，固定來會親的家屬一定會看到啊！而且老人家一定會跟家屬抱怨。

．．．．．．．．．．．．．．．．．．．．．．．．．

（中國時報 98/10/20 A14）

　　比較這則新聞的寫作，A 則的新聞內容太過簡要，尤其是「鴻國」林姓經理出面否認，只有短短的一百字，與 C 則、D 則、E 則的內容相比，遜色的多了，編輯雖然未正確的做出「平衡」報導，記者的寫作內容，也要負很大的責任，報社的實務作業流程，應該可以發現，這一百字的「平衡」報導是不夠的，這時，就要退回採訪組要求記者補充內容，才是負責任的作法。

第二節　各級單位決議事項，
應冠上該單位名稱

　　如同法院判決一樣，地院一審判幾年，高院二審判幾年，最高法院三審判幾年，各級行政機關或是各黨黨部的獎懲，也必須將各級單位名稱冠上，一來表示這是那個單位的決議，不盡然是最後的決定，讓讀者一目了然，二來忠於內文的報導，不要出現題文不符的情況，本來這是很簡單，也很容易做到的事，可是編輯往往為了精簡字數，出現不當的標題，也誤導了讀者。

　　■案例4-2-1 A則「謝深山停權半年」，這是中國國民黨花蓮縣黨部考紀會，針對縣長謝深山違紀輔選，建議「停權半年」處分，將再送中央決議，內文很清楚指出，花蓮縣黨部的決議事項，送到中央後，不見得有相同的懲處，但是A則的標示方式，依標題製作原則，好像是已定案，是一種事實。

　　B則「黨部建議　謝深山停權半年」，雖然有標出「黨部建議」，但黨部是哪級黨部？早期還有中國國民黨台灣省黨部，加上花蓮縣黨部、中央黨部三級黨部，現在也有花蓮縣黨部，中央

黨部兩級,所以「黨部建議」讓人搞不清是哪個黨部建議。

C則,引題上有「花蓮」,主題「縣黨部決議 謝深山停權半年」,顯然比較符合標題製作原則,告訴讀者,這僅是花蓮縣黨部決議而已。

D則是本案後來經過中央黨部考紀會審查,認為處分太輕,決議停止黨權一年處分,才是最終的定案,猶如法院三審定讞,這時就不必再標出「中央黨部」字眼,因為「停權一年處分」已是最後決定,不會再改變,標出「中央黨部」反而是一種累贅。

案例4-2-1

A則 **謝深山停權半年**

【陳洛薇、洪祥和/綜合報導】黨紀開鍘!花蓮縣長謝深山力挺脫黨參選的副縣長張志明,在黨主席馬英九指示處理後,國民黨花蓮縣考紀會昨日決議,停止謝深山的黨權半年,並將決議傳真黨中央。⋯⋯⋯⋯⋯

謝深山昨避不見面,委託秘書林裕彥轉達一切尊重黨的決定,不願多表示意見。

（中國時報 98/12/9 A4）

B則 **黨部建議 花蓮謝深山停權半年**

【記者花孟璟/花蓮報導】花蓮縣長謝深山在縣長選舉挺無黨籍候選人張志明,國民黨花蓮縣黨部昨天下午召開考紀會,建議將謝深山停權半年;三名因涉賄選案被收押的光復鄉長候選人,考紀會也決議先停權,等待判決結果,兩項決議都將呈報黨中央核定。謝深山昨對考紀會決議未做任何回應。

（自由時報 98/12/9 A4）

C則 **花蓮**
縣黨部決議 謝深山停權半年

【記者洪肇君/花蓮縣報導】國民黨籍花蓮縣長謝深山,在縣長選舉中未支持黨提名候選人杜麗華,選前之夜還出現在無黨籍候選

人張志明總部，國民黨花蓮縣黨部考紀會昨天決議謝深山停權半年。謝深山表示尊重黨的決定，不再發言。

（聯合報 98/12/9 A4）

D 則　　停權一年 謝深山：開除也沒關係

【記者范凌嘉、范振和/連線報導】花蓮縣長謝深山為縣長候選人張志明輔選，並以「坐台不站台」的方式表達支持，國民黨花蓮縣黨部八日決議停權半年，但中央考紀會認為懲處太輕，昨天決議停止黨權一年處分。

謝深山得知黨中央將他停權一年處分後表示，無所謂，一切尊重黨的決定，被開除黨籍也沒關係…

（聯合報 98/12/11 A18）

■案例4-2-2，報導立法委員在經濟委員會提案要求台電停止包括台電員工每月三百度優惠、學校電費優惠等，最後通過要求主管機關儘速檢討修正學校用電優惠政策，取消台電員工優惠電價案反而被撤案，這則新聞報導寫的很清楚，但A則及B則卻出現一些瑕疵。

A則的引題是「台電明年預算送審」，主題「立委提案　停止學校用電優惠」，內文中明明指出，本案經立委提出，已經獲得經濟委員會「通過」，進入第二階段，但是標題卻停留在第一階段「立委提案」，標題與內文不吻合，更將「提案」的舊聞當「新聞」來標示，這種情況實在不多見，令人扼腕。

B則的主題，「立院決議　學校用電優惠要取消」，看了這個標題，好像學校用電優惠已經決定取消，但是內文報導這只是經濟委員會的決議，還要送大會審查才能定案，將經濟委員會的決議冠上「立院決議」大帽子，不正確也不恰當，若改為「學校用電優惠　立院經委會取消」字數一樣，但較切題。

案例4-2-2

A 則

台電明年預算送審
立委提案 停止學校用電優惠

【記者李宜儒、林曉雲/台北報導】立法院經濟委員會昨天審查台電明年度預算，多位立委提案要求台電停止包括台電員工每月三百度優惠、學校用電優惠等，最後通過立委蘇震清等人提案，要求主管機關盡速檢討修正學校用電優惠政策，不應再由台電繼續給予優惠。

....
....
....

　原先立委提出包括取消台電員工優惠、學校用電優惠等提案，最後只通過取消學校用電優惠一案，其他分別撤案。

（自由時報 98/12/11 A18）

B 則

立院決議 學校用電優惠要取消
立委指優惠於法無據　應由教育部編預算支應
學校傷腦筋　台電員工卻繼續優惠

【記者許玉君/台北報導】立法院昨天審查台電九十九年度預算，決議台電不應再給予學校用電優惠，要求主管機關儘速檢討修正。但立委卻同時撤回取消台電員工優惠電價的提案，寧可讓學校傷腦筋，卻仍要台電員工繼續享有優惠。

　立法院經濟委員會昨天審查台電預算案，多名立委提案檢討台電目前現有的優惠，包括台電員工每月用電三百度以內享有半價優惠、學校用電優惠等。不過，最後提出取消台電員工優惠電價的立委紛紛撤案，只剩下民進黨立委蘇震清、潘孟安、陳啟昱等連署檢討學校用電優惠的提案。

....
....

（聯合報 98/12/11 A10）

第三節　非單位首長或發言人之意見，不能直接冠上該單位名稱

　　同一個單位的人員，對一件事情的看法，總有褒有貶，但卻不能把私人的想法當做官方意見，只有單位首長或發言人的對外說明，才是唯一的官方說法。任何個人或下屬單位的意見，僅能代表該下屬單位或個人，如果有必要在媒體上揭露，應該冠上個人姓名或該下屬單位的名稱，以示負責。

　　如果將個人或下屬單位的意見，草率的冠上機構名稱，形成官方說法，將產生以下不當：

　　1.個人褒貶無限擴張，陷該單位於不義

　　2.容易被有心人利用，淪為「幫兇」而不自知

　　3.以偏概全，喪失客觀性

　　■案例4-3-1是第四次江陳會後，為了一則A咖對C咖的報導，引起了軒然大波，不僅陸委會主委、海基會董事長出面滅火，江丙坤還對陳雲林、連戰、吳伯雄、宋楚瑜道歉，連馬總統也主動表示，這種說法「非常不妥」，對陳雲林很不尊重。新聞界更盛傳，報導這則新聞的報社總編輯因而下台，姑不論是否屬實，顯見輿論一字一句的殺傷力驚人。

　　「A咖對C咖」的報導是否妥當，見仁見智，不過這則報導在標題上出現不當之處，那就是「把單位內某些人士的說法，直接冠上該單位的名稱，形成該單位的官方說法」，報導內文提到「……海基會對政黨交流干擾既定行程也感到不耐，更有會務主

管認為，台灣政黨領袖爭相會見陳雲林根本是『Ａ咖對Ｃ咖』」，編輯下的標題「藍營大老爭相會陳　海基會不耐：Ａ咖對Ｃ咖」，「會務主管」的個人看法，直接冠上海基會這個官方名稱，就變成海基會官方意見。

這種標題，如果「揚善」傷害性較小，若是「吐槽」，輕則道歉了事，重則重挫兩岸交流，非同小可。

本則標題，若是加上「會務主管」一詞，不僅切題，而且也明示「Ａ咖對Ｃ咖」的說法，僅是「會務主管」的私人意見，殺傷力就小多了，可惜的是編輯一時疏忽，給全國帶來一陣風暴，做為編輯不可不慎啊！

案例4-3-1

藍營大老爭相會陳　海基會不耐：Ａ咖對Ｃ咖

【王銘義/台北報導】國親兩黨領袖在海協會長陳雲林訪台協商期間，應邀出席縣市首長做東的餐會，或單獨會見陳雲林，引發馬政府國安決策體系對國親領袖的非議。尤其，涵碧樓的「宋陳會」導致近百位記者在遊湖的船上枯等不著，海基會對政黨交流干擾既定行程也感到不耐，更有會務主管認為，台灣政黨領袖爭相會見陳雲林根本就是「Ａ咖對Ｃ咖」。

參與兩岸商談的海基會人員感慨地說，陳雲林雖然曾擔任國台辦、中台辦主任，但在中共對台部門的地位，只是接受中共中央台辦授權執行兩岸談判的角色，最多只能說是中國「Ｃ咖級」的對台官員，這次也是二度訪台，國民黨榮譽主席或親民黨主席等「Ａ咖級」的台灣政黨領袖，實沒有必要爭相安排餐會或會見。

據了解，馬英九總統雖然高度肯定連戰在二〇〇五年展開的「和平之旅」，對兩岸關係長遠發展的貢獻，近年也兩度派遣連戰擔任「領袖代表」，對出席 APEC 峰會，但馬政府國安幕僚對連戰近年頻頻造訪中國卻持異議，日前更透過海陸兩會勸阻連宋吳不宜在「江陳會談」期間宴請陳雲林，使得連宋感到不受尊重。

....
....

（中國時報 98/12/26 A1）

　　■案例4-3-2Ａ則是一則報導聯合國發展計畫署亞太地區主任齊柏，公開稱許台灣中央銀行抵抗國際炒匯禿鷹「做法正確」，去年底以來數度喊話嚇阻有意炒匯的熱錢，「看來已產生效果」，但標題「央行抗禿鷹炒匯　聯合國讚揚」則有待商榷。

　　聯合國官員的看法，可不可以代表聯合國官方說法？當然不可以，該官員的意見，只能代表個人的看法，正確不正確？恐怕聯合國也有人持不同的看法，加上「聯合國」這個大名稱，彷彿是聯合國官方發言，等級、層次都有很大的不同。

　　Ｂ則顯然就比較符合內容，「聯合國官員讚台灣打熱錢」，僅說明這是官員個人的讚揚，非聯合國官方意見，加上「官員」兩字也可避免萬一這是一個錯誤的看法，也只是聯合國眾多人員中的「官員」層級而已，不會直接衝擊到聯合國本身，這是做標題的基本道德。

案例4-3-2

Ａ則　　　**央行抗禿鷹炒匯 聯合國讚揚**
官員公開稱許　上了外電新聞
彭淮南格外開心　央行昨強力阻升　台幣重貶 1.9 角

【編輯莊蕙嘉、記者羅兩莎/綜合報導】國際熱錢卡位兩岸「和平紅利」題材，外資紛紛湧入台灣，炒作新台幣匯率。聯合國官員日前公開稱許台灣中央銀行抵擋國際炒匯禿鷹「做法正確」，去年底以來數度喊話嚇阻有意炒匯的熱錢，「看來已產生效果」。

對於聯合國官員肯定央行作為，昨晚加班到近九點才下班的央行總裁彭淮南顯得格外開心，央行也主動發布彭博社這項報導給國內媒體。

....
....

（聯合報 99/1/21 A1）

B 則　　　　　聯國官員讚台灣打熱錢

【編譯劉千郁/綜合報導】聯合國發展計畫署亞太地區主任 Ajay Chhibber 贊同台灣央行打擊熱錢炒股，熱錢造成台幣升值幅度來到五年最大。

由於台灣與中國的貿易投資往來日漸密切，造成大量海外資金流入，有關當局不得不祭出資金管制措施。台股去年上漲七十八％，今年至今漲跌不大。

....

（自由時報 99/1/21 A2）

■大學學生會的意見可不可以代表大學行政單位的看法？案例4-3-3報導台大等三校學生會要求吳揆進校園向學生說明 ECFA 內容，是否等同三校校方持相同意見？答案是不盡然也不恰當，近年來學生自主意識高漲，有些思想較激進的學生，常會藉著學生會之名發起一些激進行動，讓校方深感頭疼，尤以國立大學最常見，學生放的「火」，校方硬著頭皮出來「滅」。

案例4-3-3

A 則　　ECFA 是啥？台大三校邀吳揆對話

【朱真楷、諸方搖、仇佩芬/台北報導】第四次江陳會即將登場，對於備受各界矚目的 ECFA，陸委會副主委劉德勳表示，雙方將在會中確認彼此對 ECFA「已可以準備往下走」；而且，只要各階段協商都能如期完成，不排除在第五次江陳會就宣布簽署 ECFA。

政府推動簽署 ECFA，多數民眾一知半解，不少大學生同樣「霧煞煞」。台大、台科大、台師大三所學校學生會昨日共同發起聲明，要求行政院長吳敦義走入校園，向學子說明 ECFA 內容。

....

（中國時報 98/12/15）

B 則 ECFA 是啥　台大 3 校學生會　嗆吳揆說清楚

....
....
....

（自由時報 98/12/15 A1）

　　要不要邀吳揆來說明，這是學生會的行動，嚴格講起來，與校方無關，標題上就要說清楚，不要讓人引起誤會，Ａ則「ECFA是啥？台大三校邀吳揆對話」，顯然將學生會的邀請看作校方的邀請，是不恰當的，Ｂ則「ECFA是啥　台大3校學生會　嗆吳揆說清楚」就明白點出這是「學生會」的行為，把責任劃分清楚。

　　■案例4-3-4是一則令人混淆，搞不清楚到底誰說的話才算數的新聞，美國援助海地的強勢作風引發爭議，法國主管援外事務的國務合作秘書指責美國陸續派遣數千部隊進駐海地，接管強震後的救災與維安行動，形同「佔領」海地，第二天法國總統發表聲明，強調法國對於美國合作救助海地「相當滿意」，並讚許美方「罕見的動員救災行為」，兩種完全不同調的說法，出現在同一則新聞中，誰能代表法國官方說法？不言可喻，但編輯卻選擇了較刺激的字眼「形同佔領」，把法國總統的聲明完全拋棄，讀者看到標題，直覺得被牽引到「佔領」的方向想，不看內容完全不知道法國總統的聲明。

案例4-3-4

美強勢主導救災 法：形同佔領

　　【陳文和/綜合十九日外電報導】美援助海地的強勢作風引發爭議，法國主管援外事務的國務合作秘書喬安岱十八日指責美國陸續派遣數千部隊進駐海地，接管強震後的救災與維安行動，形同「佔領」海地，它同時要求美方就國際救援組織抱怨美軍阻礙救災事情，「釐清」美軍在海地的角色與功能。

　　美國增派的二千二百名陸戰隊相繼抵達，與原進駐的三千五百名美國陸軍部隊聯手救災。海地美軍發言人柯比上尉稱美軍的總數將增至一萬人。美國曾在一九一五年至三五年間以人道主義干預為由，派遣陸戰隊佔領海地。

　　　　　　　　　　　　　　　　

　　法國總統薩科奇則在十九日發表聲明，強調法國對於與美國合作救助海地「相當滿意」，並讚許美方「罕見的動員救災行動」。

　　　　　　　　　　　　　　　　
　　　　　　　　　　　　　　　　

（中國時報 99/1/20 A11）

　　法國總統的聲明與援外官員的說法，誰是誰非？非編輯所能得知，也沒有必要去探討，但是「法：形同佔領」到底代表誰的看法？令人模糊不清，按標題製作原則「法」指法國官方，非發言人或正副元首的任何一位官員都不能直接用「法：⋯⋯」來表示，案例4-3-4標題把援外官員的意見冠上「法：⋯⋯」顯然不正確，應標出「法官員：⋯⋯」較佳。另一方面，總統代表國家，不管聲明內容如何？所言是否言不由衷？總不能在同一條新聞中棄之不理，至少也要以副題標出，讓讀者評判到底誰說的才是真心話，也算是平衡報導的一種。

第四節　爭議事件要標出消息來源

　　人世間風風雨雨，一件事的發生，一個人的發言，真真假假，莫衷一是，媒體處理這種新聞，一時也搞不懂誰是誰非，最好的處理方式就是把消息來源真實地呈現在標題上，讓讀者去研判，這是編輯唯一能做的，也是不可缺少的作法。

　　■案例4-4-1報導來自美國「國防新聞」週刊的消息，內文指出，由於中國施壓，目前有三筆美國對台軍售項目，遭美國國務院擱置，而未通知美國國會，「國防新聞」週刊引述「美台商業協會」會長韓儒伯的話說，軍售項目，要等到明年春季才會放行。

　　「美國擱置對台軍售」如果是真的話，這是多麼重大的事件，對我國影響多大，恐怕是中美斷交以來最嚴重的挫折，歷年來，傳言紛紛，引起政府與國人緊張，最後，常常不了了之，無疾而終。這次又有這種傳言，何況是美國「國防週刊」的報導，媒體不得不刊登。

　　A則中，引題「中共施壓」，主題「美擱置對台軍售」，從標題中可以看出，好像真的發生這件事，因為斗大的標題既未交代消息來源，也未使用真假是非莫辨所用的引號，那麼這種標題表達的是一種「事實」或一件「確已發生的事情」，事實上，這只是美國「國防新聞」引述美台商會會長的話而已，是真是假尚不明朗，屬於爭議事件，在這種情形下，消息來源就必須清楚交代，提供讀者研判真假，「國防新聞：」應當主題，把它擺在引題尚可勉強接受，就是不能遺漏。另一則反應稿的主題「國防部：照程序軍購」，則有平衡報導的作用。

　　B則「美暫緩軍售？國防部：未接獲訊息」，副題「美『國防新聞』報導　基於中共壓力　美決定擱置對台軍售　關閉F－16生產線　政院表示將查證」，以一個問號來表示事件尚有變數，非已定案，勉強尚可被接受（問號的濫用詳見第九章），另把國防部的反應直接在主題上標出，是很恰當的標法，這也是「平衡」最重要的觀念（詳見本章第一節）。

　　C則中，引題「美『國防新聞』報導：」，主題「中國施壓　美暫緩對台軍售」，小標題「吳揆：會查明實況」，是比較四平八穩的標法，內文中有提到國防部軍事發言人指出，「沒有接獲美國政府有關於暫緩對台軍售訊息……」，未能在標題上標出，是一個瑕疵。

案例4-4-1

A則

中共施壓
美擱置對台軍售

　　【本報系華盛頓特派員林寶慶、大陸新聞中心/綜合報導】最新一期「國防新聞」周刊報導，由於中國施壓，目前有三筆美國對台軍售項目，遭美國國務院擱置，而未通知美國國會。

　　「國防新聞」引述「美台商業協會」會長韓儒伯的話說，軍售項目，要等到明年春天才會放行。

　　報導中引述台北和華盛頓的權威消息人士透露，在「北京強而有力的遊說」下，美國國務院決定「擱置」提交給國會的有關於二〇一〇年對台新軍售案的所有通知。一位華盛頓國防官員抱怨說，「中國加大了壓力，用虛假情報干擾我們的審查工作，尤其是當前處在對台軍售脆弱的進程時期。」

（聯合報 99/6/30 A11）

B 則　**美暫緩軍售？國防部：未接獲訊息**
美《國防新聞》報導　基於中共壓力
美決定擱置對台軍售　關閉 F-16 生產線 政院表示將查證

【吳明杰、仇佩芬/台北報導】美國《國防新聞》（Defense News）指出，基於中國壓力，美國務院決定擱置二〇一二年對台軍售，並可能扼殺台灣購買 F-16 的計畫。對此我國防部昨天表示，不僅近來未曾接獲美國官方類似訊息，昨天透過正式管道向美方查證，美方也未表示將暫緩對台軍售。

行政院長吳敦義也表示，必要的軍事採購仍然依既定程序爭取或辦理手續中，但會請相關部門透過可靠途徑查明實況。

這份報導內容引述美台商會會長韓儒伯（Rupert Hammond-Chambers）等人說法，

....
....
（中國時報 99/6/30 A13）

C 則　　　美「國防新聞」報導：
中國施壓 美暫緩對台軍售

【記者范正祥、許紹軒/台北報導】美國「國防新聞」發自台北的報導指出，因中國的施壓，美國政府已暫緩對台F十六、潛鑑等軍售案的行政程序，行政院長吳敦義昨回應表示，「不解報導從何而來」，他指出，必要的軍事採購仍然依既定程序爭取或辦理手續中，但會請相關部門透過可靠途徑查明實況。

吳揆：會查明實況

國防部軍事發言人虞思祖表示，沒有接獲美國政府任何有關於暫緩對台軍售訊息，目前對每個有重大軍購均按照正常程序進行推動。

....
（自由時報 99/6/30 A4）

■對於簽訂ECFA後，失業率是增或是減，各方有各方的解讀，經濟部主秘表示，全球各國都在陸續簽訂自由貿易協定，若我國自外於這股潮流，失業率可能是20％，引發勞團強烈質疑，認為「政府官員信口開河，根本是在恐嚇勞工」，但是案例4-4-2的標題是「官員恐嚇：不簽 ECFA 失業率20％」，顯然與內文不

符合。

　　勞團認為「官員恐嚇勞工」，那是勞團的看法，不見得正確，屬於爭議事件，在標題上省略「勞團質疑」，就標題製作原則來看，就成真正「官員恐嚇勞工」，兩者的意思完全不同，換句話說這個單方面不見得正確的看法，很容易誤導讀者認為「官員恐嚇勞工」，這種標題對發言者國貿局主秘非常不公平，雖然有「勞團批信口開河」小標題，在大多數人只看大標題，往往忽略小標題的閱讀心態下，已沒有多大意義，本題若改為「勞團：官員恐嚇不簽 ECFA 失業率20％」，就比較恰當。

　　編輯下標題要忠於內文，往往一字一句的增減，很容易產生偏頗，不能因為意識型態作祟，曲解原意，誤導讀者，也不能只追求符合報社政策，漠視讀者的權益，畢竟，現代的讀者越來越聰明，往往不會被幾個文字遊戲所矇騙。

案例4-4-2

官員恐嚇：不簽 ECFA 失業率 20 ％

【記者洪素卿/台北報導】兩岸經濟合作架構協議（ECFA）即將進入正式談判，不少勞工憂心就業遭受衝擊！昨日在一場探討 ECFA 對就業市場衝擊的研討會中，經濟部國貿局主秘王劍平語出驚人表示，全球各國都在陸續簽訂自由貿易協定，若我國自外於這股潮流，失業率將不只是六％，可能是二十％。此言引發勞團強烈質疑，政府官員信口開河，根本就是在恐嚇勞工！王劍平會後坦承表示，這只是脫口而出的數字，並非經過實際評估計算。

勞團批信口開河

台灣勞工陣線協會祕書長孫友聯憤怒表示，執政官員不敢和民間辯論，不拿出具體的內涵，只會一方面用消息面來營造一片好的氣氛，另一方面又釋放這種消息恐嚇勞工，實在非常不負責。

（自由時報 98/12/15 A3）

■報紙上刊出某人的發言，將他的名字標示出來，往往有四種形式：

第一種：利用引題的作法，將其名字放在引題位置，外加動詞，如A則。

第二種：也是放在引題位置，名字後面加個冒號，如B則。

第三種：放在主題上，名字字體較小，外加冒號，如C則。

第四種：放在主題上，名字字體與其他字句一樣大小，外加冒號，如D則。

就新聞標題製作原則，嚴格來說，四種方式中只有第四種比較正確，為什麼呢？發言者是誰，與其所講出來的話是「等值」的，沒有份量的人講的話沒有新聞價值，只有夠新聞性人物的發言，才是值得刊登的，兩者是同樣重要的，不能為節省標題的位置縮小發言者的字體。

案例4-4-3 C則，「立委：桃園機場中控中心像酒家」，其中「立委：」字體比「桃園機場……」小多了，讀者往往只看到大字，而忽略「立委：」小字，同樣是主題的性質，而給予差別待遇，會讓讀者真以為「桃園機場中控中心像酒家」，在這條新聞中「桃園機場中控中心像酒家」，只不過是立委個人主觀上認定或比喻而已，事實上，它並不真的像酒家，離酒家的標準差多了，這也是說明為什麼像這種個人主觀認定的事，必須加上發言者姓名的原因，主要目的在讓讀者有所區別。

A則是四種格式最不恰當，依標題製作原則，用手蓋住引題或副題，主題必須完整表達意思，此標題若蓋住引題，僅剩下「台大學生　只想到個人前途」，變成一種事實，以偏概全，一竿子打翻所有的船，恐怕有許多台大學生會抗議，「林火旺開轟」五個字小題，變成一種裝飾而已，沒有辦法顯現這句話是林

火旺個人看法。

B則與A則相似，「何亞非：」放在引題位置，依標題製作原則，蓋住引題，單看主題，「中美有三個問題 不包括 google」成為一種事實，無法顯現這只是何亞非個人觀點。

D則是四種方式中最標準的形式，「林火旺：」與「台大生混吃等死」是同樣重要的，林火旺是位名人，他的話才有被刊登的價值，如果不是林火旺說的，而是一位默默無名的人士所言，「台大生混吃等死」這句話就沒有刊登價值，所以「林火旺：」的字體不能比「台大生混吃等死」字體小，它是一體的，不能分開來標示。

案例4-4-3

A 則

林火旺開轟

台大學生 只想到個人前途

【記者林曉雲、張勛騰、陳怡靜/綜合報導】繼洪蘭批台大學生上課啃雞腿後，台灣大學哲學系教授林火旺昨也批評，台大學生和動物沒有差別，「只是比較聰明的動物，只想到個人前途」，遇到挫折時「就吃飽飯等死，告訴自己明天會更好。」

....

（自由時報 99/1/22 A12）

B 則

何 亞 非：

中美有三問題 不包括 Google

【李文輝/綜合報導】中國外交部副部長何亞非二十一日指出，中美兩國今年應謹慎、認真應對：對台軍售、達賴喇嘛、經貿摩擦等三大問題；至於 Google 事件，並非兩國政府之間的問題，不應過度解讀。

....
....

（中國時報 99/1/22 A22）

C則　　立委：桃園機場中控中心像酒家

【記者王貝林、朱佩雄、李文儀/台北報導】堂堂監控桃園機場各作業系統的中央控制中心，竟然有人員把辦公室當交誼廳，在上班時間公然飲酒作樂、親密摟抱，立委羅淑蕾昨天公布多張照片，指控中控中心風紀敗壞、毫無紀律可言。

上班時間飲酒作樂

羅淑蕾公布的照片顯示，桃園機場二期航廈中控中心裡有滿桌美酒佳餚，督導李鑑敏不但在上班時間喝酒、翹班，甚至可看到和外包廠商的女員工既摟抱又拉扯。羅淑蕾氣憤表示，整個中控中心有如酒家或調情中心。

....

....

....

（自由時報 99/7/7 A1）

D則　　林火旺：台大生混吃等死

【林志成、陳至中/苗栗、台北連線報導】台大哲學系教授林火旺昨天在全國教育局長會議以「品德教育和幸福人生」專題演講時，砲火四射，他批評，台大只是高級人才培育所，台大學生跟動物的差別，「只是在於聰明的動物，只想到個人前途」。林火旺還透露，他常罵自己的學生無法面對挫折，一跌倒就起不來，「吃飽飯等死，還以為明天會更好」。

....

....

（中國時報 99/1/22 A5）

第五節　直接引用當事人說詞，
應加引號或姓名加冒號

標題為了精簡字數，或使字句生動、活潑，常常應用標點符號，引號（「」）是其中最常用的一種，甚麼情況該用引號？該用而未用，不該用而用，都不符合標題製作原則，容易使讀者會錯意。

引號在標題的應用上，通常有以下三種功能：

一、弦外之音：非字面之原意，尚有其他衍生出來之他意。（如4-5-1 E 則）

二、強調：加深名詞、動詞的重要性、特殊性。（如4-5-1 D 則）

三、引用當事人的話：

A.單純的引用，凸顯該語句的重要性、關鍵性、權威性，正常的用法是姓名或職銜加上冒號、引號，但習慣上將冒號、姓名或職銜省略，僅留一個引號，以應標題精簡的需求。（如4-5-1 A 則）

B.當事人主觀看法，真假是非莫辨，為了忠於發言者之意，直接引用，以資區別。這與一般標題都以第三人稱的立場去下標題是有很大區別的，不加引號的標題，通常所表達的是一種「事實」，「一種確已經發生的事情」，不會產生爭議的。（詳見4-5-1 B 則說明）

C.也是當事人主觀看法，惟語帶感性，直接套用在標題上，使整個標題更加生動、活潑。（如4-5-1C 則）

　　■案例4-5-1Ａ則「宣導疫苗『改成正面鼓勵』」，雖然利用引號，惟整個字句讓人易會錯意，「改成正面鼓勵」，改了沒有？從字面來看，是已經改了「正面鼓勵」，但仔細看內文，才發現這位議員與教授建議政府與其宣導施打疫苗防治新流感，不如改採用「正面宣導」，一個建議案而已，顯然與標題原意有出入，改為「宣導疫苗『宜改成正面鼓勵』」較佳，加上「宜」字，明示這是某些人的看法而已，「正面鼓勵」則凸顯出其重要性、關鍵性、權威性。

　　Ｂ則是一個應加括號而未加的典型例子，內文敘述一位搶了七千多萬的嫌犯，逃亡兩個月落網，供稱所分到的一千三百萬元已天天吃喝玩樂花光了，但檢察官懷疑他將贓款藏起來，向法官聲請羈押獲准，從原標題看來，編輯以第三人稱下標題，顯然同意嫌犯在2月花完1300萬的說法，但與內文不吻合，因為檢方不相信，認為2個月花1300萬是嫌犯的狡辯之詞，所以嫌犯的供詞真假是非莫辨，要把它拿來作標題，必須加上引號成為「2月花完1300萬」，表示這是嫌犯第一人稱的說法，到底真相如何？已不是編輯所能知道的，交給聰明的讀者去判斷。

　　Ｃ則算是一種感性的用法，麥可傑克森得到葛萊美獎的「終身成就」獎，他的子女代為領獎後，致詞時表示：「爸爸本來應該親自到這裡表演，但他沒辦法……」，直接引用當事人第一人稱的說法，使整個題生動、活潑、感人，令讀者印象深刻。

案例4-5-1

Ａ則　　　　宣導疫苗「改成正面鼓勵」
【記者錢震宇/台北報導】衛生署開放民眾自選新流感疫苗，台北市議員潘懷宗昨天與陽明大學醫學系教授范佩貞在市議會召開記者會表示，根據國外研究，民眾認為打不打疫苗都沒差。

兩人建議政府與其宣導施打疫苗可防治新流感，不如改採「正面宣導」，鼓勵孕婦的先生、爸媽以及年輕人施打，以保護親人。

....

（聯合報 99/1/10 B）

B 則　　搶嫌太誇張　2月花完1300萬

【黃文博/台南報導】實在太誇張了，七千七百三十六萬現款強盜案，搶嫌之一林秉擇作案後分到一千三百萬，逃亡兩個月落網。昨天被捕，並供稱贓款以天天吃喝玩樂花光了。檢察官懷疑他將贓款藏起來，向法官聲請羈押獲准。

....

但令檢警驚訝的是，林嫌坦承得手後分到一千三百萬元，但他拿到錢後，就每天吃喝玩樂，賭博、還債，還買了一部筆電，花到被警方逮捕時，身上僅剩五萬九千元。

....

....

（中國時報 99/1/30 A14）

C 則　　　　終身成就獎
麥可子女代領獎「我爸沒法來…」

【記者項貽斐/綜合報導】第52屆葛萊美獎頒獎典禮已獲六項大獎的碧昂絲最風光，但最感人的時刻應該是向已故流行天王麥可傑克森致敬的片段。當麥可傑克森長子王子與長女派瑞絲上台代表麥可領取葛萊美終身成就獎時，全場起立致意，王子以「他（麥可傑克森）的訊息很簡單，就是愛」，為父親的光榮成就下註腳，派瑞斯則流眼淚說出「謝謝，我們愛你，爸爸。」

....

感性的派瑞斯則在王子致詞之後表示，「爸爸本來應該親自到這裡表演，但是他沒辦法…」

（聯合報 99/2/2 A14）

D 則　　馬吳全國總部成立　封街辦「國旗趴」

【記者王寅中、陳慧萍/綜合報導】國民黨馬吳全國競選總部昨天成立，馬吳競選團隊封街辦「國旗趴」，動員台北、新北市近萬支持者到場造勢，除了連戰、吳伯雄、蕭萬長、王金平同台挺馬，國民黨執政縣市首長及廿二縣市競選總部輔選「三巨頭」也幾乎全部到場，全力營造勝選的聲勢。

....

....

（自由時報 100/10/31 A3）

E 則　　　　　大陸台生搶劫
校長：酒後好玩　向路人「要錢」

◯◯◯◯◯◯◯◯◯◯◯◯◯◯◯◯◯◯◯◯◯◯◯◯

【特派記者陳東旭、胡明揚/北京－上海連線報導】華東台商子女學校副校長鄭京榮昨天表示，發生連續搶劫事件的學生是一時興起好玩，不懂事犯錯，希望大陸法院顧及到學生前途，能夠輕判。

鄭京榮表示，三月案發時學校周六放假，幾個學生晚上出去慶生喝點啤酒，為了「好玩」向路人要錢，但要的錢不多，還退幾十塊錢給被害人買車票，此舉實在太不懂事。

⋯⋯⋯⋯⋯⋯⋯⋯⋯⋯⋯⋯⋯⋯⋯⋯

（聯合報 100/11/4 A5）

　　D 則報導國民黨馬吳全國競選總部成立，馬吳競選團隊封街辦「國旗趴」，標題把國旗趴加上引號，就是「強調」這個詞的重要性、特殊性。

　　E 則報導大陸華東台商子女學校幾名學生涉嫌搶劫，該校副校長表示，學生是為了「好玩」而向路人要錢，標題也以副校長（標題誤為校長）的語氣來標示，而將要錢改成「要錢」，加上引號就是有弦外之音，非字面原來之意，涉及搶劫之事，用『「要錢」』來替代，好聽一點。

　　■彭博專欄作家撰文指出，除了房市、股市和信用泡沫外，中國高達二·四兆美元的外匯存底才是史上最大泡沫，案例4-5-2的標題直接標上「中國外匯存底　史上最大泡沫」，沒有標出發言者是誰，也沒有使用真假是非莫辨的引號，是很不恰當的作法。中國經濟的崛起，引發全世界經濟學者專家爭議，有看好中國未來，有人警告中國會崩潰，常常呈現兩極化的看法，彭博專欄作家裴賽克僅是「看衰中國」的一群人中的其中一員，姑不論其發言有多大分量，其所言僅能代表個人本身的看法，到底是正確或是錯誤，沒有標準答案，也就是說它真假是非莫辨，是有

「變數」的，信其言或不信其言只能留待讀者去判斷，原題既不標明發言者或加上引號引述，彷彿就在告訴讀者：「中國外匯存底　史上最大泡沫」是真的，這種標示法將會誤導讀者，失去報導的客觀性。

世界上許多人有許多意見，媒體在新聞報導上，僅提供一個平台供大家發言，除了特稿可以加入自己意見，或強烈表達撰稿者看法外，其餘的新聞報導都不可以存有「先入為主」或「強烈灌輸己見的暗示」，是非對錯留給讀者去評論，所以，主觀性很強的標題，必須表達內文的來源，不可以隨意抓幾個字句當標題，應付了事。

案例4-5-2

2.4 兆美元 中國外匯存底 史上最大泡沫

【編譯盧永山/綜合報導】彭博專欄作家斐賽克撰文指出，除了房市、股市和信用泡沫外，中國高達二‧四兆美元的外匯存底才是史上最大泡沫。

彭博：像越滾越大老鼠會

文章指出，中國的外匯存底像個越滾越大的老鼠會，不斷從各方吸收資金，去年新增的外匯存底高達四千五百三十億美元，比挪威的國內生產總值（GDP）還高，更荒謬的是，市場謠傳瀕臨破產的希臘政府尋求中國紓困，如果國家可以買賣，中國大可用四千五百三十億美元新增的外匯存底買下希臘和越南，剩餘的錢再買下蒙古。

....

（自由時報 99/2/5 A12）

■名嘴亂爆料會不會害死黃世銘？這是一個見仁見智、是非對錯難辨的問題，有人同意，也有人會不同意，名嘴所言僅能代表個人的看法，媒體既然以新聞報導方式刊出這條新聞，就是要讓讀者去評判，應加上引號明白告訴讀者，這只是個人意見，有爭議性的，但是案例4-5-3沒有加上引號，就會讓讀者覺得「亂爆會害死黃世銘」是真的，是毋庸置疑的，那媒體豈不就淪為發言

者的「傳聲筒」，片面強灌「不見得是正確」的言論嗎？所以應改成「名嘴槓名嘴　『亂爆會害死黃世銘』」才妥當。

案例4-5-3

名嘴槓名嘴　亂爆會害死黃世銘

【陳志賢、李永盛、陳文信/台北報導】繼魚翅宴的名嘴風波後，名嘴胡忠信爆料陳致中寫信與美國律師串證，遭同是政論民嘴劉益宏抨擊。劉昨批胡，指陳致中這封信不是新資料，有關陳致中美國置產一事，特偵組去年十二月第四波起訴書第四十七頁，就寫得很清楚。劉益宏批胡忠信亂爆料，若非不夠專業，就是別有居心，會害死黃世銘。

胡忠信表示，不必懷疑他的動機，他只希望新上任的檢察總長黃世銘能夠對本案重新展開調查，以昭公信。至於劉益宏對他的批評，胡忠信認為沒有必要回應、尊重對方的言論，也謝謝「施放禮炮」。

....
....

（中國時報 99/2/10 A13）

第六節　報導偏方不能遺漏負面訊息

　　媒體富有教育讀者的功能，對於偏方的使用，不能只強調未經證實的療效，也要告知負面信息，否則只看標題未細讀內文的讀者，可能會被誤導而不自知，同樣犯下大錯，重則丟掉性命，輕則難逃皮肉之苦。

　　「埋臍帶是甚麼？」「求回春」有沒有效果？會不會有副作用？當讀者看到這則新聞，第一個反應一定是這些問題，而這些問題正是標題的好題材，一個也不能遺漏，這也是讀者關切的「點」，儘管記者撰稿再詳細，訪問的醫師再多，標題離開這些「點」，就不完整，也喪失了媒體導正的責任。

　　■案例4-6-1Ａ則「阿公聽信偏方　埋臍帶求回春」，僅能說明「求回春」的偏方，並未告訴讀者有沒有效果？但內文中第一段，即明白指出「衛生署醫事處官員表示，若宣稱移植臍帶、胎盤有抗老、治病等療效，將涉及非法醫療廣告，可處五萬到二十五萬罰鍰，如果對病患造成實質傷害，可依刑法傷害罪追究法律責任」，倒數第三段也有「衛生署醫事處官員表示，由於人體植入臍帶缺乏醫學根據，且可能使病患遭受感染等傷害……」，記者撰稿明白指出這個偏方不但沒有醫學根據，而且深具危險性，這些都是標題要強調，可惜在本標題中皆未提及。

　　原標題「阿公聽信偏方　埋臍帶求回春」，彷彿在告訴讀者真的可以回春！未經明察的讀者，可能如法炮製，到時候萬一出人命，就變成「我未殺伯仁　伯仁因我而死」，這則標題應改為「埋臍帶求回春　衛署：缺乏醫學根據」。

　　Ｂ則是一則配合稿，訪問醫師談「埋臍帶」的功效及危險

性，這些醫師也明白指出「……這根本毫無醫學根據……抗老也不用這種傷害身體的方法」，標題「皮下植死肉　易感染引發敗血症」。對有沒有副作用有所強調，但對於「毫無醫學根據」還是未做交代。

綜觀這則報導，編輯完全忽略了最重要的「有沒有效果？」，未在標題上明示，是一大缺失。

案例4-6-1

A 則　　　阿公聽偏方 埋臍帶求回春

【記者楊雅民、王昶閔、魏怡嘉/台北報導】阿公的手臂植入孫女的臍帶，可以回春？最近坊間流行「種臍帶」抗衰老回春法，不過衛生署醫事處官員表示，若宣稱移植臍帶、胎盤有抗老、治病等療效，將涉及非法醫療廣告，可處五萬到二十五萬元罰鍰；如果對病患造成實質傷害，可依刑法傷害罪追究法律責任。

自備孫女臍帶 手術費約 2 萬

今年五十多歲的李先生，目前任職於政府機關，他很久以前就聽說，很多銀髮族會在手臂內植入新生兒臍帶，會分泌青春激素，具有回春效果……………………

………………………………

衛署認定植入臍帶違反醫師法

不過，台北縣一名中醫師就曾為病人皮下植入臍帶，因病患皮膚潰爛而引發醫療糾紛。台北縣衛生局日前請示衛生署這類行為是否違法，衛生署認定植入臍帶屬「業務上之不正當行為」，依違反醫師法，最重可撤銷其醫師或中醫師執照。

衛生署醫事處官員表示，由於在人體植入臍帶缺乏醫學根據，且可能使病患遭受感染等傷害，屬醫師法第二十五條的「業務上之不正當行為」，未來將以違反醫師法加以懲處。

中醫藥委員會主委黃林煌則明確指出，中醫自古並無「埋臍帶」療法，不能讓病人繼續受苦。

………………………………

………………………………

（自由時報 98/12/16 A12）

B 則

醫師說法
皮下植死肉　易感染引發敗血症

【記者王昶閔/台北報導】一位六十多歲的富商花了近百萬元，到德國、瑞士邊境的診所接受抗老治療，將絞碎的羊胎盤打入臀部，這已是他第二次嘗試，不料，回台後併發敗血症，臀部化膿、潰爛，送到台大醫院緊急開刀，才救回一條命。

．．．．．．．．．．．．．．．．．．．．．．．．．

「這些真是很髒的東西！」湯月碧說，連輸血都要檢驗梅毒、愛滋病等病原，在皮下植入一塊來路不明的死肉，很容易導致局部感染、潰爛，嚴重會引發敗血症，是很要命的。

．．．．．．．．．．．．．．．．．．．．．．．．．

基隆長庚醫院中醫內科主任林胤谷的門診昨日也有一名六十歲的婦人，為改善更年期症狀而到新莊、蘆洲一帶的診所「種臍帶」，卻抱怨根本沒效。

．．．．．．．．．．．．．．．．．．．．．．．．．

蔡呈芳表示，近年因臍帶血幹細胞再生醫學有一些進展，讓民眾誤以為移植臍帶、胎盤抗老是可行的，事實上，這根本毫無醫學根據。湯月碧也呼籲，抗老不必用這種傷害身體的方法。

（自由時報 98/12/16 A12）

處理類似的其他性質新聞也是一樣的，必須要兼顧相對一方的反應，尤其是有負面信息時，更不能不在主題上明示。

■案例4-6-2報導花蓮縣長傅崐萁在就職典禮上，宣布由「前妻」徐榛蔚擔任副縣長，現場一片譁然，根據媒體報導，內政部回應措手不及，兩度發布新聞稿更正內容，各報處理不盡相同，有媒體交代清楚，也有報導語焉不詳，誤導編輯製作標題，造成一些疏失，值得深入探討。

此案發生後，讀者第一個反應是有沒有效？內政部作為主管機關，該如何處理？這是標題上需要強調的重點，如果沒在主題上標明，至少該在副題上說清楚。

A 則及 B 則同屬一家媒體，但刊在不同版面，A 則刊在第一

版頭題，僅說明傅縣長任命前妻為副縣長，標題及內容均未提及內政部反應，但在另一版很清楚交代內政部在晚上九點發布「更新版」，強調民法「雖非親屬，而以永久共同生活為目的同居一家者，視為家屬」，並有法界人士的看法，認為內政部「擴大解釋」多此一舉，也有銓敘部說明，「任命配偶擔任副首長，違反公務人員任用法，但如有已經離婚，就不在規範之內」，此外，尚有國民黨高層的反應及徐榛蔚的背景介紹，就新聞報導而言，可謂齊全。

　　但是在稿件整合及標題製作，卻有一些疏失：

　　（一）第一版的主新聞，不應只有傅縣長的任命，應改為綜合報導，加入內政部的反應，最好能在主題上同時標出兩方的作為，否則，也應在副題上交代清楚。

　　（二）如果真的在第一版無法刊出內政部反應，退而求其次，也應在相關版面標出，也就是在 B 則交代清楚，可惜的是 B 則是一個「空洞」標題，「內政部兩度回應」僅說明「新聞背景」，無法明白交代內政部「更新版」內容中的「兩人是否仍具有共同生活之家屬關係，將依事實認定」、「是否違反利益迴避衝突法，確有灰色地帶」。

　　C 則在標題及內容上有些缺失，說明如下：

　　（一）這則綜合新聞報導中，有內政部的反應，「依公職人員利益衝突迴避法規定，這項任命無效，傅崐萁若想循「鄺麗貞模式」，以離婚來規避相關違法事實，仍需進一步認定兩人是否有同居的事實，才能認定是否違法。」既已說明「無效」又交代「仍需進一步認定……」，記者撰稿未將前後兩次新聞稿內容分別說明清楚，造成前後矛盾，編輯不察，就將內政部第一次新聞稿的「無效」標出，忽略了內政部第二次更正稿中「兩人是否仍

具有共同生活之家屬關係，將依事實認定」。

（二）傅崑萁已經與徐榛蔚離婚，在法律上應稱徐為「前妻」，所以不宜在標題上用「妻」字眼，如非要用不可，則應加引號或用不同字體，以說明此「妻」非彼「妻」。

D 則顯然較符合標題製作原則，將「妻」字用不同字體標出，顯示不同的意義；主題雖未標出內政部反應，卻馬上在小標題上交代清楚。在內文中更將法律條文說明很清楚，「公職人員不得假借職務上之權力、機會或方法，圖其本人或關係人之利益。所稱『關係人』，依同法第三條第一款規定，包括公職人員配偶或共同生活家屬」，如能將本段移為全文的第三段，就新聞寫作而言，那就更完美了。

案例4-6-2

A 則　花蓮震撼 **傅崑萁「前妻」當副縣長**

三天前離婚　以符三親等不得任用規定
為官司預作安排「家人為花蓮發展全面備戰」

【記者范振和/花蓮縣報導】花蓮縣長傅崑萁昨天宣誓就任，才接過印信五分鐘，就拋出人事震撼彈，宣布由「前妻」徐榛蔚擔任副縣長，現場觀禮人士滿臉驚訝，形容「比前天地震還震撼！」

依公務人員任用法規定「機關長官對配偶及三親等以內血親、姻親，不得在本機關任用，或任用為直接隸屬機關之長官」。

任命「前妻」為副手，有類似案例。四年前，前台東縣長吳俊立因涉貪一審被判有罪，依法當選解職，接任就立刻宣布任「前妻」鄺麗貞為副縣長，並代理縣長，最後在內政部堅持下，這項人事命令只有七天「壽命」，由於涉案情況不同，傅任命前妻當副縣長，在法上站得住腳，幾已成定局。

....
....

（聯合報 98/12/21 A1）

B則　傅崐萁震撼　內政部兩度回應

【記者林新輝、李光儀/台北報導】花蓮縣長傅崐萁昨天任命「前妻」擔任副縣長,與中央的內政部展開「大鬥法」,內政部昨天罕見地在兩小時十五分內兩度發布新聞稿回應。昨天晚上九點「更新版」新聞稿搬出民法「雖非親屬,而以永久共同生活為目的同居一家者,視為家屬」,強調傅與太太雖已離婚,但兩人是否仍具有共同之生活之家屬關係,將依事實認定。

內政部次長簡太郎昨天表示,現行公職人員利益衝突迴避法的「關係人」只規範到配偶或二親等以內親屬,如果傅與妻子已經辦妥離婚,傅的這項人事任命,是否違反利益迴避衝突法,確實有灰色地帶。傅昨晚不願回應內政部新的說法,但法界人士則認為內政部「擴大解釋」,多此一舉。

……………………………………

（聯合報 98/12/21 A4）

C則　妻當副縣長　內政部：無效　傅崐萁：已離婚

【○○○、○○○、○○○/綜合報導】第十六屆花蓮縣長廿日下午舉行交接典禮,新科縣長傅崐萁在就職演說最後突然表示,為破除有心人一再放話「縣長會補選」的傳聞,當場宣布任命他的太太徐榛蔚擔任副縣長,讓全場一陣錯愕。

內政部得知後隨即發布新聞稿指出,依公職人員利益衝突迴避法規定,這項任命無效。傅崐萁若想循「鄭麗貞模式」,以離婚來規避相關違法事實,仍需進一步認定兩人是否有同居的事實,才能認定是否違法。

針對利益迴避問題,傅崐萁顯然有備而來,傅的陣營隨即表示,兩人已在十八日辦妥離婚手續,法律上已沒有婚姻關係,任命徐榛蔚為副縣長沒有利益迴避之必要。

……………………………………

（中國時報 98/12/121 A1）

D則　花縣長傅崐萁　派妻當副縣長

內政部：將認定是否無效

【記者楊宜中、蔡百靈、花孟璟、許紹軒/綜合報導】花蓮縣長傅崐萁昨天在就職典禮宣布,任命「妻子」徐榛蔚擔任副縣長;傍晚,他更向媒體證實,已和徐榛蔚

辦妥離婚手續。他說,他與家人願意做這麼大的犧牲,完全是為了花蓮的進步,絕不容許因任何力量影響而停止。

內政部官員說,將了解兩人是否真的離婚,也會實地調查是否仍

共同居住，即使兩者均屬實，是否違反公職人員利益衝突迴避法，還需要認定。如果認定違法，將通知傅崐其迴避，否則將依法宣布該人事任命無效，並處以一百五十萬元以上、七百五十萬元以下的罰鍰。

....

公職人員利益衝突迴避法第七條規定，公職人員不得假借職務上之權力、機會或方法，圖其本人或關係人之利益。所稱「關係人」，依同法第三條第一款規定，包括公職人員配偶或共同生活家屬；至於「利益」，依同法第四條第二項規定，包括有利公職人員或其關係人於政府機關、公立學校、公營事業機構之任用、陞遷、調動及其他人事措施。

....

（自由時報 98/12/21 A1）

第五章　最新發展

第一節　報導慢一天，
　　　　應標不同內容

同一條新聞各報處理不盡相同，但是都要對該報讀者負責，新聞講究的是「新」，落後一天就算舊聞，所以記者往往就會因為搶先一天報導，就成獨家，在某些媒體可以獲得豐碩獎金，落後的記者可能挨一頓罵，第二天要跟上。

既然慢人一天，又不得不報導，怎麼辦？最好的方式是換個角度撰寫新聞，挑出一些友報前一天未報導的內容，編輯也要避開友報已經見報的標題，強調新的內容，這種作法在實務界常常看得到，用不用心得要看該報編採作業的態度。

晚報也要對當天的日報採取同樣的作法，日報也要對前一天的晚報相同看待，抱持這樣的態度，就永遠不會被譏為「炒冷飯」。

■案例5-1-1杜拜塔於2010年元月四日晚上正式啟用，當晚的揭幕儀式中煙火絢爛奪目、水舞令人驚艷，並且將被視為最高機密的高度828公尺正式揭曉。由於是在晚上舉行儀式，又是遠在中東，對國內平面媒體的編輯作業造成極大的壓力，也考驗媒體的內部作業能力。

A則「世界最高828公尺杜拜塔啟用」是元月五日登在第一家

媒體的第一版頭條，並有一張光彩奪目的巨照搭配，氣勢磅礡，並有整版的介紹比較，報導可謂完整，顯現編輯部費了一番苦心。

　　B 則「828公尺世界第一高 杜拜塔絢爛啟用」，元月五日刊在第二家媒體的 A12 版頭條，有煙火秀及燈光秀的大小照片配合，並在A1版的左下角有一黑底反白的索引告知，其內容為「台北101讓位 828公尺杜拜塔今凌晨啟用(A12)」，對杜拜塔的介紹則刊在元月四日 A3版上，雖不夠詳細，但總算對讀者有所交代。

　　C 則「828公尺 哈利法塔稱霸全球」，元月「六日」刊在第三家媒體的A2版，並有數張煙火秀、燈光秀照配合，照片說明的小標題是「垂直之城 燦爛啟用」，杜拜塔的介紹及比較，則刊在元月4日 A2版。

　　杜拜塔在元月四日晚上啟用，就搶新聞的觀點而言，刊在元月五日的版面上，雖然作業緊急，但是屬「正常」的報導，但是刊在元月「六日」的版面上，就會被讀者認為是「慢人一天」、「炒舊聞」，C 則「828 公尺哈利法塔稱霸全球」，圖說小標題「垂直之城 燦爛啟用」，與前一天元月五日見報的 A、B 則相似，慢一天刊登此條新聞，標題又相似，這樣的處理方式很不恰當，正確的標示，應挑出其他或新的內容作主題，而把原來的主題移為引題。

　　　　　案例5-1-1

A 則　　**世界最高 828m 杜拜塔啓用**
比台北 101 高出 320 米　創多項世界紀錄
底層和最高層溫差達攝氏十度

【編譯王麗娟/綜合四日外電報導】在奔放的煙火與炫目的燈光中，杜拜經濟景氣的極致象徵－杜拜塔四日燦爛揭幕。這座樓高八百

廿八公尺的超級摩天樓啟用，多出三百廿公尺，讓台北一○一大樓讓出世界第一高樓頭銜。

四日的揭幕儀式由杜拜邦統治者穆罕默德主持，在曼妙的噴泉水舞中，以鋼骨、水泥、玻璃砌成的杜拜塔正式與世人見面。開發商稱杜拜塔是一座「垂直城市」，而這座讓全球摩天大樓均矮它一截的尖形建築，同時是挑戰設計與施工極限後的成果。

....

....

（聯合報 99/1/5 A1）

B 則　828公尺 世界第一高　杜拜塔　絢爛啟用

【編譯陳成良/綜合報導】世界第一高樓「杜拜塔」於台灣時間5日凌晨，在絢爛繽紛的開幕式中正式啟用，成為甫經歷倒債危機的杜拜重振聲威的最有力象徵。被視為最高機密的高度也正式揭曉：828公尺，足足比台北一○一高了320公尺。

....

....

（自由時報 99/1/5 A12）

C 則　828公尺　哈利法塔稱霸全球

【諶悠文/綜合四日外電報導】阿拉伯聯合大公國杜拜邦耗資十五億美元打造的世界第一高樓「杜拜塔」（Burj Dubai），四日在絢爛奪目的煙火聲光秀中正式啟用。一直被視為最高機密的杜拜塔高度終於揭曉，它的高度達到八二八公尺，超越原世界第一高樓五○八公尺高的「台北一○一」三二○公尺。

杜拜塔揭幕儀式由杜拜邦邦長穆罕默德・馬克圖姆親王主持。他並宣布將這棟屹立在沙漠的超級摩天大樓更名為「哈利法塔」（Burj Khalifa），向阿拉伯聯合大公國總統兼阿布達比邦長哈利法・納哈揚親王致意。哈利法在杜拜去年財務陷入困境時，適時伸出援手。杜拜公營控股公司「杜拜世界」去年底爆發債務危機，阿布達比金援一百億美元相助。

....

（中國時報 99/1/6 A2）

■案例5-1-2，台南女中學生在民國99年3月15日上演一場「脫褲抗議」活動，同學們「團結一致」的行為，讓師長大吃一驚，這則新聞在3月18日有一家媒體搶先披露，全台譁然，引起

各方關切。

　　A則標題是3月18日刊在第一家媒體頭版，引題「爭取穿的權利」，主題「台南女中近2千學生　集體脫褲抗議」，報導中規中矩，成了獨家新聞。

　　B則標題是3月19日刊在第一家媒體的後續發展，強調台南女中當天要召開「班聯會學生生輔規範公聽會」，主題「南女學生爭褲權　今開公聽會」，這是一則後續發展的新聞，重點擺在「今開公聽會」，也無不當之處。

　　C則標題則是3月19日第二家媒體的報導，由於新聞已經慢了第一家媒體一天，第二天趕緊追上，新聞稿強調「脫褲風波」的後續發展內容，主題「台南女中脫褲風波　校方：穿短褲也行」，明顯也是一種後續發展的標題，雖然報導慢了一天，第二天處理方式也無懈可擊。

　　D則標題是3月19日第三家媒體的處理方式，新聞稿的導言「……學校昨天已取消因服裝不整的掃地處罰，學生說：超爽」，顯然記者已把握後續發展的撰稿方向，迎頭趕上，但是主題「南女集體脫褲　爭短褲權」，顯然停留在消息見報的第一天，這則報導已經慢人一天，按理編輯應該看過第一家媒體報導，而應把「後續發展」的重點當主題才對，就算沒有看到第一家媒體報導，從記者撰寫的內容判斷，此則新聞應已見報過了，當天的報導只不過是後續發展而已，主題就應有所調整，導言中的「……學校昨天已取消因服裝不整的掃地處罰……」就是一個很好的主題題材，編輯未採用，反而停留在「爭短褲權」的階段，讓讀者看「老聞」，也讓記者擲筆三嘆！

案例5-1-2

A 則

爭取穿的權利
台南女中近 2 千學生　集體脫褲抗議

抗議教官管理穿著不合理

【記者黃文鍠、林曉雲、陳怡靜/綜合報導】為爭取「制服發聲權」，台南女中全校同學在十五日上演「脫褲抗議」活動！當天升旗典禮時，事先以簡訊串聯的兩千多位同學，有八成在操場上集體脫下長褲，改以預先穿在長褲內的短褲亮相，整個過程雖然只有短短幾分鐘，但同學們「團結一致」的行為，讓師長大吃一驚。

．．．．．．．．．．．．．．．．．．．．．．．．．．．．．
．．．．．．．．．．．．．．．．．．．．．．．．．．．．．

（自由時報 99/3/18 A1）

B 則
南女學生爭褲權　今開公聽會

校方尊重意見　教部要求不得懲處

【記者黃文鍠、林曉雲、邱紹雯/綜合報導】台南女中發生學生升旗時脫下長褲，爭取自由穿著權益事件，昨日引發各界關切，有人稱讚女中學生勇於表達自我，但也有家長認為有些小題大作；不過，校方強調會尊重學生表達意見的自由，貼在廁所內「說好的短褲呢」歌詞也不會撕下。

教育部則已要求台南女中校方不可懲處脫褲學生，今天台南女中要召開「班聯會學生生輔規範公聽會」。

．．．．．．．．．．．．．．．．．．．．．．．．．．．．
．．．．．．．．．．．．．．．．．．．．．．．．．．．．

（自由時報 99/3/19 A8）

C 則　台南女中
脫褲風波　校方：穿短褲也行

【洪榮志、黃文博/台南報導】台南女中部分學生不滿學校教官兼生輔組長陳步青，管理制服過於嚴苛，私下以網路及簡訊串聯近千名學生，集體在朝會上脫掉長褲僅穿小短褲抗議。雖然有人罵「造反」，卻獲得許多家長及老師支持。事發後校方高層三緘其口，教官陳步青也公出避不出面，與先前每天站在校門口登記違規的做法大異其趣。

．．．．．．．．．．．．．．．．．．．．．．．．．．．

事後，校方迅速回應學生要求，即日起在校園內上衣穿制服下身穿短褲不再登記；同時，班聯會今天也將召開生輔規範研討會收集意見，並推派代表參與卅日學務處的學生生輔規範會議，以修改相關規定呈報校務會議審議。

（中國時報 99/3/19 A12）

D 則　　　　**南女集體脫褲　爭短褲權**

【記者鄭惠仁/台南市報導】台南女中學生不滿教官嚴格管制服裝，上千名學生十五日在朝會上脫長褲，有人還把褲子往空中拋。學校昨天已取消因服裝不整的掃地處罰，學生說：超爽。

鄒春選說，今天班聯會「學生生輔規範研討會」，卅日生活輔導規範會議，所做決議提交校務會議中討論。

（聯合報 99/3/19 A6）

　　作為一位稱職的記者，每天上班前不僅要把本報的新聞仔細瀏覽一番，「友」報的報導也一樣要看一遍，這些「友」報包含日報、晚報，甚至電視、廣播，如發現漏了哪些新聞，要立刻思索如何以「新內容」扳回一城，編輯上班前也一樣要做同樣的功課，對記者「落後陳舊」報導才有能力予以糾正，這才是一位稱職的「守門人」。

　　■案例5-1-3是同家媒體不同天刊出兩則相似的新聞，勞委會為協助中高齡失業勞工過年，推出年前10天臨時工，每日工資800元，發現同一家媒體，不同日期刊出同一新聞，標題內容相似，最大差別是一則刊在全國版，另一則刊在地方版，顯見記者撰稿前未瀏覽自家報紙，編輯採用前也未看本報新聞。

　　A則是刊在台北都會生活版，B則則是刊在前一天的全國版，仔細比較發現A則新聞的內容，在B新聞中絕大部分都有，只有「…七個就業服務中心各分配到1000名額，像台北縣各就業服務站估計可分配到1、2百個名額…」是A則獨有，因此可以斷定報導A則新聞的記者並非撰寫後續發展，而是忽略B則新聞在前一天已出現在該報的全國版，而A則新聞的編輯似乎也同樣不察，於是在慢一天的地方版下了一個與早一天的全國版相似的標題。

　　這種編輯作業的疏失，令人扼腕，如果記者有看到前一天的報導，應該撰寫是這則新聞的後續報導，例如：欲申請臨時工民眾應帶哪些文件？這些文件可在哪裡申請得到？想通過審核要注意哪些？這種臨時工大概在哪裡工作？是什麼性質的臨時工？……都是後續報導的好題材，編輯下標題也應以這些內容為重點，能把握以上的方向，就是一則完美的後續報導，否則編輯寧願捨棄不用，也不要勉強刊登。

案例5-1-3

A 則

勞委會好康
拚過年　臨時工日薪 800 元

【記者○○○/北縣報導】行政院勞委會今年首次推出「年關臨時工作」方案，提供失業 1 年以上中高齡者申請，到公家機關工作 10 天、日薪 800 元，希望找不到工作的民眾也好過年，有需要的民眾可就近洽詢各地就業服務站。

…………………………………

　　……上工期間為 2 月 1 日至 2 月 12 日，扣除週末假日，上班天數 10 天可領 8000 元，並由上工單位補貼勞健保。

鎖定中高齡補貼勞健保
　　年關臨工方案申請對象為 45 歲至 65 歲的中高齡失業達 1 年以上，且過去 3 年曾投保勞保 6 個月以上者。

　　由於全國僅有 7000 個名額，7 個就業服務中心各分配到 1000 個名額，像台北縣各就業服務站估計可分配到 1、2 百個名額。

…………………………………

（自由時報 99/1/14 B6）

B 則　　**十天臨工　助中高齡失業勞工過年**

【記者洪素卿/台北報導】我國去年失業率創下歷史新高、估計有六十萬人可能失業過年。為了協助無法獲得社會救助的邊緣失業族，勞委會推出針對中高齡長期失業勞工設計的「年關臨工」專案，

七千名通過申請者可獲得為期十天、日薪八百元的臨時工作機會，年前能有八千元進帳。

…………………………………

　　年關臨工專案預計於本月二十

二日開放申請，年滿四十五歲到六十五歲、連續失業期間達一年以上，且離開上一個工作前三年內有六個月勞保的失業勞工，可至各地就服站辦理登記。登記後經審核通過者，自二月一日起上工、到二月十二日止，扣除週休假日後，共十個工作天。

　　　　　　　（自由時報 99/1/13 A7）

　　■案例5-1-4是同一家媒體同一天刊出兩則相關新聞，一則主新聞刊在全國版，另一則配合新聞刊在北市地方版，但是兩則新聞主題竟然一樣，Ａ則「北市府轉運站 明啟用」，Ｂ則「市府轉運站 明啟用」，副題「多家客運業者推出開幕優惠 要讓乘客嘗甜頭」，內文旁邊還繪有一張表格，說明客運業者優惠的辦法，這則台北市政府轉運站啟用的主新聞刊在全國版，在彰顯它的重要性，標題也應該強調「啟用」，這是正確的標示，但刊在北市地方版的稿件屬於配合稿，主題就不應該再強調「啟用」，應該標示客運業者「優惠」辦法才對。

　　同一家媒體，編採應該是一貫性，全國版和地方版的作業應該全盤考量，也就是全國版刊主新聞，地方版刊配合新聞，編輯下標時，要考慮對方的標題強調的是什麼？自己的標題就要閃避過去，不要重複出現相同或相似的標題，絕對不可以各自為政，否則報紙印出來才發現兩個標題相同，就糗大了，編輯如犯這個缺失，至少核稿人員也要提高警覺，及時改正。

案例5-1-4

Ａ 則　　　　北市府轉運站　明啓用

【記者陳志豪/台北報導】配合花博，台北市全力推動景觀改造的「台北好好看」計畫及市政建設。北市府重要建設之一的台北市市府轉運站明天啟用，原市政府周邊的十九條國道客運路線上、下車站牌，全移到轉運站內，民眾將有舒適候車空間，免受日曬雨淋。

　　台北市長郝龍斌昨天宣布，位在忠孝東路五段與基隆路口的市府

轉運站，明天清晨五時起正式營
運。

（聯合報 99/8/4 A7）

B 則 　　　　　**市府轉運站　明啓用**
多家客運業者推出開幕優惠　要讓乘客嘗甜頭

【記者陳志豪/台北報導】台北市市府轉運站明天正式啟用，乘客不但有更舒適明亮的候車空間，多家進駐的客運業者還推出開幕優惠，要讓乘客嘗鮮「賺很大」。

北市交通局表示，位於忠孝東路、基隆路口的市府轉運站，民眾除可從地面層的各入口進出外，搭捷運的旅客，可從捷運市政府站 2 號出口，搭乘電扶梯直接抵達一樓轉運站入口。騎機車、開車或搭計程車的旅客，則可利用大樓地下停車場，直接進入轉運站內。

（聯合報 99/8/4 B）

■案例5-1-5報導民進黨花蓮縣立委候選人蕭美琴主張花蓮人搭乘台鐵及機票都應半價。A則的引題「返鄉更容易」主題「蕭美琴喊出花蓮人搭火車半價」，刊在99年1月26日該媒體 A4，文中並出現蕭美琴「昨提出」字眼，顯見該新聞刊在1月26日是最新發展，是適當的。

B則則刊在另一家媒體的99年1月28日A15，引題「民調逼近王廷升」，主題「蕭美琴下猛藥：花蓮人搭車半價」。兩個主題相似，見報差兩天，B則整條新聞在報導綠營內部民調發現蕭美琴支持度持續逼近國民黨王廷升，並有其他地區民調結果，「花蓮人搭車半票」只不過是文中的一句話而已，並未像A則新聞都在詮釋半價的原因，第二家媒體記者撰寫的角度並未「炒冷飯」，但是慢人兩天，編輯卻標出與A則相似的標題，未找出最新內容當主題是一大缺失，本題改為「綠營：蕭美琴民調逼近王廷升」就比較恰當。

案例5-1-5

A 則 返鄉更容易 蕭美琴喊出 花蓮人搭火車半價

【記者花孟璟、游太郎、楊宜中/花蓮報導】花蓮縣立委補選，民進黨候選人蕭美琴昨提出「票價減半、幸福相伴」政見，主張花蓮人搭乘台鐵及機票都半價。對此，國民黨立委候選人王廷升表示認同，但認為要找到財源並有法源依據，他並強調東部建設條例應早日立法，才能造福縣民。無黨籍立委候選人施勝郎則強調，改善花蓮交通最根本的還是要建蘇花高，國、民兩黨口號喊多了，人民都厭倦了。

藍營王挺升也表認同

蕭美琴說，花蓮人長年忍受交通不便，蘇花公路每遇颱風必斷，她搬到花蓮途中，即使沒颱風，還是看到土石滑落，她能體會花蓮人「冒著生命危險」回家的感受；但不開車，年節返家又訂不到車票，明天台鐵春節車票開訂，花蓮鄉親都知道六點開放訂票，只用了四十秒車票就被「秒殺」。

....
....

（自由時報 99/1/26 A4）

B 則 民調逼近王廷升
蕭美琴下猛藥：花蓮人搭車半票

【朱真楷/台北報導】日前本報民調顯示，下月四席立委補選，民進黨只在花蓮縣居於落後；但綠營內部民調發現，代表黨出征的蕭美琴，支持度持續逼近國民黨的王廷升，大有翻盤機會，因而狂下猛藥，大喊「花蓮人搭車半票」，逼得對手只好跟進支持。

民進黨人士指出，下月底展開的立委補選，目前黨內民調仍顯示桃園、新竹縣的選情呈小贏狀態，

但領先幅度不多，隨時可能被超越。嘉義縣則趨於穩定樂觀。至於始終落後的花蓮縣，黨內人士強調，蕭美琴宣布參選初期，民調數字確實不好看，與對手差距頗大；但直到近日，民調已呈現穩定上揚趨勢，不僅「看好度」攀升，支持度更從原先落後王挺升十五％左右，目前差距已拉近至個位數。

....

（中國時報 99/1/28 A15）

第二節　後續新聞
以「最新發展」為主題

　　大部分新聞的發展有連續性，有時一、二天，有時二、三週甚至二、三個月，每個時期有每個時期的「嶄新」內容，見報時都應以「嶄新」內容為主題，如果還是以「舊聞」標示，會誤導讀者以為毫無新發展，而不去仔細閱讀內容，錯失「知的權利」。

　　■立法院已於99年元月12日三讀通過政院組織改造四法，如此重大的新聞各報均以顯著地位刊出。

　　案例5-2-1 B 則即是元月13日見報，標題雖未標示「101年元月開始實施」，但在導言中即已明示「未來中央政府共有14部、八會及三個獨立機關，將從民國一百零一年元旦開始實施」。

　　C 則「政府再造四法通過　2012年實施」，是該報元月13日的頭版頭條新聞標題。

　　D 則的引題「政府組織再造 101年起跑」，主題「政府精簡為 29 個機關」，同樣刊在元月 13 日的報紙上，可見「101 年施行」，是該則新聞當天的重點之一，出現在元月13日的報上，符合時宜。

　　A 則是典型的「嶄新」的內容搭配「陳舊」標題，引題「施政無縫接軌」，主題「政院新組織法 101年實施」是刊在元月15日的報上，乍看標題，不禁讓讀者納悶「兩天前已經出現的標題，怎麼又在兩天後再看一次呢？莫非…」，但仔細閱讀內容，才發現這是一則「後續發展」的新聞，內容為「行政院長吳敦義

昨天主持院會，同意研考會主委朱景鵬所提政府再造後續三步驟，指示副院長朱立倫召集的組改小組下週啟動運作，各機關務必在100年元月底前將組織法送立法院審議…各部會一定要注意施政無縫接軌…」依標題製作原則來看，應該選擇最新內容作為標題，環視整條新聞，以「各部會一年內完成組織法修法」最適合，原標題宜改為引題「政院組改小組下週啟動」，主題「各部會一年內完成修法」，才能符合「後續新聞」應標出「最新發展」的要求。

案例5-2-1

A 則　　　　　　　　施政無縫接軌
政院新組織法　101 年施行

【記者李順德/台北報導】行政院長吳敦義昨天主持院會，同意研考會主委朱景鵬所提政府再續三步驟，並指示副院長朱立倫召集的組改小組下周啟動運作，各機關務必在一百年元月底前將組織法送立法院審議。

吳敦義表示，行政院組織法修正通過到一百零一年施行這段期間，各部會一定要注意施政無縫接軌，不可影響為民服務及工作品質。

朱景鵬提出政府再造後續三步驟，一是今年一至六月，各機關組織先確立整體架構；其次是七月至一百年元月底，各機關應將組織法送立法院審議；第三，各機關應準備好配套。

朱景鵬還說，各部會應以一百零一年元月一日作為開始施行目標，希望各部會一年內完成各自組織法修法。未來無論是否通過組織法，至一百零一年元月，都應成立籌備處。

（聯合報 99/1/15 A4）

B 則　　政府大翻修　**14 部 8 會 3 獨立機關**
23 年再造完工　央行故宮改隸行政院
中央政府總員額將「精簡」近兩萬人

【記者林河名/台北報導】政府組織再造，終於跨步成功。立法院第七屆第四會期昨晚休會前，通過政府再造四法，現行「八部、二

會」走入歷史，未來中央政府共有十四部、八會及三個獨立機關，將從民國一百零一年元旦開始施行。

昨天並通過中央政府總員額法，將現行中央預算員額十九萬兩百人，「精簡」為中央機關總員額上限十七萬三千人。

昨晚通過四法，共修正行政院組織法、中央政府機關組織法，以及新定中央政府機關總員額法及行政院組織功能與業務調整暫行條例。

....

（聯合報 99/1/13 A1）

C 則　　政府再造 4 法通過　2012 實施

現行 37 部會　將瘦身為 29 部會

【記者曾韋禎、范正祥/台北報導】自一九八七年開始推動的政府改造工程，經過廿餘年的努力，立法院院會昨晚終於三讀通過「行政院組織法修正案」等組織再造四法。行政院由現行三十七部會，整併瘦身為廿九部會（含獨立及附屬機關），中央政府總員額上限則定為十七萬三千人，政府改造後的新架構預計在二○一二年一月正式上路實施。

中央政府總員額　上限 17.3 萬人

行政院組織法自一九八○年修正至今，近三十年未作更動，政府改造推動以來，相關修法屢屢因部會本位主義及政黨惡鬥而受阻，整個組改過程多舛，直到昨晚經朝野表決才通過修法。

....

....

（自由時報 99/1/13 A2）

D 則　　政府組織再造　101 年起跑

政院精簡為 29 個機關

【曾薏蘋/台北報導】政府組織將發生大變革！政府組織再造四法昨天在立法院三讀通過，行政院下轄部會局處機關，將由現行的三十九個精簡為二十九個。整個組織再造預定於民國一百零一年一月一日正式啟動；配合精簡，行政院所屬機關公務員，縮減上限為十七萬三千人。

....

《行政院組織法》修正案三讀通過後，未來政院下轄組織機關將減為二十九個，成為十四部、八會、三獨立機關、一行、一院、二總處。其中新增科技部、文化部、環境資源部及衛生福利部。

....

（中國時報 99/1/13 A1）

　　■社會新聞泛指刑事案件、民事案件……等一些與治安有關的案件，其中絕大部分涉及警方、檢方與法院，一件刑案的發生，從警方的偵辦、檢方的起訴與否、送到地方法院的一審、高等法院的二審、更一審、二審……直到最高法院的三審定讞、入監服刑，往往有冗長的程序，曠日廢時，每個階段有每個階段的進度，標題應以該階段的「最新發展」為主題。

　　有實務界認為，一件刑事案件的每一個階段，若只標出「偵辦」、「起訴」、「一審判○年」、「二審判○年」、「更一審判○年」、「三審判○年」，文字流於形式，不夠刺激，於是每一階段都將案情重新標示在主題，比較能夠吸引讀者目光，如此處理，一來讀者看主題不知該新聞已進展到那個階段，二來讀者誤以為又發生一件似曾相識的案件。

　　比以上兩點更重要的是，社會新聞首重教育性功能，而不是看到別人的遭遇而幸災樂禍，一件刑案過程，若一再在媒體的標題上重複出現，看不到司法正義，反而倒像是在傷口上撒鹽，增添當事人的痛苦，於心何忍？（詳見第十章社會新聞）。

　　■案例5-2-2，八名男女不滿女性朋友愛說人閒話，竟然以10大酷刑凌虐長達六天，這件刑案發生在99年10月25日至30日，檢方在12月28日提起公訴，求刑12年，案子已發展到「起訴」階段而不是案發時的警方偵辦，主題就應該強調「起訴」或「求刑12年」，而不是將案情再重述一遍，A則主題「嫌她嘴巴壞　10大酷刑凌虐她5天」，主題看不到求刑12年，反而把最新發展「其中5人均求12年」擺在副題上，B則的主題「10大酷刑虐少女　求重刑12年」，就把最新發展標示在主題上，讓讀者一目了然，不致產生誤會。

案例5-2-2

A 則　嫌她嘴巴壞　10 大酷刑凌虐她 5 天
玩伴翻臉　8 男女○○燙、○○嘴、傷口○○、
○○捅○○、逼她○○……　其中 5 人均求刑 12 年

【記者○○○/台北報導】八名男女不滿經常玩在一起的女性朋友「嘴巴壞」、愛搬弄是非，先用蛋糕砸、○○○教訓對方，再關禁閉，輪流用○刺嘴、在傷口○○、以○○捅○○、逼她○○。女子被十大酷刑凌虐五天，脫困時已不成人形。

台北地檢署昨天依恐嚇、強制、公然侮辱、傷害、毀損、恐嚇取財未遂、強盜、剝奪行動自由、強制性交、竊錄他人身體隱私部位等十項罪名，起訴年齡介於十九至廿一歲的廖詩蓉、蔡橋凱、張偉傑、張相福、駱瑋婷均求刑十二年；簡姓、盧姓少女和張姓少年移送少年法庭審理。

……………………………………

……………………………………

（聯合報 99/12/29 A1）

B 則　　10 大酷刑虐少女　求重刑 12 年
不爽 19 歲輟學少女毒舌同齡 5 人與 3 少年聯手凌虐 6 天
○燙、○侵、傷口○○、關○○……手段令人髮指

【○○○/台北報導】一名十九歲的輟學少女，只因平常說話麻辣，愛說人閒話，讓她的八名朋友不爽，聯手對她殘忍凌虐；不但用○戳刺她的嘴角，在傷口○○、還以○○○侵，要求○○滴出的○○，再關○○○，囚禁凌虐長達六天。台北地檢署昨天偵結這起殘酷凌虐案，並對施暴者嚴厲求處重刑。

……………………………………

（中國時報 99/12/29 A1）

■案例5-2-3報導一位婦人因新流感於98年10月20日不治，這是一件死亡的新聞，自然得重視，但是它是全國第廿六件，比第一件、第二件死亡案例，新聞性顯然弱多了，媒體往往不予報導或縮小篇幅，因此本案例可分為以下兩種狀況來標示標題：

①若10/21~10/22已刊登張婦死亡報導

台北縣衛生局已將涉案醫師以業務過失致死罪嫌函送偵

辦，毫無疑問「法辦」是最新發展，應做為主題。

　　A 則：引題「39歲女子　新流感亡」，主題「沒開克流感醫師送辦」，符合新聞標題製作原則。

　　B 則：兩行主題「打點滴治 H1N1　要命醫師送辦」，亦無不可。

　　C 則：引題「新流感死亡再一例」，主題「39歲婦快篩陽性未投藥　枉死」，未將涉案醫師送法辦的最新發展在主題交代清楚，而只在內文小標題標出「醫師不開處方箋　送辦首例」，顯然忽略最新發展應當主題的原則，況且整篇報導都在說明醫療過程有無缺失，張婦死亡新聞，先前即已有報導，實不必再用主題來強調。

　　D 則：引題「醫生不給藥」，主題「新流感病患枉死」，副題『「怎麼有這樣沒良心的醫生」』，顯然又是忽略張婦死亡已報導過的新聞，僅將醫師「業務過失致死罪送辦」在內文作小標題，顯然亦不符標題製作原則。

②若10/21~10/22未刊登張婦死亡報導

　　在這種前提之下，「死亡」與「法辦」同樣是該則新聞重點都應在主題中表達。

　　A 則：將「39歲女子　新流感亡」當引題不妥當，宜改為兩行主題「39歲婦患新流感死亡　醫師沒開處方送辦」。

　　B 則：同時將「要命」及「送辦」在主題中標出，符合標題製作原則，而且「打點滴治H1N1」亦將醫療過程同時交代清楚，表達完整。

　　C 則：未將「醫師被送法辦」在主題表現出來，不符標題製作原則。

　　D 則：「醫生不給藥」的字體較「新流感病患枉死」為小，

顯然是當作引題用，宜將兩行改為字體一樣大小，作兩行主題，因為「醫生不給藥」是撼動人心的字句，亦是關鍵原因，當做引題雖無不可，但把此引題題材當主題來用更佳；同樣地，未將「法辦」在主題中標出，亦有不當之處

　　此外，如此重大新聞，亦出現下列不當之處：

　　（一）四則皆以同情死者的觀點作標題，嫌犯的說法未凸顯，完全漠視嫌犯在三審定讞之前，應以「無罪推定」，有違標題平衡原則，將來若不起訴或判無罪，嫌犯情何以堪？不得不慎！

　　（二）有些報導中有濃厚的「新聞審判」意味，例如D則內文「真是混帳惡醫！」，副題『「怎麼有這樣沒良心的醫生」』，完全把嫌犯視為已判決有罪者，有檢討必要。

　　（三）D則報導中，將死者及醫生以墨綠（近乎黑色）的粗框圍起來，殊不知死者照片才能圈以黑框，醫生非死者，怎可依樣畫葫蘆呢？

　　此外，值得探討的是「法辦」這種字眼有無必要在標題上標示呢？社會新聞版上有許多要送「法辦」的新聞，如果「法辦」是「最新發展」的話，豈不是整版看見許多「法辦」的字眼，所以「法辦」這種字眼應在重大新聞中有必要時才使用為宜，一般小案子的新聞主題要著重其「特殊點」，並以此當主題，「法辦」就不必在標題上出現了，但是若有「未送法辦」情事，就成了「特殊點」，一定要標出。

案例5-2-3

A 則

39 歲女子　新流感亡
沒開克流感　醫師送辦

【記者孟祥傑、吳文良、陳蕙惠/連線報導】一位家住北縣的卅九歲女子，流感快篩呈陽性，診所醫師譚國榮卻沒開克流感給她。患者不幸病逝後，北縣衛生局認為有醫療疏失，將譚國榮依業務過失致死函送地檢署偵辦。

這名女子是國內第廿六例新流感死亡病例、家屬擬控告醫療院所首例。

....

（聯合報 98/10/23 A1）

B 則

打點滴治 H1N1　要命醫師送辦

【陳俊雄、唐嘉邦、黃天如/綜合報導】卅九歲張姓女子在三重「宏新 101 診所」就診時，流感快篩呈陽性，但主治醫師譚國榮涉嫌未及時開給克流感，只幫她打了四瓶點滴，導致張女病情惡化，不幸成為國內第廿六例致死病例。台北縣衛生局廿二日將譚國榮移送法辦，成為全球第一個因醫死新流感患者而吃上官司的醫生。

....

（中國時報 98/10/23 A18）

C 則

新流感死亡再一例
39 歲婦快篩陽性未投藥　枉死

【記者何玉華、陳璟民、魏怡嘉/綜合報導】台北縣三重市三十九歲張姓女子二十日因H1N1 宣告不治，家屬質疑診所未在快速篩檢陽性反應時提供克流感治療，台北縣衛局調查認為，宏新一〇一診所醫師譚國榮因合作藥局沒有克流感就不開立處方箋給病人，已涉嫌違反刑法第二百七十六修第二項業務過失致死罪，決定函送板橋地檢署偵辦。

....

....

（自由時報 98/10/23 A16）

D 則

醫生不給藥　新流感病患枉死
「怎麼有這樣沒良心的醫生」

【楊雅靜、甯瑋瑜、何柏均/台北報導】真是混帳惡醫！台北縣一名婦人上周二因發燒、全身痠痛，至住家附近「宏新 101」診所

看病，經快篩確認是H1N1新型流感（新流感）陽性，但院長譚國榮因無克流感藥物並未給藥，也未轉診，婦人後來轉至台北市中興醫院急救，至本周二仍告不治。這是國內首例因醫師未開立克流感，致病患延誤病情死亡案例；死者丈夫昨痛罵：「怎麼有這樣的醫生？沒良心！沒醫德！」北縣衛生局則將譚國榮依業務過失致死罪送辦。

……………………………………

（蘋果日報 98/10/23 A1）

■案例5-2-4，榮獲第一屆台北傳統藝術藝師獎的洪耀輝，在台北市社教館舉行首次個人木雕作品展覽，Ａ則「木雕師傅洪耀輝　獲首屆傳統藝師獎」，Ｂ則「傳統藝師　洪耀輝木雕首展」，這兩則標題取材完全不同，從內文來看，洪師傅舉行首次個人作品展才是「最新發展」，至於洪師傅獲首屆傳統藝師獎，應是在這次展覽之前的新聞，屬於舊聞，不能當做主題，如果非要標出，可標為引題「曾獲第一屆台北傳統藝術藝師獎」，當做主詞的解釋名詞之用，主題「洪耀輝舉辦木雕首展」。

案例5-2-4

Ａ則　　**木雕師傅** 洪耀輝 **獲首屆傳統藝師獎**

【記者林秀姿/台北報導】才踏進展覽場，撲鼻而來的是宜人的樟木香，榮獲第一屆台北傳統藝術藝師獎的洪耀輝，昨天起在台北市社教館舉行首次個人木雕作品展覽，展出 33 件木雕，作品龍飛鳳舞讓人驚艷。

……………………………………

（自由時報 98/11/30 B5）

Ｂ則　　　**傳統藝師　洪耀輝木雕首展**
第一屆得主　深耕逾 30 年　作品遍及南北廟宇
未進展場　木香撲鼻而來

……………………………………
……………………………………

（聯合報 98/11/30 B2）

■一件重大新聞發生，報社為了詳細報導，常以多種角度切

入，於是就有主新聞、配合新聞、反應新聞、分析新聞……等稿件，編輯下標題時要懂得分辨這些稿件屬性，如果是主新聞就以當天發生最重要的事當主題；配合新聞、反應新聞……就不必把主新聞的標題再標示一遍，以案例5-2-5為例，當天的主新聞就是今年的諾貝爾物理學獎頒給三位天文學家，在同版另一則報導中已標示，A則是國內物理學者的反應，直接以學者的反應當主題即可，否則同一天報紙出現兩個類似標題就會讓讀者看得心煩，A則標題是為了凸顯施密特曾來台演講，以此為主題，否則就挑學者訪談中較吸引人的內容當主題即可。

B則是立委選情分析稿，由記者撰稿的角度、筆調可以清楚地分辨出來，下題時就不能把它的訊息性質的舊聞當「最新發展」來標示，例如王惠美獲國民黨提名已是以前發生的舊聞，此時就不宜再以此標示，本文稿是分析比較林益邦也執意參選，對選情的影響，再加上民進黨支持陳進丁加入選戰，三強鼎立的結果是如何……；這樣的分析稿近似特稿，標題含有記者主觀的意見在內，是可以被接受的。

案例5-2-5

A 則　　施密特前年來台　解黑暗之惑

【記者蔡永彬、陳幸萱/台北報導】浩瀚的星空和宇宙美得有如神話故事，人類不斷嘗試更了解它。今年的諾貝爾物理學獎頒給三位天文學家，國立自然科學博物館長孫維新認為，研究宇宙讓我們了解它的現況和本質，解開人們心中最深沉的疑問。

這三位天文學家透過觀測遙遠的「遠新星」，發現宇宙正在加速膨脹。孫維新解釋，超新星是恆星爆炸後「死亡」的過程，………

中央研究院天文及天文物理研究所助理研究員張慈錦說，超新星的觀測是最早證明宇宙膨脹的證據。…………………

中央大學天文研究所教授陳文屏表示，依據萬有引力定律，…

三人中的施密特前年曾來台演講，他當時提到，宇宙中我們了解

的物質只有百分之四，黑暗物質、黑暗能量分別占百分之廿四和七十二。

張慈錦說，李斯與波麥特分屬不同的團隊，……………………………………………………………………………………………………

（聯合報 100/10/5）

B 則

彰化縣第一選區
藍營兵分兩路　陳進丁戰力雄厚

【吳敏菁/彰化報導】彰化縣第一選區立委選情渾沌，國民黨正式提名王惠美，但藍營已故立委陳秀卿的兒子林益邦也執意參選，分裂的藍軍，將與地方實力不錯、且獲民進黨徵召參選的陳進丁競逐，有得拚。

第一選區包括鹿港、秀水、福興、線西、和美和伸港六鄉鎮，本屆立委選舉，國民黨陳秀卿以六萬七千多票勝出，…………………

國民黨內初選時，是陳秀卿、王惠美相爭不下，但過程中，陳秀卿驟逝，兒子林益邦接棒，已來不及登記，由王惠美以極高民調差距獲得提名。

王惠美來自政治世家，父親是前鹿港鎮長王福人，……………

不過早在初選之時陳秀卿家族就堅持選到底，林益邦雖是新人，但父親林進春當過議員、省議員和兩屆立委，長年深耕地方，……

民進黨陳進丁，有一屆國代、三屆立委資歷，他在無黨籍時代就有親綠色彩，………………………

（中國時報 100/10/18 C1）

第三節　同一新聞同一天見報，
　　　日報與晚報標題、內容有異

　　日報與晚報在新聞見報日雖屬同一天，但在內容的區隔上，應該看作前後兩天的新聞報導，從日報清晨出刊上市後到中午晚報截稿為止。短短的幾個小時是晚報的採訪時間，記者採訪必須銜接日報，分辨哪些新聞是日報所沒有的？那些已經是日報已經刊登過？日報未曾報導過的，記者當然容易處理，日報已經報導過的，記者就必須花些心思，採訪一些日報未刊登的新發展，當作晚報的重點，若沒有新的進展又有報導的必要，也必須調整撰稿角度，避開日報的重點，才不至讓讀者有「炒冷飯」的感覺，記者要有如此心態，編輯當然也是一樣的。

　　■案例5-3-1即是日報與晚報的比對，都是98年10月23日同一天見報。A則及B則是日報的標題，C則則是晚報的標題，很清楚地看到日、晚報不同的報導。

　　A則的主題「美國帶骨牛肉　開放」副題則是「內臟絞肉……闖關不成　五星飯店…準備上菜」，但是內文中卻明白指出「……牛絞肉也可能列入開放，但內臟須再談。」，內文與標題似乎不太吻合，「闖關不成」意味被封殺進口，是肯定的語氣，而內文「也可能列入開放」卻是「不肯定」的說法，編輯下標題時，用詞似乎不夠精準。

　　B則的主題「美國帶骨牛肉 最快今解禁」，副題「內臟暫不進口 牛絞肉磋商中」，題文相符合。

　　C則是刊在晚報上，由於農委會、衛生署於當天（10月23

日）早上召開記者會正式宣布我國開放30個月齡以下美國帶骨牛肉進口，而且連內臟、腦髓、脊髓都開放，至此，情況已經明朗。由於日報「美國帶骨牛肉開放」，所以晚報主題不能再與日報（A、B 則）相同，而選擇「連內臟、腦髓、脊髓都開放」當主題，強調最新發展的內容，這就是同一天晚報與日報不同的地方。

C 則也有美中不足之處，因為蓋住引題不看，「連內臟、腦髓、脊髓都開放」，主題語焉不詳，不符合標題製作原則，改「美牛內臟、腦髓、脊髓也開放」當主題，「第一批帶骨牛肉11月10日抵台」為副題，則比較恰當。

案例5-3-1

A 則

美國帶骨牛肉　開放

內臟絞肉……闖關不成　　五星飯店……準備上菜

【黃天如、邱雯敏/台北報導】衛生署長楊志良昨日表示，我方最快今天公告開放新增進口美國帶骨牛肉，首波開放範圍為美國卅月齡以下牛隻之丁骨及肋骨牛肉，但不包括內臟。

⋯⋯⋯⋯⋯⋯⋯⋯⋯⋯⋯⋯

美國爆發狂牛症後，我國三年前規定，只同意純牛肉進口，不帶骨也沒有內臟，

⋯⋯⋯⋯⋯⋯⋯⋯⋯⋯⋯⋯

楊志良重申，針對狂牛症風

險，世界動物組織（QIE）將美國升級為與台灣同等級國家，但我國仍會嚴格把關，標準絕不比韓國寬鬆。首波開放範圍為三十月齡以下牛隻的牛肉、帶骨牛肉、牛絞肉也可能列入開放，但內臟須再談。

QIE公告之牛頭骨、牛腦、牛脊髓、牛扁桃腺、牛眼、迴腸末端及三叉神經等危險物質，我方絕對不會開放。

⋯⋯⋯⋯⋯⋯⋯⋯⋯⋯⋯⋯

（中國時報 98/10/23 A1）

B則　　　**美國帶骨牛肉　最快今解禁**

內臟暫不進口　牛絞肉磋商中

【記者陳惠惠、朱婉寧/台北報導】美國帶骨牛肉最快今天公告解禁。

衛生署長楊志良昨天表示，美國牛肉不會馬上全面開放，首波開放丁骨牛排、肋排等帶骨牛肉，內臟暫時不會進口，牛絞肉還在磋商中。

經濟部官員坦承「這兩天就可能簽署協議」。經濟部九月底即公告，十一月起在貨品分類中，美國牛肉品項內增列「絞肉」一項。

美國牛肉於二〇〇六年一月廿五日恢復有條件進口，之後美方不斷要求進一步開放，經台美方密集磋商，帶骨牛肉進口已成定局。

楊志良說，要進口的美國帶骨牛肉進口限卅月齡以下，而且要去除腦、脊髓、三叉神經等危險物質後，才准進口，規定絕不會比韓國寬鬆。

....
....
（聯合報 98/10/23 A8）

C則　　**美國帶骨牛肉 11 月 10 日抵台**

連內臟、腦脊髓都開放

【華盛頓特派員張宗智、記者李樹人、黃玉芳/台北、華盛頓連線報導】美國帶骨牛肉即將在下個月重新開放來台！衛生署、農委會上午攜手舉行記者會，正式宣布我國開放 30 個月齡以下的美國帶骨牛肉進口，而且連爭議的內臟、腦髓、脊髓都開放，只有扁桃腺、迴腸末端不開放。

....
....

衛生署表示，開放協定 10 月底正式生效，預計第一批美國帶骨牛肉將在 11 月 10 日抵台。

....

最令人意外的是，外界關注的美國牛隻內臟、腦髓等，居然也在開放範圍。衛生署強調，30 個月齡以下牛隻，這些部位不算是特定的危險物質，因此能進口至台灣。

....
（聯合晚報 98/10/23 第一版）

■案例5-3-2，也是同一天的日報與晚報的比較，A則是日報刊登，主題「明年公務員加薪　吳揆：審慎樂觀」，晚報的記者在閱讀這則日報的報導之後，立即針對該案進行「最新發展」的

採訪，將財政部長在立院的反映，寫成一則新聞，B則標題「軍公教明年加薪？　財部：做好準備」，雖無重大進展或實質內容，處理方式正確，同一天見報的日報、晚報各有各的標題與內容。

案例5-3-2

A則　**明年公務員加薪　吳揆：審慎樂觀**

【鄭閔聲、仇佩芬/台北報導】公務人員薪資明年可望調漲。行政院長吳敦義昨天接受監察院例行巡察時表示，他個人對公務人員調薪持「審慎樂觀」態度，如果今年第四季經濟成長率及明年初稅收數字穩定成長，公務人員調薪的「葡萄成熟時」值得期待。

....
（中國時報 99/12/30 A4）

B則　**軍公教明年加薪？財部：做好準備**

【記者張博亭、全澤蓉/台北報導】針對閣揆吳敦義表示，軍公教明年調薪「審慎樂觀」。財政部長李述德今在立法院財委會備詢時表示，若政院宣布將加薪，財政部也將做好相關準備。

....
（聯合晚報 99/12/30 A1）

■案例5-3-3，報導紅十字總會長陳長文為極重度殘障兒子請命，希望修法放寬外籍看護在台工作期限，但是立委陳節如有相同遭遇，沒有請外籍看護，運用居家照護體系，認為延長期限會影響長照制度的推動，於是在1月4日上午召開記者會表達反對立場。

A則是1月4日晚報刊出的新聞，主題「陳節如：我兒比陳長文寶貝還慘」，副題「她反對延長外籍看護　『我兒連一口水都要人家餵』」。

B則是國民黨政策會執行長林益世對此案的看法，也刊在1月4日晚報上，主題「外籍看護延長12年　林益世：各界支持」

　　晚報刊登此重要記者會，日報當然也不能不刊登，經過1月4日下午與晚上的發展，此案有無「最新發展」？若無「最新發展」，如何調整撰稿角度？編輯如何挑選主題？成為日報編輯人員的工作重點。

　　C、D 則是1月5日第一家日報的報導，C 則引題「延長外護年限 VS.排擠本國勞工」，主題「陳長文的卑微請求　立法院協商破局」，明白指出這是該案的最新發展，否定了晚報報導的林益世看法。

　　D 則是報導前一天立委陳節如的記者會，由於前一天晚報已報導過了，又不得不報導，於是避開晚報的標題，採用「陳節如：重障兒不靠外傭」，報導內容相似，標題不同，是晚、日報處理的不同之處，而且此則報導成為 C 則之配合稿，處理恰當。

　　E 則是第二家日報的報導，引題「延聘外勞　立委、勞團反對」，把前一天晚報已刊登過的標題改成引題，採用一個晚報未標示的主題「陳節如：我也有重殘兒　我沒請外勞」，可惜的是記者未明確寫出「協商破裂」，標題也未以此為重點，而以陳節如記者會內容當主題，似有「喧賓奪主」之嫌。

　　F 則是第三家日報的報導，將協商結果及陳節如的記者會混合寫成一則新聞，主題「外籍看護延聘　本會期闖不過」，重點擺在最新發展的「闖不過」，而將陳節如記者會的內容省略標示，處理正確。

　　從以上的分析，可以看出，前一天晚報的報導與第二天日報的內容、標題處理，是不相同的，需要編輯費心的比較，找出一個既不重複又恰當的標題。

案例5-3-3

A 則　陳節如：我兒比陳長文寶貝還慘

她反對延長外籍看護　"我兒連一口水都要人家餵"

【記者陳雅芃/台北報導】紅十字總會長陳長文為極度重殘障兒子請命，希望修法放寬外籍看護在台工作期限。民進黨立委陳節如上午表示，天下父母心可以理解，但到立法院遊說，此風不可長。她的小孩也是重度殘障，狀況比陳長文小孩還嚴重，喝口水都要人家餵，但她還是運用居家照護體系，沒有聘請外勞。

　陳長文為兒子請命希望立法院能修法延長外籍看護工作期限，目前國民黨立委已提出修正草案，等待朝野協商的結果，陳節如與勞工團體上午舉行記者會表達反對立場。

....

（聯合晚報 100/1/4 A7）

B 則　外籍看護延長 12 年　林益世：各界支持

外籍看護延長　立院今協商

【記者舒子榕/台北報導】外籍看護在台工作期限是否由 9 年延長為 12 年，今天中午在立法院進行協商。國民黨政策會執行長林益世表示，依國民黨團的初步了解，大家的態度都傾向支持。但國民黨立委楊麗環表示，完善的長照制度才是解決之道。

....
....

（聯合晚報 100/1/4 A7）

C 則　延長外護年限 VS.排擠本國勞工

陳長文的卑微請求　立院協商破局

【記者錢震宇/台北報導】紅十字總會長陳長文籲修正就業服務法，延長外籍看護在台居留期限，立院朝野昨天中午進行協商，民進黨立委陳節如與黃淑英表達反對，強調此舉會排擠本國勞工，堅持不准延長。朝野協商宣告破局，本會期確定無法完成三讀。

....

（聯合報 100/1/5 A3）

D 則　　　　陳節如：重障兒不靠外傭

【記者曾雅玲/台北報導】律師陳長文遊說修法，民進黨立委陳節如昨天以重症孩童家長的身分現身說法，強調自己照料多重障礙兒卅六年，孩子走路要人扶、吃飯要人餵、喝水要人幫、還無法自行如廁，但她不假外勞，也可以照顧孩子。

陳節如說，她孩子的處境與陳長文兒子相似，非常能理解陳長文愛子心切；但幾經權衡，仍站出來反對修法延長外勞聘僱期限，擔心此舉將延遲政府建立長期照護制度。

（聯合報 100/1/5 A3）

E 則　　　　延聘外勞　立委、勞團反對
陳節如：我也有重殘兒　我沒請外勞

【○○○/台北報導】……不過此舉卻引發民進黨立委及民間團體反對，目前雖有國民黨立委提案，但黨團內部也有不同意見。立院朝野昨日就此進行協商，與會立委多質疑修法恐衝擊本勞權益及長期照護政策。

陳節如表示，……她運用國內的居家照護體系，沒有聘請外勞

（中國時報 100/1/5 A4）

F 則　　外籍監護工延聘　本會期闖不過

（自由時報 100/1/5 A12）

第六章　新聞標題審判

第一節　法院審判未定讞，標題不可代為定罪

　　在處理社會新聞，尤其是犯罪新聞的時候，必須有依據，尊重個人，即使對犯罪者，亦不宜在標題上和文字中，予以污辱……在法律未判決前，稱涉嫌之罪犯為「嫌犯」、「疑凶」，切不可直呼「凶手」、「犯人」（荊溪人/新聞編輯學/P. 286），對編輯或記者而言，這是一個極為重要的概念，必須真正落實在標題或文稿中，任何的漏失，對當事人都是一件重大的傷害。

　　之所以有這種規定，乃是依據我國刑事訴訟法第一五四條而來的，其條文為：「被告未經審判證明有罪確定前，推定其為無罪。犯罪事實應依證據認定之，無證據不得認定犯罪事實。」

　　更明確地說，所謂無罪推定原則，乃指刑事訴訟程序之犯罪嫌疑人或被告，在未經公開而公正之審判之判決有罪前，應推定其為無罪，故而檢察官對於可追訴之犯罪行為，若有事實足以認定犯罪之構成，則應一律起訴，此乃「法定原則」……聯合國世界人權宣言第11條第12項規定：「凡受刑事控告者，有未經獲得辯護上所需的一切保證的公開審判而依法證實有罪以前，有權被視為無罪」、聯合國公民及政治權利國際公約第14條規定：「凡受刑事控告者，在未經依法證實有罪之前，應有權被視為無

罪。」及歐洲人權公約第6條第22項規定：「對於因犯罪行為被控訴之被告，直至法律上證明有罪之前，應推定其無罪。」，揭示無罪推定原則是保護人權最高準則。（陳靖華/我國法院組織與訴訟制度變革之研究/P.86）。

依前所述「被告未經審判證明有罪「確定」前，推定其為無罪」，換句話說，在三審判決定讞前，當事人在一、二審被判有罪仍可上訴時，乃應推定其為無罪，不可直呼其為「凶手」、「犯人」，必須在三審判決有罪定讞後，才可稱「凶手」、「犯人」，因為許多案件發回高院多次更審後，刑責常由無罪變有罪，有罪變無罪，在最高法院判決確定前，存有許多變數，這些審判過程曠日費時，往往達一、二十年，幸好從速審法實施後有所改善，媒體在這段時間所刊載的新聞，自應恪遵「無罪推定」原則，標題及內文都不可逾越而做出損害當事人的行為。

但是，在媒體報導上，卻經常可以看到一些標題或內文，率先在審判定讞前，甚至在案發之時，即對當事人遽下「確定判決」，直接稱其為「惡醫」、「惡棍」、「搶匪」、「貪官」……，這種不當的用詞出現在標題上，一般稱其為「標題審判」，是一種嚴重的疏失，值得媒體深自反省，茲舉以下案例說明之：

■案例6-1-1，A 則報導前桃園縣警局桃園分局偵查佐黃○○，涉嫌侵吞贓款、收賄替毒蟲掉包尿液，更進一步吸收毒販女友當情婦，共組販毒事業，標題「惡警黃○○五罪狀　求處無期徒刑」，B 則報導高雄醫學大學附設醫院婦產科前主任許○○在任內勾結保險黃牛，偽造病理報告，詐領健保及保險理賠金，這兩件不法案件，一為起訴階段，一為尚在偵查階段，距離定讞還有一段時間，依「無罪推定」，此兩位嫌犯的犯行雖然可惡，但

「未經公正之審判確定判決有罪之前，應推定其為無罪」，標題上逕自加上「惡警黃○○·」、「惡醫許○○」，就宛如法院已三審定讞，其犯行已確定，尤其在其名字之前加上「惡警」、「惡醫」之不當形容詞，直接了當替嫌犯定罪，讀者看到此標題時，刻板印象已深入腦海中，那裏會想到此案未判決定讞，將來有很大變數，一旦判決無罪或不起訴，如何轉圜？當事人情何以堪？或許編輯會認為犯罪事實明確，不可能判無罪或不起訴，但環顧歷年來類似案件，到最後判決出乎意料者不在少數，僅憑編輯個人判斷是不負責作法，這種「惡醫許○○」、「惡警黃○○」的指名道姓標題是所有「標題審判」中最為不當的作法，在實務界最應避免的。

案例6-1-1

A 則　惡警黃○○5 罪狀　求處無期徒刑

【胡欣男/桃園報導】前桃園縣警局桃園分局偵查佐黃○○，涉嫌侵吞贓款、收賄替毒蟲掉包尿液，更進一步吸收毒販女友當情婦，共組販毒事業，幾年來賺了上千萬黑心錢，檢方昨偵結起訴，具體求處無期徒刑，還併科罰金兩百萬元。

....

（中國時報 99/10/26 A7）

B 則　惡醫許○○　至少詐 12 次
勾結保險黃牛　摘除健康子宮卵巢
12 假病患知情　也列共犯

【記者蔡政諺/高雄市報導】被健保局處罰的高雄醫學大學附設醫院婦產科，起因於前主任許○○在任內勾結保險黃牛，偽造病理報告，詐領健保及保險理賠金，檢調查出他至少為十二名假病患開刀，摘除她們的健康子宮或卵巢。

檢警指出，目前查出這十二名「真開刀」的假病患，都清楚自己並沒有罹患癌症，但「默許」許○○手術摘除，也都領了相關理賠，檢調認為這些病患與許○○間有犯意聯絡，均列為共犯偵辦。

....
....

（聯合報 99/4/14 A2）

　　■案例6-1-2，Ａ則及Ｂ則，都是報導親人性侵晚輩的行為，標題上直接用「惡姨丈」、「可惡色姑丈」等用語，都有譴責涉案長輩之意，但是仍躲不掉「標題審判」之嫌，Ｂ則嫌犯雖經高雄地院依強制性交判處三年兩個月，屬於一審階段，依「無罪推定」之精神，「被告未經審判證明有罪『確定』前，推定其為無罪」，換句話，這位姨丈的犯行尚未確定，將來二審、三審的結果未定，標處遽然以「惡姨丈」稱之，也是不當的，雖然依性侵害防治法未揭露嫌犯及受害人姓名，讀者不知其真實身份，但嫌犯的人權仍應受到保護；Ａ則報導雖在起訴階段，但是標題用「可惡」兩字，這是編輯主觀上對嫌犯的譴責（詳見本章第二節），惟此案仍在起訴階段，尚不宜用此種字眼，若是將來三審定讞時，用「可惡」來形容這名色姑丈，就比較恰當。

案例6-1-2

Ａ則　　可惡色姑丈　性侵姪女還拍光碟

【洪璧珍/彰化報導】一名國小女童寄住姑丈家，不料姑丈見她年幼可欺，涉嫌連續以脅迫、或下藥方式對她性侵，前後共十六次，還將過程拍攝下來製成光碟；甚至女童上國中後，姑丈繼續以相同手法對她性侵五次，逼得她在學校自殘，經老師追查出內情，通報社會處報警處理。

　　彰化地檢署昨日偵結，將這名色姑丈依加重強制性交罪起訴。

....

....

（中國時報 100/8/9 A10）

Ｂ則　　　　　她才 14 歲
惡姨丈！誘外甥女到摩鐵　教訓後性侵

【王志宏/高雄報導】一名惡姨丈假藉關心讀國二外甥女交友狀況，把人帶到汽車旅館辱罵教訓後性侵，還咬傷耳朵及小腹。外甥女畏縮床角打電話向同學哭訴，母親帶往醫院驗傷證實陰道留有姨丈精液。雖然雙方民事部分以卅五萬元和解，高雄地院仍依強制性交判處三年兩個月。

....

....

（中國時報 99/12/15 A8）

　　■案例6-1-3，A、B兩則都是報導少年不當行為的新聞，一為持刀槍闖入民宅洗劫，一為追打聽障旅客，這種行為當然是法所不容，標題用「5匪」、「5惡少」字眼，是報紙上最常見的形容詞，多年來就變成積非成是，不以為意，殊不知，這種用法也是違反「無罪推定」的精神，尤其是「匪」字，傷人至深，改為「搶嫌」較恰當，社會新聞版，編輯坐上編輯台，固然要考慮整版的用字遣詞不要重複，相似的新聞喜歡用不同的形容詞以示區隔，但是一旦運用不當，就容易違反「無罪推定」的精神，這兩則報導僅在案發階段，嫌犯行為固然令人不齒，不見得非要用「匪」、「惡少」這樣的沉重之詞，有時主詞是可以適當省略的，例如A則可以改為「劫民宅擠窄門　槍走火傷同夥」，符合句法，唸起來比原題順多了。

案例6-1-3

A則　　　5匪擠窄門逃　槍走火傷同夥

【記者蔡維斌/雲林縣報導】鄒永剛等五人強盜集團，日前分持刀槍闖入民宅洗劫後，五人爭擠窄門要逃，持槍同夥蘇偉能一腳踩空，手槍走火擊中鄒臉部，送醫取出卡在頭部彈頭，警方循線昨天逮捕五人。

....
....

（聯合報 100/6/18 A15）

B則　　　　　　撒尿　挑釁　搶劫
追打聽障旅客　5惡少：不怕判重刑

【莊哲權/台東報導】日前在台東火車站向聽障旅客撒尿、毆打、搶劫的五惡煞，四人前天深夜向警方自首，另一人也被循線逮捕，其中一人是未成年；他們只因為喝了酒，就隨機找可欺負目標下手，被問到「怕不怕判重刑？」竟然還有人回答「不怕！」

....

（中國時報 100/8/9 A10）

　　■案例6-1-4，A則報導一名男子誘使少女帶錢離家出遊，花光她的錢，還計劃搶超商，標題「這傢伙　花光女友錢　還教她偷搶」，「這傢伙」是一句含有罵人意味的用語，也有「定罪」之意，間接否定此人的人格，在本案定讞前，嫌犯仍是「無罪推定」，怎可在標題上侮辱他，雖說也有在標題上譴責之意，但不如改為「不知廉恥　花光女友錢　還教她偷搶」較恰當。B則報導一位警察被控黑吃黑，私吞毒品，當藥頭賣海洛因，檢方將他起訴，引題「這款警察」，主題「通報罩毒犯　黑吃黑轉賣」，副題「楊○○勾結毒蟲……」，本案僅在起訴階段，但整個標題完全是「肯定」他的犯行，也完全疏忽「無罪推定」的精神，「這款警察」與「這傢伙」一樣，都有否定嫌犯人格之嫌。

案例6-1-4

A 則　　這傢伙　花光女友錢　還教她偷搶

【記者賈寶楠/桃園縣報導】誘使阮姓少女帶錢離家出遊的陳姓男子，沉迷電玩一直沒工作，昨天在超商前，他正策畫帶阮姓少女搶超商，還好警方及時查獲，偵訊後依竊盜罪嫌函送法辦。

....

（聯合報 100/4/15 A1）

B 則　　這款警察！通報罩毒犯　黑吃黑轉賣

楊○○勾結毒蟲　　○○○○　○○○○○　○○○○○○○
○○○○○○　昨起訴求處 35 個無期徒刑

【記者林宛諭/彰化縣報導】竟有這款警察！專辦毒品查緝的彰化分局員警楊○○，利用職務向毒犯通風報信，協助逃過查緝，再按件收取保護費，更黑吃黑私吞毒品，當藥頭賣海洛因，彰化地檢署查出他共賣過卅五次毒，將他起訴，依一罪一罰求處卅五個無期徒刑，並依販毒件數求處裁罰二千三百萬元。

....

（聯合報 99/10/14）

■案例6-1-5，報導前立委何智輝涉行賄法官案，台北地方法院開庭訊問後，裁准法官、檢察官等六人羈押禁見，創下歷年來偵辦司法官風紀案一次羈押最多人數紀錄，此案爆發後，全國震驚，媒體無不大篇幅報導，A 則主題「收賄800萬　4司法貪官全收押」，編輯在標題即以「司法貪官」認定之，即是標題審判的一種，四位涉案法官在此階段仍屬「嫌疑犯」，將來要經冗長的審判過程，結果不得而知，也有可能判決無罪，此時即認定他們是「貪官」，未免草率，更不合「無罪推定」的精神，B 則引題「4司法官　2白手套」，主題「8檢大戰36小時　6人押了」，同一天見報，標題完全避開「貪官」、「嫌犯」之字眼，而以「人」字代替，為將來審判結果預鋪後路，若判有罪定讞，再用「貪官」不遲，若是無罪確定，也為當事人留一條清白之身，這樣的安排才是恰當的。

案例6-1-5

A 則　**收賄800萬　4司法貪官全收押**
何智輝三階段撒錢　4嫌辯稱收的是茶葉水果
與兩名白手套金錢往來兜不攏　6人全禁見

　　【王己由/台北報導】前立委何智輝行賄法官案，台北地方法院昨天開庭訊問後，合議庭認定高院法官蔡光治、陳榮和、李春地，與板橋地檢署檢察官邱茂榮等四人，及蔡光治密友黃賴瑞珍，共犯違背職務收賄罪；何智輝助理兼密友謝燕貞涉及行賄，裁准六人羈押禁見。本案創下歷來偵辦司法官風紀案一次羈押最多人數的紀錄。

....
（中國時報 99/7/15 A1）

B 則　**4司法官**
2白手套　**8檢大戰36小時　6人押了**

　　【記者蘇位榮、王文玲、蕭白雪/台北報導】檢方偵辦司法官集體貪瀆案，並向法院聲押六人，台北地方法院昨天下午以被告涉及重罪，有串證之虞，裁定全數羈押禁見。

....
（聯合報 99/7/15 A3）

　　■案例6-1-6，報導前總統陳水扁在國務機要費案，高院更一審判決無罪，各報以頭條報導，有些標題用字卻出現矛盾之處，A則引題「更一審」，主題「重罵輕判　扁珍貪污無罪」，副題「國務費判決……但『不構成貪污』……」，這則標題有兩個缺失：

　　①「扁珍貪污無罪」是一個矛盾用字，既是「貪污」，焉能「無罪」？「無罪」就是「未貪污」，副題中「不構成貪污」已說明「未貪污」，怎可以在主題中判定「貪污」呢，主題與副題前後矛盾。

　　②將「國務費」放在副題中，「更一審」擺在引題裏，光看主題不知是何案？有違「主題應有完整意思」的作題原則。

　　B則「國務費逆轉　扁珍貪污更審判無罪」，亦是將「貪污」與「無罪」同時放在一起，出現用字矛盾。

　　C則引題「更一審大逆轉」，主題「國務費案判無罪　扁笑了」用字簡潔，亦將陳水扁的反應同時在主題標示，可惜的是「更一審」用引題表示，容易讓人誤會此案已定讞，若能將「更一審」用主題標示就比較恰當。

　　D則報導前交通部常次何煖軒，被控擔任高公局長時包庇餐廳負責人，獲判無罪，主題「前交通部常次何煖軒　涉收賄　判無罪」，用「涉收賄」就明白表示涉案而已，「判無罪」就可前後呼應不矛盾，同樣道理，陳水扁涉貪污，A則及B則若能將「貪污」改為「貪污案」，就不會出現矛盾之處。

案例6-1-6

A 則　　更一審重罵輕判　扁珍貪污無罪
國務費案判決書批扁「扭曲台灣民主、背棄人民託付」
但「不構成貪污」　依偽造文書罪輕判

【記者蕭白雲/台北報導】國務機要費案、洗錢案、南港展覽館案，高等法院更一審昨天宣判出現大逆轉。判決書一方面痛批前總統陳水扁徹底扭曲台灣民主歷程，背棄人民託付，得到國家最高位子，竟做出違法的事；另一方面卻「重罵輕判」，扁珍的刑度和罰金都大幅減輕。

法官指責陳水扁，事前未敦促家人守法，事中選擇背棄人民託付與期待，事後毫無擔當；並指他面對司法審判，豈是一句「我不知情」可以帶過，這種辯解恐怕都不能說服自己。

更一審逆轉，主要是合議庭認為扁珍在國務費案中不構成貪污，採信陳水扁提出廿一項機密外交及犒賞支出一億三千多萬元，已超過檢方起訴的貪污金額一億四百多萬元，刑度從一審的無期徒刑改判無罪，全案可上訴。

....

（聯合報 100/8/27 A1）

B 則　　國務費逆轉　扁珍貪污更審判無罪

....
....

（自由時報 100/8/27 A1）

C 則　更一審大逆轉　國務費案判無罪　扁笑了
合議庭以「大水庫」計算法　認定不構成貪污
扁僅因洗錢等罪改判 2 年 8 月　珍則依圖利等罪判 11 年半

....
....

（中國時報 100/8/27 A1）

D 則　　前交通部常次何煖軒　涉收賄　判無罪

【郭良傑/台北報導】前交通部常次何煖軒，被控擔任高公局長期間，包庇承包新營休息站餐廳的五目公司負責人陳進財，向陳無償借用女傭及陳涉嫌偽造收據案。台北地院昨天審結認定，因為無法證明有收賄的對價行為及陳偽造證據時，案件尚未偵查，判兩人無罪，但仍指何收受餽贈是屬有悖官箴的道德問題。

....

（中國時報 100/8/30 A7）

　　■案例6-1-7，A則報導立委蔡正元被控卸任中影董事長後，涉嫌侵占七百多萬元公款，高院判無罪定讞，標題「侵占中影公款　蔡正元無罪定讞」，「侵占中影公款」是一句肯定句，其後又「無罪定讞」，豈不是前後矛盾嗎？這樣的標題令讀者難以理解，用字不夠精準常是編輯一時疏忽所造成的，若改為「被控侵占中影公款」或「侵占中影公款案」，就較恰當，B則報導一名女子被控摸走老翁口袋現金判無罪，標題「上下其手竊老翁財務　女子無罪」，同樣道理，「上下其手竊老翁財物」是肯定句，怎麼會判無罪呢？若改為「涉上下其手竊老翁財物」就較恰當，多一個「涉」字，看起來雖較彆扭，但前後語意連貫起來不矛盾，這樣的標題才是正確的。

案例6-1-7

A則　侵占中影公款　蔡正元無罪定讞	
【記者蕭白雪/台北報導】立委蔡正元被控卸任中影董事長後侵占七百多萬元公款，賤賣董事長座車給自己投資的公司，一審依背信	等罪判刑一年十個月，台灣高等法院昨天逆轉改判無罪，全案定讞。 …………………………………… （聯合報 100/5/12 A10）
B則　上下其手竊老翁財物　女子無罪	
【馬瑞君/台中報導】四十二歲女子楊安妮，遭台中市西屯區楊姓老翁指控，假借看屋為由，在樓梯間撫摸其下體，趁他「茫酥酥」、有身體反應時，趁機摸走他	口袋裡的現金落跑；但因查無證據佐證，加上老翁證件後來在公園裡被小狗咬回，台中地院判決無罪。 …………………………………… （中國時報 100/6/21 C2）

第二節　新聞標題
可不可以存有主觀意見？

　　新聞標題可不可以帶有主觀意見？多年來最受人爭論的，莫過於民國七十九年（再查）前總統李登輝任命郝柏村擔任行政院長，當時的首都早報，曾在第一版以罕見的斗大標題「幹！反對軍人組閣！」，這個「幹」字，帶有激烈的主觀意見，招致許多批評，尤其女性團體認為「污辱女性」，但是該報總編輯的反應是『幹』只是憤怒、無奈之下，發出的感嘆聲。今日標題上最常見帶有激烈主觀意見的字句，反而是「扯！」，這些用字妥不妥呢？

　　這個問題，許多媒體界先進、前輩看法不一，有人主張「可以有限度的表現出編輯對該項新聞的意見與看法，但是，必須注意的是要把一些『意見』與『看法』，在標題中表露時，這些『意見』及『看法』，應該公正，不可帶有任何偏見」，「標題要有感情，要標出文章的味道，同時要造成氣勢，因此編輯必須適當地加諸個人的情感及價值判斷」（新聞標題之研究/郭伯佾/P.182），也有前輩主張，雖然主觀的標題，會受到評議，但標題有主觀意見，反而表現報紙的立場和編輯的方針，也就是表現了報紙的風格（新聞編輯學/荊溪人/P.172），但荊溪人也指出「很多新聞編輯常在標題中加入自己的意見，標題中評論新聞，這是危險的事，標題評論新聞，對知識程度高的讀者，不致受到編輯的愚弄，而知識程度低的讀者就難免為報紙所左右。」（新聞編輯學/荊溪人/P. 181）。

　　所以持平而論，在內文要求公正、客觀的前提之下，新聞標題原則上不能有編輯主觀的意見，尤其是情緒性的字眼，但是在某些情況下，可以有限度、有技巧、溫和地加上一些批駁性字眼，以維護社會公序良俗。

　　一件新聞的發生，不管證據多麼明確，在記者非司法人員的前提下，所見所聞不見得百分之百是事實，也許，新聞的深處另有不為人知的秘密，遽下評語，只會為將來一旦發現評斷錯誤，帶來更多尷尬與自責，更深一層來看，編輯對新聞事件的評斷，只會暴露自己急躁的個性，往好處想，帶領讀者閱報，往壞處想，是在愚弄讀者。所以，編輯只要平實下題即可，讓讀者心中那一把尺自己去評斷新聞事件的是非對錯。

　　哪些新聞標題不宜帶有主觀評斷？哪些新聞標題應加上批駁字眼？歸納以下原則供參考：

　　一、對不當言詞應先予適當批駁，不可直接引用
　　二、發自內心的讚嘆或悲鳴，雖屬不當但尚可接受
　　三、對不當行為不應加上個人激烈的評斷之詞
　　四、特寫標題可以允許帶有主觀意見

　　茲將以上原則再分析如下：

一、對不當言詞應先予批駁，不可直接引用

　　如果有一位殺人歹徒口出狂言：「殺人的感覺真好，大家來嚐嚐！」，可不可以、恰不恰當「直接」引用在標題上呢？相信絕大多數人都會說不可以、不恰當，可是這種異於常人的言論，又令人震懾的字句，常常在標題上被引用，它對報紙的社會教育有何衝擊？會不會造成不當的負面影響呢？

　　不可否認，這些驚人之詞，就是特殊的新聞點，放在標題上

絕對會吸引人去看這則新聞，但它至少也會產生以下三點不良影響：

一、對意志不堅或有相同遭遇者，興起仿效念頭，媒體成為傳播不當言詞工具，喪失社教功能。

二、對一般讀者而言，令人驚駭的言詞讓人產生忐忑不安之感，尤其對小孩影響更大。

三、對受害者家屬而言，無疑是在傷口撒鹽的「二度傷害」。

所以，這些不當的言詞，不管是來自一時的情緒之言或是出自內心的真話，實在不宜在標題中出現，如果非要使用不可，也不可以直接引用，以免造成以上三種不良影響，正確的標示應該在標題上先予以否定、糾正，再套用這些不當之言。

在標題上否定、糾正不當行為或言詞，會不會違反公正、客觀的原則呢？可分兩個層面來探討：

一、公正、客觀是什麼？公正是不是只要心中不偏頗，就可以人云亦云？不管好話、壞話或好事、壞事，不分青紅皂白，毫不修飾地廣為宣傳呢？客觀是不是只要不存有個人自私的想法，就可任人為所欲為，而盲目代為傳播各種不當行為、話語呢？當然不是。

公正、客觀本就是判別是非對錯的準繩，標題就是依據這個準繩，在不違人性、不背離公序良俗的前提下，忠實地依內容下標，違反這些原則，就不是真正的公正、客觀，易言之，公正、客觀不應受囿於表面定義，變成不辨是非，要有更深一層的思考，因此，在標題中給予批駁，也是一種公正、客觀的表現。

二、姑且不論公正性、客觀性，標題可以毫無顧慮隨當事人講什麼就刊什麼？淪為當事人傳聲筒嗎？身為編輯，就是社會正

義的維護者、社會教育的執行者，標題是編輯閱讀稿件融會貫通後以自己認知、報社所需而作的一種創作，對不當的言詞或行為，自然會產生一種是非對錯的「過濾性」本能反應，若能心存「規過勸善」適當地表現在標題上，也是人之常情，是可以被允許的。

因此，新聞界先進主張的標題要有感情，要標出文章的味道來，同時要造成氣勢，因此，編輯必須適當地加諸個人的情感及價值判斷（新聞標題之研究/郭伯佾/P. 182），這裏所談的情感，指的應該是在報上常見的字眼「可憐的……」、「狠心的……」，至於「價值判斷」，可以擴充解釋為前所提的糾正不良言詞或行為所用富有主觀意見的批駁字句。

不過這種帶有批駁的字句要溫和、委婉，也要用得恰到好處，個個標題都可使用嗎？太過情緒化的用字，尤其不恰當，一定要讓讀者在看報紙時，心有戚戚焉，不會引起反感，箇中分寸拿捏需要磨練。

■案例6-2-1，**警方破獲販毒集團**，其中有一對父子黨，父為子取名「孝親」，不料兒子聽父親的話，涉嫌幫忙販毒給朋友，這是一則罕見的悲劇，父子同因販毒被補，由於兒子名為「孝親」，自然成為標題發揮的重點。

A則標題「孝親販毒孝親　父子黨被逮」，表面上看來，這個題並無重大瑕疵，但是取兒子為「孝親」，自然是父親希望兒子能實踐中華文化美德的「孝順父親、母親」，此「孝」指的是正面行為，不料兒子竟然不明事理介紹同學買父親的毒品，更代跑腿送毒，這種行為不是真的「孝親」。標題直接將此情形標出，沒有任何糾正、導正的語氣，很容易讓其他有相同遭遇者有意仿傚，雖然標題下半句「父子黨被逮」有否定這種行為的意

味，但「孝親販毒孝親」在讀者先入為主的習慣中，很容易被視為「兒子既名孝親，助父販毒也是一種孝親」。

　　B 則是同一新聞的另一個標題「毒販兒名『孝親』　幫販毒變『愚孝』」，標題也是抓到這難得一見的「孝親」來發揮，但是在標題上卻導正、糾正這個不當行為，讀者在第一時間內就直接認定這不是一個真正的「孝親」，而是一種「愚孝」，讓有相同遭遇者不致興起仿效之念，類似這種似是而非、有違常理、容易讓人曲解的行為，有經驗的記者通常會在文中加上一句「警方感嘆如此『愚孝』，令人搖頭」的警語，提醒讀者要以健康的角度來看這則新聞，編輯看到這句話，自然也應提高警覺，本則標題若改為「名為孝親　助父販毒　反成愚孝」，用字簡潔、清楚，更能表達此則新聞的特色。

　　C 則就是一則在標題上批駁嫌犯不當言詞最好的例子，這則新聞報導網路詐騙集團的成員被捕後，竟然說：「曾在網路遊戲被人騙過，就騙回來！」，標題上就有兩次批駁這個不當言詞，首先主詞中用「不知輕重」來否定嫌犯的「被騙就騙回來呀」，編輯雖然引用嫌犯的言詞，但經此批駁後，讀者立即是非分明，不會被這句不當言詞所左右、所影響，所以「不知輕重」在這則標題中是極為關鍵的重要詞句，省略不得；其次引題中「錯誤觀念　警搖頭」，也是再次批駁嫌犯之言，但改為副題較恰當。此外，標題中對少年嫌犯稱之為「小鬼」，雖有譴責之意，但在「無罪推定」原則下，仍不宜。

案例6-2-1

A 則　　孝親販毒孝親　　父子檔被逮

【陳育賢/竹市報導】新竹市警一分局七日掃蕩新竹縣一販毒集團，被逮捕的廿名嫌犯中，竟有兩對父子檔，其中一對父子的兒子名叫「孝親」，疑因父親行動不便，長期為老爸跑腿賣毒。

………………………………

（中國時報 100/3/8 A8）

B 則　　毒販兒名孝親　　幫販毒變愚孝

【記者張念慈/新竹市報導】警方昨天破獲販毒集團，其中有對高姓父子，父為子取名「孝親」，原本是希望他孝順雙親，不料兒子卻是聽父親的話，涉嫌幫忙販毒給同學和朋友，父子都被抓，警方感嘆如此「愚孝」，令人搖頭。

………………………………
………………………………

（聯合報 100/3/8 A8）

C 則　　　　　　錯誤觀念　警搖頭
小鬼不知輕重：被騙就騙回來呀

【記者黃立翔/新北報導】新北市刑警大隊偵破八年級網路詐騙集團，嫌犯在網上PO文自抒「唯錢是途」觀念，還炫秀「鈔票當棉被」照。警方說，雖然行徑囂張，但警方破門時，有嫌犯嚇到四處逃竄，「剉賽」在褲子裡，還以為仇家找上門，看來應還不算匪類，但若未及時導正，「將來必成大患」。

………………………………

　　綽號「TACO」的張楷峰落網時說，「曾在網路遊戲被人騙過，就騙回來啊！」態度坦白，卻錯得讓人搖頭。

………………………………
………………………………

（自由時報 100/8/18 B1）

　　■案例6-2-2，A則報導彰化一名婦人毒死三子，再自焚，丈夫到醫院探視，忍痛簽下「放棄急救同意書」並對妻子輕輕說：「我們很快就要見面了！」「謝謝您辛苦照顧三個孩子，來世還是要娶妳為妻！」，這則新聞刊在該報第一版的頭條新聞，可見受到該報的重視，但是這則新聞處理有以下兩個問題，值得進一

步探討：

一、刊出這種標題妥當嗎？

原標題為引題「妻毒死3子　自焚命危」，主題「夫棄急救告白：我們快見面了」，副題「……『來世還要娶妳』　全身麻醉的妻子心跳竟神奇加快」，丈夫說：「我們快見面了」這句話恰不恰當？丈夫在傷心之餘，講出這樣的話，有兩種可能：

(A)出自內心的真情吶喊：

首先要確認這是一個人負面、消極、令人悲傷行為，遇此重大挫折，就要自殺，不就是告訴他人，自殺是一條路，對比他更慘的人而言，無異是一種鼓勵、一個模仿對象，這種不健康的想法，實在不值得用斗大標題來傳播；其次，如基於報社政策非要刊出不可，也應在標題上予以批駁，告訴讀者這是不當的想法，所以主題宜改為「夫棄急救說傻話：我們快見面了」，「說傻話」三個字是編輯根據公序良俗、人間是非對錯所作出的公正、客觀批判，也是過濾不恰當言詞所作出的人性反應，有導正這種負面言詞的功能。

(B)一時情緒性的悲鳴：

一個人在悲痛之餘，往往不夠理智失去正常判斷，各種言詞都會不顧一切脫口而出，過了幾天，情緒穩定或是受人勸說不再有尋短念頭，當事人再看到這個斗大標題，不知該如何自處？會不會難堪？因為救回一條命，讀者也許不介意，但有受愚弄之感，對報紙的信任度也會相對降低。

二、有無必要刊在第一版頭條？

一則新聞刊在一張報紙最重要的位置，自然有其編輯考量，外人很難置喙，不過，也要受到讀者的公評，此則新聞是這件慘劇的後續新聞，整個案情的發展並無驚人之處，丈夫的作為，都

是一位悲劇受害人的正常反應，按一般處理原則，已因案發時的大新聞轉變為小新聞，移至其他次要版面刊登，更何況相似的言詞，其他報紙已早一天刊出（見 B 則標題）。

本則新聞若非要刊在第一版頭條不可，將主題改為「夫棄急救告白：來世還要娶妳」，更會讓人感受到鶼鰈情深，也凸顯報社提倡這種偉大情操的用心。

B 則引題「錢逼死人？」，主題「夫絕望『辦完後事我也要走』」，也是一則直接引述受害人不當言詞的標題，忽略了內文中「員警一面勸慰他，也請社工人員輔導」的重要性，這種標題只能凸顯這位受害人面對家毀人亡、萬念俱灰的心境，對所有活著的人，絲毫沒有正面的意義，「活著就有希望！」，這樣的正面、振奮人心的字句，應多多在悲劇新聞中出現。

案例6-2-2

A 則　**妻毒死 3 子**　**夫棄急救告白：我們快見面了**
　　　　自焚命危
　　他自責對不起孩子　不解怎會吵出悲慘結局
　　「來世還要娶妳！」　全身麻醉的妻子心跳竟神奇加快

【吳敏菁/彰化報導】「謝謝妳辛苦照顧三個孩子，來世還是要娶妳為妻！」遭逢人倫悲劇的林先生，目睹妻子陳蒔慧毒死三子、再自焚慘劇，深夜到醫院探望妻子，眼淚就潰堤，儘管心情震驚無法平復，還是說出情深義重的一句話。陳蒔慧雖全身麻醉，卻似乎聽到，心跳很神奇從一百六十突然跳到廿百多下。

彰化和美前天發生婦人疑似因產後憂鬱症，竟餵食三名幼子毒藥再自焚的慘案，震驚全國。面對各方關切，身為丈夫的林先生既悲傷又自責，昨天凌晨兩點忍痛簽下「放棄急救同意書」，輕輕地對妻子說：「我們很快就要見面了！」讓醫護人員掛心不已。

．．．．．．．．．．．．．．．．．．．．．．．．．．．

（中國時報 100/3/6 A1）

B 則

錢逼死人？
夫絕望「辦完後事我也要走」

【記者簡慧珍、林宛諭、劉明岩/彰化縣報導】陳女為何毒子後自焚？陳女的父親、丈夫和鄰居說法不一。

「等辦完後事後，我也要走。」陳女丈夫面對家毀人亡，萬念俱灰，昨晚吐露也有尋短念頭，員警一面勸慰他，也請社工人員輔導。

．．．．．．．．．．．．．．．．．．．．．．．．．．．．

．．．．．．．．．．．．．．．．．．．．．．．．．．．．

（聯合報 100/3/5 A2）

■案例6-2-3，報導一位19歲少年獲知朋友欠賭債，竟邀另一位少年搶劫超商，落網被偵訊時還說「人要講義氣」，標題「人要講義氣？行搶為友還賭債」，「人要講義氣」這是中華文化的重要精髓，每個人從小就被教導這種為人處事的道理，但在本則新聞中被誤用了。

本則標題可分兩個方向來探討：

（一）就「設問」來講：主題「人要講義氣？行搶為友還賭債」，是屬於「設問」三種用法中的「提問」，亦是為提起下文而發問，之後必有答案——「行搶為友還賭債」。這個答案是一句不當的言詞，缺少批駁的功能，若改為「竟然行搶為友還賭債」就較妥當，因為加上「竟然」兩字，就有「不該為而為之」的意思，從標題上否定這種不當行為，遏阻任何人模仿，也糾正嫌犯不當的講義氣。

（二）就反諷來講：編輯看了文中嫌犯「人要講義氣」之後，以主觀的意見對這句話的存疑，亦是對這種行為歸因於「人要講義氣」的不苟同，於是用存疑的語氣回應或反問嫌犯，暗含批駁嫌犯不當供詞的味道，可惜語意不夠清晰，這種安排恐不是大多數讀者可以理解、體會的。

嚴格來說，這個標題用「設問」方式表達並不恰當，強加上一個「？」問號，很難表達批駁不當言詞，這也是濫用問號所造成的結果（詳見第九章第一節），其實改為「曲解『人要講道義』 為友搶劫還賭債」、「為友搶劫還賭債 辯稱『人要講道義』」，簡單明瞭，對「把好端端的一句話胡亂套在不當行為」的歪理，予以當頭棒喝。此外，值得一提的是，記者在文中補上一句「讓警員直搖頭」，就是對嫌犯價值觀的否定，是內文對這種行為的一種批駁，也提醒編輯提高作題警覺，功不可沒。

案例6-2-3

人要講義氣？　行搶為友還賭債

【記者陳宏睿/高雄報導】十九歲的宜季恆獲知朋友蕭姓少年欠賭債，為幫蕭還債，涉嫌邀林姓少年搶劫超商，蕭則在門外把風，警方前天逮捕三人；宜季恆偵訊時還說「人要講義氣」，讓警員直搖頭。

....
....
（聯合報 100/3/25 A11）

每遇大災難發生，網路上消息滿天飛，有鼓舞人性的正面消息，也有滿佈灰色、消極思想的負面傳言，媒體總喜歡在網路上取材，當做一種消息來源，這原本無可厚非，但是網路上的信息，很多是個人一時情緒之言，毫無科學根據，也不負責任，擷取這種訊息，要經過仔細過濾，並遵守下列原則：

一、對國家社會有重大影響的消息，要經過仔細查證再刊登，並要取得報導平衡

二、有關風花雪月的兩性間緋聞、傳言，要取得當事人的回應，並保護其隱私權

三、寧願缺稿，也不要隨意在網站盲目取材，以免掉入他人陷阱

■案例6-2-4，A則報導紐西蘭、中國、日本接連發生嚴重地震災害，日本超級大地震更引發海嘯，災難慘況引發「世界末日」聯想，一時網路上流言充斥，記者報導這種消息尤須謹慎，A則引題「趕快把錢花光、燒掉論文……？」「超級月亮末日謠言」主題「網友瘋狂留言」，這個標題完全根據網路的流言下標，「趕快把錢花光、燒掉論文……」這種動搖人心的無稽之談，應該先予批駁再引用，並取得平衡報導，記者報導時已做到這一點要求，文中「學者不約而同表示……保持冷靜……並「正向思考」，將恐懼轉化為提前做好準備的心理……」，可是標題中卻全然未標出，造成一面倒向負面信息，若真有人看到這則新聞，真的「趕快把錢花光」，「世界末日」並未來臨，怎麼辦？若改為引題「超級月亮，末日謠言滿天飛……」，主題「網友瘋狂不當留言　學者：應正面思考」較妥當，那些顯然不是真實、理智的謠言，不值得在標題上再強調了。

B則也是報導地震的網路訊息，與A則同天見報，記者取材就比較偏重正面，引題「臉書上　恐懼在蔓延：」，主題「就像世界末日」，這種災難新聞，不報導有虧職守，報導也不可專挑震撼人心的悲慘狀況，要平實地、溫和地陳述事實，不可幸災樂禍，不要製造恐慌、不可渲染悲情、不可穿鑿附會，更要傳遞人性的光明面、積極性。

案例6-2-4

A 則　趕快把錢花光、燒掉論文……？
超級月亮末日謠言　網友瘋狂留言

【陳至中/台北報導】紐西蘭、中國、日本接連發生嚴重地震災害，日本昨天超級大地震更引發海嘯，災難景象透過新聞畫面傳遞至世界各地，引發「世界末日」聯想，網路瞬間充斥電影《末日預言》及《二〇一二》劇情成真流言。

　針對網路「末日預言」滿天飛，學者不約而同表示，面對自然界難以預測的事件，應保持冷靜、尋求有公信力的消息來源，並「正向思考」，將恐懼轉化為提前做好準備的心理，才是因應之道。

　許多網友焦急表示，世界末日真的要來了！「趕快把錢花光！」、「馬上燒掉碩士論文！」「衝去跟某人告白」，也有人列出一百項「死前要完成的事」清單，決心要在十九日前全部完成。

（中國時報 100/3/12 A4）

B 則　臉書上恐懼在蔓延：
就像世界末日！

【記者陳立儀/台北報導】昨天下午近兩點時，facebook 上出現「日本大地震」訊息，立即引起關注，東京網友 Kabun 說「公司上百人都站在停車場避難」；在千葉 weathernews 氣象觀測站上班的林小姐提到，「看著附近大樓爆炸失火、道路全裂開，還是得堅守崗位，提供最新地震資訊。」

　強震後東京地鐵、電車全停擺，Kabun 描述「滿街東京人都在找回家的方式！恐懼中！」她花了兩小時從表參道走回銀座的家。

　在東京就讀女子短期大學的 Amber，在強震中完成畢業典禮，她在臉書寫道：「連平地都搖晃超恐怖，還爬了十七樓拿畢業證書，電車全停擺，路上塞人又塞車，我覺得世界末日要來了！」

（聯合報 100/3/12 A4）

　■案例6-2-5，報導一位婦人看電視媒體不斷播放災情，突然像中邪般直喊「世界末日到了！」，標題「日震新聞狂送　婦似

中邪喊末日」，直接陳述該名婦人的病況，也是有所不當，文中曾提及「婦人可能是出現『創傷後症候群』……最好還是要求助醫生」，可見記者在報導時已兼顧到平衡報導，並指出這種行為是一種病態，預防類似情況不自主地蔓延，搞得人心惶惶，所以精神科醫生的研判分析在文中佔了相當的篇幅，有相同病況者可引以為鑑，但是標題中完全沒有點出，是一大缺失，至少加一個副題「醫生研判是『創傷症候群』　不像精神疾病　最好積極治療」，編輯下標時，都要考量讀者沒有看內文，標題應該標出哪些內容，才算完整無缺，不能存有「反正讀者會去看內容，標題簡單就好」的錯誤觀念。

案例6-2-5

日震新聞狂送　婦似中邪喊末日

【鐘武達、馮惠宜/綜合報導】日本九級大地震及引發的海嘯情節宛如世界末日，撼動人心，彰化市一名中年婦人疑似看了電視媒體不斷的播放災情後，突然像中邪般直喊「世界末日到了！」嚇壞家人。

彰基精神科主任王俸鋼研判說，婦人可能是出現「創傷後症候群」，雖然不像精神疾病，但最好還是要求助醫生。

精神科醫師徐宏銘表示，看到電視新聞不斷播放災區慘況，讓全球民眾同感悲傷，甚至會出現情緒低落狀況，但症狀如持續兩周，就要考量是隱藏在內心的創傷症候群作祟，應積極治療。

....
....
（中國時報 100/3/15 A11）

二、發自內心的讚嘆或悲鳴，雖屬不當但尚可接受

編輯看了新聞稿，免不了會對當事人或事件發自內心的讚嘆或悲鳴，這種情緒之反應，也是人之常情，但也帶有主觀的成份在內，但這種主觀當屬「輕微」的意見，對讀者的影響尚不足產

生相當的反感，嚴格來說，雖屬不當，但尚可被接受。

　　從另一方面來說，這種讚嘆或悲鳴，用得恰當，反而有助標題的生動活潑，吸引讀者的注意，目前年輕一輩的編輯很喜歡用此種手法來表現新聞的「熱鬧性」，讀者也認為新鮮，有助於標題的可看性。

　　■案例6-2-6，A則報導從民國100年元月起，統一發票增設一千萬元獎，使許多人大喜，主題「哇！對發票　中千萬　明年起跑」，統一發票可以對獎行之有年，但是獎額小，中獎不易，許多消費者往往隨手一丟或捐給慈善單位，如今可中一千萬，當然是令人驚喜，編輯的心聲，很可能是許多讀者的心聲，用「哇！」來表達恰如其份，當然可以被接受。

　　B則報導一位病患長期頭痛流鼻水，吃藥沒改善，原來是顱骨破洞，主題「鼻水不停？天！顱骨破洞漏腦液」，「天！」是編輯對這件罕見疾病所發出的驚訝之詞，帶有主觀意見在內，但與大多數人看完報導的想法相似，這樣的字句，相信不會引起反感，接受程度相對就比較高。

　　　案例6-2-6

A則　　哇！對發票　中千萬　明年起跑
200元獎增至5組　大獎變大　小獎變多

【沈婉玉／台北報導】明年元月起統一發票，千萬富翁等著你！財政部長李述德正式核准明年統一發票給獎方案，在發票獎金預算加碼約廿七億元後，增設一組一千萬元特別獎，二百元六獎組數則從原本三組增加到五組；但考量經費下，二百萬元特獎，則從原本三組縮減為一組，呈現「大獎變大、小獎變多」局面。

··

（中國時報 99/11/25 A1）

B則　　鼻水不停？天！顱骨破洞漏腦液

○○○○○○　○○○○○○○○○　○○○○○○○○○
○　○○○○○○○○○○○○

【張翠芬／台北報導】長期頭痛流鼻水，吃藥沒改善，要小心可能是顱骨破洞，導致腦脊髓液外漏！馬偕醫院廿九日提出罕見個案，病患清清如水的鼻水流不停，還合併頭痛頭暈，一直被誤以為是過敏性鼻炎。最後經鼻竇內視鏡微創手術修補顱骨破洞才改善。

（中國時報99/12/30 A7）

■案例6-2-7，A則報導憲兵司令為了證明憲兵大熱天不需要吹電扇也能站崗兩小時，「身先士卒」引起大迴響，標題「酷啊憲兵司令大熱天站哨」，編輯用「酷啊」來表達心中的想法，這種帶有主觀的意見，應該會被大多數讀者接受。

B則報導亞運體操賽，一個晚上連得兩個銅牌，主題「讚啦！體操一晚兩銅」，編輯主觀上的讚嘆，赤裸裸表現在標題上，因為是好事，一般讀者都能接受。

C則報導紐約大車禍，有十四名乘客罹難，因為路標桿像把利刃幾乎將巴士一分為二，主題「慘！紐約大車禍　『斷頭掉在手上』」，編輯把這件不幸車禍，毫不掩飾地在標題上顯現，有兩個面向值得探討：

一、對一般讀者而言：

「慘」字帶有主觀意見，加上黑底反白來襯托及「斷頭掉在手上」恐怖字句，會不會讓有類似遭遇的讀者產生「創傷後症候群」的反應？這是一件悲慘的車禍，令人震懾，有無必要再用如此字句刺激讀者？國內報紙一向對災難事件、凶殺案喜歡用血淋淋的畫面及句子來渲染，讓人在未看內文之前，就怵目驚心，這恐怕不是大多數讀者所喜歡的，好事加一些令人看了高興的形容

詞，容易被接受；壞事，太過凸顯悲慘場面，令人心情更沉重，恐怕就不恰當。

二、對死傷者家屬而言：

親屬遭到此種悲慘的車禍，本已悲痛萬分，「慘」字及「斷頭掉到手上」的恐怖及不忍，讓他們再度受到「二次傷害」，下標題要「將心比心」，假設受害者是自己的家屬，願不願意再用這些字眼？如果不願意，那麼就表示這個標題值得商榷了（詳見第十章社會新聞）。

案例6-2-7

A 則　　酷啊　憲兵司令大熱天站哨

【呂昭隆/台北報導】五十八歲的憲兵司令李翔宙中將，自陸軍官校畢業後，就沒有再站過衛兵，但為證明憲兵大熱天不需要吹電風扇，也能站崗兩小時，特別於七月二日跑到花蓮，全副著裝、持槍並穿防彈背心，站下午二時到四時崗哨，李翔宙以身作則的領導示範，在憲兵內部引發極大正面迴響，極可能也是國軍第一位能「身先士卒」站哨的國軍將領。

⋯⋯⋯⋯⋯⋯⋯⋯⋯⋯⋯⋯⋯⋯⋯
⋯⋯⋯⋯⋯⋯⋯⋯⋯⋯⋯⋯⋯⋯⋯

（中國時報99/7/10 A4）

B 則　　黃哲奎鞍馬　陳智郁吊環
讚啦！體操一晚兩銅

【特派記者王翔/廣州報導】體操在昨天晚上最後一天賽程強拉尾盤，一晚產出兩銅，先是黃哲奎的鞍馬銅牌，後是陳智郁吊環銅牌。

⋯⋯⋯⋯⋯⋯⋯⋯⋯⋯⋯⋯⋯⋯⋯
⋯⋯⋯⋯⋯⋯⋯⋯⋯⋯⋯⋯⋯⋯⋯

（聯合報 99/11/17 B4）

C 則　慘！　紐約大車禍　「斷頭掉在手上」
14 人罹難　31 名乘客主要為華裔
路標桿像把利刃　幾乎將巴士一分為二

【本報系紐約記者王友信、許振輝/十二日電】一輛從康州金神大賭場返回紐約曼哈頓華埠的賭場巴士，十二日清晨在九十五號州際

公路位於布朗士的十四出口附近疑似與拖曳卡車擦撞，先撞上路旁標誌後翻覆，並在滑行中撞上路旁標桿。在強力衝撞下，路標桿像把利刃幾乎將巴士一分為二，車上卅一名乘客至少十四人不幸罹難，另外還有多人仍與死神搏鬥，情況並不樂觀。

……………………………………
……………………………………
……一名生還乘客說，他看到有罹難者當場斷頭，頭還掉在死者自己的手上，情況非常恐怖。
……………………………………
……………………………………
（聯合報 100/3/14 A3）

■案例 6-2-8，A 則報導先進國家日本傳出兩名姊妹餓死家中，令人震驚，引題「日本怎麼了？」，主題「六旬姊妹餓死家中」，「日本怎麼了」這句引題，可分兩個方向來研究：

一、帶有主觀意見：編輯試圖從自己的觀點來看這件不幸，引導讀者重新定位這個先進國家，也有批貶日本的味道，主觀意見相當濃厚，但不慍不火，應可被接受。

二、疑問句的震撼：「怎麼了」是一句似知道原因又似不清楚緣由的句子，用這種句子震撼性強，有要讀者自己去尋找原因的潛在推力，用意深遠，讓人有無限想像空間，比直接用肯定句更讓人印象深刻，早期的老編比較善用這種句法，近年來較少見。

B 則報導一位少女被其他 5 名男女凌虐，嫌犯不但毫無悔意，而且還一派輕鬆，檢察官不禁有所感嘆，引題「如此虐人　如此輕鬆」，主題「檢嘆：社會怎麼了！」，標題引用檢方的感嘆，這句話「怎麼了」，一樣具有許多似知未知的味道，疑問句的震撼性喚起讀者的反省，與 A 則不同的是，這句「怎麼了」是直接引述，沒有帶有主觀的意味，遑論引起反感，記者能如此撰稿，功不可沒，編輯能有慧眼加以引用，一樣值得稱讚，雙方配合得天衣無縫。

案例6-2-8

A 則　　　日本怎麼了？六旬姊妹餓死家中

【東京特派員陳世昌/十日電】日本大阪新年期間驚傳一對六十餘歲姊妹餓死家中的悲慘事件。警方調查表示，姊妹家中只剩九十日圓（約新台幣卅二元），胃裡空無一物，顯然是餓死。

先進國家的日本，偶爾也會出現在社會邊緣生活得很辛苦的日本人，但是活活餓死人的情況，還是讓這個社會受到強烈衝擊。

（聯合報 100/1/11 A1）

B 則　　如此虐人　　檢嘆：社會怎麼了
　　　　如此輕鬆

○○○○○○○「○○」　○○○○○○○○：
○○○○○○○○○　○○○○

【記者熊迺祺/台北報導】「簡直像滿清十大酷刑！」一位檢察官形容廖詩蓉等人對付被害女子的凌虐手法，令人難以想像，直呼辦案多年未曾見過；而且被告開庭

時毫不在乎，還在偵查庭外「喇舌」，直嘆「社會到底怎麼了」。

（聯合報 99/12/29 A2）

■案例6-2-9，A則報導中華職棒兄弟隊到台北縣新莊市地藏庵焚香祈福，並向神明發誓不打假球，主題「神啊！救救職棒」，副題「兄弟象廟裡發重誓　不打假球」，把「神啊！」這樣的祈求字句，用在拜拜焚香上的默禱上，的確很有吸引力，也很生動，模擬職棒選手心中的話，雖有主觀的意見，但沒有強烈的引導作用，是可以被接受的，不過，標題主題若改為「神啊！我不打假球」，副題「兄弟象廟裡發重誓　要救職棒」，就更貼切了！

B則報導洲際杯中華隊有1/3隊員腸胃不適，決定移轉陣地練球，標題「救命！中華隊練球快沒人了」，編輯用這種呼天搶地的字眼「救命！」來喚起讀者的注意，用心良苦，的確有其效

果，濃濃的主觀味道，倒也透露出些許的趣味性，無傷大雅，偶爾一用，反而有意想不到的效果。

案例6-2-9

A 則

神啊！救救職棒
兄弟象廟裡發重誓　不打假球

【姚瑞宸/台北報導】中華職棒遭打假球案重創，涉案高達 24 人被開除的兄弟象隊，也要借助神明力量，以遏止球員打假球和找回球迷的信任。象隊選在中華職棒 21 年球季本月 20 日開幕前，昨全體到台北縣新莊市地藏庵焚香祈福，並由隊長陳江和率領向神明發誓：「今後若打假球，願接受神明嚴厲的懲罰。」

（蘋果日報 99/3/16 A1）

B 則

救命！中華隊練球快沒人了

【歐建智／台北報導】洲際盃中華隊集體腸胃炎。繼前天 4 球員上吐下瀉，昨日再增蕭帛庭、郭嚴文、陳鏞基 3 人及教練吳文裕腸胃不適，全隊已有 1/3 球員有事。棒協初步調查是病毒感染引起，決定轉移陣地北上練球，中華隊也將球員隔離，不讓狀況擴散。

（中國時報 99/10/14 C4）

■曾有一則新聞報導一個鴨蛋同時擁有皮蛋與鹹蛋的滋味，引題「鹹蛋黃　皮蛋白」，主題「真的混蛋！吃過都豎大拇指」，這則新聞真是千載難逢，編輯也能抓住良機，「混蛋」本是罵人之詞，用在標題上不僅帶有主觀的意思，還有不雅的禁忌，就算引用當事人的話，也因不雅盡量不用，但在本題上若不用，反而是不盡責。

　　總之，標題上帶些主觀味道，有時會有一些意外的效果，但並不是所有標題都可帶有主觀的成分，要注意用字遣詞恰到好處，不要引起反感，不要有太過強烈的情緒性之詞，就像是湯裏放一點味精之類的調味品，會覺得好吃，若是放得太多，就會令

人口乾舌燥不舒服。

三、對不當行為不應加上個人激烈的評斷之詞

　　基本上，編輯下標時，是置身事外，以旁觀者來看這則新聞，如同記者一樣，在撰稿時以公正的第三者來報導這則新聞，不管內文報導是如何危機四伏，如何波濤洶湧，如何不公不義，如何令人不快……，個人的情緒是平靜的，思緒是清晰的，對內文報導的要保持公正、客觀的立場，作真實的傳播，任何因內文報導所引起的情緒上憤怒、不滿，都是個人之見，只能留在個人心中，或是在自己的嘴巴上作一種宣洩，除非為了社會的公序良俗，在標題上必須作技巧地、溫和地批駁外，其餘的情緒之言絕對不能見諸於標題上，誤導讀者一定持相同的看法。

　　■案例6-2-10，Ａ則報導一位老闆在自己店內設局綁架珠寶商，引題「有夠扯」就是編輯自己主觀認為而所下的情緒之言，是不恰當，「扯」或「不扯」應由讀者去判斷，Ｂ則報導「勞委會暫凍菲勞4個月」，「太扯了」這三個字是勞委會主委王如玄的話，標題只是忠實反應受訪者的反應，沒有不當之處，何況在標題又加上引號，說明這不是編輯個人的情緒之言。

　　Ｃ則報導烏日鄉公所未發低收人戶中秋節慰問金，引起縣議員痛批，標題「扯！公所忘發低收戶秋節慰問金」，這個「扯」字若是直接引述縣議員的「太扯了」的話，就應該如同Ｂ則加上引號，不加引號就變成編輯個人情緒之言，變成不當的標題，從扯字未加引號來看，本題的扯字應屬後者──編輯情緒之言。

案例6-2-10

A 則

有夠扯

在自己店設局　劫 700 萬元珠寶

【記者曾增勳／桃園縣報導】在桃園縣開設建材行的黃盛德，覬覦林姓珠寶商財物，涉嫌和員工設局佯稱要購買珠寶，教唆員工在店內持槍綑綁林姓珠寶商，搶走價值

七百多萬元的珠寶。警方認為「在自己店裡設局做案」，手法既愚蠢又拙劣。

（聯合報 98/10/25 A9）

B 則　「太扯了」勞委會暫凍菲勞 4 個月

【記者湯雅雯/台北報導】菲國將台籍嫌犯移交大陸事件愈演愈烈。

勞委會主委王如玄昨天在勞委

會新春團拜受訪時表示，菲國態度「太扯了」，即日起將提高菲勞新申請的審核層級。

（聯合報 100/2/9 A1）

C 則　扯！公所忘發低收戶秋節慰問金

○○○○○○　○○○○○○　「○○」○○

承辦課員竟稱「太忙、忘了」

【記者俞泊霖/中縣報導】中秋節已過了六天，台中縣烏日鄉公所卻還未發放低收入戶中秋節慰問金，鄉公所承辦人員的理由竟然是「太忙、忘了」。

縣議員劉淑蘭則痛批「太扯

了」，質疑難道公所沒人過中秋節？怎麼會忘了低收入戶也要過節？她也擔憂另有內幕，讓承辦人員背黑鍋，要求徹查原因！縣議員張正興則表示，鄉長應追究失職人員。

（自由時報 98/10/9 A30）

■案例 6-2-11，A 則報導樹林市兩座人行陸橋階梯銅條失竊，標題「夭壽銅條賊　挖爛陸橋階梯」，這個標題中的「夭壽」兩字是一個很嚴重的罵人用字，在閩南語用法中有詛咒他人短命的意思，竊賊固然可惡，但是用「夭壽」這種的字眼是否妥

當呢？在處理社會新聞，尤其是犯罪新聞的時候，必須有依據，尊重個人，即使對犯罪者，亦不宜在標題上和文字，予以污辱（新聞編輯學/荊溪人/P. 286），嫌犯還未被定罪，先在標題上受到污辱，恰當嗎？

　　B 則報導黑心商人以工業用鹽混充食用鹽販售，引題「夭壽！」，主題「工業鹽充食用鹽　市售已三年」，同樣的，編輯以「夭壽」來謾罵黑心商人，這種帶有主觀意見，又有情緒化的激烈用語，是不是會引起讀反感？也是要審慎考量的。

　　C 則報導彰化一位老阿嬤被小偷竊走床底下現金，又被盜領存款，標題「偷錢又盜領　阿嬤罵夭壽」，同樣用「夭壽」來當標題，但此處的「夭壽」是被害人脫口而出的憤怒之詞，在文中用引號加驚嘆號即是證明，所以這是直接引述，不是編輯個人的情緒之言，是可以被接受的，本則另有主詞混淆之缺點，兩句話共用一個「阿嬤」當主詞，那到底是誰偷了錢？本題應改為「竊嫌偷錢又盜領　阿嬤大罵夭壽」較妥。

　　　　　案例6-2-11

A 則　　夭壽銅條賊　挖爛陸橋階梯

101 條止滑條被偷

【記者蔡偉祺/北縣報導】夕年冬，賊人多！台北縣樹林市大安路、文化街上兩座人行陸橋，最近被發現階梯銅條失竊嚴重，市公所統計多達 101 條被偷，且小偷疑似用大榔頭硬生生敲下，造成階梯嚴重破損。樹林市代表會主席連明智表示，銅條被竊會讓行人雨天行走時易滑倒，應儘快改善，警方也該加強防竊。

（自由時報 98/11/2 B4）

B 則　夭壽！工業鹽充食用鹽　市售已三年

【王志宏/高雄報導】黑心食品又一樁！黑心商人竟以工業用混充食用鹽販售，時間已達三年，不少數量被民眾吃到肚子裡。十七

日上午檢調在桃園縣查獲黑心鹽巴成品及原料，並將負責人宋麗珊傳喚到案，總計在工廠及高雄市大賣場查扣近百包黑心鹽巴及半成品工業用鹽。

....
....

（中國時報 98/11/18 A14）

C 則　　偷錢又盜領　阿嬤罵夭壽

【記者陳文星/二林報導】彰化縣埤頭鄉男子詹永堂上月 26 日上午趁著曾姓老阿嬤外出，潛入住家偷走床鋪棉被底下的現金、紅包共三萬元，並竊走被害人存摺及印章，在二二八連續假期後，到農會盜領三萬元，落網後，曾姓阿嬤發現老本全被盜領氣得大罵「有夠夭壽！」

....
....

（聯合報 100/3/18 B2）

■案例6-2-12，四則報導，都是編輯以主觀的意見，對犯案者遽下結論，並以激烈的言詞來指責，A 則標題「沒良心！收市降價　偷得更凶」，乍看之下，「偷得更凶」是小偷偷得更凶？但是看內文完全不是這麼回事，原來是做生意偷斤減兩，被罵「沒良心」的是業者，不是小偷，有語意不清之缺失；其次「沒良心」在內文中並未有任何人提及，可見是編輯自己的主觀評斷，並不恰當。

B 則報導竊嫌偷老東家的切割工具，再下手偷廢棄工廠的鋼材，引題「有夠賊！」這樣的形容詞加諸在嫌犯，就是有標題審判之嫌，在法院未審判定讞之前，直接在標題代為定罪。

C 則報導一個家庭竊盜集團，父母帶著兩位男孩專偷大賣場，標題上「一家都是賊」即是一種「標題審判」，在三審定讞前，這一家四口僅是「竊案嫌疑犯」，焉可直接了當稱呼「賊」，編輯在「無罪推定」大前提下，不能想當然爾，將來判決變數仍多，所以內文中的「一家都是賊！」應予刪除，標題上

更不宜套用。

D 則報導一男子因病就醫搭計程車，還搶劫女司機，標題「壞透了！洗腎之餘　搶劫女運將」，以「壞透了」來形容嫌犯，也是一種相當沉重的指控，一個人的好或壞，不是編輯單看新聞的報導就可遽下結論的，這是一種「標題審判」。

案例6-2-12

A 則　　沒良心！收市降價　偷得更兇

【記者余瑞仁／桃園報導】偷斤減兩有撇步！檢方會同經濟部標準檢驗局首度查獲黑心蝦販在電子秤動手腳，藉著加裝「可變電阻」，讓相同重量的物品增加秤重；檢方也發現，蝦販開市時，以正常價格賣蝦，這是偷的斤兩較少，到了快收市時降價求售，1 斤活蝦竟然只剩半斤。

…………………………………
…………………………………
（自由時報 99/3/17 B3）

B 則　有夠賊！回老東家偷器具　闖廢工廠盜鋼材

【記者王述宏/台北報導】偷老東家的切割工具，再下手偷廢棄工廠的鋼材！

本月 5 日中午，竊嫌蘇文宏（33 歲）趁之前工作的鐵工廠無人注意，從工廠內偷走 1 套切割金屬用的「乙炔切割器」，然與鄧榮財（45 歲）潛入新店市雙城路巷內的廢棄工廠，竊取堆放在廠房內的 H 型鋼材，2 人將 1 公噸的鋼材截成 6 段，載往安康路資源回收場變賣，當天每人分得 2000 元。

…………………………………
（自由時報 98/11/8 B4）

C 則　一家都是賊　分贓標註父偷、媽偷

【○○○/新北市報導】一家都是賊！三峽警分局二日破獲一個家庭竊盜集團，專在賣場行竊的施姓一家四口，由父母親下手行竊，就讀國中、國小的一對男孩則負責夾帶贓物闖關，總計得手贓物逾五百件；另為了標明戰果，這家人還在贓物上標註「爸偷」、「媽偷」，警方也傻眼。

…………………………………
…………………………………
（中國時報 100/11/3 A8）

D 則　　壞透了！洗腎之餘　搶劫女運將

【潘建志／屏東報導】以駕駛計程車為業的蘇姓女子，去年十二月接到男子陳佳芳以手機叫車，車行至半路，陳男竟持刀搶劫，並將蘇女捆綁後關在後車箱；警方前晚循線將陳嫌逮捕到案，查知他利用洗腎之餘以相同手法犯下多起相同案件，正擴大清查中。

（中國時報 99/1/9 A14）

■案例6-2-13，A 則報導藝人薛志正感冒併發肺炎，但在轉院過程中，發生四顆假牙掉入左胸腔，主題「太瞎！插管後　4假牙卡肺裡」，這是一件有關醫療的案件，是否有疏失，一時很難釐清，記者在撰稿時，也用「疑似醫療疏失」，可見這條新聞在見報時，只能確定「4假牙卡肺裡」，至於問題出在那裏，猶待調查，只有病人的妻子表示：「我也不知這麼瞎的事怎麼會發生在他身上」，編輯就附和，在主題中用「太瞎」來指責醫護人員，顯然也是一種標題審判，如果真要引用，也要加上引號來表達是妻子的說法。

B 則，報導一對姊弟戀的男女，女方懷疑男方移情別戀，跳樓身亡，標題「太傻　姊弟戀生變酒女跳樓亡」，這個標題用「太傻」，來形容這個不理智行為，也是編輯主觀的看法，本屬不當的，但是「太傻」兩字代表編輯為維護社會公序良俗所作的公平正義評判，不是一個情緒性的激烈之詞，讀者接受性較高，甚至心有戚戚焉，這樣的標題是可以被接受的。

案例6-2-13

A 則　　藝人薛志正感冒併發肺炎　轉院治療

太瞎！插管後　4 假牙卡肺裡

【王雨晴、張翠芬/台北報導】藝人薛志正廿四日因感冒併發肺炎，由新店耕莘醫院轉台北馬偕醫院治療，但轉院插管治療過程疑似因醫療疏失，導致左後方四顆假牙掉入左胸腔，卡在上下瓣膜間。

她懷疑是否耕莘護理人員未按程序檢查病人口腔內有無異物。「他已經不是健康的人了，我也不知道這麼瞎的事怎麼會發生在他身上。」……………………………………………………………………

（中國時報 98/10/26 A7）

B 則　　**太傻**　姊弟戀生變酒女跳樓亡

【記者蔡淑媛/台中報導】「再不回家，就準備收屍」在酒店上班的姚姓女子，和小她 17 歲的男友姊弟戀，近日懷疑男友愛上別人，前晚寫好遺書，跑上台中市住家 17 樓跳樓身亡。……………………………………………………………………

（自由時報 98/11/27 A16）

■案例6-2-14，A 則報導一位失業男子染上酒癮，酒後又家暴，被法官判決離婚，標題「醉到稀飯加酒　這老公沒救了」，單從標題來看，「這老公沒救了」是編輯主觀上的評判，老公有沒有救，不是編輯個人可以斷定，代人發表這種看法不僅主觀性太強，也是對妻子不敬；但從內文中得知「她認為丈夫無藥可救」，那麼「這老公沒救了」似乎是引用妻子的看法，果真如此，這句話就應加上引號，表示是引述妻子的話語。

B 則報導一位高中生譏笑同學貧窮，還持刀、棒追殺造成重傷，主題「這麼狠！羞辱貧生還砍人」，「這麼狠！」這句話來形容凶嫌，基本上也是有主觀的意思在內，但是這句話有譴責、批駁凶嫌不當行為的含意，是站在維護公序良俗所作的公平正義之評斷，讓讀者心有戚戚焉之感，所以這樣的標題是可以被接受

的。

　　C 則報導大陸黑心狗販給病狗打興奮劑，充當健康犬隻販售，標題「無良狗販　竟給病狗打興奮劑」，黑心狗販被用「無良（心）」來形容，也是有主觀的意思在內，但也是批駁這種惡行的形容詞，用字溫和、恰當，不會引起讀者反感，所以並無不妥。

案例6-2-14

A 則　　**醉到稀飯加酒　這老公沒救了**	
【記者呂開瑞/桃園縣報導】吳姓男子失業後染上酒癮、一年多來六次酒駕被抓、酒醉忘了帶兒子回家、酒後家暴，被妻子訴請離	婚，法官判離，還把子女監護權判給妻子。 ……她認為丈夫無藥可救……… （聯合報 99/12/14 A8）

B 則　　**這麼狠！　羞辱貧生還砍人**	
○○　○○○○○○○○「○○」　○○○-○○○○ ○○○○○○○○○○○	
【曹婷婷/台南報導】笑人窮還砍傷人！台南市私立崑山中學高三黃姓學生，單親且父親工作不穩，屢遭同班羅姓同學羞辱「窮鬼」、「爸爸沒工作」，黃生壓	抑多時，十七日晚間約羅談判，黃及呂姓友人身中數刀重傷，另兩人輕傷。 ……………………………… （中國時報 100/1/19 A12）

C 則　　**無良狗販　竟給病狗打興奮劑**	
【湯斌/綜合報導】大陸網友日前踢爆，有黑心狗販給病狗打興奮劑，充當健康犬隻販售。經媒體調查後發現，這些無良狗販除使用興奮劑外，甚至還給病狗注射嗎啡	或海洛因，讓牠們一時變得很活潑，讓消費者上當。 ……………………………… ……………………………… （中國時報 100/1/4 A13）

　　■案例6-2-15，A 則報導一位名為吳笨的鄉民，只有小學學

歷，沒有學過注音符號，學會電腦更架設部落格分享學習心得，這是一則振奮人心、鼓舞向上的正向新聞，彌足珍貴，令人不禁要誇獎他。令人驚訝的是，他的名字竟是一個「笨」字，兩個新聞特點加在一起，構成標題絕妙題材，編輯索性拿名字中的「笨」字作文章，改為「不笨」，融入標題中，做成「吳笨不笨　靠毅力學會電腦」，赤裸裸地在標題上讚揚一番，相信沒有一位讀者會覺得這個標題不當。

　　有些標題中如果不給予某些程度批駁，反而有虧職守，例如B則新聞報導一位男子在外國網站下載提煉安非他命麻黃素的程式原文，交由成員翻成中文，以加強專業知識，標題「為了製毒　藥頭苦讀英文」，警方嘆聰明用錯地方，就算內文中沒有警察感嘆，也應在標題中予以批駁，以免無知者效法，而使這則新聞成為製毒幫凶，改為「藥頭誤用聰明　為製毒苦讀英文」也可以。

案例6-2-15

A 則　　吳笨不笨　靠毅力學會電腦

【記者林國賢/雲林報導】66歲雲林縣四湖鄉民吳笨只有小學學歷，沒學過注音符號的他，憑著過人毅力，強記豆芽般鍵盤位置，不僅進入電腦世界，更架設「小放牛部落格」分享學習心得。

....

（自由時報 98/11/2 B3）

B 則　　為了製毒　藥頭苦讀英文

【記者劉慶侯/台北報導】25歲男子林志彥以販賣毒品作為主要經濟來源，為擴大地盤和收入，拉攏吸納另 8 名七年級的男女生入夥，並在外國網站下載原文提煉安非他命麻黃素的程式，交由成員各自利用線上翻譯軟體譯成中文手稿。.........................

　　辦案人員不禁大嘆：「學歷不高，但為了製毒，卻苦讀英文，真是把聰明用錯地方！」

....
....

（自由時報 98/10/22 B4）

四、特寫標題可以允許帶有主觀意見

特寫是新聞報導的延伸，可以輔助新聞稿之不足，讓讀者更深入了解新聞事件，大約可分為三類：

（一）撰稿者對新聞事件的主觀評論

（二）新聞事件背景分析、比較

（三）新聞事件中人情趣味側寫或專訪

其中以「撰稿者對新聞事件的主觀評論」最常見。特寫（或稱特稿）可透過當事人或當事人以外之被訪問者作有限度的主觀表達，……乃可藉引用他人談話方式，表達自己對此事之真實理解，因此，特寫之記者必用署名（新聞報導學／王洪鈞／ P. 451），所以此類特寫是記者對新聞事件融會貫通之後，衡量各種因素作分析比較，給予讀者更清楚的輪廓，最重要的是它代表記者主觀上的陳述，包含正面或負面的評論，標題作為內文的中心思想的標示，自然反應撰稿者想法、觀念、評論，所以被允許帶有主觀意見，這種標示與新聞報導講求客觀、公正大相逕庭，唯也應遵守下列原則：

(A)不可誇大撰稿者對事件的評論

(B)要能精確抓住撰稿者所表達的中心思想，不能有所偏頗

(C)特寫與新聞稿同時刊出，要能讓讀者分辨出兩則標題之別

至於第二類、第三類特寫，屬於背景分析、比較、人情趣味側寫或專訪，不含撰稿者的評論，標示的內容比較接近新聞標題。

第七章 精　簡

第一節　用最精簡的文字
表達最多的內容

　　一般來說一行主題以一個新聞特「點」來標示為宜，頂多兩個特「點」共同呈現，如何採用一個特「點」或兩個特「點」?這牽涉到用字是否精簡，能夠精簡才能表達最多的內容。

　　編輯在下標題之前，一定要抓住這條新聞最重要的「點」及次要的「點」，如果判斷錯誤，以次要的「點」當主題，這個標題的「味道」就不吸引人，如果能將兩個「點」結合成一個題，加上精簡的用字，就可能成為一個較完美的標題。

　　其實，這種較完美標題能否呈現，最重要的還是編輯對新聞的敏感度，一旦抓對最重要的「點」，往往就能信手捻來，毫不費功夫，否則改來改去還是覺得格格不入。

　　■案例7-1-1，Ａ則及Ｂ則是不同媒體刊登的同一則新聞，內容大致相同，這則新聞最重要的特「點」是「沙國官方協助打官司」，次要的特「點」才是「女童對老夫提起離婚訴訟」，Ａ則「被迫嫁8旬翁 沙國12歲女訴離」，顯然以次要的特「點」當主題，用13個字來表達，略顯鬆散，不夠精簡且不吸引人。

　　Ｂ則的引題是「顛覆沙烏地阿拉伯……」，編輯以「懸疑性」的標題作為開頭，主題「童妻休老夫 官方幫打官司」，短

短精簡的 11 個字，把最重要的「點」及次要的「點」都涵蓋進去，這是編輯一開始就抓對特殊之「點」，很自然的將兩個「點」融合在一起，兩位編輯對新聞的敏感度不同，表現出來的標題也就差別很大。

案例7-1-1

A 則　被迫嫁 8 旬翁　沙國 12 歲女訴離

【潘勛/綜合九日外電報導】沙烏地阿拉伯一名十二歲女孩，去年因乃父收取聘金，在違反自身意願下，被迫嫁給一名八十歲老翁，如今女孩有意提起離婚訴訟，而沙國官方也給予支持，已替她找好辯護律師。

觀察家表示，本案可充當試金石，看看能否扭轉沙國「老牛強吃嫩草」的惡習。

⋯⋯⋯⋯⋯⋯⋯⋯⋯⋯⋯

⋯⋯⋯⋯⋯⋯⋯⋯⋯⋯⋯

賓札辛律師稍早曾表示，人權委員會正擬代表女孩打這場離婚官司。沙國正在草擬法律，禁止兒童婚嫁，而人權界盼望本案能成為禁止此類惡習的分水嶺。

（中國時報 99/2/10 A3）

B 則　顛覆沙烏地阿拉伯⋯⋯　童妻休老夫　官方幫打官司

【編譯管淑平/綜合報導】沙烏地阿拉伯一名十二歲女童獲得政府公設律師協助打官司，爭取與她的八十歲丈夫離婚，這起「童妻老夫」離婚案可能成為沙國禁止兒童婚姻的試金石。

沙國並沒最低結婚年齡的法定限制，娶「童妻」在較窮困或部落地區司空見慣，但娃娃新娘挺身對抗這種作法倒是相當罕見。女童去年在她本人和母親的反對下，被迫嫁給他父親的表親，當時地方媒體報導這樁婚姻是以八萬五千沙幣（七十二・六萬台幣）代價敲定，兩人也圓房了，之後女童母親一度訴請讓女兒離婚，但本月在未說明理由的情況下撤銷。

⋯⋯⋯⋯⋯⋯⋯⋯⋯⋯⋯

（自由時報 99/2/10 A13）

■案例7-1-2，也是精簡字句表達最多的內容的比較，交通設施完工，最重要的是帶給人民哪些便利，這是媒體報導的重點，

記者撰稿時最要強調的部分，標題自然也要標示出來，轉達攸關讀者切身利益的好消息，台北市新生高架橋封橋近10個月，花了21億整建，到底給台北市民帶來哪些便利？A則「新生高架橋 明中午通車」，這樣的標示，不能說它不對，但讀者必須要非常仔細的閱讀內文才能知道新動線，雖然該報導旁畫有一張動線圖，對於一般先看標題，再讀內文的讀者來講，無法在第一時間勾起閱讀的興趣，本則充其量只能「告知」該橋已開通了，沒有傳達讀者最關切的「便利性」，換句話說這種「萬年題」在全台各地的橋梁完工通行時都通用，千篇一律索然無味。

　　類似的新聞標題常見，例如某國試射成功某種洲際飛彈，如果只標「○○洲際飛彈試射成功」而已，沒有將其射程多遠標示出來，讀者對該飛彈不了解，吸引不起興趣，如果標出「射程○○○公里」或「可射及○○城市」，相信會吸引更多目光。

　　B則「新生高架明通車 機車可上中山橋」，顯然把讀者最關心的便利性標示出來，「原本上下午尖峰時段禁止機車直接走中山橋進城的規定將取消，騎士不用再繞行承德橋」，B則與A則字數只差幾個字而已，卻能用最精簡的字數，表達最多的內容，當然，記者在導言中強調這部分，功不可沒。

案例7-1-2

A 則　　　新生高架橋　明中午通車

【記者黃驛淵/台北報導】台北市長郝龍斌昨天宣布，封橋近10個月，耗資21億元進行整建的新生高架橋，明中午12時通車。市府觀光傳播局明天早上將舉辦「聽奧感恩‧花博起飛」活動。

通車後，來往士林、北投方向的民眾，可直接在中山北路4段、通河街口上、下新生高架橋。來往大直、內湖方向民眾，上橋可從北安路經圓山隧道上專用匝道，下橋可走新生高北安下匝道至北安路。

郝龍斌表示，尖峰時段預估可減少近 20 分鐘車程。交通局表示，中山橋也將增建機車專用道，由中山北路4段往中山北路3段方向的機車騎士，可走通河街口、靠外側的機車專用道，不必再繞行至承德橋，新生高通車後，同時開放550cc 以上大型重型機車行駛。

（聯合報 98/10/9）

B 則　新生高架明通車　機車可上中山橋

【記者洪敏隆/台北報導】台北市新生高架橋10日中午12點開放南北雙向全線通車，機車族也將受惠，原本上下午尖峰時段禁止機車直接走中山橋進城的規定將取消，騎士不用再繞行承德橋。

交通局長羅孝賢說，新生高恢復通車後，車流可獲得一定紓解、分流，中山橋也增建了機車專用道，經檢討決定開放尖峰時段機車行駛中山橋，直接銜接中山北路三段，不用再繞道，自行車和行人也可以直接走中山橋。

（自由時報 98/10/9 B1）

第二節 精簡過度造成題文不符

　　若干標題常因一字之差，與原文意義大有出入，發生題文不合，因此，如果會影響新聞原意的字，便不能省（新聞標題之研究/郭伯佾/P.163、164），標題精簡是做編輯的職責，如果太過精簡反而會讓讀者不知所云，失去標題原有的功能，例如：外交部不能精簡為「外部」，內政部不能精簡為「內部」，經濟部不能簡稱「經部」，公平交易委員會以前簡稱「公交會」，後來改稱「公平會」，後兩者含有不雅之意，前兩者含有其他意思，都是標題禁用之簡稱。

　　標題為了精簡，還有些字常常被精簡，例如：「被」、「在」、「赴」、「的」…等，這些字的省略若是對整個標題的原意沒有被曲解還可被接受，否則還是不要省略為宜。

　　■案例7-2-1，主題「火車殺人　求無期刑」本則新聞以小標題出現，所以字句非常精簡，但是將「在火車上殺人的兇嫌 被求處無期徒刑」，精簡為「火車殺人　求無期刑」，就令人無所適從，「火車殺人」是啥意思？是火車撞死人？還是……，讀者一頭霧水，必須看內文才恍然大悟，原來如此，B 則「火車上殺人 求處無期徒刑」，在標題中把「上」的關鍵字補上，整句標題的意思就清楚多了，又不會讓讀者曲解原意。

案例7-2-1

A 則　　　　火車殺人　　求無期刑
【記者何祥裕/台北報導】男子李政哲今年八月懷疑游姓學生偷瞄他女友胸部，憤而在火車上殺死游姓學生，板橋地檢署調查後認定　李政哲並無心神耗弱等情況，依殺人罪嫌起訴並具體求處無期徒刑。 …………………………… （聯合報 98/10/15 A13）

B 則　　　　火車上殺人　　求處無期徒刑
……………………………………… ………………………………………　……………………………………… （自由時報 98/10/15B）

■案例7-2-2，引題「遛狗女 險被擄」，主題「竹科隨機擄人　網友公憤」，這個標題出現三個缺失，一為重複字「擄」，二為「竹科隨機擄人」，三為雙「主詞」混淆，是誰隨機擄人？按題型是「網友」，但實際上不是網友，省略「嫌犯」兩字，造成混淆不清（詳見第一章主詞）；「擄」字在本題中出現兩次，顯現編輯未「自我挑剔」一番（詳見本章第三節），如將「險被擄」改為「逃一劫」就好多了；「竹科隨機擄人」，也讓人乍看之下產生誤會，竹科會「擄人」？怎麼可能？原來是「竹科旁隨機擄人」的精簡，將一個「旁」省略，竹科容易讓人從「地點」誤會為「主詞」，讀者必須要思索一下才能了解真正表達的意思。新聞標題所使用的字句，要盡量避免讀者可能發生的錯覺，以及因原意所引起的誤解，或者是必須經過思考以後，才能瞭解其意義（新聞標題之研究/郭伯佾/P.162）。

案例7-2-2

遛狗女　險被擄　竹科隨機擄人　網友公憤

【記者李奕昕、張念慈/新竹市報導】新竹市黃姓婦人前天下午遛狗，在竹科旁遭歹徒隨機擄人，噴○○○○後強拉上車，她死命掙脫逃過一劫；目擊者將過程貼上網，引起網友公憤，嘲諷「是不是又該一人一信，這是什麼鬼治安。」

網友 NelsonT 前天在 BBS 站「批踢踢」新竹版撰文，標題「在園區上班的女性請小心」，指當天下午五時許，在園區後門高峰路、籃球場旁，他目擊一名嬌小女子牽兩隻吉娃娃狗，遭身高約一七五公分壯漢強拖上車。

....

（自由時報 98/10/8 A3）

■案例7-2-3，主題「國道撞飛彈出　遭聯結車輾死」，同樣是將「在國道撞飛彈出」精簡為「國道撞飛彈出」，國道從一個「地點」被誤會為「主詞」，讀者也必須愣一下或思考一下才了解其意，這些都是不恰當的，將其改成「司機被撞飛彈出　遭聯結車輾死」就比較清楚，「國道」的地名，不見得要標出，因為國道出車禍已不是新聞了。

案例7-2-3

國道撞飛彈出　遭聯結車輾死

【記者吳俊鋒/孟慶慈/南縣報導】1 部滿載 5 人、準備前往廟宇參拜的計程車，行經中山高南下 312.7 公里處新市路段，疑先失控撞上路肩護欄，再彈回外側車道，遭後方連結車追撞，計程車內陳姓 1 家 4 口有 2 人死亡，其他人分別受到輕重傷。追撞後，計程車嚴重毀損，警方進行現場勘驗，肇事原因警方正深入調查。

警方調查，計程車駕駛陳有惠（63 歲）、前座友人林楷唐（60 歲）輕傷，後座的陳妻陳王麗紅（57 歲），在事故發生時被彈出車外，被追撞的聯結車輾過，當場死亡。

....

（自由時報 98/10/30 B2）

　　以上所談的都是將「上」、「旁」及「在」這些「地點」的名稱省略所造成的困擾，接下去要談的是將整個「名詞」省略所造成的不當。

　　有時候名詞會有很長一串字，用在標題上必須精簡，就要費一番腦筋，哪些字可以精簡？哪些字不可以精簡？以不讓讀者曲解原意是主要原則，如果真的不能精簡，還是用全文較佳，有時用英文也可以，以「ECFA」為例，原為「兩岸經濟合作架構協議」，雖然政府希望媒體用全文，讀者比較清楚，但是冗長的一串字，編輯實在很難下標題，大家還是用英文比較方便，讀者也習以為常。

　　精簡名詞不能想當然爾，以為讀者應該會知道所精簡的意思，再次強調，讀者受教育高低程度不同，年齡的差距對標題的理解度也有異，標題必須老老少少都要能看得懂才行，編輯自己單方向的想法，往往與讀者有一段距離。

　　■案例7-2-4，Ａ 則報導交通部高鐵局為了達成馬英九總統「機場捷運從台北到桃園機場二十五分鐘」的要求，計畫將機場捷運「直達車」取消停靠新北市五股、長庚醫院兩站，國民黨新北市長參選人朱立倫及民進黨新北市長參選人蔡英文齊聲反對，標題「機場捷運擬刪五股、長庚醫院站　朱蔡齊轟」，這個標題出現兩個缺失：

　　（一）「機場捷運擬刪五股、長庚醫院站」，從字面來看彷彿機場捷運有很大改變，擬把五股站、長庚醫院站完全刪掉，也就是這兩站不再設立，這是何等重大的事啊！但是看了內文完全不是這回事，編輯用「擬刪」兩字表達「計畫直達車取消停靠」，十分不恰當，「擬刪」的字面含意為「計畫刪除」，既是「刪除」就是「不存在」，計畫讓這兩站「不存在」，完全與內

文的報導不吻合，這樣的標題讓讀者乍看之下，曲解內文的報導，失去標題的應有功能。

（二）內文「計畫直達車取消停靠……」表示機場捷運除了直達車外，還有其他種類的班車，內文報導朱立倫建議應規劃三種不同停靠站方式的班車，第一種是「只停首、尾兩站的直達車」，第二種是中間會停靠「五股站」、「長庚醫院站」的班車，第三種是全線「各站都停」的班車，可見班車不只是「直達車」一種，在標題中把「直達車」精簡掉，就讓讀者以為所有種類班車都不停靠，與內文報導不吻合，所以「直達車」在這則標題是一個關鍵句，不應該被省略掉。

B 則，引題「五股站、長庚站擬不停靠」，主題「英：欺新北市　倫：不應取消」，也有不當之處，首先「五股站、長庚站擬不停靠」用引題來表現是否恰當？這兩站不停影響太多人的行動，受到許多人的關注，也是第一次出現在媒體上的消息，雖然當天該版有其他機場捷運新聞配合，標題都未提及停靠之事，所以依據標題製作原則，「五股站……」應該用主題來表現比較恰當，至於朱立倫、蔡英文的反應，當主題或副題皆可；其次，標題中將「直達車」三個關鍵字精簡掉，也是不妥的。

案例7-2-4

A 則　機場捷運擬刪五股、長庚醫院站 朱蔡齊轟

【秦蕙媛、陳俊雄/綜合報導】為了達到馬英九總統「機場捷運從台北到桃園廿五分鐘」的要求，交通部高鐵局計畫直達車取消停靠北縣五股、長庚醫院兩站，國民黨新北市長參選人朱立倫昨晚緊急表態，「堅決反對」高鐵局此項

規畫，批評此舉將減低機場捷運在新北市三環三線系統中的輸運功能。

民進黨新北市長參選人蔡英文陣營則在朱立倫表態前就發出新聞稿，大力抨擊馬總統此舉「犧牲新北市民權益」，並要求高鐵局重新

評估調整。

朱立倫……………………

他建議未來機場捷運線應該規劃三種不同停靠站方式的班車,視情況排列班車,第一種是「只停首、尾兩站的直達車」;第二種是中間會停靠「五股站」與「長庚醫院站」的班車;第三種則是全線「各站都停」的班車,以密集發車的方式滿足各種旅客的需求,發揮最大的效益。

………………………………

………………………………

（中國時報 99/7/25 A1）

B 則　五股站、長庚站擬不停靠　英:欺新北市　倫:不應取消

【記者吳文良、王長鼎、孟祥傑/台北縣報導】馬英九總統日前視察機場捷運,要求直達車時間縮短至三十分鐘內,高鐵局評估後認為,取消停靠「五股站」及「長庚醫院站」,可縮短至廿八分鐘;蔡英文競選辦公室昨天傍晚發新聞稿批評「不可思議」,並抨擊馬政府連機場捷運都要欺負新北市民。

………………………………

朱立倫指出,機場捷運也擔負沿線區域交通輸運功能,高鐵局規劃取消停靠的五股站,是機捷與新北市環狀捷運交會站,長庚醫院站則是林口中心點,都不該取消。

（聯合報 99/7/25 A2）

■案例7-2-5,報導西德藥品公司創辦人身後,二房告大房偽造遺囑爭產案,高等法院更二審未採信李昌鈺認定遺囑是偽造的說法,標題引題「葉重德遺囑案」,主題「推翻李昌鈺　2審改判真跡」,「推翻李昌鈺」一詞,應為「推翻李昌鈺認定」之精簡,少了「認定」兩字,整句話的意思完全不同,這個標題改為「推翻李昌鈺認定　更二審改判真跡」就更清楚。

至於「葉重德遺囑案」,理應放在主題較恰當,但為精簡主題,往往放在引題,類似引題中「活動名稱」的用法（詳見第二章引題與副題）。

案例7-2-5

葉重德遺囑案 推翻李昌鈺 2 審改判真跡

【郭良傑/台北報導】李昌鈺牌失靈?纏訟十多年的西德藥品公司創辦人葉重德身後,二房告大房偽造遺囑爭產案,廿二日出現大逆轉!台灣高等法院更二審未採信李昌鈺認定遺囑是偽造的說法,認定葉重德特意一筆一畫刻寫,改判大房妻子葉李座、兒子葉百昌、見證律師吳志勇等六人無罪。本案攸關數億元遺產,全案仍可上訴。

葉重德於八十七年五月十七日,在其住處親筆寫下遺囑,遺囑中指二房四名子女忤逆他,不得繼承他的任何財產,大房的三個兒子葉百昌、葉公超、葉公隆及元配葉李座各分得他遺產的四分之一。

....

立完遺囑後,葉重德於同年六月九日病故,二房子女指控大房與律師聯手偽造遺囑,假冒老父名義,指稱他們不得繼承遺產。

....

....

(中國時報 98/12/23 A10)

■案例7-2-6,標題「中央不給床 周錫瑋怒批:胡搞」,「中央不給床」是啥意思?讀者看了這個標題,一定先愣了一下,不看內文恐怕也不懂在講什麼,看了內文才恍然大悟,原來是台北縣的醫院要求增加病床,衛署不同意,「病床」能夠精簡為「床」嗎?恐怕沒幾個人能看懂,原題若改為「衛署不准增病床 周錫瑋:胡搞」,同樣的字數,意思就清楚多了,「衛署」雖是中央單位,用「中央」來代表,並不妥當。用「胡搞」兩字,就能顯現「怒批」的味道,「怒批」不用也罷!

案例7-2-6

中央不給床　周錫瑋怒批：胡搞

【林金池、嚴玉龍/北縣報導】為了北縣大型醫院增設病床遭衛生署一再駁回，台北縣長周錫瑋在廿日在縣政會議中怒斥衛生署胡搞瞎搞，罔顧台北縣每天兩百多位病患等不到床的痛苦。周錫瑋表示，若衛生署一個星期內還不回應北縣的需求，「中央不准，我來准，要法辦，先辦我！」

北縣政府衛生局長許銘能昨天針對北縣病床數不足專案報告，指出衛生署九月裁示，各區域五百床以上規模的大型醫院，如果達到每一萬人口有六床者，停止增設；目前健保台北分區（北市、北縣、基隆、宜蘭）每萬人口已有十七點七五床，無法再增設病床。

....

....

（中國時報 98/10/21 C2）

■案件7-2-7A、B 則，都是精簡了關鍵的名詞，讓整個標題不知所云，讀者只能半看半猜，「玉成國小　免費停到月底」，若能改為「玉成國小停車場月底前免費」，多一字，語意清楚多了；主題「民族國小難返鄉　軍營過年」，改為「民族國小學童　軍營過年」，就能完全表達新聞的精華，「軍營過年」就有他們「難返鄉」的意思，不必再重複用字。

有人認為，標題的目的，就是要吸引讀者去看內文，用字遣詞愈怪愈好，標題若不清楚，讀者就會去看內文，這樣的想法完全出自「一廂情願」及「自我感覺良好」，罔顧大多數讀者閱讀的習慣。報禁開放後，各報張數大量增加，與報禁開放前的三大張相比，簡直是天壤之別，許多人只看標題，不看內文，精簡過度的標題，容易讓讀者曲解原意，喪失「知的權益」，還是要謹慎為之！

案件7-2-7

A 則　　　玉成國小　免費停到月底

【記者洪敏隆/台北報導】台北市南港區玉成國小地下停車場（昆陽街 23 號）今天將啟用，共有 297 個小型車停車位及 34 格機車停車位，民眾可以免費停車至月底。

....

（自由時報 98/11/17 B6）

B 則　那瑪夏鄉　民族國小難返鄉　軍營過年

【記者黃佳琳/高縣報導】放寒假囉!異地開學的高雄縣山區學校昨天舉行休業式，安置在和春技術學院旗山校區的桃源國中和樟山國小師生忙著打包收拾物品，準備返鄉復學；至於那瑪夏鄉的民族國小學童們，仍留在山下，準備在軍營裡度過農曆新年。

....

（自由時報 99/1/21 A12）

第三節　重複用字優劣兼具

中國文字優美，辭彙豐富，同義字許許多多，往往可以替換使用，例如「死亡」一詞，就有「黃泉路上」、「鬼門關」、「枉斷魂」……等可用，「性侵」也有「強暴」、「梨花壓海棠」、「強渡玉門關」……等詞彙，老一輩的編輯國文造詣深，同一個版面上，絕對要求不要重複用字，可惜的是年輕一輩編輯已不再講究。

同一標題重複用字，其實優劣兼具，一般說來，最忌諱的是在短短的幾個字中，出現相同的詞句，編輯要絞盡腦汁去更換同義的其他字眼，用功的編輯，平常可以蒐集這些辭彙集結成冊，需要時拿出來翻翻看，既實用又方便，但是也有一些標題，故意用相同的詞句，一來為加重語氣，凸顯標題的效果，二來強調不同新聞的相似度，尺寸拿捏就要看編輯的「慧心」與「功力」了。

不管同一版或同一標題，重複用字，都應減到最低的程度，最重要的是要讓讀者不要吃相同的「菜」，就像是同樣的食材，要炒出不同的口味，才能吸引老饕一樣，可不可以做到呢?只要用點心，並不困難。

■案例7-3-1，引題「重返文明2年」，主題「柬國叢林女拒穿衣想回叢林」，短短的12個字，「叢林」就佔了4個字，讀者看了就會厭煩，可不可將「叢林」換個字句呢？當然可以改成「拒穿衣想回老巢（老窩）」，不同字有相同的意思，整個標題就完美多了。

案例7-3-1

重返文明 2 年　柬國叢林女 拒穿衣想回叢林

【編輯張沛元/綜合外電報導】在野外生活十八年、兩年前奇蹟似地從叢林現身的柬埔寨「叢林女」羅薔，重返家人身邊後似乎難以適應文明生活，迄今仍無法發出有意義的詞彙，甚至拒絕穿衣蔽體，目前還因拒絕進食與多次企圖逃跑而被家人送醫。醫生表示，羅薔疑似罹患精神心理方面疾病。

拉達那基裡省醫院院長辛潘說，羅薔儘管身體仍相當虛弱以及精神痛苦，但羅薔的家人仍在她入院四天後在十月三十日將她帶回。羅薔的父親克索說，他們因為羅薔將近一個月不吃飯而且數度企圖重返叢林後，二十六日將她送入醫院；由於羅薔住院後情況並未改善，家人必須一直抓住她的手以免她脫衣與逃跑，所以他決定把女兒帶回家。

....

（自由時報 98/11/1 A13）

■案例7-3-2，也有相同的瑕疵，引題「排灣勇頭目」，主題「楊修正獵到老 獵物上千」，主題短短的 10 個字，出現兩個獵字，也是不恰當的，如能將「獵物上千」改成「戰利品上千」，雖然多一個字，但唸起來就好多了。

案例7-3-2

排灣勇頭目　楊修正獵到老　獵物上千

【記者林順良/屏東縣報導】屏東縣排灣族頭目楊修正終身狩獵，已有一千頭猛獸成為他的戰利品，因此贏得「頭目級勇士」的稱號；七十八歲的他仍好學不倦，從台灣基督長老教會松年大學結業後，目前正進修碩士班。

「我爸爸讀書，也很有勇士精神，他希望藉此感動我們，和他一樣求上進。」楊修正的二兒子楊正明是國內知名的健力好手，他說，父親在碩士班讀的是政治、文化，儘管年齡已高，但求知慾讓年輕人也自嘆不如。

....

（聯合報 99/2/3 A10）

■案例7-3-3，引題「診所內候診」，主題「婦搶看電視傷女

童　與女童父互毆互控」，在主題十六個字中，出現兩次「女童」，讀者看起來要稍加思索，才能分辨其中因果關係，如果改為「搶看電視 婦傷女孩」「童父理論 互控互毆」，同樣16個字，句法整齊，好唸又好懂。

案例7-3-3

診所內候診 婦搶看電視傷女童　與女童父互毆互控

【記者陳文嬋/高雄報導】「小姐你要看哪裡？不要轉來轉去……」「這是你家嗎？電視是你的嗎？」張姓男子帶女兒看牙醫，林姓婦人無視女童卡通看得入神，拿起遙控器轉換頻道，女童向父親哭訴，林婦質問女童，手指不慎戳到眼角，2個大人大打出手，互控傷害，令大家哭笑不得。

（自由時報 98/12/14 B1）

　　以上三例的缺失，都不算嚴重，只要稍加注意，用點心思，就可以改正，何樂而不為呢？

　　在同一標題中，有時候為了凸顯標題的效果，會用相同字眼來加重語氣，反而有意想不到的效果，這種標題的出現，往往要看編輯有無「福至心靈」的敏感度，可遇不可求，能夠做出這種標題，整個新聞就可看性變大了，絕對會吸引讀者的目光，算是一個好的標題。

　　■案例7-3-4就是一個重複用字的好範例，A則引題「竟沒備份」，主題「手機丟了　宴客名單沒了　婚事吹了」，短短幾個字，將整條新聞的精華表現得「活靈活現」，編輯充分應用「了」這個字的特色，連續三個「了」把新郎的無奈表達得淋漓盡致，「了」字雖然重複用三次，但在語氣上凸顯標題的效果，把一條內容複雜的新聞，用簡單的字句就交代清楚，堪稱是「傑作」。

　　之所以會標出這種好標題，有時候靈感來自記者所撰寫的內容，例如 A 則，內文最後一段「手機丟了，我的婚禮也泡湯了」，導言「…婚事也吹了」，有意無意間提出暗示，再加上編輯敏感度夠，福至心靈，一個好標題往往在極短時間內做成，不亦快哉！

　　這條新聞還有一項很重要的「附加價值」，那就是告訴那些準備要結婚的準新郎、準新娘們，手機不完全可靠，要準備備份存檔啊！所以引題「竟沒備份」的提示，也算是功德一件。

　　B 則也是一則運用重複字，讓人耳目一新標題，主題為「約好衣同交毒　遇上同衣警察……」，編輯將「衣」字用標題上，一點也不覺得勉強，約好穿同樣衣服來取貨，不料卻遇上穿同樣衣服的警察，當然誤入牢籠，這種新聞罕見，能夠這樣處理，值得讚賞。

案例7-3-4

A 則 竟沒備份 手機丟了 宴客名單沒了 婚事吹了

　　【記者張源銘/基隆報導】搞丟手機也搞砸了婚禮。台北市三十歲張姓男子，把籌備婚禮的資料及連絡電話都存進手機，但他在六月間在中和搭計程車時遺失手機，婚禮資料一併搞丟，影響了婚禮進度。未婚妻因此大為不滿，兩人鬧翻，婚事也吹了。

　　瑞芳警分局替他找回手機，昨天並把佔用他手機的邱姓女子函送法辦；張姓男子無奈且氣憤的說，「對方可以賠我一個未婚妻嗎？」

　　沈紀光通知張姓男子來領回手機，但張卻毫無喜悅之色，經追問後，他才說：「手機丟了，我的婚禮也泡湯了」，才知因遺失手機影響婚禮籌備，引爆這對準新人告吹。

（聯合報 98/11/26 A8）

B 則　約好衣同交毒　遇上同衣警察……

【記者蔡育如/新竹市報導】新竹市警方昨天凌晨到桃園縣查緝毒品，買毒者和毒販甘仁杰約定穿愛迪達黑色白條紋外套前往取貨，嫌犯看到穿同款衣服的員警出現，以為是取貨者，主動交出三公斤K他命，警方不費吹灰之力逮獲十一人。

....
（聯合報 100/11/9 A10）

　　理論上，在一版之中，各標題間避免使用同樣的字句，因為重複使用同樣字句的標題，缺乏新鮮感與刺激性，而且也容易使讀者誤以為是同一新聞的重複（新聞標題之研究/郭伯佾/P.162），但是有時候卻有異曲同工之妙，例如在一版的新聞中，如果有二條以上類似新聞，就可能將其拼湊在一起，利用同一「動詞」或「名詞」將其串連起來，讀者閱讀時，反而會覺得清晰不雜亂，這樣的處理方式，有時要靠編輯的「慧根」及對新聞的敏感度，才能克盡全功。

　　這種標題的產生，除了「動詞」或「名詞」重複用字以外，在標題的形式上往往也一致，但必須是很自然不做作，不能「削足適履」硬把他們湊在一起（詳見第十六章第二節），主題、副題、引題的製作原則還是必須遵守，不能為遷就而放棄。

　　■案例7-3-5，就是兩條不同的新聞，利用同一動詞「復刻」將其串連在一起，編輯看到這兩條新聞內文時，將「重建教堂」及「老婆會像丈母娘一樣」兩個字句，瞬間連在一起，已經是成功的一半，這種福至心靈是很不容易的。

　　A 題引題「英結婚勝地」，主題「大阪摩天樓 復刻英國教堂」，依標題製作原則，如果主題分為前後兩段，依其臨近性，通常作用前段者，使用「肩題」（詮釋），作用於後段或整句者，使用副題（詮釋）（新聞標題製作/顧郎麟/P.12）。「英結婚勝

地」的引題，詮釋「大阪摩天樓」，而不是「英國教堂」，換句話說「英結婚勝地」指著的是「大阪摩天樓」，實際上剛好相反，為了與Ｂ題的題型上相同，硬標出一個引題，就有「削足適履」之嫌，引題若改為「仿效結婚勝地」，就比較恰當。Ｂ則的引題「有其母必有其女」，主題「女人變老後像復刻老媽」，整個標題就顯得很自然。Ｃ則的主題「科學驗證『老』婆是丈母娘翻版」，把「老」字賦予雙重意義的「雙關語」，是一個傑作，可惜的是這條新聞已經慢其他報兩天刊登，讓人有「炒冷飯」之感。

案例7-3-5

Ａ則　英結婚勝地　大阪摩天樓　復刻英國教堂

【編譯俞智敏/綜合報導】坐落於英國赫里福郡美麗鄉間的諸聖堂（All Saints Church）是十九世紀工藝與美術運動健將、建築師雷瑟比於一九〇二年完成的藝術傑作，這座造型古典浪漫、屋頂還覆蓋著茅草的教堂是許多情侶嚮往互訂終生的地點，就連旅遊路過此處的日本觀光客也流連忘返，最後更決定在大阪一棟摩天大樓的二十一樓及二十二樓重建這座教堂，讓日本情侶們不必遠渡重洋就可在浪漫氣氛中結為連理。

....
....
（自由時報 98/10/25 A10）

Ｂ則　有其母必有其女　女人變老後像復刻老媽

【編譯魏國金/綜合報導】如花似玉的老婆老的時候會是什麼模樣？別懷疑，會像丈母娘一樣。

加州洛瑪琳達大學醫學中心的坎普醫師，在美國整形外科醫學會會議中指出，他的研究團隊利用臉部造像與立體電腦模型，檢驗十對年紀在十五歲至九十歲的母女檔臉部，結果發現她們老化與起皺紋的方式如出一轍。研究顯示，母女在經歷上眼皮下垂、下眼皮鬆弛程度異常類似。這個眼部逐漸失去彈性的過程，讓眼睛周邊出現魚尾紋與眼袋，進而使女性顯出老態。

....
（自由時報 98/10/25 A10）

C 則　　科學驗證 「老」婆是丈母娘翻版

【尹德瀚/綜合報導】西方有句老話：「想知道妻子老了之後什麼模樣，看看丈母娘就知道了。」如今有專家宣稱這種說法有其科學基礎。根據最新研究，母親和女兒臉部起皺紋和皮膚鬆弛下垂的「模式」幾乎完全一致。

這項研究由美國加州洛馬林達大學（Loma Linda University）醫學中心坎普醫師主持，他和同事找來十對外貌相近的母女，年齡在十五歲至九十歲之間。透過最先進的臉部掃描造影技術和 3D 電腦模型。他們發現母女臉皮鬆弛下垂和失去彈性具有同樣模式，特別是眼睛周圍的皮膚和軟組織。

（中國時報 98/10/27 A3）

　　本節之前所談的都是「字句」重複的優缺點，「字意」的重複大概也算是一種缺失，只是比較不多見而已。

　　「字意」的重複與「字句」的重複一樣，很容易在做標題時被發現，一位有經驗的編輯在做完標題的初稿後，通常會自我「挑剔」一番，也就是自我「審視」一遍，看看有無不當之處，「字意」的重複，往往在不知不覺時出現，這個時候的自我「挑剔」就會發現，及時校正，比較令人擔心的是，如果編輯國文造詣不佳，又喜歡舞文弄墨，恐怕犯錯而不自覺，不過總會在長官核稿時被發現。

　　■案例7-3-6就是一則字意重複的例子，主題「尬車撞翻上黃泉路 兩人燒死」，表面上看來沒有什麼瑕疵，但是仔細一看，「黃泉路」與「燒死」就是字意重複，「黃泉路」一詞出自鄭莊公因其母武姜做內應，參與其弟弟共叔段之亂，背叛鄭國，遂流放其母於城穎，並發誓「不至黃泉，毋相見也。」，「黃泉路」就是指「死亡」，與「燒死」是同義而不同字句，早期標題用的很多，近年的報紙已不多見，這則標題如果改為「尬車撞翻　兩人同赴黃泉路」就好多了。

案例7-3-6

尬車撞翻上黃泉路　兩人燒死

【曾百村、梁鴻彬/綜合報導】一輛福斯小自客車，昨天清晨兩點多，行經內湖路一段美麗華商圈附近，疑似「尬車」競速先後擦撞人行道及捷運橋墩，接著在內湖路上翻轉三圈後起火燃燒，駕駛林建和與昔日同事高弦秾，因來不及逃生而被活活燒死在車內。警方初步研判，車內外散落啤酒瓶罐，不排除是酒後駕車競速釀成意外。

....

（中國時報 99/7/21 A8）

第四節　假設性、期待性、未來性字句不應省略

　　「假設性」、「期待性」、「未來性」所表達的就是一種「不確定性」，也就是將來可能因時空變化，而有所改變，所以不能把它當作一種「事實」來看待，它在標題中常常屬於一種關鍵字眼，一定要在主題中表現出來，如果把它放在引題或副題，依標題製作原則（把引題或副題蓋住，主題能表達完整的意思），不能顯現它的關鍵性，進而誤導讀者對內文的理解。

　　「假設性」最常用的字眼，例如：「若」、「如果」、「一旦」……這些字眼所蘊含的是一種「先決條件」的達成，才能有後續的發展。

　　■案例7-4-1，經建會原規劃民國一百年開辦長期照護保險制度，行政院長強調，「如果」民意支持度未達五成，政府不會提出長照保險開辦時間表，本則新聞中所表達的是一種「假設性」，換句話說，現在民意支持度是多少還不知道，將來支持度多少也不清楚，原標題「支持度未達五成 長照險不辦」至少有兩項缺失：

　　（一）「支持度未達五成」：這是一種肯定的語氣，與內文「如果民意支持度未達五成」不一樣，前者敘述未達五成已經是一種事實、已經發生，後者則是一種「假設性」，表明不知道將來會不會發生，一旦發生這種情況，將要如何處理。

　　（二）「長照險不辦」：內文只說「政府不會提出長照保險開辦時間表」，與標題「長照險不辦」是有區別的，一個是肯定

「不辦」的語氣，一個是不確定性的「不會提出開辦時間表」，是一種模糊的說法，不知道何時會開辦。

案例7-4-1

支持未達五成　長照險不辦

【記者李順德/台北報導】經建會原規劃一百年開辦長期照護保險制度，行政院長日前聽取簡報後強調，如果民意支持度未達五成，政府不會提出長照保險開辦時間表。吳敦義並同意長照保險採強制納保，保費負擔比例比照健保。

吳敦義日前聽取經建會主委蔡勳雄、衛生署副署長陳再晉所提「長期照護保險制度規劃簡報」，吳敦義裁示時，要求衛生署提出十年長照的相關數據，開辦前應對中低收入需要長照的人口先做調查。

（聯合報 98/12/16 A8）

■案例7-4-2，也是「假設性」的說法，A則的引題（眉題）「立院委會決議：用量超過時」，主題「天然氣不得收基本費」，首先要認清這項決議，只是立法院經濟委員會決議而已，將來還要送大會審議，單看經濟部能源局官員及業者的反應，變數還很大，不見得能實施，絕對不可用肯定語氣表達，要保留一點轉圜空間。

引題「用量超過時」是一種假設語氣，換句話說，在用量超過時，才不收取基本費，並不是全面不收取基本費，依標題製作原則，蓋住引題，只看主題，就成為肯定語氣的「天然氣不得收基本費」，與內文不吻合。

將本標題改為以下比較恰當：

主題：天然氣基本費　擬有條件徵收

副題：立院委會通過用量超過時不支付　能源局官員：走回頭路

B則「天然氣 應取消基本費」，「應」字是消基會的觀點，

而本則新聞已推進到「立法院經濟委員會決議」，似乎不應再使用「應」字，如果限於版面關係，只能用小標題也該改為「擬」字較恰當。

案例7-4-2

A 則　　立院委會決議：用量超過時 **天然氣不得收基本費**

【黃馨儀、王莫昀/台北報導】民眾每月繳交四百至六百元天然氣費用，還要附加六十至一百元不等的基本費，被消基會與立委們痛批為瓦斯公司變相加價。立法院經濟委員會昨天決議，未來天然氣用戶實際使用的從量費超過基本費時，瓦斯公司不得再收基本費。消息傳出，省下的費用雖然不多，卻有不少民眾拍手叫好。

但經濟部能源局官員表示，這種做法「根本就是走回頭路!」

（中國時報 98/12/24 A1）

B 則　　　　　天然氣　**應取消基本費**

・消基會認為公用事業應取變相加價的基本費收取，立法院經濟委員會昨天決議比照電費計價，天然氣用戶實際使用的費用超過基本費時，不收基本費；不過天然氣公司都是民營，能否強制實施有問題。（陳曼儂）

（聯合報 98/12/24 A6）

■製作標題要忠於內文，不能想當然爾，自己犯錯事小，誤導讀者事大，案例 7-4-3 是另一種常見的期待性新聞，常被誤為「肯定性」的消息，「期待性」最常見的字眼，如「研擬」、「可望」……等，再一次強調，引題在標題中是屬於補助性的功能，基本上，它是可以被「蓋住」不要看的，主題才是最關鍵的。

在 A 則中，引題（眉題）「教部研議」，主題「明年7月 指考基測開冷氣」，在說明教育部正「研議」從明年起七月的大學指考及國中基測全面提供冷氣，讓考生清涼應試，這只是教育部在「研議」的階段而已，是一種「期待性」的性質，還沒有定

案，可能如期開放冷氣，也有可能「胎死腹中」不了了之，依標題製作原則，引題是可以被「蓋住」不看的，那麼本標題「明年7月 指考基測開冷氣」就成為一種肯定的語氣，是既成的事實，姑且不論標題製作原則，把「教部研議」放在引題（眉題），讀者也很有可能忽略沒看到，而變成肯定的語氣。所以把「研議」兩個關鍵字眼擺在引題（眉題），是不恰當的。

B 則的主題為「明年指考二基，擬都吹冷氣」，標題簡明扼要，唯將關鍵字「擬」縮小為其他字體的1/4，再加上反白，雖然很清晰地表明只是「研擬」階段，還是容易被誤為是「肯定」的事實，畢竟讀者比較不會去注意小字的存在。

C 則的引題「明年」，主題「指考可望吹冷氣 不用當烤生」，主題中用「可望」兩字表達「期待」的性質，讓讀者一目了然，就比較恰當了。

案例7-4-3

A 則　**教部研議　明年 7 月　指考基測開冷氣**

【林志成/台北報導】七月天氣高溫炎熱，但每年此時都有一、二十萬學生參加升學考試，簡直「烤昏了」。教育部次長吳財順昨表示，教育部正研議從明年起，七月份舉辦的大學指考及第二次國中基測試場全面提供冷氣，讓考生清涼應試。

．．．．．．．．．．．．．．．．．．．．．．．．．．

．．．．．．．．．．．．．．．．．．．．．．．．．．

（中國時報 99/6/21 A1）

B 則　　**明年指考二基 擬都吹冷氣**

．．．．．．．．．．．．．．．．．．　．．．．．．．．．．．．．．．．．．

（自由時報 99/6/21 A12）

C 則　**明年指考可望吹冷氣　不用當烤生**

．．．．．．．．．．．．．．．．．．　（聯合報 99/6/21 A6）

　　「未來性」是表示「將來」打算如何……，但不一定會去做，也是一種不確定性的性質，通常用的字眼是「將」、「未來」……等，在標題中缺少這些關鍵字，就會變成「肯定」語氣，也就成為已經發生的事實，編輯不應為節省標題字數，而忽略它的重要性。

　　■案例7-4-4，引題（眉題）「北韓廢除軍事協議」，不看內文，就會認定北韓已經做了這件事，但是內文中「北韓軍方表示，將廢除與南韓的軍事協定」，所表達的是一種「未來」想要做的事，但未來可能因時空改變，又沒有做，這也是一種「不確定」性，但引題的字眼所表達的就是一種「肯定性」，是已經發生的事實，兩者在程度上有很大差別。

　　這個標題還有一項缺失，引題「北韓廢除軍事協議」與主題「南韓反潛演習 測到對空砲」並沒有直接關連，而是分開來的兩件事情而已，所以「北韓將廢除軍事協定」不應以引題形式出現，應改為副題較恰當（詳見第二章引題、副題的差別）。

案例7-4-4

北韓廢除軍事協議 南韓反潛演習　測到對空砲

【編譯莊蕙嘉/報導】天安艦事件使南北韓劍拔弩張，南韓啟動反潛警戒，廿七日舉行海上演習。同日北韓軍方表示，將廢除與南韓間的軍事協議，若南韓重啟心戰喊話，將關閉開城工業區陸路交通及切斷海上通訊，屆時開城工業區數百名南韓企業員工可能淪為人質。

　　南韓軍方人士表示，「我方觀測到北韓在邊界附近設置機關槍組成的對空砲，雖然尚未有實際射擊，但是已違反『停戰協定』的規定，非武裝地帶禁止帶入重型兵器的條文，我方現正在密切觀察北韓的行動」。

　　　　　　　　（聯合報 99/5/28 A4）

第八章　語意不清剝奪閱讀權利

第一節　用字不精準
易讓讀者曲解原意

　　派克（George W. Parker）說：「如果讀者看了標題之後，還要再讀新聞，才能懂得標題所寫是什麼，那標題徹頭徹尾的失敗了。」……標題的切題，要做到「見題如讀其文」，這可以說是標題成功的最基本條件，……（新聞編輯學/荊溪人/P. 175-176）。

　　新聞標題的目的就是要提綱挈領讓讀者一目了然，所以必須具備「清楚」、「簡潔」、「切題」的基本要素，不能為了「清楚」而標出一大串的文字，也不能為了簡潔而語意不清或是不符合內文，三個基本要素必須很恰當地構成一個完整的標題，不能有所偏頗，換句話說，當讀者看到這個標題時，不能夠產生「這在說什麼？搞不清楚！」

　　看報紙的讀者，各個階層都有，編輯不能看待每一位讀者都受過高等教育，可以半看半猜標題的意思，所以，用字遣詞要平實通順，連國小畢業生都要能看懂；讀者在翻閱報紙時，都還未看到內容，如果標題語意不清或令人看不懂，容易跳過不看，損失當然是讀者本身，但這不是編輯的基本態度。

　　■案例8-1-1即是一則主題模糊不清，造成語意不明的標題，內文中說明一位毒蟲搶劫銀樓，殺死二老闆娘，砍傷大老闆娘，

檢方求處無期徒刑，給嫌犯一線生機，遭到苦主銀樓老闆痛批，並指檢方在未偵訊受傷的被害人即結案，質疑將來起訴書能改嗎？檢方則說明家屬還是可以補充意見，標題中省略了幾個主詞，造成前後無法連貫：（檢方）偵訊前結案　（毒蟲）劫殺銀樓（老闆娘）　檢給生機：

原題有以下三個缺點：

①劫殺銀樓「何人」？從內文中可以看出是兩位老闆娘，題中省略被害人，單看「劫殺銀樓」四字，文意不清。

②是誰劫殺銀樓老闆娘？當然是毒蟲，此時「毒蟲」兩字省去，造成雙主詞省去一個主詞，亦變成主詞是前句的「檢方」或第三句的主詞「檢方」，當然與原意不符，如此省略固然精簡用字，也造成讀者看到標題時「迷迷糊糊」。

③從內文中看來，檢方給嫌犯一線生機，求處無期徒刑，乃因檢案官認為對方深具悔意，即使求處以極刑也無法彌補家屬的悲慟，與「偵訊前結案」似乎無直接關連，但原題之意，卻好像是因為「偵訊前結案」，所以「檢給生機」，與內文不相吻合，而且文中亦有「全案尚未送審，家屬還可以補充意見」，因此「偵訊前結案」有無必要在主題中強調，值得商榷，若改為以下標題，就清楚多了。

　　主題　「毒蟲劫銀樓殺人　檢給生機　苦主痛批」

　　副題　「老闆不滿未偵訊傷者即結案　檢方稱尚未送審還可補充意見」

案例8-1-1

偵訊前結案　劫殺銀樓　檢給生機
被害者家屬指凶嫌冷靜作案「太會演戲」　質疑辦案
還被書記官嗆　檢方稱尚未送審　家屬仍可補充意見

【記者熊迺祺、王宏舜/台北報導】男子陳順進缺錢買毒，強盜台北市金成記銀樓時砍死老闆娘，老闆的兒子奪門呼救，陳嫌還撂狠話「回來一起殺死」；但檢察官認為陳嫌深表悔悟，不妨給他一線生機，以餘生彌補家屬，請法官量處無期徒刑。

‥‥‥‥‥‥‥‥‥‥‥‥

施國安還爆料，他的大房是目擊證人，檢本來安排明天傳喚，還沒偵訊就結案，難道起訴書能改？‥‥‥‥‥‥‥‥‥‥

‥‥‥‥‥‥‥‥‥‥‥‥

四十歲的陳順進今年初失業，沈迷職棒簽賭欠債，八月廿九日與妻爭吵後離家，因缺錢買毒，持西瓜刀闖進金成記銀樓，砍死老闆的二房妻子陳素娥、砍傷大房謝幸娟，洗劫金飾逃逸。案發十四小時後被捕，依強盜殺人罪送辦。

承辦檢察官陳宗豪表示，案發後，謝幸娟因傷不便偵訊，他認為事證明確，先行起訴陳順進，全案當未送審，家屬還是可以補充意見，偵訊筆錄會附在卷中，保障被害人的權益。

檢方認為，陳順進犯案手段雖然凶殘冷血，但考量他深表悔悟，有改過遷善可能，若求以極刑，或可消除被害人家屬的怨恨，但仍難撫慰悲痛；若給他一線生機，鼓勵重新做人，對被害親人及被害人家屬應更具社會價值及實益。

‥‥‥‥‥‥‥‥‥‥‥‥

（聯合報 98/10/14 A8）

■案例8-1-2A則標題「嗆聲出獄殺法官，凶嫌二審判死」，與內文有偏差。這則新聞是在說明一位姦殺的嫌犯，不滿被法官延長羈押竟然嗆聲「要能再殺人，我第一個就殺他」，在看守所內未能潛心悔過，毫無悔改及矯正可能，再加上他是凶殺嫌犯，兩個因素加在一起，促使二審仍判他死刑，但原標題之意，好像嗆聲出獄要殺法官就被二審判死刑，編輯忽略的「姦殺」的因素，乍看之下，覺得很奇怪，閱讀內容，才恍然大悟，原來如此。

另一方面，這則新聞的撰稿記者，能夠將二審判死刑的原因，交代得很清楚，「高院合議庭認為徐志皓罪無可逭，如果執行無期徒刑，假釋出獄再犯罪將使判他無期徒刑的法官，背負「伯仁因我而死」的心理負擔，除非法律增訂不得假釋的無期徒刑，否則只有死刑能將徐志皓永遠與世隔離」，誠實難得，有如下兩項優點：

①提醒編輯這則新聞的「獨特」之處，讓編輯很快抓住重點，區別類似新聞的「老生常談」字眼，很容易吸引讀者目光。

②讓讀者知道「知錯能改，善莫大焉」，法官會憐憫蒼生，會放一條生路，執迷不悟難有矯正可能者，法官也愛莫能助，只有無奈判他死刑。

B 則標題是一則典型的「萬年題」，如果編輯不知找出獨特之點，類似的標題可能一個版出現好幾個。這則新聞的內容也提到「竟因不滿裁定羈押他的法官，嗆聲要殺了法官」，內容不似A 則詳細，未將高院合議庭再判他死刑的原因凸顯出來，編輯未能「感受」到合議庭看法，自然而然就無法標出一個好的標題，可見記者撰稿的優劣，大大影響到編輯的下題。

案例8-1-2

A 則　　　　　耍狠撒潑　自食惡果
　　　嗆聲出獄殺法官　凶嫌二審判死

【郭良傑/台北報導】台北縣方姓女國中生遭姦殺棄屍案，高等法院廿六日判處凶嫌徐志皓死刑。判決指出，徐志皓犯後沒有悔意，甚至不滿法官訊問，揚言殺掉法官，沒有矯正的可能，必須與世隔離，判處徐死刑，褫奪公權終身，全案仍可上訴。

　　板橋地院一審判徐志皓死刑，他不服提起上訴，但他在去年七月底不滿被法官延長羈押，竟嗆聲「我不服法官的態度，機八得要

命，要能再殺人，我第一個就殺他。」

　　高院判決指出，徐志皓的犯罪手段令人髮指，羈押在看守所內未能潛心悔過，揚言殺法官及穢語不斷，難認有悔改及矯正可能。

　　高院合議庭認為徐志皓罪無可逭，如果執行無期徒行，假釋出獄再犯罪，將使判他無期徒刑的法官背負「伯仁因我而死」的心理負擔，除非法律增訂不得假釋的無期徒刑，否則只有死刑才能將徐志皓永遠與世隔離。

　　（中國時報 99/1/27 A8）

B則　姦殺女國中生　徐志皓仍判死刑

　　【記者楊國文/台北報導】徐志皓姦殺方姓女國中生案，高等法院認為，徐志皓割頸放血致死，手段凶殘，還放話要殺害原審法官，毫無悔意，泯滅人性，昨維持一審刑度仍判徐死刑，褫奪公權終身，仍可上訴。

　　一審時，法官認定徐志皓毫無悔意，且在台北看守所羈押期間，竟因不滿裁定羈押他的法官，嗆聲要殺了法官。一審判決他死刑、褫奪公權終身，徐不服，上訴高等法院。

　　（自由時報 99/1/27 B4）

　　■案例8-1-3，可謂是一個語意不清的典型例子，這篇報導從導言中，可以看出最重要的內容是「朱立倫要建立新北市民對新北市的認同感與光榮感，讓新北市民可以驕傲地跟好朋友說：『我住新北市』。」，這也是這則新聞標題取材的重點，但是看了標題後，好像不是這回事，引題「認同感、光榮感　市民可以驕傲地說」，主題「朱立倫：我住新北市！」，引題沒有什麼不妥之處，可是主題卻讓人搞不清楚在表達什麼意思，「朱立倫：我住新北市！」的意思是「朱立倫說：我住新北市！」，但是新聞內容是說「朱立倫要讓市民驕傲地說：我住新北市」，整個主題與內文有很大差異，編輯所要表達的是什麼？令人百思不解，本章前曾提及「見題如讀其文，可以說是標題成功的最基本條件」，如以這個標準來看，本則標題可謂不清不楚，甚至讓讀者

曲解其意。

　　本則標題如果修改如下，就比較清楚多了，引題「建立認同感與光榮感」，主題「朱立倫要讓市民：我住新北市！」，本題最重要的是，朱立倫要建立市民對新北市的認同感與光榮感，而很驕傲地說：「我住新北市」，而非朱立倫說：「我住新北市！」，兩者有很大的差別，不能混為一談。

　　案例8-1-3

認同感、光榮感　市民可驕傲地說
朱立倫：我住新北市！

【記者黃福其、王光慈/台北報導】「蔡英文也許是現階段新北市最好的候選人，但我是未來四年最好的新北市長」。國民黨新北市長候選人朱立倫昨天接受本報專訪時說，他要「建立新北市民對新北市的認同感與光榮感」，讓新北市民可以驕傲地跟好朋友說：「我住在新北市。」

....

....

（聯合報 99/8/24 A1）

　　■案例8-1-4是一個讓人推敲半天還搞不清楚是怎麼回事的標題，主題「倒車錯檔　倒進人家客廳」，從字面來看，其意為「駕駛想倒車，卻推錯檔，使車子倒進人家客廳」，既然「倒車時推錯檔」，那就表示駕駛推到「前進檔」，但是推到「前進檔」，又如何會「倒車進入人家客廳」，不合邏輯，表示其中必有不當之處，從內文最後一段「她向警方說，倒車後，以為已推到前進檔，沒想到還在倒退檔，以致踩油門時車子直接後退衝進民宅……」，至此，肇事原因已很明顯，原題「倒車錯檔」有誤，應該改為「前進錯檔」才正確，也就是整個標題應為「前進錯檔　倒進人家客廳」，才合邏輯。

　　編輯下標題時，要考慮前後句子是否能連貫，是否符合邏

輯，要讓讀者很容易了解其意，也許下標題時，受到時間限制，考慮不周，但在看大樣、清樣時，應該有充分時間再思考，修正不當之處。

案例8-1-4

倒車錯檔　倒進人家客廳

女駕駛嚇得腿軟

【記者歐素美/中縣報導】台中縣后里鄉民生路昨天發一起離奇車禍，劉姓婦人疑因打檔失誤，整輛轎車後退撞進路旁住家，屋主當時正在屋內看電視，還以為是氣爆；未酒駕的劉婦也嚇得腿軟，並當場允諾賠償屋主損失。

劉姓婦人見自己闖禍，一下車就腿軟，趕緊急叩親友前來協助。她向警方說，倒車後，以為已推到前進檔，沒想到還在倒退檔，以致急踩油門時車子直接後退衝進民宅，對受害人深感抱歉，並允諾賠償屋主損失。

（自由時報 98/12/7 B2）

■案例8-1-5，報導「國家品牌指數」50國調查，美國憑藉歐巴馬總統的明星效應，從第七名躍升冠軍，中國排名從第30名大幅提升到22名，原題的主題「歐巴馬拉拔　美形象居冠　中國躍升」，從標題的製作原則來看，好像是在說明「由於歐巴馬的拉拔，不僅帶動了美國形象奪得一名，連帶也使中國排名躍升」，讀者看這個標題，很容易有以上的聯想，但是內文的報導並非如此，「奧運之後，中國在旅遊和人民方面得分大幅上升，阻止排名下滑。」，可見中國排名躍升與「歐巴馬拉拔」是沒有關連，原題的排列形式，讓人產生誤會，編輯下題沒有考慮到因果關係，產生語意不清的現象，讀著若未仔細看內文，很容易產生誤會。

本題若改為以下形式，引題「歐巴馬拉拔」主題「美國形象居冠」，引題「奧運會加分」，主題「中國躍升」，利用夾題方

式呈現，就很容易分辨清楚，本題之所以有不當之處，主要是編輯未考慮到因果關係的存在，並混淆了前因、後果的次序排列。

案例8-1-5

「國家品牌指數」50國調查
歐巴馬拉拔　美形象居冠　中國躍升

【國際中心/綜合報導】憑藉歐巴馬總統的「明星效應」，美國在「國家品牌指數」民調中從第七名躍升冠軍，成為全球最受景仰的國家，而中國在北京奧運後受景仰的程度，也首次大幅提升至 22 名，伊朗排名最後。

安赫特認為，美國去年受前總統布希外交政策拖累排名，但今年即使有金融海嘯罩頂，歐巴馬光環仍讓美國排名大幅提升，「否則沒有其他理由解釋這個結果」。

中國排名則從第 30 名大幅提升至 22 名，這也是中國國家品牌數首次提升。

安赫特認為，這得益於中國去年成功舉辦奧運。因為在此前國家品牌的調查中，中國在人權和環境方面的得分較低，但在文化遺產方面分數較高。他說：「奧運之後，中國在旅遊和人民方面得分大幅上升，阻止排名下滑。」

（聯合報 98/10/7 A13）

　　■案例8-1-6的Ａ則的主題「張大千館猿　3米鐵籠1根桿」，一般讀者乍看之下，沒有什麼不當之處，但在台灣動物社會研究會人員的眼中，則是不得了的大事，「長臂猿需要樹棲、臂行、一次橫越6公尺水平距離……鐵籠豢養長臂猿，對愛好長臂猿的張大千來說『是最大的諷刺』」。一般讀者在細讀以上內文之前，只看標題，一定不知道問題出在那裏，有幾個人知道長臂猿的生活習性？編輯下標時，未從一般讀者的角度去思考，而以專家的看法去表達問題之所在，忽略了報紙是大眾的刊物，而非專業的報導，站在一般讀者的立場去看，這個語意不清的標題，簡直不知所云，必須看到副題「現有2隻　動物團體質疑環境差

盼轉送　動物園：年紀大　不建議搬遷」，才知道原題究竟所要
表達的是什麼？依標題製作原則，要看副題才能知道真正題意，
那麼這個主題就有問題！

　　B 題的主題「長臂猿關小籠　故宮被控虐待」，顯然清楚多
了，在這個標題中，把本則新聞的「虐待」很簡明扼要表達出
來，「長臂猿關小籠」也明白指出問題之所在，標題不要繞圈
子，也就是說不要讓讀者傷腦筋想半天才搞清楚真正的含意，才
是好標題。

案例8-1-6

A 則　　　**張大千館猿　3 米鐵籠 1 根桿**
　　現有 2 隻　動保團體質疑環境差　盼轉送
　　　動物園：年紀大　不建議搬遷

　　【記者錢震宇/台北報導】台
北市議員周威佑昨天前往士林張大
千紀念館會勘，指館內豢養 2 隻長
臂猿，被限制在鐵籠內，無法提供
長臂猿正常生活空間需求，動保團
體希望能夠轉送動物園或是屏科大
國家收容中心。

　　台灣動物社會研究會日前接獲

民眾投訴，並發函請議員協助。執
行長朱增宏說，長臂猿需要「樹
棲、臂行，一次橫越 6 公尺水平距
離」，加上山區氣候寒，不適合熱
帶雨林區的白手臂長臂猿。鐵籠豢
養長臂猿，對愛好長臂猿的張大千
來說，「是最大的諷刺」。

　　　　　　　（聯合報 99/1/9 B2）

B 則　　　　　　**張大千紀念館**
　　長臂猿關小籠　故宮被控虐待

　　【林佩怡/台北報導】「張大
千先生紀念館」豢養兩隻長臂猿，
故宮昨遭指控將牠們關在簡陋的狹
小鐵籠，疑似長期虐待，要求院方
擴建或送給動物園，雙方卻都不答
應。若留在原地或遷居都行不通，

恐怕面臨「人球」或「棄養」的命
運。動保團體說，「牠們已受苦廿
年，希望生命盡頭能有好的生活環
境。」

　　　　　　周威佑、台灣動物社會研究會

執行長朱增宏等人，昨邀故宮、台北市立動物園等代表，到張大千先生紀念館會勘。朱增宏怒斥，長臂猿跳躍式的臂行方式，一次至少橫越六公尺，但故宮卻把牠們養在長寬各三公尺、高一公尺的鐵籠裡，根本沒有足夠空間活動，跟張大千飼養長臂猿的本意背道而馳，十分諷刺，「讓牠們沒死也活得很痛苦。」

（中國時報 99/1/9 A5）

　　■案例 8-1-7A 則的主題「女兒還手摑耳光　醉父憤而刺心亡」，到底是誰不幸死亡？女兒或醉父？讀者搞不清楚，必須看內文才知道，「一名已當阿公的男子，酒後與女兒爭吵，互摑巴掌之後，一時情緒上來，竟持刀自刺心臟身亡！」，原來不幸死亡的是「醉父」，但看原題中「刺心亡」，就有兩種可能，「醉父刺死女兒」或「醉父刺死自己」，標題語意不清，用字不夠精準，是可以避免而未避免，老一輩的編輯常常會告誡新編輯，在做完標題後，要自我挑剔一番，這是一個很重要的概念，沒有任何一位編輯有能力一次做好一個完美無缺的標題，必須經過多次再三修改才能克竟全功，本則標題如能經過編輯「自我挑剔」，一定可以將「刺心亡」這種語意不清的字句消除掉，而改成「自戕亡」。

　　B 則「逆女賞耳光　老父羞憤自殺」，語意表達就清楚多了，以「羞憤」兩字表達死者的內心想法，凸顯逆女的不孝行為，令天下人一掬同情之淚。

案例8-1-7

A 則

全家目睹慘劇

女兒還手摑耳光　醉父憤而刺心亡

【記者吳仁捷、黃立翔/台北報導】一名已當阿公的男子，酒後與女兒爭吵、互摑巴掌後，一時情緒上來，竟持刀自刺心臟身亡！

這名60歲的龔姓男子，昨天因為酒後在家喧鬧，龔妻與20多歲的小女兒勸龔某「你的小外孫在休息，請放小聲一點」，結果父女為此口角拉扯，龔某先打小女兒一巴掌，小女兒不甘示弱回摑父親一掌，龔某疑因不甘遭女兒毆辱，憤而持水果刀當著妻子兒女面前，插入心臟自殺，送醫不治。

……………………………………

……………………………………

（自由時報 98/10/19 B1）

B 則

逆女賞耳光　老父羞憤自殺

【唐嘉邦/北縣報導】居住板橋三民路的龔姓男子，十八日晚間因為孫兒哭鬧和女兒吵架後，憤而甩了女兒一巴掌，沒想到女兒卻回敬一耳光，龔某覺得被女兒摑內心很受傷，激憤之下持水果刀朝胸部猛刺一刀，竟一命嗚呼。

……………………………………

……………………………………

（中國時報 98/10/19 A9）

第二節　缺乏連貫性
　　　　造成語意銜接偏離內文

　　每一則標題，從第一個字到最後一個字，讀起來在印象上、感覺上，應是連貫的，而且從引題到子題，在語句上及語氣上也要講究「通順」，也就是從引題到子題，讀起來，都要有「連成一氣」的感覺，同時，述說的內容，也要連貫的、關連的。（陳石安/新聞編輯學/P. 466）

　　一條新聞的發展，往往有其連貫性，從因到果也有一些中間的因素在其中串連，缺乏這些關鍵的發展，整個新聞就會顯得唐突，甚至奇怪，換句話說，從A到D，必須經過B及C的串連，在標題上只標出A及D，將使標題不管是唸起來或是意義上前後句語意銜接偏離內文，所以B及C在標題上有時必須很有技巧地出現，標題有「合理性」，讀者也就很快地了解其所要表達的意思。

　　編輯下標題時，因為已經看完「整篇稿件」，對內文發展的複雜性已了然於胸，但是讀者在看標題時，對內文敘述完全不知，兩者完全在不同狀況下看這則標題，所以對這個標題的認知，會發生很大的差異，在這種狀況下，編輯必須站在讀者立場去下標題，讓讀者很輕鬆地了解標題所表達出來的含意，如果讀者看了標題，還要思考半天推敲其意，那麼這個標題就有問題了。

　　■案例8-2-1的標題，令人納悶，「母捐大體　4子女免背百萬債」，莫非子女把母親遺體「賣了」去抵債？天下那有這種事，但仔細看內文，完全不是這回事，從高醫學生求助戶政人

員，戶政人員再輾轉找到4名子女，4名子女再行使拋棄繼承權，因而免背百萬母親遺留下的債務，內文交代得很清楚，文中也有「老母捐大體，冥冥中保佑了子孫」，中間有一些前後關連性，不能在主題上，只標出因及果，而忽略了中間的因素，造成語意不明，甚至讓讀者誤會。

如果將標題改寫如下，似較妥當：

主題「母捐大體佑家　子女免背百萬債」，副題「戶政人員輾轉告知　姊弟拋棄繼承獲准」

案例8-2-1

母捐大體　4子女免背百萬債

失聯近20年　遺留債務

【記者黃良傑/屏東報導】離家近20年的陳姓婦人，兩年前病故後捐出大體，高雄醫學大學學生今年想為大體老師寫生平，求助屏東市戶政事務所輾轉找到她的4名子女，4人也驚覺媽媽恐留有百萬元債務，雖早過了期限，仍硬著頭皮聲請拋棄繼承，法官查明後裁准，聞知此事的人都說：「老母捐大體，冥冥中保佑了子孫！」

住台北縣土城市的周姓姊弟，4人都已成年，月前向屏東地院聲請拋棄繼承權。他們說，父母十多年前離婚，當時他們還在念國中、國小，母親離開後便失聯，連娘家都不知她行蹤，上個月他們突然接獲屏東戶政蘇秀珠的電話，告知母親死訊，並提醒留意繼承問題，他們一度還以為是詐騙集團。

拋棄繼承　超過期限

陳婦子女經與高醫大聯絡，證實母親兩年前已病逝，4姊弟更查知，母親生前背有不少債務，雖已超過法定期限，子女們仍向屏東地院聲請拋棄繼承。

大體佑家人？法官裁准

家事庭庭長廖文忠原以為這只是4人藉口，逐一向高醫大學、戶政機關查詢，證實所言不假，裁定准予4人拋棄繼承，不用承接母親的債務。屏東地院也罕見地函文戶政機關，建議嘉獎熱心助人的蘇秀珠。

（自由時報 98/11/8 B3）

■案例 8-2-2，引題「小莊遇亂流」，主題「合庫安抵 4 強」，從引題唸到主題，似乎不合邏輯，「小莊遇亂流」，那就表示小莊極可能會落敗，會影響到合庫成績，可是主題又標明「合庫安抵4強」，前後文句唸起來「不合理」，仔細看內文，才發現「小莊遇亂流」，但又臨危不亂，保住勝場，合庫才能安抵4強，原標題中的引題省略了「臨危不亂」四個字，使整個題意出現了瑕疵，讀者的思緒很容易被打亂。

案例8-2-2

小莊遇亂流
合庫安抵 4 強

【記者許明禮/台北報導】歷經大風大浪的「桌球小子」莊智淵，每年中正盃卻總是險象環生。

世界排名 17 的莊智淵，昨天面對左手持拍的小將楊奕軒，在先失 1 局後連趕 3 局，3：1 險勝，為合庫隊關門成功，終場合庫隊以 4：0 解決體大，4 強門票到手。

過去患有「恐左症」的莊智淵，對上左打的楊奕軒第 1 局接發球吃了不少苦頭，即使救回 3 個局點，仍以 11：13 失守，但他拿手的反手拉攻從第 2 局起發功，即使落後也不慌亂，沒再爆冷落敗。

（自由時報 98/10/8 S4）

■案例 8-2-3，標題為「被抓姦太驚惶　證據無效通姦無罪」，這個標題給讀者的感覺是很奇怪的，「被抓姦太驚惶」，怎會與「證據無效」扯上關係呢？如果讀者沒有看內容，一定想不出其中的奧妙，看了內文，才恍然大悟，原來如此。

這則抓姦新聞，有一個很特別的過程，丈夫委託徵信社，拍到妻子全裸大聲尖叫的畫面，做為「呈堂證據」，卻被法官認為是「拍攝者並未徵得同意即拍攝」，構成刑法第315-1條無故以錄音、照相、錄影或電磁紀錄竊錄他人非公開之活動的罪嫌，該罪

為三年以下有期徒刑，較刑法第239條相姦罪的一年以下有期徒刑為重，所以不宜以情節較重的「違法取得之證據」為較輕（通姦）的證明，考量比例原則，法官認定徵信社所拍攝的影像無證據能力，判處女方無罪。

這則新聞的來龍去脈有以上繁雜的過程，編輯卻以「被抓姦太驚惶　證據無效……」幾個字帶過，似嫌太過簡略，絕大部分讀者絕不會想到「被抓姦太驚惶」就會「證據無效」，以這種跳躍式的思考來做標題，實在太高估了讀者閱報能力。

這則標題如改為以下標示就清楚多了，引題「女子被抓姦太驚惶　顯現隱私拍攝未獲同意」，主題「老公違法取得畫面　告通姦敗訴」

案例8-2-3

被抓姦太驚惶　證據無效通姦無罪

【記者林良哲/台中報導】裸身大聲尖叫，讓抓猴計畫破功！台中市一名男子委託徵信社抓姦，將妻子全身赤裸大聲尖叫畫面，做為「呈堂證據」控告妨害家庭；法官認為，李女全裸並尖叫，顯見拍攝女方隱私部位未徵得同意，以違法取得的證據無證據能力，判處無罪確定。

拍攝者並未得到同意

台中地院審理發現，該影片中2名男子闖入並拉開棉被，李女全身赤裸大聲尖叫。法官認為，李女全裸並尖叫，顯見拍攝者並未徵得同意即拍攝，構成刑法第315-1條「無故以錄音、照相、錄影或電磁紀錄竊錄他人非公開之活動」罪嫌。

丈夫不服　上訴被駁

但法官指出，「無故竊聽竊錄罪」為3年以下有期徒刑，刑法第239條相姦罪為1年以下有期徒刑，前者之罪責高於後者，不宜以情節較重的「違法取得之證據」為輕罪的證明。考量比例原則，法官認定徵信社所拍攝的影像無證據能力，判處李女無罪。李女丈夫不服提起上訴，台中高分院認為一審判決並無錯誤，駁回上訴。

（自由時報 99/8/26 B2）

　　■案例8-2-4的標題「哥本哈根峰會　科學家：一場災難」，令人看了大吃一驚，「高峰會」怎麼變了一場災難呢？這算哪門子的高峰會？看了內文才發現，科學家韓森認為，「目前全球對抗溫室效應的策略和方式，基本上是錯誤的，與其在一個錯誤的框架上錯上加錯，不如讓框架完全瓦解，另尋起點，重新出發」，所以「哥本哈根峰會若真的達成協議，將會是人類的一場大災難」，看完了以上敘述，才知原來如此，原標題將「如達成協議」省略掉了，與「科學家：一場災難」連貫不起來，讀者不看內文，絕對會覺得納悶，編輯下標時，省略了關鍵字眼，讀者也只能無奈地「霧裏看花」了！

案例8-2-4

哥本哈根峰會　　科學家：一場災難

　　【江靜玲/倫敦三日電】廿年前率先呼籲全球重視氣候變遷，成功說服各國政府針對溫室效應研擬對策的世界頂尖科學家韓森（James Hansen），在哥本哈根氣候峰會七日開幕之前，公然唱衰這場會議，韓森並且表示，為了地球和下一代，哥本哈根氣候峰會最好崩盤。

　　…………現年六十八歲的韓森卻昭告英國媒體，哥本哈根峰會若真的達成協議，將會是人類的一場大災難。

　　若再達成錯誤協議　禍延子孫

　　如果哥本哈根峰會再產生一個類似一九九七年《京都議定書》的共識，韓森擔心恐怕會再歷經像《京都議定書》般，耗時八年才完成立法程序的冗長過程。而繼《京都議定書》落實後，從二〇〇五年開始的碳排放交易，迄今已被證明未能達成減碳目的，反而成為全球金融伺機炒作的新產品。

（中國時報 98/12/4 A22）

　　■案例8-2-5，標題「電視砸兒頭　父母捐器官」，報導一對雙胞胎，其中一位被電視砸到，導致腦死，父母決定將其器官捐出，遺愛人間。此則新聞發展，應為「電視砸到頭→顱骨骨折出

血→醫生評估腦死→父母決捐器官」，原標題從第一個過程直接跳到最後一個過程，讀者看標題時，很容易曲解其意，電視「砸」兒頭，一般用「砸」字，大都認為甲對乙丟東西，那麼從本則標題看來，莫非是「父母用電視砸兒頭，自己捐器官」，這樣思考，語意很奇怪，事實上也不是這樣，如果將標題改為「電視壓死兒　父母捐器官」，語意就清楚多了，「壓死兒」三個字已將本則新聞的前三個過程包含在內，讀者不易有其他聯想，當然就不會曲解其意了。

案例8-2-5

電視砸兒頭　父母捐器官

【記者劉星君/屏東縣報導】
屏東縣二歲的宋姓雙胞胎兄弟，前天在電視機前玩電視櫃抽屜，疑因電視櫃桌腳不穩，重達數十公斤的電視突然倒下，弟弟顱骨骨折、出血，醫師評估腦死，家屬昨天決定將宋小弟的器官捐出遺愛人間。

目前呈腦死的宋小弟，已由屏東寶建醫院轉往高雄長庚，由長庚進一步評估。宋父表示，要捐出哪些器官？還要和醫院討論。
（聯合報 98/11/19 A8）

■案例8-2-6，從形式上來看，「第一夫人是象迷」顯然是引題的功能，「檢新聞稿　須先上呈法部」是主題，從引題唸到主題，發現兩行字似乎無啥關連，是兩行單獨存在的句子，但仔細閱讀內容，才知道「檢調偵辦兄弟象等球隊涉嫌打假球案格外慎重」，標題中將「辦案格外慎重」省略掉，從引題唸到主題，會讀者思緒停頓一下，仔細看完導言，才能把兩行字的關連性搞清楚，改為以下參考標題，似乎較妥：引題「第一夫人是象迷　令辦案人員格外慎重」；主題「檢新聞稿　須先上呈法部」，加上「令辦案人員格外慎重」整個句子前後貫穿，連成一氣，意思自

然更清楚了。

案例8-2-6

第一夫人是象迷
檢新聞稿　須先上呈法部

【記者何瑞玲、林慶川/台北報導】第一夫人周美青是兄弟象的重量級球迷，檢調偵辦兄弟象等球隊涉嫌打假球案格外慎重，連因應媒體詢問的新聞稿，都破例呈法務部及高檢署等上級審核通過才公布，搜索約談也是等總冠軍賽打完後才行動，就是怕觸碰敏感神經，影響賽事進行。

……………………………………

………檢調人員表示，偵辦行動與總統夫人是象迷無關，而是考量賽事進行，聯盟又是賣套票，為避免影響球迷權益，才決定賽事結束後行動。

（自由時報 98/10/27 A3）

■案例8-2-7，報導一名竊嫌跑到廁所洗腳，隨手把擦腳的衛生紙丟入垃圾桶，警方採集紙上皮屑進行 DNA 鑑定揪出嫌犯，引題「太髒了借洗一下」，主題「偷完洗腳　一團紙一片皮栽了」，這則標題乍看之下，無法了解是啥意思，「一團紙一片皮」到底指的是什麼？看了內文才知是「衛生紙及腳皮屑」，由於中間少一個動詞「擦拭」來連接，跳躍式字句，讓讀者無法一目了然，而且「借洗」與「洗腳」也有字意重複之嫌，原題若改為「偷完擦腳　衛生紙留皮屑　栽了」，就很清楚。

標題是要清楚表達內文重點，這種缺乏連貫性字句居中接連的標題，只會加重讀者閱讀的壓力，甚至語意銜接偏離內文，這恐怕是已經看完文稿的編輯所始料未及的，不可不慎啊！

案例8-2-7

太髒了借洗一下
偷完洗腳　一團紙一片皮栽了

【記者姜炫煥／台北報導】男子江瑞陞去年元月潛入台北市士林區一家餐廳偷錢，因多日沒洗澡，偷完錢後順便進廁所洗腳，他不知店家有清掃收拾習慣，隨手把擦乾腳的衛生紙丟在已清乾淨的垃圾桶內，紙上皮屑成為破案關鍵。

士林警分局員警收起這張衛生紙，採集紙上的皮屑進行 DNA 鑑定，比對確認是多次竊盜前科的江瑞陞（卅一歲）留下的，依竊盜罪嫌送辦。

（聯合報 100/11/17 A13）

第九章　新聞標題之濫用

第一節　濫用問號
　　　　是不負責任的作法

　　民國九十九年一月廿日，時任衛生署長的楊志良列席國民黨（執政黨）中常會報告新流感疫苗施打情形時，痛斥部分媒體製造恐慌，更點名某報「要有點水準、有點倫理」，此案之所以反應激烈，乃因該報在一月廿日登出一則新聞，報導一名男子接種新流感疫苗後身體不適，到醫院就醫，發現動脈瘤破裂引發顱內出血，二度開刀後不治，標題為「疫苗奪命？45 歲男顱內出血」，「疫苗奪命？」這個字句是楊署長炮火四射的原因，該報發言人回應，強調「標題後有打上問號」，並非把男子死亡原因都指向新流感疫苗。這是使用問號最典型的紛爭，引起廣泛討論，到底「加上問號」可不可以規避「疫苗奪命」的肯定敘述呢？值得深入探討。

　　為了精簡標題的字數，標點符號在版面上常被廣泛的應用，尤其是問號（？）最常見，往往一版出現好幾個，這與編輯的個人習慣有關，也因此產生了濫用問題，凡是不確定、有疑問的，不管是「正面字眼」或「負面字眼」，一律加個「問號」就交代過去，少有編輯去注意它所產生的副作用，如果沒人去抗議，就變成積非成是，若受到批評，才會驚覺不當，但為時已晚。

　　問號的使用，依據中國語文修辭中「調整語文表意的方法」的「設問」，可分為：（新聞標題之研究/郭伯佾/P. 22）

　　（一）**激問：為激發本意而發問，其答案必定在問題的反面。**

　　（二）**提問：為提起下文而發問，其後一定附有答案。**

　　（三）**疑問：心中確有疑惑而發問。**

一、激問的用法

　　激問的用法，就是在主要敘述最後一個字的後方加上一個問號，但是問題的答案，必在其後顯現，而且與主要敘述面向剛好相反，茲舉例說明如下：

　　■案例9-1-1，A則引題「陸客自由行」，主題「金馬先行？大陸沒點頭」，報導台灣希望優先規劃小三通自由行的想法，未獲大陸同意，標題採用問號的標示法，先用一個肯定敘述加問號，馬上在其後顯示答案，而且答案在主要敘述的反面，這種內容較單純的標題，改為「大陸拒小三通先自由行」也可。

　　B則標題「陳碧玉擁美國籍？司院：已宣布放棄」，報導大法官被提名人陳碧玉早已到香港美領事館辦理放棄美國籍，原題採用「激問」和「倒裝」（詳見第十五章第三節）的用法，改為「司院：陳碧玉已宣布放棄美國籍」也可被接受。

　　C則標題，主題「投資廣西？老鼠會3年騙萬人」，報導兩岸吸金詐騙案，嫌犯以「廣西南寧」民間投資名義吸引人入股，二年就有上萬人受騙，這是一個較複雜的新聞，使用激問方法，讀

者較能了解內容，若改為「誆稱投資廣西　老鼠會3年騙萬人」也可。

案例9-1-1

A則

陸客自由行
金馬先行？大陸沒點頭

【記者陳思豪/台北報導】台灣希望優先規畫小三通自由行的想法，未獲得大陸同意。陸委會副主委劉德動表示，我方希望金馬小三通能儘快、優先落實，但陸方認為這是修改法規的問題，與金馬優先的概念無關。

……………………………………
……………………………………

（聯合報 100/3/25 A13）

B則　**陳碧玉擁美國籍？　司院：已宣布放棄**

【記者項程鎮、王寓中/台北報導】有民眾爆料，指大法官被提名人司法院司法人員研習所所長陳碧玉疑有雙重國籍，並在美國置產；司法院昨晚查證後指出，陳碧玉早年曾有美國籍，但多年前回任法官前夕，已到香港的美國領事館放棄美國籍，至於她在美國的財產，都有依法申報。

……………………………………
……………………………………

（自由時報 100/4/7 A5）

C則　**投資廣西？老鼠會3年騙萬人**

○○○○○○○○○○○○○○○○○○○○○○

以優渥退佣招攬下線　吸金總額至少數千萬

【楊宗灝/桃園報導】刑事局偵九隊、桃園警方六日聯手破獲兩岸吸金詐騙案，首腦「金爺」余姓男子以「廣西南寧」民間投資名義，吸收一人入股六萬九千八百元人民幣，再以優渥退佣獎金招攬下線，短短不到三年就有萬人受騙。

……………………………………
……………………………………

（中國時報 100/4/7 A10）

二、提問的用法

提問的用法，就是在主要敘述的最後一個字的後方加上一個

問號，但是問題的答案，必在其後顯現，而且與主要敘述面向是相同的，茲舉例說明如下：

■案例9-1-2，A則「連續出賽？郭泓志：可以」，報導在美國道奇隊打棒球的名投手郭泓志表示，連續出賽不見得不好，有時候連兩天投反而可以維持球感，一連休多天反而不好，標題「連續出賽？」為提下文而發問，其後附有答案「郭泓志：可以」，這就是提問的用法。

B則，報導馬英九首度公開說台中市長胡志強是「條件很好的候選人」，標題「馬挺胡志強？『很好的候選人』」，標題中首先為馬英九是否挺胡志強選大台中市長發問，其後「很好的候選人」就已明白標出馬挺胡志強的肯定態度，答案在問號之後顯現，一問一答，語意很清楚。

C則，報導交通部完成最新高鐵費率審查，依規定高鐵有調漲空間，是否要漲足？高鐵表示內部「還沒有討論」，標題「高鐵漲價？還沒討論」，雖然在「高鐵漲價？」之後，並沒肯定句的「漲」或「不漲」，但是「還沒討論」的未定案，也算是提問之後所附的一種答案。

案例9-1-2

A 則　　　連續出賽？郭泓志：可以

【特派記者鄭又嘉/美國洛磯報導】前天開幕戰就登板投了22球，郭泓志卻沒有把昨天當作當然的假日，一如往常的做足每一樣上場前的準備，他微笑著說：「今天我還可以投。」

「我有跟教練提過，讓我用正常狀態出賽，但要怎麼做還是看他們。」小小郭分析，連續出賽不見得不好，還是得視狀況而定，「說真的，每天的狀況都不一樣，有時候連兩天投反而可以維持球感，一連休太多反而不好。」

（自由時報 100/4/3 B6）

B 則　　**馬挺胡志強？「很好的候選人」**

【記者李明賢/台北報導】馬英九總統昨天首度公開說台中市長胡志強是「條件很好的候選人」；他指出，總統府秘書長廖了以沒有參選大台中市的意願，日前傳胡志強將接國安會秘書長，是空穴來風。

....
....

（聯合報 99/1/21 A11）

C 則　　**高鐵漲價？還沒討論**

【記者蔡惠萍/台北報導】交通部兩年前核定高鐵基本運價「可」調漲百分之六，由於當時正值金融海嘯，交通部「道德勸說」高鐵要審慎考量票價調整案。最近交通部完成最新高鐵費率審查，雖然費率維持不動，但景氣已逐步復甦，依規定，高鐵可有調漲空間，以北高標準艙為例，可從一四九〇元調為一五八〇元。

是否要漲足，高鐵沒有把話說死，僅表示內部「還沒有討論」。

....

（聯合報 100/4/7 A8）

三、疑問的用法

疑問的用法，用在對主要敘述確有疑惑，在主要敘述之後，加上一個問號而已，其後沒有任何答案。

「疑問」是目前在標題上應用最多的用法，由於其後沒有如同「激問」或「提問」附有答案，所以語意不確定，引起爭議的機會最大也最多，本節開頭所敘述的前衛生署長楊志良痛斥媒體製造恐慌，點名某報「要有點水準、有點倫理」，就是濫用這種「疑問」用法所引起的，茲再說明如下：

■案例9-1-3，報導高縣一位許姓男子，接種新流感疫苗後，發現動脈瘤破裂引發顱內出血，兩度開刀不治，標題「疫苗奪命？45歲男顱內出血」，「疫苗奪命」的標示，與「顱內出血開刀不治」是否有直接關連呢？楊署長就直言「任何有醫學常識的

人都知道，動脈瘤破裂跟疫苗怎麼可能有關係？」，所以「疫苗
奪命？」這樣的標題是否妥當呢？加上一個問號，就能如該報發
言人所言，「並非把男子死因都指向新流感疫苗」嗎？

　　仔細閱讀這則報導內文，記者撰稿平鋪直敘，並未將死因直
接怪罪在疫苗上，只寫明「死者之妻質疑是新流感疫苗惹的禍，
要求政府給家屬一個交代」，「高縣政府衛生局也協助家屬申請
預防接種受害救濟，以確認其病徵與疫苗的相關性」，所以這是
一則疑似疫苗惹禍的新聞，到底是不是有相關連，還要經過審
議，以釐清死因，但標題就直接標示「疫苗奪命？」，讓讀者一
看，很容易誤為真的「疫苗奪命」，而忽略了後面「問號」所代
表的「疑問性」或「不確定性」。

　　編輯手中的一支筆，猶如一把利刃，一字一句都要再三斟
酌，如果用「負面字眼」加上「問號」就能表達一件不確定或有
疑義的事情，只能說，這是一個報紙審判又推卸責任的作法，很
遺憾地是這種用法，目前在標題上屢見不鮮，很多編輯並未記取
教訓。

案例9-1-3

疫苗奪命？45 歲男顱內出血

【記者方志賢、蘇福男／高縣
報導】高雄縣許姓男子接種新流感
疫苗後身體不適，到義大醫院就
醫，發現動脈瘤破裂引發顱內出
血，手術後兩週出院，日前病情惡
化，二度開刀後不治，高縣衛生局
已將男子病歷資料送預防接種受害
救濟基金會審議，釐清死因。

⋯⋯⋯⋯⋯⋯⋯⋯⋯⋯⋯⋯

　　許妻哀痛指出，⋯⋯⋯⋯⋯

她質疑是新流感疫苗惹的禍，要求
政府給家屬一個交代。

　　高雄縣衛生局長章順仁說，衛
生局接獲通報，隨即與家屬聯繫，
也協助家屬申請預防接種受害救
濟，以確認其病徵與疫苗的相關
性。

⋯⋯⋯⋯⋯⋯⋯⋯⋯⋯⋯⋯

（自由時報 99/1/20 A8）

■案例9-1-4，報導蘆洲警分局在三重查緝毒品時，查獲三男一女在場，這本是一則常見的案件，但其中一人是藝人大炳，頓時就成為媒體報導重點，乃是因為：一、大炳是知名藝人，二、大炳之前已有三次前科紀錄，信誓旦旦改過自新。事關藝人大炳的名聲，處理這種新聞必須格外小心謹慎。

依據報導，藝人大炳在現場對警方表示，「我是來找屋主聊天，不曉得屋內有毒品，我沒有吸毒，請大家相信我」，警方已採集他的尿液檢驗，所以在事發當天可以確定二件事：一為大炳否認吸毒，二為尿液正送檢驗中，尚未有結果。

A則標題「4度涉毒？大炳被逮」，可見編輯在下標時，直接了當認為大炳涉嫌吸毒，沒有考量他的否認及尿液送檢尚未有結果，可是又覺得太武斷，所以在「4 度涉毒」之後加個問號「？」，表示此事可能尚有變數，這種標示有以下兩個缺點：

一、如果幾天後，尿液檢驗發現並無毒品反應，還大炳清白，「4度涉毒」的印象已先入為主，在讀者腦海中揮之不去，有幾個人記得後面的問號（？）是表示疑問句，尚未確定的事呢？但傷害已造成了，這就是標點符號濫用的明證。

二、編輯使用問號（？），明顯是在為將來若無吸毒明證時，作為逃避責任的「擋箭牌」，無法彌補當事人受到的名譽損害。

B 則主題「掃毒窟又見大炳　抄出安毒」，也是將現場查緝經過拿來作標題，避免主觀認定是大炳「四度涉毒」，在副題上「三度沉淪毒海　這回否認吸毒　警方驗尿釐清案情……」，已為本案若還大炳清白時，留下一個轉圜空間。在下標題先認定一個人的行為，再加上一個問號（？）作為轉圜空間，是不負責任、濫用標點符號的作為，A 則標題就是一例。

　　C則標題「遇警查毒　大炳：『完了，又來一次！』」，直接引用內文的現場描寫，不採用內文的「這是大炳第四次涉嫌吸毒被捕」，可見編輯下標時，已考量到大炳的否認，在事情未明朗之前，儘量不要使用對大炳具有強大殺傷力的「四度涉毒」字眼，為將來若還大炳清白時，留一點轉圜空間。其實，「完了，又來一次！」與「四度涉毒」的意義相近，但是引用大炳的話語，讓讀者自己來判斷是不是「四度涉毒」，比直接用「四度涉毒」明智多了，記者能引用大炳的話，編輯又能利用成為標題，真是合作無間啊！

案例9-1-4

A 則　　　　　4度涉毒？　　大炳被逮

【記者吳柏軒、鄭淑婷/新北報導】藝人大炳又因吸毒而犯連四錯？新北市警方昨赴三重區一棟出租公寓抄毒，意外發現藝人大炳在場，大炳神色驚慌地說「我是來找屋主聊天，不曉得屋內有毒品，我沒有吸毒，請大家相信我」，警方已採集他的尿液檢驗。

（自由時報 100/3/4 B2）

B 則　　　掃毒窟又見大炳　　抄出安毒
三度沉淪毒海　　這回否認吸毒　　警方驗尿釐清案情
查獲安非他命1公克、兩把改造手槍

【康嘉邦/新北市報導】蘆洲警分局偵查隊，三日晚間前往三重區一名毒蟲住處查緝毒品，赫然發現多次因毒品案進警局的藝人「大炳」也在屋裡；現場查獲安非他命一公克，以及兩把改造手槍，但大炳否認吸毒，警方正漏夜偵訊並驗尿釐清案情。

曾經三度因為吸食毒品遭警方逮補的大炳，屢次被抓後都聲淚俱下的表示將痛改前非，但又屢次忍受不了誘惑墮入毒海，警方表示，雖然大炳這次宣稱自己沒吸毒，但要別人再次相信他，只能等驗尿結果出爐。

（中國時報 100/3/4 A7）

C 則　**遇警查毒　大炳：「完了，又來一次！」**

【記者林昭彰/新北市報導】「完了，又來一次！」本名余炳賢（卅四歲）的大炳，昨天在新北市三重區出租套房內涉嫌吸毒被逮，看到警察驚訝不已脫口而出。這是

大炳第四次涉嫌吸毒被捕，但他應訊時否認吸毒，聲稱是去找朋友。

（聯合報 100/3/4 A9）

■案例9-1-5，A則報導日本核災之後，民眾和媒體對東京電力公司社長在事故之後避不見面，大為不滿，另外也根據網路傳聞指「核災現場是承包商員工，東電董事們則在銀座酒店集合」，另有網友指出，東電董事們震災後還上酒店對公關小姐毛手毛腳，標題「東電鬧核災　高層尋歡卸責？」這則標題有兩點值得探討：

（一）這是一則檢討東電高層在核災後的表現，消息來自日媒與網路，日媒的指責都有東電的答辯，做到平衡報導，而網路的傳聞則僅是網友的一面指責，並無東電公司的說法，標題「東電鬧核災　高層尋歡卸責？」，完全採用網路傳聞的一面之詞，對東電高層極不公平，眾所皆知，網路消息並不可靠，必須要仔細查證，若要引用，至少要做平衡報導，可惜標題及內文都未做到這一點。

（二）「高層尋歡卸責？」的字句，也是用「負面字眼」加上問號的不當，到底東電高層是否如網友的爆料「上酒店對公關小姐毛手毛腳」呢？單憑網路傳聞就一面倒報導，有失公允，如果日後證實事實並非如此，「高層尋歡卸責」，已深烙讀者腦海，誰還記得後面那個問號所代表的不確定性呢？本則若改為以下標示就較恰當，主題「社長未露面遭轟　東電：身體不適」，至於網路未經證實的消息，不標也罷。

　　　　　。

　　B則，報導日本共同社指出，日本核災初期，首相菅直人在出現爐心熔毀後的非常時期強行視察電廠，延誤緊急措施的政策決斷，導致事態迅速惡化，難辭其咎，標題「福島延誤救災　菅直人是禍首？」，也是利用「負面字句」加上一個問號，不確定性地認定首相是禍首，這種指責也是一面之詞，並未給首相辯白的機會，到底事實是否如報導所言？在報導當時並不清楚，事關菅直人首相的清白，處理必須格外謹慎，其實本則報導是來自日本共同社，標題若改為「共同社：福島延誤救災　菅直人難辭其咎」，就比較恰當。

　　本案例兩則新聞的標題最大的缺失就是未給當事人辯白機會，而且用一個負面字眼加問號，就直指當事人的不是，太過武斷，很可能對當事人造成傷害。

案例9-1-5

A則　　東電鬧核災　高層尋歡卸責？

【黃菁菁/綜合報導】東京電力社長清水工孝在福島第一核電廠事故發生後，十六日起便沒再露過面，有民眾不滿地說：「東京電力給民眾添了這麼大的麻煩，社長居然避不見面，說得過去嗎？」東電則說清水過度勞累、身體不適，靜養後已於廿七日返回工作崗位。

有日本記者透露，廿七日在東電記者會上質疑清水不見人影，東電答稱⋯⋯⋯⋯⋯⋯⋯⋯⋯⋯⋯⋯
⋯⋯⋯⋯⋯⋯⋯⋯⋯⋯⋯⋯⋯⋯⋯⋯
日本網路還盛傳「核災現場是

承包商的員工，東電董事們則在銀座酒店集合」，有網友指出，東電董事們震災後還上酒店對公關小姐毛手毛腳。

酒店公關十七日在留言板匿名告發：「看了記者會才知他是東京電力副社長藤本孝」，「那個炫耀自己是副社長的老頭，周六、日還花公司的錢和酒店小姐豪遊，要不是有個頭銜，誰都不會搭理，他看他的臉真是噁心，別再來銀座了。」

（中國時報 100/3/29 A11）

B 則　　**福島延誤救災　菅直人是禍首？**

　　【閻紀宇/綜合報導】日本「共同社」廿八日報導，東京電力公司在福島核一廠災變初期的黃金時間沒有及時應變，首相菅直人難辭其咎。

　　……………………………………
　　……………………………………

　　現在連執政黨民主黨內部都有人批評，菅直人在出現爐心熔毀徵兆的非常時期強行視察電廠，誤了緊急措施的政策決斷，導致事態迅速惡化，他與班目春樹都應被追究責任。

（中國時報 100/3/29 A11）

　　■案例9-1-6，A則報導大陸的輔仁大學申請在杭州復校，籌委會副主任委員信心滿滿，但部份籌備委員卻否認這則消息，引題「北平當年四大名校」，主題「輔仁大學　將在杭州復活？」語意很清楚，也未對輔仁大學造成潛在性傷害，只要是「將在杭州復活？」是一個「正面字句」加上一個問號，就算是將來不在杭州復活，也不會有後遺症，這和「負面字句」加上問號有很大的差別。

　　B 則報導教育部取消每學期國中、國小特殊學生課後照顧費，家長協助找財源，緊急解決燃眉之急，標題「補助縮小　學校沒錢　孩子怎麼辦？」，利用疑問句來凸顯這件事情的無奈與迫切性，以喚起讀者的關心。

案例9-1-6

A 則　　　　　　**北平當年四大名校**
　　　　　輔仁大學　將在杭州復活？

　　【記者陳思豪/綜合報導】過去與北京大學、燕京大學、清華大學合稱「北平四大名校」的輔仁大學，由於合併關係，在五〇年代走入歷史，如今在校友會會長王美光

的倡議下，它不但將在杭州復活，甚至計畫與台灣的輔仁大學進行深度交流。

　　……………………………………
　　……………………………………

> 但弔詭的是，部分籌委會的人否認這項消息，擁有輔仁商標的北京師範大學，也透過發言人表示，籌委會用這個名稱申請復校並不合適。對此，陳小龍信心滿滿地說，「申報程序已經啟動，一切以教育部批覆為準。」
>
> （聯合報 100/4/7 A13）

B 則　補助縮水　學校沒錢　孩子怎麼辦？

> 【梁貽婷、陳世宗/台中報導】「沒有課後照顧，這些孩子何去何從？」教育部過去每學期都會補助全台國中、小情況特殊學生課後照顧費，自今年寒假後教部取消補助。台中市豐原區十二所學校沒有經費，家長幫找財源，向鎮清宮募款，緊急解決這燃眉之急。
>
> ....
>
> （中國時報 100/4/7 C1）

■並不是每則標題都適合採用問號，勉強運用，反而使整個標題的語意不清，令人摸不清其真正所要表達的意義是什麼，甚至錯誤解讀這則標題，案例9-1-7，報導大陸鄭州市一群裝扮酷似電影《讓子彈飛》中「麻匪」的武裝份子，忽然搶走等待迎親隊伍的四名新娘，引題「開裝甲車　帶衝鋒槍」，主題「麻匪搶親？」，這個問號所代表的意思是「這是麻匪搶親嗎？」，也就是編輯主觀上不確認這是「麻匪搶親」，懷疑其真實性，所以才加上一個問號來代表其含義，這樣的標示妥當嗎？基本上「麻匪」是電影中的人物，在真實世界並不存在，這群人扮成所謂的「武裝分子」－「麻匪」，就如同電影中的人物一樣，他們在演一場「搶親記」的戲碼而已，有何理由懷疑其真實性呢？又何必要用疑問句？難道他們不是扮麻匪搶親嗎？他們當然是在扮麻匪搶親，這個問號所代表的「懷疑性」，就令人搞不清真正的用意在那裏？所以這個問號用得很牽強且不恰當。

何況本則新聞的起頭就敘述「鄭州前天出現『麻匪搶親』一幕」，是一句肯定句，可見記者並未懷疑其真實性，當然編輯也

無理由因為存疑而使用問號。

　　本則標題若改為「扮麻匪搶親」或「『麻匪』搶親！」就比較妥當。

　　案例9-1-7

開裝甲車　帶衝鋒槍　麻匪搶親？

【大陸新聞中心/綜合報導】鄭州前天出現「麻匪搶親」一幕。在鄭州市天河路，幾名牛仔裝扮的小伙子簇擁著四名新娘，等待迎親隊伍到來。忽然一群裝扮酷似電影《讓子彈飛》中的麻匪的「武裝分子」突然出現，搶走了新娘。

　　這夥人開著三輛裝有「機槍」、「雷達」的「裝甲車」，車裡有手持「衝鋒槍」、「斧頭」的「黑幫」，有頭戴面具的「麻匪」。他們一下車，便如狼似虎地衝散牛仔，搶了四名新娘，開車揚長而去。不過這夥看起來剽悍的「武裝分子」卻個個滿面春風、喜氣洋洋。原來，這是四對新人的個性迎親儀式。

…………………………………………
…………………………………………

（聯合報 100/5/5 A13）

　　總之，要如何應用「問號」？除了編輯本身的文字修養外，其實還是有些竅門，簡單地歸納如下：

　　一、使用「正面字眼」可加上「問號」

　　二、使用「負面字眼」不要加上「問號」

　　「正面字眼」加上「問號」，應不致發生問題，「負面字眼」則避免加上「問號」，因為「？」符號在閱讀時，不若一般文字給予讀者深刻印象，往往會忽略過去，讀者易把帶有不確定性、有疑問性的「負面字眼」當做肯定事實來看，倘若日後經過調查、澄清或後續發展證明實情與當時所用的「負面字眼」不相符合，對當事人極為不公平，再登報更正、道歉，都無濟於事，所造成傷害更難以彌補。

第二節　避免「二次傷害」，
字句不可濫用

標題上的「二次傷害」，大概可分為兩種：

一、當事人在事故發生時已遭受一次傷害，媒體刊登時，再把過程再詳述一遍，標題再直接引用嫌犯的話語，讓斗大、刺眼的不當字眼，毫不掩飾、赤裸裸映入讀者眼廉，對受害者而言，無疑是在傷口抹鹽，再一次傷害受害者。

二、編輯對新聞事件所用的字句、比喻不恰當，對當事人造成傷害，這些不當用字遣詞或許是無心之過，但在當事人或親屬心中留下難以抹滅的不快，這也是缺乏悲天憫人胸懷的後遺症。

或許有人認為，讀者有知的權利，不詳細報導這類新聞無法滿足讀者的需求，其實，持這種看法者，完全忽略「將心比心」的人與人相處之道，如果受害者是自己、家人、親戚或朋友，你忍心看到這樣的報導嗎？

或許也有人認為，內文詳述內容可以讓其他人記取教訓，標題直接引用嫌犯不當的話語，可以吸引讀者目光，如此處理具有正面的意義，殊不知這種想法正是把自己的快樂建立在別人的痛苦上。

在報導上，「二次傷害」其實可以減少到最底程度：（一）將內文足以辨認出受害人的姓名、地址、身分、關係人……等予以刪除，（二）在內文將細節簡化，（三）在標題上不要直接引述嫌犯不當的話語，如此也可以讓讀者知道新聞內容，但不會對嫌犯的「口無遮攔」、「肆無忌憚」的胡言亂語留下深刻印象，

這也是避免「二次傳播」的一種（詳見第十章第三節）。

　　為了保護受害者，雖然在「性侵害犯罪防治法」、「兒童及少年福利與權益保障法」、「性騷擾防治法」都有嚴苛的規定，但仍然需要編採人員確實遵守，此外，還要加上自己道德、良心的規範，時時「將心比心」，這些不當就能消失於無形。

　　■案例9-2-1，A則引題「批學校違規　○縣教師會理事長○○○遭辱罵」，主題「雄中學生臉書PO『想抓她女兒來輪暴』」，報導某縣（避免「二次傳播」、「二次傷害」，姑隱其名）教師會理事長批評高雄中學違規，雄中學生竟然以捍衛學校為名，在臉書上粗言辱罵，甚至揚言要輪暴他女兒，此事被理事長女兒的同學看到因而暴光。

　　該理事長的女兒是誰？雖然在內文中未提出名字，但其父的大名、身份在標題中、內文中已揭露，雖然絕大部分讀者不知其女的名字，但該縣的一部分讀者，一定可以知道其女的身份，讓這些讀者看到「想抓他女兒來輪暴」的字眼，無疑是對理事長之女再一次傷害，她在此新聞事件純屬無辜，只因為其父作為引發爭議，無端成為受害者，一次一次受傷害情何以堪？

　　本則報導有必要將「想抓他女兒來輪暴」字眼標示在主題上嗎？此字句固然吸引讀者眼光，卻十足再傷害受害者，若改為「揚言對其不利」就緩和多了，內文也應做如此修改，將傷害減到最低。

　　記者如何撰寫，編輯就如何編排、下標嗎？如果持這種想法，就不是編輯，而是一位編匠，真正的編輯對文稿內容，所考量的因素絕對多於記者，對不當的文稿，編輯有十足修正權利，放任記者看到什麼就寫什麼而發什麼，是失職的表現。

　　B則報導的作法與A則恰恰相反，編輯顯然考量到對當事人

不能造成「二次傷害」、「二次傳播」，內文中「我剛去強〇蔡英文回來」的不當字句，在標題上用「辱小英」、「說輕薄話」代替，避免該句不恰當的話赤裸裸在標題上披露，處理還算恰當，若有其他改進之處，就是應將文中的不當字眼改為「強〇」兩字較佳，讀者看到這個不完整的字句，就會想到是啥意思，不必寫得那麼清楚，也是對蔡英文的一種保護。

處理這類新聞，不能因為當事人的身份有所差別，A 則報導中的受害人與 B 則中的受害人同為女性，不能因為蔡英文是名人，所以處理她的新聞特別謹慎，兩者應一視同仁，同樣對待。

案例9-2-1

A 則　批學校違規　〇縣教師會理事長〇〇〇遭辱罵
雄中學生臉書 PO　「想抓也女兒來輪暴」

【林〇〇、李〇/ 高雄報導】〇縣教師會理事長〇〇〇日前批評高雄中學違規，將課輔與正課混排，竟遭雄中學生以捍衛學校為由，在臉書上粗言辱罵，揚言要輪暴他女兒；昨天學生推說帳號被人借用貼文，〇〇〇要求雄中周五前查明並道歉，否則就提告。

〇〇〇上月批評雄中溫書假違法，就有學生匿名影射要對他女兒不利，後來學生道歉收場；但四月中旬〇〇〇接受媒體訪問，談論輔導課與正課混排情形，提及雄中也有類似狀況，又有學生以捍衛校譽揚言對〇的女兒不利。

這名雄中高一許姓同學，廿一日疑似在個人臉書轉貼媒體報導輔導課、正課混排新聞，並加上「又來了，我 X 你媽的死〇〇〇」、「很想抓他女兒出來輪暴」等字眼；被〇〇〇女兒同學看到，事件因而曝光。

（中國時報 100/4/26 A1）

B 則　耍嘴皮　辱小英　遭愛滋攤商咬傷
「深藍」攤商說輕薄話　「親綠」好友不爽　大打出手
還咬一口　事後得知他有愛滋　急忙驗血提告

【吳政峰/基隆報導】政治立場「深藍」的林姓攤商，日前脫口而出說了「我剛去強〇蔡英文回來」，與一位「親綠」的攤商好友

扭打成一團，還被該名攤商咬了一口，事後林姓攤商得知咬傷他的友人患有愛滋，警方訊後依傷害罪嫌將這名愛滋攤商移送法辦。

....

（中國時報 100/7/13 A9）

■案例9-2-2，報導東森電視台某主播被人四度在東森新聞官方網站留言，指其有「黑道老公」……，A 則標題「○○○有黑道老公　女子 PO 文被訴」，該主播到底有無「黑道老公」？該女子 PO 文所言是否屬實？有無觸犯加重誹謗罪？只到起訴階段，尚未定讞，有無必要在標題上標出嫌犯所言？有無必要按照起訴書詳細報導該女子所 PO 之文，讓本來不知此事的讀者，因而看到這則尚未定案的誹謗案內容？倘若將來判嫌犯觸犯誹謗罪，讀者不一定知道這個判決而否定嫌犯之言，但嫌犯不當之言早已深烙讀者之心，對該主播造成「二次傷害」。

B 則標題「網上誹謗○○○　留言者遭起訴」，顯然處理溫和多了，沒有赤裸裸、火辣傷人字眼，點到為止，內文中所引述內容也較簡略，比較不易對該主播造成「二次傷害」。

案例9-2-2

A 則

「○○○有黑道老公」
女子 PO 文被訴

【記者熊迺祺/台北報導】李姓女子在網路上看到一篇七年前新聞，報導東森主播○○○的丈夫呂台年捲入討債糾紛；竟四度在東森新聞官方網站留言，指○○○有「黑道老公」、是「邪惡夫妻檔」，昨天被依加重誹謗罪起訴，聲請簡易判決。

....

起訴書指出，李女在今年三月七、八及十日，四度 PO 文誹謗○○○，文中指出「○○○，妳只要陪妳黑道老公過中午就好了」、「邪惡夫妻檔，關係建立在肉體與金錢」、「有人說，那不叫愛情，那是一椿買賣」。

李女還在網路上說，「○○○很可怕，報導郭董與曾馨瑩新聞時，不知是否和黑道老公住在一起太久，近墨者黑，眼神中帶有殺

氣，不屑的眼神，嘴角仰起，不時露出一抹詭異的淺笑，凶狠瞪著看曾……、嫉妒曾喔」。

（聯合報 100/6/4 A10）

B則　網上誹謗○○○　留言者遭起訴

【陳志賢、尤燕祺/綜合報導】31歲李姓女子4度在東森新聞網站上留言，指主播○○○「先上車後補票」、「黑道老公」、「邪惡夫妻檔」、「肚子平平、屁股肥大、只有一肚子屎」，遭○○○告加重誹謗，檢察官3日起訴李女，並且聲請簡易判決。

檢方調查，李女3月7日至10日在網站上留言，誣指○○○老公是黑道，認識不到半年就閃電嫁，兩人關係建立在肉體與金錢，她還說王播報郭董和妻子「狗狗」新聞時眼帶殺氣，不時露出一抹詭異淺笑，凶狠瞪著「狗狗」。

（中國時報 100/6/4 D6）

■案例9-2-3A則是一條令天下所有為人父母者不忍目睹的新聞，一名漂亮女模慘遭男友毆打，眼皮瘀傷、雙頰瘀青、頭部外傷、雙眼結膜下出血及軀幹挫傷，卻被人暱稱「熊貓名模」，到底是哪個人這麼沒有同情心，把一個女孩子的不幸當做一件玩笑來看，誰不知道熊貓的眼眶旁邊是黑的，這位女模被打成如同熊貓的外表，不可憐她、憐憫她，反而戲弄她、嘲笑她，這哪裏是「暱稱」，簡直就是讓這位女模更加「無地自容」，更加傷心而已。

媒體報導這類新聞，豈可有聞必錄，難道不會「將心比心」嗎？記者沒有注意到這一點，編輯應比記者考慮更週詳，對如此傷人的所謂「暱稱」，就應大筆一揮將之刪除，更不應該在標題上大肆渲染，以「熊貓名模」形容這位被害人，只會讓她遭受「二次傷害」而已。

並不是不能形容一個人是「熊貓」，只是做任何的描繪時，

都要先考慮它有沒有不良的副作用，B 則新聞報導美國職棒明星隊來台比賽，身材圓滾滾，加上有如假髮的蓬蓬頭，很像卡通人物外型的山多弗，就被稱為「功夫熊貓」，這是一個正面的戲稱，沒有人會認為不當，與 A 則的女模相比，沒有「一次傷害」，更沒有「二次傷害」，反而更讓人喜歡這個棒球明星。

案例9-2-3

A 則　　　　熊貓名模　前男友跑路

【記者○○○/台北報導】凱渥名模○○○，被設計師前男友呂志昱打得鼻青臉腫，害她被稱為「熊貓名模」，呂志昱被依傷害罪起訴，台北地院審理時，兩人以 20 萬元達成和解，呂志昱事後沒付錢搞失蹤，昨天更不出庭應訊；○○○出庭時痛批前男友沒誠意，讓她很心寒。

26 歲○○○和 31 歲呂志昱交往 5 年，今年 1 月 27 日凌晨，呂志昱懷疑○○○另結新歡，2 人起衝突，呂志昱動手將她打得眼皮瘀傷、雙頰瘀青、頭部外傷、雙眼結膜下出血及軀幹挫傷，○○○因而被暱稱「熊貓名模」，原本 52 公斤的體重，因此暴瘦成 43 公斤，成了紙片人，經過半年調養才長胖 3 公斤。

....
....

（自由時報 100/10/26 B2）

B 則　　　巨人隊功夫貓熊最怕郭泓志

【記者藍宗標／新北市報導】身材圓滾滾的「功夫貓熊」山多弗，昨天一出現在新莊球場，立刻引起球迷尖叫，公認他是大聯盟明星隊最有喜感的球員，這個大鬍子球員笑說：「這次來台灣，每件事都想嘗試。」

身高 180 公分，體重竟達 112 公斤，加上有如假髮的蓬蓬頭，山多弗有如卡通人物外型，讓球迷充滿歡樂；昨天 5 局上代打時，全場爆出熱烈掌聲，但他第 1 球就出棒，打出高飛必死球，自己氣個半死，用力甩掉球棒走回休息區。

....

（聯合報 100/11/2 B3）

■案例9-2-4，報導一位失業男子，偷車時被監視器錄下，由於他僅有6根手指，成了被指認的證據，標題「好『指』認　6指

男偷機車賴不掉」，標題以「好『指』認」作重點，是一個雙關語的用法，傳統詞意「好『指』認」，當然是指他有六根指頭，容易被指認，但字面詞意「好『指』認」是啥意義？嫌犯只有6指，一定是遭遇過不幸，「好『指』認」字面詞意總不能認為是「好指」吧！？嫌犯雖然涉案，但利用他的不幸事件做文章，有失厚道，也對他造成「二次傷害」，所以本題不應勉強使用雙關語，改成「六指男易辨認　偷機車賴不掉」，就好多了。

案例9-2-4

好「指」認　6 指男偷機車賴不掉

【記者王善嬿/嘉市報導】一名50歲王姓男子長年無業，日前涉嫌先竊取機車，再到嘉市舊公賣局倉庫竊取拆卸的天花板，不料東西才搬上車還未離去就被警方發現，王嫌矢口否認，然王嫌左手只有大拇指，雙手僅有6根手指的騎車畫面被監視器錄下，讓他百口莫辯。

....

....

（自由時報 100/3/16 B4）

■案例 9-2-5，報導一位女大學生駕駛轎車，疑因加速闖黃燈，失控逆向衝機車道內，多名騎士閃避不及，八人受傷送醫急救，所幸均無生命危險，A 則標題「哇咧！菜駕駛如保齡球　騎士應聲而倒」，把一件八人受傷的不幸連環車禍，比喻為娛樂性質的打保齡球，不管是肇禍的駕駛或受傷、受驚嚇的騎士，一定都不願意被當成娛樂活動的主角，而且「哇咧」之詞，又有嘻笑之意，無形之中對當事人造成「二次傷害」，原題缺乏「悲天憫人」的胸懷，有幸災樂禍、用字輕佻之嫌，值得商榷。B 則標題「18歲新手　BMW 連撞9機車」，把18歲新駕駛及9輛受害機車凸顯出來，雖然用字嚴肅，表達平實，但也一目了然。

案例9-2-5

> **A 則　哇咧！　菜駕駛如保齡球　騎士應聲倒**
>
> 【蕭承訓/台北報導】十八歲的溫姓女大學生，廿五日晚間駕駛BMW轎車，準備左轉松德路返家時，疑因加速搶黃燈，撞上對向機車待轉區的機車，失控逆向衝進機車道內，多名騎士閃避不及，被撞得東倒西歪，八人受傷送醫急救，所幸均無生命危險；毫髮未傷的溫女，被突如其來的意外嚇著，躲在親友懷中落淚。
>
> ....
> （中國時報 98/10/26 A11）
>
> **B 則　　18歲新手　BMW連撞9機車**
>
> ....　....................................
> ....
> 　　　　　　　　　　　　（聯合報 98/10/26 B）

■案例9-2-6，報導一部自小客車違規闖越平交道，遭自強號攔腰撞上拖行四百公尺，駕駛卡在廢鐵之中當場慘死，主題「火車攔腰撞　人車都成肉餅」，編輯用「肉餅」兩字形容卡在車內之駕駛，在一般讀者看來，事不關己，心頭上不會有震懾起伏，但在受害者家屬中卻是「椎心之痛」的字眼，「肉餅」為何？即是「餅中包獸肉」之食物，今日之不幸，卻讓家人之慘狀淪為餅中之肉，何其刺眼！白紙黑字登在報上廣為流傳，多麼不忍！「二次傷害」的創痛難以抹滅。

　　編輯下標時，一定未考慮到這些傷害，只想用一個形容詞來形容這件車禍慘狀，殊不知一句輕率之詞，卻造成家屬心中永遠的痛，忍心嗎？

案例9-2-6

闖平交道 火車攔腰撞 人車都成肉餅

自強號時速破百撞上轎車 拖行四百公尺 車體斷裂飛散
內壢站 1 候車民眾遭飛石砸傷

【胡欣男、許俊偉/桃園、台北綜合報導】台鐵南下自強號列車，十二日中午駛經桃園縣興仁路平交道時，男子〇〇〇駕駛的自小客車違規闖越平交道，自強號煞車不及，攔腰撞上，一路拖行四百公尺才在內壢站月台停止，駕駛當場喪命。月台候車民眾目睹火車頭頂著小客車拖行，零件還四處飛散，全被嚇傻眼。

....

（中國時報 100/7/13 A8）

第三節　各國國幣名稱
　　　未標示易造成混淆不清

　　將各國國幣名稱標示在標題上，本是一件很容易的事，可惜因為濫用、省略、疏忽之故，形成標題上的一項缺失，令人痛惜！

　　由於各國幣值不同，兌換之間所顯現的數字出現極大差異，若不標出各國國幣名稱，這些數字所代表的意義為何？長久以來，各媒體之間並未建立一種共識，各報本身也未予以重視，任由編輯各自發揮，致使在標題上扮演重要角色的金額，只見一堆數字，不見它的「單位」，讀者無法量化比較，不看內文不知它所代表的真正含義，這樣的標示，不僅破壞標題的完整性，也有愚弄讀者之嫌。

　　■案例9-3-1，報導韓國學生來台灣求學，比較韓國與台灣的學費，由於記者在內文中未能把錢幣名稱交代清楚，讀者也只能看得迷迷糊糊了，例如：

　　（一）韓國前五名大學，除第一名的首爾大學，其餘都是私立大學，光人文類科系學費就四百多萬……

　　（二）求學時父母負擔四百萬的大學學費……

　　（三）韓國私立大學人文學科，一學期就要三百四十萬韓幣（約新台幣九萬元）

　　（三）有換算成新台幣，讀者一目了然，（一）及（二）所指的四百多萬及四百萬到底是韓幣或是新台幣？到底是全部唸完要花的學費或是每學期的學費？記者並未在文中講明白，編輯也

未追查清楚，直接拿來當標題，讀者必須靠前後句費心推敲，才能瞭解大概。

「在韓……唸學士要400萬」與「在台……每學期才4萬」相比，一般讀者一定搞不清楚，在標題上若要相比，自然是「幣值」、「期間」要相同，讀者才易了解，若是一個是學期，另一個為非學期，幣值又不同，那可真折煞讀者，記者撰稿語意不清，編輯應及時要求記者交代清楚，才是盡「守門人」的責任，像本案例出現這種缺失，實在令人扼腕。

案例9-3-1

在韓……念學士要 400 萬
在台……每學期才 4 萬

【記者○○○/台北報導】…

台師大圖文傳播系交換生鄭鵬說，韓國私立大學的人文學科，一學期就要三百四十萬韓幣（約台幣九萬元），生活費支出平均也要七十萬韓幣，物價水準幾乎是台灣的三倍。台灣私立大學每學期四萬多真的很便宜，「韓國排名前五名大學，除了第一名的首爾是國立外，其餘都是私立大學，光人文類科系學費就四百多萬，很多同學都靠就學貸款撐過。」

曾在世新大學中文系當交換生的韓生李賢英，………求學時父母同時負擔她四百萬的大學學費，還有弟弟高出一百萬的電腦科系學費，有點吃不消。………………

（聯合報 100/6/9 A12）

■案例9-3-2，報導大陸國家主席胡錦濤訪美，向美採購各項產品總額達四百五十億美元（約新台幣一點三兆），標題「胡採購1.3兆　創23.5萬工作」，胡錦濤向美採購與台灣無直接關係，理應採用「美元」幣值，若為使台灣讀者易為瞭解，換算成「新台幣」，就應在標題將「新台幣」標出，否則讀者不看內文就不知道到底是何種幣值。

案例9-3-2

胡採購 1.3 兆　創 23.5 萬工作

【編譯組/綜合報導】中國國家主席胡錦濤這次的訪美，向美國大手筆採購了各項產品總額達四百五十億美元（約台幣一點三兆元），估計可在美國創廿三萬五千個工作機會。

....

（聯合報 100/10/20 A2）

■案例9-3-3，A 則報導台灣將可在拉法葉艦採購案中獲賠八億六千一百萬美元，折合新台幣約二七〇餘億元，引題「共獲賠8.61億」，主題「國防部：追償到底」，這則新聞與我國有密切關係，為使國人易於了解，理應以新台幣為單位，若是標出8.61億，「美元」的幣值名稱，絕不可省略，以免混淆讀者。

B 則報導美國防部部長表示，每年將削減至少一百億美元的經常開支，標題「美國防部擬每年刪減百億經常開支」，這則新聞與台灣無直接關係，應以標示「美元」較佳，並且不應省略幣值名稱。

案例9-3-3

A 則　　　　　　　共獲賠 8.61 億
　　　　　　　　　國防部：追償到底

【呂昭隆/台北報導】國防部昨天表示，初步估計台灣將可在拉法葉艦採購案獲賠八億六千一百萬美元，約折合台幣二七〇餘億元。國防部副部長趙世璋則表示，對法方可能採取的任何作為，國防部都會事先準備因應。

....

國防部表示，仲裁程序的決定已是最終判決，希望台利斯依雙方協議，支付中華民國判決金額；若台利斯不履行，一定依法定程序追償。趙世璋表示，若台利斯不履行，會向法國法院要求強制執行。

（中國時報 99/5/5 A2）

B 則　　美國防部擬每年刪減百億經常開支

【諶悠文/綜合報導】美國國防部長蓋茨八日在堪薩斯市「艾森豪總統圖書館及博物館」演講時表示，他已下令大規模檢討國防部行政開銷。他說，國防部有四〇％的預算花在「疊床架屋的官僚行政費用」。

蓋茨的目標是每年削減至少一百億美元的「經常開支」，這筆錢節省下來將轉用於前線作戰行動與部隊現代化計劃。

（中國時報 99/5/10 A10）

■案例9-3-4，報導歐元區領袖同意提供希臘一千五百九十億歐元（約新台幣六兆五千八百億元）的第二回合紓困，主題「救希臘　歐洲同意6.58兆紓困」，單從標題來看，6.58兆到底是何種幣值？讀者無法立即量化，必須看內文才知道原來是「新台幣」，但在標題上並無標示幣值，混淆便產生了，歐盟紓困希臘與台灣並無直接關係，這種標題應以「歐元」來標示為佳，非要以「新台幣」為單位不可，就必須在標題上標示，省略就很容易造成讀者誤解。此外，標題中的「歐洲」應改為「歐元區」才恰當。

案例9-3-4

救希臘　歐洲同意 6.58 兆紓困
超出預期　全球金融市場演出慶祝行情　歐盟放寬對希臘融資
利率及年限　惟信評機構仍不看好

【蔡鵬如/綜合報導】歐元區領袖廿一日在緊急高峰會中達成協議，同意提供希臘總值一千五百九一億歐元（約台幣六兆五千八百億元）的第二回合紓困，並將歐盟緊

急紓困基金大幅擴權，藉以避免希臘違約倒債，並防堵歐債危機蔓延至歐元區其他國家。

（中國時報 100/7/23 A15）

鑑於以上案例所顯現的不當或是混淆，媒體之間應建立一種

共識，擬定相關的處理原則，以下辦法可供參考：

（一）「新台幣」可不必標示，其他各國國幣名稱絕不可省略。

（二）國內新聞事件所涉及金額，一律以「新台幣」為標示單位。

（三）與我國有直接關係之國際新聞，主要以「新台幣」為標示單位。

（四）與我國無直接關係之國際新聞，主要以該國國幣為標示單位。

為方便讀者自我量化，「新台幣」是最恰當的標示單位（「新台幣」與「台幣」有別，不可混淆），記者撰稿時，應主動將外幣換算成新台幣，所有媒體一旦養成習慣，標題是新台幣或外幣，內文則是新台幣、外幣並陳，果如此，可謂完美無缺！

第十章　社會新聞

　　社會新聞大都指的是犯罪新聞，都是社會不良行為的報導，影響深遠，荊溪人在其所著「新聞編輯學」一書中，引述聯合報「編採手冊」，指出數點處理原則，供編輯參考遵循，茲舉其犖犖大者，闡釋如下：

一、從教育的觀點，報導犯罪事件，多做原因分析，促使社會注意

　　報導犯罪新聞最大的目的，不是看別人的痛苦，而是希望藉這則已無法挽回的不幸事件，讓其他人學到教訓，引以為戒，所以它的最大功能就是教育性，但是原本是正面教育，處理不當往往就變成負面教育，例如本章後面所舉的例子，弒母案、殺夫案……等等，殺人的手法、工具，赤裸裸地出現在媒體上，雖然滿足許多人的好奇，但是負面教育的傷害更嚴重，誰敢保證沒有人從中學習，時下最流行的自殺手法就是「燒炭」，許多媒體在報導時，將自殺的手法、經過，甚至如何密閉空間，寫得鉅細靡遺，對一個決心尋死的人而言，無疑是一本「自殺手冊」。

　　內政部為了規範平面媒體，在「兒童及少年福利法」，新增第三十七條修正條文，祭出規範，凡是文字或圖片，詳述犯罪、施打毒品、自殺所用的工具、方法，或是過度刊載色情、猥褻、血腥、暴力等行為，都牴觸「兒童及少年福利法」，該案在立法院初審時，引發平面媒體主跑社會新聞記者議論紛紛及媒體反彈，有立委也認為，原內政部提案「工具、方法」都不能刊登，未免

太苛，後來經立委、內政部、媒體協調，終於在民國100年11月11日經立法院三讀通過《兒童及少年福利與權益保障法》修正案，明定報紙不得刊載犯罪、羶色腥的文字和照片，不過，若引用司法或行政機關公開文書做適當處理者，不受限制，為避免影響言論自由，對報導過當者，新法採媒體自律與審議機制。修正案所引進的報業自律機制，規定報業公會需擬定報業自律規範和審議機制，並報中央主管機關備查，若平面媒體報導遭人舉發報導過當，將先交由報業公會於三個月內開會討論，做出裁判，必要時得延長一個月；若非公會會員遭檢舉、逾期不處理者、檢舉或遭處罰者對公會裁判不服，將再由內政部邀公會代表、兒少團體共同審議，確有違規情事，可處三萬至十五萬之罰鍰，限期不改善者，得按次連續處罰（中國時報100/11/12 A1）。從修正案中可以看出犯罪的「工具、方法」未被強調、重視，與內政部所提的修正條文，有很大的出入。

　　平心而論，犯罪「工具、方法」，才真的是負面教育的最大元凶，描述犯罪者所使用的工具、手法，美其名「把讀者帶回現場，用文字渲染力，建構『親眼目睹』的感覺」，其實是提供有意仿效者一種負面的教育，中正大學犯罪防治所所長鄭瑞隆表示，霸凌升級與青少年看了太多「不該看」的影片與報導有關，如用○○戳下體、點○燭、坐○塊等殘虐手法。（聯合報100/1/3 A4），反過來說，限制報導工具、手法，會不會影響新聞報導自由？誠如內政部兒童局長張秀鴛表示，「終究須在保護兒少及新聞自由間求得平衡」，「只要媒體避免一些過程性的描述，即可避免被罰」，張秀鴛舉例，像是持刀殺人新聞，是不是要描寫到哪隻手持刀朝被害者什麼部位砍了幾刀、血怎麼濺？值得斟酌（聯合報99/6/3 A8）。

■案例10-0-1，報導民國100年元月2日爆發黃姓男子涉嫌弒母、殺兄、傷父的慘劇，媒體的標題令人怵目驚心，Ａ則主題「黃○○弒親像殺敵　刀刀要命」，副題「一身陸戰隊戰技　曾因失眠求醫　警方：兇嫌都朝○部動脈、○胸○臟及腹部○臟刺殺　非置人於死不可」，黃嫌行凶的行為有必要用「弒親像殺敵」這樣的形容詞？朝哪裏動刀，有必要說得那麼詳細嗎？「弒親」兩個字即可表達「像殺敵」這樣的字句，形容凶嫌的冷血，對行為者也不公平，因為該案的真實情況與行兇動機都未明，用這種「恐怖」的詞句，實有報紙審判之嫌；兇嫌刺殺死者的位置也沒有必要講這樣清楚，用一句「刺殺幾刀」即可，講得太清楚，只是告訴讀者未來如何有樣學樣而已（詳見本章後面所舉例子）。

　　這則兇案發生的原因，反倒是最值得報導的，為何兇嫌會有如此泯滅人性的作法？內文中有報導精神科醫生的分析，講得很清楚，標題並未標出，無法引起讀者注意引以為戒，失去報導犯罪新聞最重要的教育性功能，Ｂ則凸顯這部分，以另一家媒體報導的配合新聞出現，標題為「壓力悶燒　爆發難收拾」，探討不幸事件發生的原因，促使社會多注意，這樣的處理就比較正確。

案例10-0-1

Ａ則　　黃○○弒親像殺敵　　刀刀要命

一身陸戰隊戰技　曾因失眠求醫　警方：凶嫌都朝○部動脈、○胸○臟及腹部○臟刺殺　非置人於死不可

【吳江泉、馮惠宜/綜合報導】持刀殺兄弒母的黃振維，在警方問訊時表現得很冷血。警方私下就透露，黃振維服役時曾受過海軍陸戰隊蛙人訓練，殺害親人跟殺敵一樣，刀刀朝向○部動脈、○胸○臟及腹部○臟刺殺，非置親人於死地不可。黃嫌曾因失眠求醫，但連醫生也找不出病因只開安眠藥給他。……………………………………

胡敏華醫師說，黃嫌案例就是早期父母親管教失衡傷到孩子的心，造成他心理出現障礙，壓力來源無法解除，無助受挫累積到頂點，就會產生一發不可收拾⋯⋯⋯

（中國時報 100/1/3 A7）

B 則　　　壓力悶燒　爆發難收拾

【記者翁禎霞、劉星君、陳崑福/屏東縣報導】「他可能像個悶燒爐」，屏東縣迦樂醫院臨床心理醫師胡敏華說，殺害母兄的黃振維從小受父母不平等待，累積憤怒到頂點，事前應會有些徵兆，家人如留意，事件發展情形或許不致於如此。

一個人的「恨意」會在心中停留多久？國立台南大學諮商與輔導系主任陳慶福表示，細微的壓力經過長期累積，一旦爆發，有時候比一時巨大壓力還可怕。

屏東縣屏安醫院長黃文翔表示，一般人在國中時期遇到管教問題，會隨著時間慢慢淡化、遺忘，很少看過怨恨積了十多年才爆發個案；他認為黃可能有精神方面的困擾，但家人未察覺，未及時接受治療，導致發生這起悲劇。

（聯合報 100/1/3/ A3）

社會新聞另一種正面教育的功能，就是正確知識的傳遞，這種功能大部分是在法律常識方面，從一件毫不起眼的尋常案件中，透過犯罪新聞的處理，使事件的深一層含義比事件的表面意義更重要。

■案例 10-0-2，報導周姓婦人與黃姓丈夫簽下『離婚協議書』之後，立即與廖姓戀人雙宿雙飛，懷下對方骨肉後，即被告通姦而起訴，檢察官指出，自民國97年5月23日起，不管結婚或離婚都必須到戶政機關辦理登記，沒去登記是不被承認的，周姓婦人未去辦離婚登記，周婦仍為有夫之婦，依通姦罪嫌起訴周、廖2人。

這是很尋常的通姦新聞，卻會令許多人大吃一驚，結婚或離

婚一定要去辦登記才有效，可能還有人不知而觸法，這是正面的教育功能，也有人利用此法攢漏洞大享齊人之福，這又成負面的教育功能（詳見第三章第三節）。

案例10-0-2

離婚沒登記　琵琶別抱變通姦

簽離婚協議書就離家？

【記者林嘉東/基隆報導】周姓婦人與黃姓丈夫簽下「離婚協議書」，以為這樣就妥當了，即與廖姓戀人雙宿雙飛，懷下廖某骨肉後，卻被黃某控告通姦，基隆地檢署檢察官高永棟查出，2 人並未辦理「離婚登記」，周婦仍為有夫之婦，昨依通姦罪嫌起訴周、廖 2 人。

主任檢察官周啟勇指出，民國 97 年 5 月 23 日起，不管是結婚或是準備要離婚，都要到戶政機關辦理結婚或離婚登記，沒去登記，結婚與離婚都是不被承認的。

....
....

（自由時報 99/2/5 B2）

二、不應將犯罪者描述為英雄，以免對社會發生不良影響

既然是犯罪新聞，嫌犯的行為當然是錯誤的、不當的，嫌犯因為違反國法，而受到懲罰，但在懲罰之前要經過長久審判程序，從警方偵辦，一直到三審定讞，警方、檢方、法官的作為，都是在糾正這個不當行為。

刑法上「無罪推論」是指一名嫌犯未判刑定讞前，理論上，假設他是清白的，但判決確定之前，仍無法脫離犯罪嫌疑，所以審判期間，在實務上，嫌犯仍無法被當做清白之身來報導，標題用字遣詞也不能使用「殘酷」字句，僅能用「嫌疑犯」的字眼稱之，以免將來若判無罪，替當事人留一點公道，也避免記者、編輯及媒體挨告下不了台。

基於以上分析，嫌犯的任何辯解之詞，都不見得是真實的，

就算是再理直氣壯、言之有理都脫不了犯罪之嫌，媒體自然不可把他描述成英雄，被嫌犯利用了，影響大眾觀感，連帶使法官有所顧忌，做出不正常的判決，白曉燕案發生時，有電子媒體直接用電話與嫌犯對話，就引起有識之士的憂慮，擔心此舉，直接將嫌犯單方之詞透過媒體散播，使得不清楚該案的觀眾，容易聽信其詞，把他視為英雄。

　　■案例10-0-3，黃○○弒母殺兄傷父案，媒體曾直接訪問凶嫌，利用一問一答的方式，凶嫌的言詞未經對質、查證，赤裸裸地表達，這種處理有兩大缺失：

　　（一）兇嫌可能利用這個機會，以片面之詞，自我脫罪，自我行為合理化

　　（二）兇嫌的行為，會被有同樣狀況的讀者，視為英雄，進而模仿

　　以此篇報導為例，兇嫌說：「三兄弟中，哥哥和弟弟功課都比我好……從小，哥哥或弟弟跟我做錯事，只有我被處罰。」，這些片面之詞真假不得而知，很有可能是自我脫罪、自我行為合理化之舉，幸好此篇專訪在這些字句之後，加了記者註解「黃父還在加護病房，無法製作筆錄，警方不排除這是凶嫌脫罪之詞，還要調查」，避免這篇專訪誤導讀者毫不猶豫地相信兇嫌的說法，另外，「他們不讓我○，我也不讓他們○，時候到了……」、「刀刀朝○○、○○等人體重要部位刺去，……」，這些狠話會不會鼓動那些有相同遭遇者的心，進而也犯下相同罪行嗎？

　　幸好，主標題「『只殺2人　沒達成任務』黃嫌冷血」，用「黃嫌冷血」痛斥嫌犯的行為，否定他會成為「英雄」的形象，算是比較正確的標示。

標題對不當行為的「痛斥」也是一種很重要的作為，前曾述及，在判決未三審定讞前，每個階段，嫌犯與犯行是分不開的，只是犯行的認定不同而已，標題不能只標示犯行，而不標示犯行的認定，一來避免「最新發展」的標示不當，二來遏阻他人模仿。

案例10-0-3

「只殺2人　沒達成任務」黃嫌冷血

從小做錯事　只有他被處罰　問他後悔嗎？他不答話

【記者陳崑福/專訪】黃振維行兇後，記者透過管道訪問他，「會不會後悔？」「要不要向家人道歉？」他卻回答「計畫殺五人（殺父母及兄弟後自殺），只殺兩人，沒有達成任務」，絲毫沒有悔意。

……………………………………

……………………………………

問：你說父親看你不順眼，動輒打罵，怎麼一回事？

答：三兄弟中，哥哥和弟弟功課都比我好，哥哥念高雄海事專，弟弟念高雄大學，只有我高中業。從小，哥哥或弟弟跟我一起做錯事，只有我被處罰。（黃父還在加護病房，無法製作筆錄，警方不排除這是凶嫌脫罪之詞，還要再調查）

問：你真的不想跟你的母親及哥哥說聲抱歉？

黃沈默不言。

問：後不後悔？

黃兩眼直視前方，依然不答話。

（聯合報 100/1/3 A3）

■案例 10-0-4，一位三個月大的男嬰被母親五度施打海洛因，標題為「寶寶乖　媽媽餵你海洛因……」，直接標示母親犯行，而未標示地院認為母親惡性重大，重判十三年，違反將「最新發展」標示出來的製作原則，換句話說，也是另一種題文不符。另一方面，該標題用「虛擬」口氣，描述犯罪的行為，直接採用正面的字句，卻沒有標示判刑十三年的懲罰，很容易引起讀者如法炮製此種犯罪行為而不自知，甚至有鼓舞他人的作用，對

這種不良行為，理應在標題上痛斥，例如：「寶寶哭鬧　狠媽竟餵海洛因　判十三年」，斷然給不理性者一種警惕，才不致犯同樣過錯，這種匡正功能，才是刊登社會新聞的核心價值。

案例10-0-4

寶寶乖　媽媽餵你海洛因……

【記者何祥裕、黃福其/台北報導】三重市張姓女子，因受不了三個月大兒子吵鬧，竟然五度幫小孩施打海洛因毒品，小孩呼吸一度停止，救活後還出現毒癮者才有的戒斷症狀。板橋地院審理認為張姓女子惡性重大，判刑十三年。

………………………………

………………………………

（聯合報 99/10/13 A11）

三、報導犯罪新聞，要以悲天憫人之心為出發點，切忌幸災樂禍，用字輕佻

犯罪新聞對加害人或被害人來講，都是一件悲劇，媒體的報導最重的核心價值就是教育性，讓人引以為戒，把雙方的姓名、案情在媒體曝光，對當事人而言，是極其不願的作法，但基於「讀者有知的權利」及教育功能，又不能不刊登，所以在報導時，記者與編輯必須以「悲天憫人」、「將心比心」的心態處理，假設這些當事人是自己的家屬、親戚，自己有何想法與作法？如果是性侵案，一定不會讓自己家人、親屬的被害人姓名，赤裸裸地披露在報上；如果是一件兇殺案、車禍案，也不會讓家人的死亡照片血淋淋刊在報紙上，對自己的親人都會如此處理，也要想到那些雖非自己家屬的被害人，也有一些家人在案發後嚎啕大哭或暗自哭泣，忍心在傷口上撒鹽？忍心看到別人的痛苦，以事不關己的態度去看這件悲劇嗎？

處理犯罪新聞，最令人痛心疾首的是對案情幸災樂禍，用字

輕佻，標題必須反映新聞的性質，因此，要注意新聞內容與標題形式的配合是否適當，一則嚴肅的新聞，不適合用輕鬆、趣味化的標題；相反的，一則輕鬆的幽默的新聞，也不適合用一個嚴肅的標題（新聞標題之研究/郭伯佾/P. 182）。

　　以案例 3-2-2 為例，主題「窮死了！母子燒炭　兒死母獨活」，「窮死了」這個詞句就有「幸災樂禍」、「用字輕佻」之虞（詳見第三章第二節），更有取笑這一對母子之嫌，編輯欠缺「悲天憫人」的心懷，也許是無心之過，但在廣大讀者的心裏，已留下不良的影響。

第一節　社會新聞
最需要「獨特之點」

　　如果常常看社會新聞，你會發現這些燒殺擄掠……等社會黑暗面，一直在重複發生，頂多是人物、時間、地點、原因不同而已，所以社會新聞版的編輯，往往都是由一些較資深的人員擔任，主要原因如下：

　　①社會新聞較其他新聞複雜，處理較為不易

　　②社會新聞重複性多，往往同一版同一性質新聞有多條，稿件整合耗時，需要「經驗」協助

　　③社會新聞要找出最獨特的「點」作主題，才能避免索然無味的萬年題

　　④社會新聞用字遣詞要多元化，編輯的詞彙豐富，才能避免「老生常談」的字眼

　　⑤社會新聞的刊登，不是幸災樂禍，而是要讓讀者能從中得到教訓，富有教育性

　　荊溪人在其所著的「新聞編輯學」（P. 285~286）一書中，曾提到社會新聞編輯應有的素養：

　　（一）重視法律責任，要有廣泛法律知識和社會學者素養

　　（二）重視道德責任，要有深厚的國學修養和精湛的製題技巧

　　（三）重視社會責任，自動調節社會新聞版上的犯罪新聞的種類和篇幅

　　由此可見對社會版編輯的要求，往往較其他版編輯為多，早

期報紙的第三版社會版（三大張的時代）的編輯，都是高手中的高手，常常看見各報在比賽同一條新聞，看誰下的標題比較好，各報給的獎金也很豐厚，近年來，這種現象已不復見，主要是版面多，已移轉焦點，另一方面是年輕一輩編輯的國學造詣已大不如前，雖是如此，社會版的編輯，也要有相當的功力，才不致於出糗。

　　要做為社會版編輯，要求如此之高，其中最主要的、最基本的是要具有獨特的「嗅覺」及敏感度，找出最獨特的「點」，才能勝任愉快，試舉以下案例說明：

　　■案例10-1-1是一則相當罕見的社會新聞，失主被搶走近兩千萬的珠寶，竟然又花200萬私下向搶嫌買回，這是此件社會新聞最獨特的「點」，是下標題的好題材，A則「忍半年才銷贓珠寶盜難逃法網」，完全把這個獨特之「點」忽略掉了，「忍半年才銷贓」這種社會新聞的「點」，在一般偷竊案件中常常可見，一點也不稀奇，「失主私下向搶嫌買回失物」則是很少聽聞，甚至可說「百年難得一見」，編輯忽略這個「點」，而下了一個幾乎「老生常談」的標題，讓整件新聞的「味道」完全走失了，讀者看到A則，絕對不會有興趣看內文，更遑論從這則社會新聞中得到教訓，引以為戒。

　　B則及C則顯然都抓住這個罕見的「點」，B則「2000萬珠寶遭搶　瞞警200萬買回」，C則主題「2000萬珠寶遭搶　200萬買回」，副題「被害人包紅包謝搶匪」，都很清楚將這個罕見的「點」道出，十足展現社會版編輯的「敏感度」。

案例10-1-1

A 則 　忍半年才銷贓　珠寶盜難逃法網

【周敏煌/高雄報導】經營珠寶加工的林姓女子在去年四月間帶著價值約二千萬的一百廿五件珠寶成品欲回家時,被兩名歹徒盯上,騎機車尾隨搶走;事隔半年後,歹徒見風聲稍歇,將珠寶拿到坊間兜售,女子的父親聞訊以兩百萬元購回。警方昨天將搶匪和收贓者等三人送辦。

....
....

（中國時報 98/1/9 A14）

B 則 　2000 萬珠寶遭搶　瞞警 200 萬買回

【記者莊亞築/高雄市報導】台南市林姓女珠寶商去年四月帶著市價兩千萬的珠寶,當街被兩名歹徒騎機車搶走,警方追緝八個多月,查出兩名男子涉案,卻發現林女以「擔心被報復」為由,早一步花兩百萬元將贓物買回。

....
....

林姓珠寶商買回贓物,部分已售出,警方不解林姓珠寶商為何要私下買回贓物,而不通知警方抓賊。

林姓珠寶商只淡淡說,怕被報復,且多花兩百萬買回,這批貨還是可以轉售獲利,並不斷向警方致歉。

（聯合報 99/1/9 A16）

C 則 　2000 萬珠寶遭搶　200 萬買回
被害人包紅包謝搶匪

【記者洪臣宏/高雄報導】被搶 2 千萬元的珠寶,事後花 200 萬元向搶匪買回,竟然還得包紅包向搶匪道謝!高雄市警方昨偵破這起誇張的珠寶搶案,離譜的是,在劫匪和被害人之間牽線的竟是一家銀樓,警方破案後,被害人還抱怨「怕被報復」。

....

警方起出珠寶出價單等證物,確定 2 人犯下搶案,卻同時意外發現被害人林女父親包給粘嫌的 8800 元紅包袋,而警方告知破案消息,林家卻毫無喜悅,更令警方訝異。.......................................

10 月 15 日,三方約出「佳利山」銀樓坐下來談判,邱、粘開價 450 萬元,殺價至 200 萬元成交,失去的珠寶才「完璧歸趙」,而破案後,「私了」內幕才曝光。

....

（自由時報 99/1/9 B1）

　　■案例10-1-2，報導一對公務員夫妻中了威力彩頭獎4.8億元，想到國外樂透得主下場都很淒涼，一度考慮放棄兌獎，忍了55天才現身，創下台灣彩券開賣以來，「忍」最久才領獎的紀錄，這則新聞有以下幾個「點」可做為標題的題材：

　　①看到國外樂透得主下場不好，擔心自己也會如此

　　②忍了55天才去領獎，創下拖最久才領獎的紀錄

　　③中了頭彩4.8億元

　　④得主是一對公務員夫妻

　　從以上幾個特「點」看來，當然以第一項最特殊，中了頭獎不想領，只因為看到國外得主下場不好，這種想法實在罕見，第二項忍了55天才去領獎，也是少見的新聞，光是這兩「點」就足夠做為標題的好題材，其他第三項、第四項固然可以當做題材，但「震撼性」不強，不足以吸引讀者。

　　A則的主題「掙扎55天　公務員夫妻領4.8億頭彩」，副題「看見國外樂透得主下場淒涼　一度想放棄……」，把這件新聞最獨特的點「看見國外樂透得主下場淒涼」，放在副題中實在太可惜了，依據標題製作原則，副題在必要時可以被刪掉，也就是說，副題是可以不存在，那麼光看主題，第一項的「特」點，就完全被犧牲掉了，無法凸顯這條新聞的特殊性。

　　B則的引題「忍了55天」，主題「怕下場不好　中4.8億不想領」，看了這個標題，心中馬上有個疑問，到底領了沒有？從標題的字面來看，中獎者沒有去領，但是內文很明白指出，這對幸運者在忍了55天後，已出面去領了，所以標題與內文不吻合。

　　C則的主題「怕下場不好……中頭彩55天才領獎」副題「一度想要放棄兌獎……」，編輯很技巧地將第一項及第二項特點在主題上結合，堪稱是好標題，尤其是這則新聞內文中，記者將最

特殊的第一個特「點」，在文中第七段才提及，幸虧編輯明察秋毫，展現高度「敏感度」將其凸顯出來。美中不足的是記者在新聞寫作上出現瑕疵，編輯如能將第七段拉到第二段，那就更完美了，也可展現編輯的改稿功力。

案例10-1-2

A 則 掙扎 55 天　公務員夫妻領 4.8 億頭彩

看見國外樂透得主下場淒涼　一度想放棄　天天把中獎的彩券放在皮夾帶出門　捐 2 千萬元作公益

【張舒婷/台北報導】四月八號開出的威力彩頭獎四·八億元，頭獎得主一直沒有出面領取，這幾天終於現身。台彩公司昨日表示，中獎的是一位從事公職的女性，與先生確定中獎後，輾轉難眠，念及國外樂透得主的下場多很淒涼，一度考慮放棄兌獎，忍了五十五天才現身，創下拖最久才領獎的紀錄。

確定中獎當天，夫妻倆高興得睡不著覺，一直討論著這筆意外之財該如何處理？這段期間，太太天天把中獎的彩券放在皮夾中攜帶出門，確定彩券還在才安心。

（中國時報 99/7/20 A6）

B 則　　　　　忍 55 天

怕下場不好　中 4.8 億不想領

【記者李靚慧/台北報導】中了 4.8 億元卻擔心「沒有好下場」，導致一對幸運夫妻不敢領獎，這是真的嗎？

公務員夫妻本想棄領

因媒體報導許多頭彩中獎人「沒好下場」，一對中了威力彩頭彩的年輕公務員夫妻，一度想要放棄這筆意外之財，左思右想了 55 天才來領獎，創下台灣彩券開賣以來，「忍」最久才領獎的紀錄。

稅後實拿 3.84 億

負責接待的台灣彩券公司總經理黃志宜好奇詢問，為什麼拖了 55 天才來領獎？兩人工作繁忙，又擔心出面領獎會碰到記者，而更重要的原因竟是電視、報紙常報導，中頭彩的幸運兒，過沒幾年就破產、重病等「沒好下場」的新聞，使他們不敢領獎，一度還想放棄這筆巨額彩金。

（自由時報 99/7/20 B2）

C 則　怕下場不好……中頭彩 55 天才領獎

一度想要放棄兌獎　每天帶著「價值」三億多元的彩券
趴趴走　幾經思考後　捐出兩千萬元作公益

【記者賴照穎/台北報導】台北市一對公務員夫妻四月初中了威力彩四億八千萬元頭獎，結果拖了五十五天才現身兌獎，「忍功」破紀錄。

‥‥‥‥‥‥‥‥‥‥‥‥

至於為何拖了五十五天才兌獎？中獎人表示，先前看過國外彩券中獎人的相關報導，發現領獎後下場似乎都不太好，一度想要放棄兌領‥‥‥‥‥‥‥‥‥‥

‥‥‥‥‥‥‥‥‥‥‥‥

（聯合報 99/7/20 A10）

D 則　　　一度想放棄天上掉下來的禮物

怕下場不好……猶豫 55 天才領

【陳慶居/苗栗報導】十九日捐出兩千萬元的威力彩中獎人，是民風純樸的苗栗鄉親，從得知中獎後猶豫長達五十五天才領取獎金，創下發行公益彩券以來最久的紀錄，原因是中獎人看過國外許多中獎人的悲慘下場；不過這名中獎人，經過總經理黃志宜指導理財後，已經沒有這方面疑慮。

‥‥‥‥‥‥‥‥‥‥‥‥

黃志宜說，這位中獎苗栗鄉親之所以事隔五十五天才領取彩金，是因同是擔任公職的夫婦看到國外許多彩金得主的下場都不太好，一度想放棄天上掉下來的禮物；但經專業人員輔導理財觀念後，這對夫婦已安心投資理財，也捐款幫助弱勢，並包八萬八千八百八十八元送北市彩卷行老闆。

‥‥‥‥‥‥‥‥‥‥‥‥

（中國時報 99/10/20 A10）

E 則　　　女公務員　拖 55 天才領獎

中 4.8 億威力彩　2000 萬捐苗栗、社福

【記者范榮達/苗栗縣報導】台彩公司發行的威力彩今年四月八日開出的四點八億元頭彩，由住台北市的一位女性公務人員獨得，她慷慨捐贈兩千萬元回饋家鄉苗栗和門諾、慈濟等社福團體，將可幫助三萬人次身心障礙或經濟弱勢族群與兒童。

捐贈儀式昨天在苗栗縣政府舉行，台灣彩卷公司董事長薛香川說，愛心捐款的頭彩得主和丈夫都是公務人員，經常去台北縣中和烘

爐地拜拜，沒想到幸運帶給他們可觀財富。

夫妻兩人一起來領獎時透露，由於看過國外彩券中獎人在領獎後，似乎下場都不太好，曾想過要放棄領獎，才會在對獎後拖了五十五天才領獎，創下台彩發行公益彩券，最長時間未領獎的高彩金得主。

....

....

（聯合報 99/10/20 A5）

　　這則新聞在三個月後，由台彩公司代表受獎人捐出2000萬元回饋家鄉苗栗及社會福利團體時，又再一次見報，這時候報導重點應在回饋捐款及理財，而不是「中獎不想去領」的消息，標題也應跟著調整才對，但是D則卻仍然是三個月前的標題，顯見編輯有疏失，依報導內文來看，此時應強調「經專業人員輔導理財觀念後，這對夫婦已安心投資理財，也捐款幫助弱勢……」，不應再「老聞」重炒一遍，誤導讀者以為再發生一次類似新聞，如果非要勾起讀者的記憶，不妨學E則，將「女公務員　拖55天才領獎」放在引題，說明這則報導已是舊聞，類似這種「最新發展」當主題的說明，詳見第五章。

第二節　對激進行為不應推波助瀾

近年來民意高漲，對於自家環境的變化也嚴格看待，凡有不符合當地居民要求的公共建設，必會引起一陣激烈地抗爭，這些事件自然成為媒體報導的題材。由於抗議民眾的言論及行為五花八門，是非對錯莫衷一是，媒體報導時尺寸難以拿捏，想要處理的恰到好處，就要費點心思。

記者採訪類似新聞，務必小心對各種激烈言詞加以過濾，分辯哪些是氣話？哪些是威脅？哪些對廣大民眾有好處？哪些是為私利而抗爭？能夠分辯清楚，才不至於淪為「幫凶」甚至「助紂為虐」。

不論是「氣話」或是「威脅」，只要民眾的言論及舉止強烈影響到公共安全時，記者撰稿必須考量到它的後遺症，包括此話或此行為所造成的社會不安，換言之，一旦見報後，會產生哪些惡果？站在媒體立場，絕對支持民眾表達自己的意見，不管是發表演說或採取任何抗爭行動，但是不能鼓舞民眾做出脫序的舉動或發表激進不理性的言論，在那種混亂場合，民眾情緒高昂，任何言論及行為絕大多數未經理性思考，率性的演出，往往造成流血衝突，情緒性的語言，常常駭人聽聞，媒體不能為了刺激讀者，而抓住一些激烈的舉動或言論大加張揚。

編輯審核這類稿件時，應心平氣和地仔細考慮，不是記者寫什麼就登什麼，一旦「出事」了，就把責任推給記者，這不是一位盡職「守門人」應有的態度。

■案例10-2-1，是報導桃園機場捷運線全線穿過三重市，但在三重市僅設一站，當地居民要求增設車站，向高鐵局反應，有

人嗆聲「捷運從家門經過，卻無法搭車，難道要用彈弓打車廂叫停嗎？」這句話，從言論觀點來看，是一句非理性的「氣話」，從法律觀點來看，是一句有觸犯公共危險罪之嫌的不當言論，值不值得把它當做標題來渲染，有值得商榷之處：

（一）過去曾有報導，民眾拿彈弓射火車，造成無辜民眾受傷的先例，這種行為實不足取，三重居民爭取設站，當然有發聲的自由，但是這種不理性又易引導別人犯罪的言論，充其量只是一種「氣話」，嗆聲者不太可能將來真的去做，把它拿來當標題，容易喚起一些非理性居民心中的不滿，而魯莽地做出危害公共安全的行為，媒體對犯罪手段或方法不能推波助瀾，當然也不可以給予任何暗示。

（二）「機場捷運僅設一站」「三重人嗆聲：拿彈弓打車廂」，純從標題的語意來看令人不知所云，閱讀內文後才知道來龍去脈，文字敘述沒有連貫性，有「語意不清」的缺失，改為「三重人嗆聲：難道要暴力爭取加站嗎？」就較恰當。

案例10-1-2

機場捷運僅設一站	三重人嗆聲：拿彈弓打車廂

【唐嘉邦／北縣報導】施工中的機場捷運線，全線穿越三重市區和二重疏洪道，但在三重境內僅有一站，當地居民要求增設車站，看著捷運橋墩目前一支一支在門口興建，卻無法搭車，甚至有人嗆「捷運從家門口經過，卻無法搭車，難要拿彈弓打車廂叫停嗎？」
....

為了爭取新設車站，三重市地方人士廿六日晚間在福田活動中心召開公聽會，有民眾建議要發動街頭抗爭，也有人希望移送監察院調查，大家認為「為何泰山可以，三重不行？」
....
....
（中國時報 99/1/30 C2）

第三節 殺人、自殺新聞，
不應詳述方法、工具

南投縣埔里鎮涉嫌謀害親夫與婆婆詐領保險金案的嫌犯林姓婦人被問到從哪裡學來這種毒殺手法？

她回答說「媒體那麼多，資訊那麼發達，看看就知道了。」

台中市張姓女子被指控在飯菜中偷加○○○，涉嫌謀害丈夫未成，她說：「在飯菜加入○○○，從電視學來的……。」

這兩件驚天動地的謀殺案，嫌犯都透露，之所以懂得用毒藥來謀害親人，都是從平面、電子媒體學來的，如果她們所言是真實的，那麼媒體是不是在不知不覺淪為「幫凶」呢？

在本章第一節曾提到「報導社會新聞，不是幸災樂禍，而是要讓讀者能從中學到教訓，富有教育性」，這裏所談的「教育性」是哪一種教育性呢？告訴讀者如何行凶？當然不是！這種教育性絕對是正面的，而不是負面的，遺憾的是，許多媒體不管是有意的或無意間扮演著「負面的教育者」，尤其是將犯罪手法鉅細靡遺地報導出來，美其名是「讀者有知的權利」，其實是告訴讀者用什麼方法再去謀害他人，早期的報社負責人非常重視這方面的重大缺失，一定要求編輯、記者將毒藥的真實名稱省略，而以毒藥、毒液取代，近來倒是很少看到，媒體往往將毒藥名稱赤裸裸地在媒體披露，本來讀者還不知這些毒可以害人，一看到媒體報導後，就學會了手法，天啊！媒體就這樣變成「幫凶」。避免二次傳播造成傷害，本節所討論的殺人內容，均將關鍵字句省略。

　　■案例10-3-1是一件駭人聽聞的謀殺親夫、生母、婆婆案，兇嫌被捕後，供出謀害經過，報紙竟將殺人手法詳述，等於告訴讀者如何學習模仿，記者缺乏警覺心，編輯不懂得刪除，這種手法在媒體上廣為宣傳，等到第二件類似謀殺案再發生時，再檢討已來不及了。

　　A則的內文中提及「……十九日晚間又用針筒將○○、○○○、○○○○注入滴瓶瓶內，隔日劉宇航就發生心肌梗塞症狀……」，最後一段「……○○是有毒的有機化合物，人體體重每公斤誤食○‧二CC的○○即會產生酸中毒，症狀有視力障礙、腹痛、神智混亂、昏迷，嚴重時甚至死亡，若直接注射進入血液，低於誤食的劑量就能致死。」

　　B則的報導中有「……檢察官解剖鑑定報告及毒物鑑定也顯示，死者劉宇航使用的點滴袋、針筒及藍色蓋子含有Traxxxxxxx抗○○用藥、Estxxxxxxx○○藥及 Merxxxxxx○藥成分，前兩種藥物經靜脈注射後，會導致心肌梗塞；另驗出死者的血液中另含有大量的○○、○○和○○○成分」

　　C則的內文有一段殺人經過「……五月廿八日把強效○○藥摻進注射針筒，疑利用婆婆入睡時偷偷打在婆婆身上，致婆婆起床昏迷摔傷頭部，送醫不治。」

　　D則的內文是一篇專訪，記者問：「妳怎會利用○○與○○與強效○○○藥（混合成毒夜）？嫌犯答：「媒體資訊多，丈夫家中也有留下的○藥，我心情長期○○到醫院拿藥，知道強效○○藥加上○藥效果更強。」

　　如此鉅細靡遺地報導，記者或編輯也許想讓讀者知所警惕，防患未然，但也讓有心人學會了殺人的手法，兩者利弊互見，到底要選擇哪一種呢？

案例10-3-1

A 則 　**毒殺丈夫婆婆　圖詐領保金 1500 萬**

【記者陳鳳麗、佟振國、黃敦硯、徐夏蓮/綜合報導】檢警昨天偵破逆倫謀殺案！冷血婦人林于如涉嫌毒殺丈夫和婆婆，企圖詐領一千五百餘萬元的保險金，檢警還發覺林婦的生母去年跌倒的死因也很可疑；林婦認罪，稱因不堪家暴而注射毒藥物殺親夫，證實這宗「黑寡婦蜘蛛式謀殺案」，但否認殺生母及婆婆。

....

不料六月廿五日，林女的丈夫劉宇航（廿七歲）也上吐下瀉、四肢無力，被送埔基醫院施打點滴，林于如竟趁機使用針筒，將○○、○○○、○○○○○○注入點滴瓶，幸好護士發現制止，並立刻更換點滴。因林于如行徑怪異，機警的護士報告醫院後，保留這瓶「可疑點滴」。

夫婆兩個月內　相同症狀死亡

到了七月十七日，劉宇航再度因相同症狀被林于如送到埔基，她安排丈夫住單人病房，十九日晚間又用針筒將○○、○○○、○○○○注入點滴瓶內，隔日劉宇航就發生心肌梗塞症狀，急救無效後宣告死亡。

....

中國醫藥大學附設醫院急症暨外傷中心毒物科主任洪東榮表示，○○是有毒的有機化合物，人體體重每公斤誤食○‧二CC的○○即會產生酸中毒,症狀有視力障礙、腹痛、神智混亂、昏迷，嚴重時甚至死亡，若直接注射進入血液，低於誤食的劑量就能致死。

（自由時報 98/12/18）

B 則 　**狠賭婦　疑毒殺丈夫、婆婆、媽媽**

【沈揮勝/南投報導】埔里鎮少婦林于如為母親、婆婆、丈夫投保，半年多來三名親屬竟相繼死亡，保險公司懷疑是謀財害命，報警調查。警方調查發現，林女積欠大筆賭金，利用丈夫劉宇航住院時，以○藥倒進點滴袋害死親夫。檢警蒐證後十七日逮人，林女坦承毒殺丈夫，但否認殺害婆婆與母親，檢方漏夜複訊後聲押。

....

警方調查發現，死者劉宇航的妻子林于如（廿八歲）簽賭地下六合彩成癮，積欠大筆彩金，疑因賭債逼緊鋌而走險謀殺親夫；檢察官解剖鑑定報告及毒物鑑定也顯示，死者劉宇航使用的點滴袋、針筒及藍色蓋子含有 Traxxxxxx○○○○○、Estxxxxxx○○○ 及 Merxxxx○○成分。前兩種藥物經靜

脈注射後，會導致心肌梗塞；另驗出死者的血液中另含有大量的○○、○○和○○○成分。

（中國時報 98/12/18 A20）

C 則　狠婦殺夫害婆　涉詐千萬還賭債

簽六合樂　欠債數千萬　婆婆被迷昏後摔傷不治　丈夫遭兩度下毒致死　28歲的她超冷靜：媒體那麼多　看看就會了

【記者黃宏璣、張家樂／南投縣報導】南投縣埔里鎮婦人林于如疑簽賭六合樂，輸掉數千萬元，為還賭債涉嫌謀財害命；先幫婆婆鄭惠升與丈夫劉宇航投保壽險與意外險一千六百卅五萬，再下藥迷昏婆婆，致婆婆摔傷不治。之後兩度對丈夫下毒，謀害親夫致死。

檢警表示，高中畢業的林于如（廿八歲）非常冷血，問她從哪裡學來這種毒殺手法，她平靜地說「媒體那麼多，資訊那麼發達，看看就知道了。」

她先為婆婆與丈夫投保南山壽險與意外險，五月甘八日把強效○○○摻進注射針筒，疑利用婆婆入睡時偷偷打在婆婆身上，致婆婆起床昏迷摔傷頭部，送醫不治。

（聯合報 98/12/18 A3）

D 則　「老公喝醉就打我，死了活該！」

【本報記者黃宏璣、張家樂/專訪】南投縣埔里鎮婦人林于如涉嫌謀害親夫與婆婆詐領保險金案，檢警昨天在她住處搜出○○○○。她先說「這段時間心情很難受」，但又語氣高亢地說「丈夫常打我，死了活該！」

問：妳怎麼會想到用○○與○○、○○○○○？

（思考後）答：媒體資訊那麼多，丈夫家中也有滅○留下的○○，我心情長期○○到醫院拿藥，知道○○○○加上○○效果更強。

（聯合報 98/12/18 A3）

　　■案例10-3-2則是一件慢性謀殺案，台中市一名張姓婦人不滿丈夫長期對重病長子施暴，甚至趕出家門，在丈夫的飯菜中下毒，幸好被丈夫發現，才未釀成悲劇。

　　Ａ則的引題「○○○加菜」，主題「毒害丈夫妻：又不會嗝屁」，在引題中明白把該化學原料名稱揭露出來，在內文裡又提到「……從針孔攝影機拍下張姓妻子下毒，報警送驗發現內含致癌○○○……」，「……購買了化學原料○○○，以水溶解後滴在食物或飲食中讓丈夫吃……」、「……查扣裝有不明液體的瓶罐送驗，驗出有○○○成分，微量○○○雖不會致死，但長期累積也會慢性中毒、致癌。」，「……後來坦承在食物中摻入○○○……」，這篇報導不長，共有七段，就有四段提到該化學原料名稱，加上標題的「○○○加菜」，共有五次，一再加深讀者的印象，真有必要這麼做嗎？

　　Ｂ則內文將該化學原料殺人的過程描寫得更詳細，而且還將另一種害人的方法揭露出來，「張婦得知將廢○○○泡水後，釋出的『壬基酚』也會儲存於脂肪組織或肝臟，不易排泄，遂如法炮製，將此『廢○○○水』加入飯菜供丈夫食用」，這篇報導旁邊另有一則「小檔案」，專訪毒物專家談○○○的化學反應及廢○○○泡水對人體的影響，從正面來看，這樣的報導的確給讀者上了一堂化學課程，但是不是也給那些正苦於不知謀害別人的歹徒一個明示呢？

　　Ｃ則的副題中「……飯菜摻致癌○○○……」，內文也多次提到該化學原料如何摻入飯菜的經過。

　　Ｄ則的標題「『要他得到報應』學電視犯案」，更加凸顯媒體傳播殺人手法的恐怖，內文提到「……後來看到電視上說○○○○泡水會產生『壬基酚』喝進人體後會產生雌激素，讓人的脾氣變好……至於在飯菜加入○○○，也是從電視學來的」，電子媒體傳播效果更大於平面媒體，焉能不知警惕？

案例10-3-2

A 則　　○○○加菜　毒害丈夫妻：又不會嗝屁

【記者白錫鏗/台中報導】軍中退伍的黃姓男子最近覺腸胃不舒服，從針孔攝影機拍下張姓妻子下毒，報警送驗發現內含致癌○○○，張婦供稱不滿丈夫長期對重病長子施暴，不堪精神折磨才下毒教訓，昨天被警方依殺人未遂罪嫌移送法辦，檢察官已向法官聲請羈押。

她為報復丈夫，三個月前購買了化學原料○○○，以水溶解後滴在食物或飲水中讓丈夫吃，為了不讓丈夫起疑，她也照常吃飯、喝水，但僅吃數口。

黃男報警，警方到他家查扣裝有不明液體的瓶罐送驗，驗出有○○成分；微量○○○雖不會致死，但長期累積也會慢性中毒、致癌。

警方昨天傳張婦到案，她先辯稱放的是過期蔬菜汁，後來坦承在食物中摻入○○○，主要是不滿丈夫對兒子管教施暴，只要是教訓丈夫，「丈夫吃了也不會嗝屁，只會拉肚子而已」。

黃男對妻感到心寒，堅持提出告訴。

（聯合報 99/7/31 A17）

B 則　　氣夫趕走病兒　飯菜毒夫 80 回
夫裝針孔蒐證報警

【記者張協昇/台中報導】謀害親夫，背後的動機卻令人慨嘆！

台中市 48 歲張姓婦人不滿黃姓丈夫將有重度器官障礙的 19 歲長子趕出家門，張婦愛子心切，對丈夫極不諒解，憤而自今年 4 月起，在飯菜摻入服用過量會致癌的○○○供丈夫食用，前後達 7、80 次，黃某暗中裝針孔攝影機蒐證後報警抓人，張婦坦承為幫兒子出氣毒害親夫。

另外，張婦還得知將廢○○○泡水後，釋出的「壬基酚」可刺激人體分泌雌激素，且「壬基酚」也會儲存於脂肪組織或肝臟，不易排泄，遂如法炮製，將此「○○○○○」加入飯菜供丈夫食用。

（自由時報 99/7/31 B1）

C 則　虐子 18 年　暴夫遭妻子下藥 3 個月
病子受折磨、被趕出家門　積怨化成報復行動
飯菜摻致癌○○○　手機洩密　夫側錄畫面報案

【鮮明/台中報導】台中市張姓婦人因不滿黃姓丈夫長期對罹患先天性泌尿系統異常的大兒子家暴，甚至把他趕出家門，今年四月起暗中在丈夫飯菜裡摻入致癌物質○○○。丈夫連吃了三個多月，直到在妻子手機裡聽到她與兒子「我在他的菜裡下藥」的錄音，這才驚覺遭到下毒，暗中蒐證後向警方報案。

警方昨天帶回張女，並在家裡找到一大罐○○○及塑膠罐等工具。張女坦承在菜裡添加○○○，但否認是為了致丈夫於死，說到激動處甚至哭訴，丈夫不能了解

兒子遭病魔折磨的苦痛，她這麼做就是為了讓丈夫也嘗嘗病痛的滋味。

....

張女說，她因長期遭受丈夫精神折磨，得了憂鬱症，但最後連看病的錢都沒有，為了報復，今年四月間到化工原料行買了一包五公斤裝○○○，以水溶解後暗中滴在菜裡讓丈夫吃。張女為了不讓丈夫起疑，自己也照常吃飯，但只夾幾口上層的菜就說吃飽了

....

....

（中國時報 99/7/31 A10）

D 則　「要他得到報應」學電視犯案

【鮮明/台中報導】「我就是要他得到報應！」涉嫌長期在丈夫飯菜裡摻入致癌物質○○○的張姓女子，昨天到案後談起這些年來丈夫對大兒子的所作所為，情緒十分激動，對於自己無法保護孩子更是充滿自責。她哭著說並不後悔，這麼做全是為了孩子。

....

張女說，起初她只是在丈夫的飯菜裡偷偷加進汙水，看到他吃進肚子裡，就有股莫名的快感，後來看到電視上說○○○泡水會產生壬基酚，喝進人體後會產生雌激素，能讓人的脾氣變好，她也如法炮製讓丈夫喝。至於飯菜加入○○○，也是從電視上學來的。

（中國時報 99/7/31 A10）

■案例10-3-3則是一件擄人勒贖殺人案，兩篇報導內文中，均明白提及如何用藥擄人及如何致人於死，給歹徒一個不良示範，A則內文提及「…，假意要放人，卻令鄭吞下2顆○○○，趁

他神志不清，載到……，2 嫌利用○○○○○○將鄭勒死……」，將殺人經過描述得很詳細。

　　B 則的內文「……中途強迫鄭玉欽吞下八顆○○藥，騙他『醒來就到家了』」，……「兩人持○○○○○○勒斃昏睡中的鄭玉欽……」，記者或許並非故意報導殺人手法，但殺人手法已深入地印在有心人的腦中，這是多麼可怕的事啊！

　　案例10-3-3

A 則　1 條命 18 萬　印刷廠老闆遭撕票

　　【記者余瑞仁、鄭淑婷/綜合報導】為了 18 萬元，擄人勒贖又撕票！

　　男子邱合成、陳志仁 8 日將 50 歲的桃園印刷廠老闆鄭玉欽誘出綁架，押他回工廠取走 3 萬元，又以車禍為由向鄭的胞弟取得 15 萬元贖款後，當晚就將鄭迷昏、勒死，棄屍台北縣林口鄉山區，桃園警分局幹員前晚逮獲邱嫌，並查出因性侵案在押的陳嫌是共犯。

　　兩嫌共取得 18 萬元後，將鄭帶回大圳旁，假意要放人，卻令鄭吞下 2 顆○○○，趁他神志不清，準備殺人棄屍，考慮屍體易被發現，載到台北縣林口鄉太平村「瑞平國小」前岔路轉進山區，至第 20 公墓旁縣道，2 嫌用○○○纏繞昏睡的鄭某脖子，○○○○○○○○，再棄屍公墓山坡下。

　　（自由時報 98/11/11 B1）

B 則　綁熟人怕被抓　18 萬得手還撕票

　　【記者呂開瑞、盧禮賓/連線報導】桃園市印刷商人鄭玉欽，三天前被友人邱合成、陳志仁誘出後綑綁，向鄭家人勒贖十八萬元，得手後僅因「認識」怕被抓，即強迫鄭吞下八顆○○○，載往台北縣八里公墓附近山區，用○○○勒斃棄屍。

　　警方指出，邱合成、陳志仁拿到贖款並未放人，載著肉票往台北縣八里地區，中途強迫鄭玉欽吞下八顆○○○，騙他「醒來就到家了」。

　　當晚十點邱、陳商量如何善後，邱回說：「幹掉他，認識，放回去一定被逮」。兩人持○○○○○○○○○○○，合力勒斃昏睡中的鄭玉欽，棄屍荒野，每人分了九萬元逃逸。

　　（聯合報 98/11/11 A10）

■案例10-3-4則是一宗慘絕人寰的殺人案，媒體將兇嫌凌虐死者的過程十分詳盡的披露，令人對死者的慘狀，不忍目睹，報導這種新聞，有必要這樣做嗎？

Ａ則的報導中，內文中並無太多不當之處，但在旁邊有一副繪圖，詳細描寫兇嫌如何施虐受害人的經過，圖說更是很清楚描述經過，「宋男脫光黃女衣褲……用……細綁後，用○○……再以紅黑○○……○○虐黃女，……再把她推近浴室……」，一連串文字告知讀者如何虐待被害人，圖中被害人雖是繪圖，但面露驚恐的表情，兇嫌則是一副猙獰的面目，對年幼的讀者會有哪種影響呢？，另外，把兇嫌凌虐手法列表示人，詳述各種令人髮指的迫害，這種報導，彷彿在告訴歹徒如何行凶，真有必要嗎？受害者的親友看了，會有何種反應？編採人員應將心比心。

Ｂ則的內文也提及「……先把黃女衣服脫光綑綁……再將……黏在……讓黃女慘叫……或持○○○……滿是傷痕」，「另外，……當出氣包，直接對……拳打腳踢……」一連串過程描述得一清二楚，這些內容到底對讀者有何好處呢？「知」的權利有需要這些內容嗎？值得三思。

案例10-3-4

Ａ則　性虐電死女子拍下驚恐死狀	重求死刑
【記者○○○、○○○/台北報導】曾以「香水達人」身分上電視節目的男子宋志宏，涉嫌用○○、○○、○○，凌虐黃姓女子一個月致死，板橋地檢署昨偵結，具體求處宋嫌死刑。宋母宋黃美玲協助丟棄虐殺工具，也被以湮滅證據罪嫌起訴。	凶嫌上過電視節目 這個案子在案發時，各大媒體都曾大幅報導，但觀諸起訴書所指種種犯行，宋志宏的惡形惡狀，實遠遠超過一般人所能理解程度，讓人髮指。 …………………………… 檢警查扣宋志宏拍攝 V8，畫

面顯示宋嫌對受虐的黃女大聲說「示範一下被電的樣子」、「笑一個，我採訪妳」虐人為樂，但檢警卻從影像看見黃女驚恐的眼神。承辦檢察宮呂俊杰說，宋嫌只為求自己高興，竟以兇殘手段虐殺黃女，且V8已拍下死者生前的驚恐，有必要將他與社會永遠隔絕。

....

圖說

> 宋男脫光黃女衣褲，○○○○○○○ 與○○○○○○○○○ 膠布○○○○○○○○○○○○ 綁在○○○○

○○○○○○○○○○○ 及延長○○○○○○○○○○○○○○○ 看黃女抽動興奮吼叫，再把她推進浴室淋溼全身，推進房後再○。

凌虐手法

> ● 軟禁○○○○○○○○○ 電虐○○○○○○○○● 水管○○○○○○○○○● 燙○○○○○○○○○● 當○○○○○○○○○ ● 木○○○○○● 亂○○○○○○● 餵○○○○○○● 角色○○○○○○○○○。

（自由時報 98/11/17 B1）

B 則　　餵毒＋性虐　殘殺酒女被求死刑

【陳俊雄/北縣報導】樹林車商小開宋志宏免費提供毒品給酒店小姐黃亭芸吸食，黃女因毒墮落，不僅讓宋模仿日本 A 片情節大搞三P性愛，還任由他以電擊、煙燙等方式凌虐。檢警復原宋某拍攝的性愛光碟時發現，黃女雖神情恍忽地說「我不要再吸了」，仍賠上一命。板橋檢署十六日依殺人罪嫌將宋志宏起訴，具體求處死刑。

....

綑綁毆打又○擊○燙　令人髮指

檢警表示，宋志宏疑為追求快感，先把黃女衣服脫光後綑綁手腳，再將○○○、○○○○黏在黃女的胸、臀、頭、手等部位，通電後讓黃女慘叫連連；宋志宏也會強迫黃女手握○○○○○，或持○○○電擊、○○毆打黃女身體，讓黃亭芸身上滿是傷痕。

另外，宋某還把黃女當作出○○○，直接對黃女頭部及身體拳打腳踢，甚至還把黃女相當愛惜的一頭飄逸長髮剪短。

在宋志宏長期凌虐下，黃女在最後拍攝的DV錄影帶中，精神恍惚地表示「我不要再吸了」，但片中的她已經毫無力氣，不僅無法行動，甚至連宋志宏叫她「起立」、「立正」時，也只能癱坐地上。

....

（中國時報 98/11/17 A11）

　　■案例10-3-5則是一則自殺的不幸新聞，一名男子因久病厭世自焚，他的特殊自殺手法被赤裸裸地公布在報紙上，有意無意地告訴讀者如何自殺，甚至給歹徒明示一個殺人新手法，這是一個非常恐怖的報導。

　　A則「○○○○自焚　嚇壞路人」內文更提及「……研判死者可能怕自焚太痛，自己會掙扎逃脫，才用○○○○○○，顯見死意甚堅。」從標題及內文就明白地告訴讀者，自焚如果怕痛又不願臨陣退縮，用什麼方法可以置自己於死地，死者所用的方法，少有人知曉，也少有人聽過，經過媒體這樣刊登，給一心求死的人一個新方法。

　　B則「○○○○○　男子自焚亡」，更將死者用來自焚的兩個工具同時在標題上凸顯出來，有意仿效者一目了然。

　　C則「翁久病厭世　○○○自焚」，同樣揭露自焚的手法，內文更提及「……警消發現死者身上有○○，一度以為是慘遭殺害，透過車牌號碼聯繫家屬後，才確認是單純自殺」，也是給歹徒一個暗示。

　　悲劇一再上演，遏阻這種不當行為，媒體要更加小心，一字一句都要考慮到刊登之後，所引起的副作用，新聞從業人員不能毫無顧忌地全文鉅細靡遺照登。

案例10-3-5

A 則	久病厭世　○綁○○自焚　嚇壞路人

　　【記者林昭彰/台北縣報導】台北縣二重疏洪道昨天凌晨發生自焚案，一具焦屍○○○○○○，○○○○○○在路旁護欄的水泥柱上；警方查出死者是新莊市六十二歲男子吳萬福，家屬說他久病厭世，曾向妻子表達拿○○綁住自己自焚，沒想到真的這樣做了。

焦屍已無法辨識性別、年齡不過吳萬福的家屬從死者手錶、外套鈕釦、鞋子等物，辨識出身分。

檢警勘驗發現焦屍的○○○○○圍繞，○○另一端綁在路旁自行車道護欄的水泥柱上，手、腳並未遭綑綁，研判死者可能怕自焚太痛，自己會掙扎逃脫，才用○○綁住自己○○，顯見死意甚堅。

....

....

（聯合報 98/11/10 A10）

B 則　　○綁○○○○　男子自焚亡

【記者黃其豪/台北報導】男子吳萬福昨天被發現在北縣二重疏洪道內沒留下遺書自焚身亡，○○○○○○○○○○，雙手未遭綑綁，死意甚堅；家屬表示，吳罹患糖尿病 30 餘年，可能是久病厭世，曾向家人透露輕生念頭。

....

....

（自由時報 98/11/10 B4）

C 則　　翁久病厭世　綁○○自焚

【林金池/北縣報道】男子吳萬福疑似病厭世，九日凌晨在五股二重疏道公園，以○○○住身體後潑灑汽油自焚，警消到場男子全身焦黑，沒有生命跡象，送醫後仍宣告不治。

....

......警消發現死者身上有○○，一度以為是慘遭殺害，透過車牌號碼聯繫家屬後，才確認是起單純自焚。

（中國時報 98/11/10 C2）

■案例10-3-6是一則暗殺新招，報導恐怖組織「基地」的自殺炸彈案，為了殺害沙烏地親王，用了一招前所未見的怪招，標題「人肉炸彈○○○　○○引爆」，內文提到「……這次是將炸藥由○○○○○○，不但可以躲避機場的安檢，還能伺機用○○○○引爆，全球反恐專家上個月特別為此舉行緊急會議，商討對策。」「……『人肉炸彈』……炸藥約○○○公克，為○○○○強力炸藥，在○○○○○可增強威力」，都是在告訴暗殺者這是一個新手法。

案例10-3-6

人肉炸彈塞○○　○○引爆

【國際中心/綜合外電報導】恐怖組織「基地」的自殺炸彈客又有新花招，這次是將炸藥○○○○○○○，不但可以躲避機場的安檢，還能伺機用○○信號引爆。全球反恐專家上個月特別為此舉行緊急會議，商討對策。

⋯⋯⋯⋯⋯⋯⋯⋯⋯⋯⋯

後來納耶夫親王在吉達的私人寢宮接見阿席里，阿席里當場○○○表示要說服其他武裝份子投降。

不過○○○○○曾傳出尖銳聲響，可能是啟動炸彈的信號。阿席里將○○交給納耶夫親王，約14秒後炸彈就被引爆，所幸納耶夫親王保住一命，阿席里則被炸成碎片。沙國推估「人肉炸彈」阿席里○○的炸藥約○○○公克，為○○○強力炸藥，在○○○○○可增強威力。

（蘋果日報 99/10/5/A18）

　　從以上所舉出的案例，可以看到殺人的工具、方法是多麼可怕的利器，媒體如果不知不覺地報導，毫不考慮它的嚴重性，那麼所造成的副作用，將是令人心驚膽顫！

第十一章　深層含意

第一節　深一層含意比表面更重要

　　新聞的發展每天都在變，有時候不能單單注重事件表面的重要性，往往深一層的含意及影響可能比該事件表面更重要，影響更深遠，編輯坐上編輯台之前，必須對所有的新聞先瀏覽一遍，甚至要自己做「功課」，凡與自己版面相關的新聞先做記錄、比較，可惜的是這樣的編輯並不多，往往要靠記者先分析比較，如果記者又不是很稱職，第二天看到友報的報導，只有「乾瞪眼」。

　　能不能在標題上標出更深一層的含意，也要靠編輯的敏銳力，記者未能將深一層含意凸顯出來，編輯若能看出「蛛絲馬跡」或其他媒體的提示，提醒一下記者，也可適時彌補過來，這種情況在實務界很常見。

　　■案例11-1-1東亞運動會，中華健兒在男子四百公尺接力稱王，是八年來首面田徑金牌，誠屬難得。

　　A則，一行主題，只標出男子400接力奪第八金，未凸顯這是八年來第一面田徑金牌，美中不足。內文雖有提到「我國上次在東亞運田徑奪金，是二○○一年陳天文的400公尺跨欄，上屆未獲金牌，這次在看好的鉛球、鐵餅雙雙「銀」恨，奪金希望全押在最後一天的四百接力……」，記者寫稿未明顯交代這是田徑8年來的第一金，編輯也沒特別注意到，疏漏就發生了。此外，主

題及引題皆未標出「東亞運」字樣，會讓讀者搞不清是哪個比賽。

　　B 則，以「男子400接力摘金」為引題，以「東亞運田徑　8年來第一金」為主題，顯然較符合標題製作原則。

　　C 則以「男子400接力　盼八年」作引題，以「飛毛腿部隊東亞運奪金」為主題，雖點出「八年」的期待，也標明奪金的好消息，可惜的是單看主題一行，語焉不詳，因為「飛毛腿部隊」一詞，語意不明，會讓讀者誤以為 1600 接力，所以「飛毛腿部隊」一詞，放在主題上，並不恰當，若改為「男400接力技壓群雄　東亞運8年第一金」，就比較符合標題製作原則。

　　記者寫稿如能明白點出事件的重要性，往往會讓編輯事半功倍，B 則內文中「……八年來台灣在東亞運的第一面田徑金牌，彌足珍貴……」，C 則內文中「盼八年，中華田徑隊終於在東亞運再度拿下金牌……」，都會讓編輯很快地了解到此次奪金的更深一層含意，由此可見記者表達方式對編輯的重要性。

案例11-1-1

A 則　　男子4百接力壓軸　　勇奪第8金

　　【李弘斌/香港報導】香港東亞運昨天閉幕，中華田徑隊在將軍澳體育場，帶起代表團最後一波高潮！杜珈霖、劉元凱、蔡孟霖、易緯鎮以卅九秒三一勇奪男子四百公尺接力金牌，替台灣拿下本屆東亞運第八金。中華代表團總計獲八金、卅四銀、四十七銅，在九個參賽國／地區中排名第五，比上屆後退一名。

　　香港發揮地方優勢，豪奪廿六金、卅一銀、五十三銅，拿下第四名。

　　我國上一次在東亞運田徑奪金，是二○○一年陳天文的四百公尺跨欄，上屆田徑未獲金牌，這次在看好的鉛球、鐵餅雙雙「銀」恨，奪金希望全押在最後一天的四百接力。

　　　　　　　　　（中國時報 98/12/14 A7）

B則

男子 400 接力摘金
東亞運田徑　8 年來第 1 金

【特派記者許明禮/香港報導】睽違八年後，台灣的國旗歌再度在東亞運的田徑場上響起！由男子一百公尺全國紀錄保持人劉元凱、蔡孟霖，和兩名新生代快腿易緯鎮、杜珈霖組成的台灣夢幻隊，昨天在二○○九年東亞運男子四百公尺接力決賽，飆出今年最佳的三十九秒三一，力退日本及中國兩大強敵，奪下台灣本屆東亞運唯一的一面田徑金牌。

39 秒 31 年度最佳　力退日、中兩強敵

東亞運昨天圓滿閉幕，台灣代表團最後一天能在田徑場上贏得金牌實屬不易。台灣隊昨天在四百公尺接力的成績不但直逼賴正全、林金雄、鄭新福和謝宗澤在一九九○年北京亞運締造的全國紀錄三十九秒二七，也是自「跨欄王子」陳天文在二○○一年大阪東亞運摘下男子四百公尺跨欄金牌之後，八年來台灣在東亞運的第一面田徑金牌，彌足珍貴。

．．．．．．．．．．．．．．．．．．．．．．．．．．．．

（自由時報 98/12/14/A1）

C則　**男子 400 接力**
盼八年　飛毛腿部隊　東亞運奪金

【特派記者馬鈺龍/香港報導】盼了八年，中華田徑隊終於在東亞運再度拿下金牌，由杜珈霖、劉元凱、蔡孟霖、易緯鎮組成的飛毛腿部隊，昨天在男子四百公尺接力以三十九秒三一，零點九秒之差打敗日本隊摘金，為東亞運畫下圓滿句點。

「接棒幾乎完美。」第四棒的

易緯鎮賽後表示，當他接到蔡孟霖的棒子時，已經把日本、中國等隊拋在後面，「我一路衝、一定要保持到壓線。」拿金牌後，四位選手非常興奮，這都是他們第一面國際運動會的金牌。

．．．．．．．．．．．．．．．．．．．．．．．．．．．．
．．．．．．．．．．．．．．．．．．．．．．．．．．．．

（聯合報 98/12/14/A1）

■案例11-1-2，報導立法院會完成「海峽兩岸經濟合作貿易架構協議」的審議程序，也是這件藍綠紛紛擾擾已久的大案最後的完結篇，本案從頭到此，藍綠雙方攻防激烈，平面媒體、電子媒體報導甚多，立法院能通過此案，在藍軍立委大幅多於綠軍立

委之下，早已不是新聞，絕大多數人都會認為通過是必然的，所以在立法院完成審議程序後，標題的斟酌，應有不同的思維。

　　A 則的主題「立院連夜表決　ECFA 過關」，副題「馬拉松審查　歷經19次表決　府：突破經濟孤立關鍵一步　兩岸經貿邁一大步」，純就本條新聞而言，這樣的標題四平八穩，沒有任何不當之處，用「連夜表決」，也能適當反應此案在立法院審議的艱辛，但在絕大多數人事先都能預料本案結果之下，這種標題就變成「索然無味」，毫無吸引人之處。

　　反觀 B 則，引題「立院完審」，主題「ECFA　2011年1月1日生效　3年後零關稅」，副題「兩岸互相開放806項貨品　半年內展開磋商　『兩岸經濟合作委員會』接手後續事宜」，就必較吸引讀者眼光，原因如下：

　　①「2010年1月1日生效，3年後零關稅」，雖是這項協議的目標，但在媒體強力放送 ECFA 新聞之下，少見諸報章雜誌或電子媒體的標題中，民眾往往在內文中可看到這些字眼，但是印象不深，頂多知道 ECFA 通過之後，兩岸將來有八百多項貨品零關稅，至於本協議何時生效？何時開始零關稅？知之者甚少，對大部分忙碌的讀者而言，更是「莫宰羊」，這時適時地標出，讓大部分讀者對本協議有更進一步的認知。

　　②「兩岸經濟合作委員會」接手後續事宜，也有與上一項相同的原因，讓委員會接手的消息，也是近期見諸媒體，絕大部分讀者並不清楚，此時此刻凸顯出來，可滿足讀者對後續發展的認知。

　　③引題「立院完審」四個字眼，就把立法院「想當然會過關」的預期心態交代過去，可謂簡潔有力。但是本協議若在院會最後發生變化或是未能過關，那麼標題的表現方式就大不相同，

應把未過關或發生變化的事實及原因當主題。

案例11-1-2

A 則　　　　立院連夜表決　ECFA 過關

馬拉松審查　歷經 19 次表決　府：突破經濟孤立關鍵一步

兩岸經貿邁一大步

【記者林河名、李明賢/台北報導】兩岸經濟協議(ECFA)昨晚在立法院臨時會表決通過，總統府發言人羅智強轉述，馬總統肯定國會通過這項攸關台灣未來經濟戰略布局、加速台灣參與區域經濟整合、提升台灣競爭力的重要法案。

立法院今天將繼續處理海關進口稅則修正草案，經濟部預估，ECFA 九月初應可完成換文生效，啟動兩岸金融往來、兩岸經合會等機制。

....

（聯合報 99/8/18 A1）

B 則　立院完審　ECFA2011 年 1 月 1 日生效　3 年後零關稅

兩岸互相開放 806 項貨品　半年內展開磋商

「兩岸經濟合作委員會」接手後續事宜

【單厚之、鄭閔聲、羅融、管婺媛/台北報導】立法院院會昨天完成「海峽兩岸經濟合作貿易架構協議」(ECFA)的審議程序，兩岸互相開放的八百零六項貨品貿易早期收穫清單，將於明年一月一日起生效，於三年後降至零關稅。兩岸並將於六個月內進一步展開貨品貿易協議、服務貿易協議、投資協議的磋商，並成立「兩岸經濟合作委員會」處理與ECFA 相關的事宜。

ECFA 共有五章、十六條、五附件，主要的內容包括：貨品貿易部分，台灣對大陸開放包括輪胎、紡織品在內的兩百六十七項早期收穫清單，以及大陸對台開放包括工具機、烏龍茶等農產品在內的五百三十九項早期收穫清單。早收清單於明年一月一日起生效，依照目前進口關稅高低不同，分階段降稅，第三年內降至零關稅。

....

（中國時報 99/8/18 A1）

第二節　切割奇特新聞點，　報導更引人入勝

　　新聞內文的完整及詳細與否，左右標題的方向，想要內容完整及詳細，第一要靠記者對新聞的敏感度，第二要有堅強的指導者，包括特派員、採訪主任，副總編輯、總編輯，甚至編輯本身，都可成為其中一員，以目前傳播資訊的快速，尤其有線電視整天不斷的播放，在平面媒體截稿之前，就有陸續的信息傳出，盡責的記者有相當的時間去彌補或調整自己採訪的角度，完成一篇篇令人讚賞的報導。

　　所以，一件新聞的發生，記者要懂得切割撰寫的角度，也就是要懂得將複雜的內容，分開來撰寫成數條新聞，不要將幾個重要的新聞點全部擠在一條新聞內，可避免資淺編輯不知要強調哪個重點，二可避免因未分開撰寫而導致內容不夠詳細，喪失它的可讀性，這是記者撰稿時非常重要的技巧。

　　處理這種複雜的新聞，通常將整個過程簡略地撰寫一則主新聞，當做頭條新聞處理，導言格外重要，必須將最重要、最感人、最能撼動人心的「點」舖陳出來，迅速地讓編輯抓到重點，也讓讀者有興趣看下去，另外，將幾個新聞重點，分開來詳細敘述，也就是寫成幾則新聞，如此再配上圖片，堪稱一篇傑出報導。

　　如果記者及指導者，都忽略以上作法，第二天翻開別家報紙，保證只能徒呼負負！

■案例 11-2-1，南投縣曹姓國小六年級女童發現媽媽寫遺

書，還買木炭回家，向學校老師求援不成，社工搶救不及，造成母子兩人共赴黃泉，全國譁然，老師強烈自責，社工後悔不已，各報處理不盡相同，但以聯合報報導最詳盡，最值得一讀，甚至成為花蓮某高中全校老師開會必看的資料。

　　社會新聞發生後，不能僅報導警方調查報告的書面資料，往往深一層的內容，更值得探討，以本案為例，曹姓女童在事先已察覺母親要帶她尋短，向學校老師求援，仍硬生生被母親帶走，死前那種無助，經報導後，博得全國多少人的同情；就讀學校學務主任未能及時阻止悲劇發生，內心自責的過程，給所有老師上了一堂最寶貴的課；台中市、南投縣及台中縣社工因清明假期而未緊迫盯人，暴露出社工人員不足及警覺性不夠的缺失，在在都說明這件悲劇的發生，是層層關卡出現問題所產生的結果，記者在報導這件新聞，有許多的層面及角度，必須懂得切割，分析如下：

　　（一）學校學務主任當天未能強勢留下女童的過程
　　（二）三個縣市社工處理本案的過程及遭遇的困難
　　（三）女童的求救過程及遺留下的謝卡及遺書
　　（四）女童母親與父親間的糾葛關係
　　（五）非婚生子女如何認祖歸宗
　　（六）警察在緊急狀況下可不可以破門搶救
　　（七）處理類似緊急情況下，可向哪些單位求援

　　以上都是撰寫稿件的面向，記者要懂得把握住機會大肆發揮一番，切莫應付了事。

　　A 則新聞就是一條完整的主新聞撰寫方式，記者懂得「女童救助無援」比「母親燒炭」更能強烈撼動人心，編輯也能凸顯這個特點，雙方完美的配合，讓這條悲劇新聞震撼全國。

　　B 則新聞描述學務主任未能強勢留下的遺憾，雖然後悔莫及，但也給天下所有老師一個教訓，往後若發生類似情況要如何處理，難怪花蓮某高中拿來當教職員開會檢討教材。

　　C 則新聞，標題及內容均忽略女童所透露出來的警訊，僅把它當做一般自殺案件處理，把所有過程簡單敘述一遍，未能凸顯本案給後人的教訓。

　　D 則新聞是 C 則新聞的配合稿件，記者懂得把校方留人的過程切開來報導，可惜也是簡單敘述一番，若與 B 則新聞相比，顯然遜色多了，而且標題「社工3度登門　來不及救」，但內文並未提及「三度登門」，只有在 C 則新聞中有「3度前往還是沒有應門」，如此下標題，顯然不合編輯基本原則，因為，標題必須根據記者撰寫的內文來製作，文稿中沒有的內容，不能因為編輯知曉而貿然據以下題，這是這個標題的一大缺失。

　　E 則新聞也是把這件悲劇當做一般自殺事件看待，記者的新聞來源僅止於檢警方而已，女童求援的過程完全沒有提及，與 A 則主新聞相比，相差甚多。唯 E 則旁另有 F 則「非婚生女　比對DNA可認祖歸宗」，詳細告訴讀者如何處理這個問題，頗富教育性。

案例11-2-1

A 則　**媽買木炭我很害怕**　**母攜燒炭**　**女童求救無援**
女童告訴校方　學務主任試圖留置　母仍強行帶走
員警社工未積極查訪　發現時屍已長蛆

　　【記者黃寅、紀文禮、江良誠/連線報導】「這是令人痛心的社會悲劇！」南投縣曹姓國小六年級女童，月初向學校求援「媽媽寫了遺書，還買木炭回家，我很害怕」；學校學務主任試圖留置，仍被母親強行帶走，前晚她被發現和母親穿著紅衣、手綁紅線相繫燒炭身亡。

……………………………………

曹姓女童本月一日晚上就向學校透露，母親準備清明節燒炭自殺，次日中午母親到校強行把她帶走，校方緊急通報南投縣府社會處，力圖留下女童，但女童在員警、社工趕到前，被心意已決的母親帶走。

....
....

（聯合報 99/4/19 A1）

B 則　　學務主任：我差一點能留下她

【記者紀文禮/專訪】「我真的好受傷，難過自責都已無濟於事」，陳姓學務主任感傷地說：「我真的差一點就有機會，把她（曹姓女童）留下來。」

....

「我向曹母說明，她女兒月考表現好，想要獎勵，才要帶她女兒回家度假。」陳姓主任說，曹母暴怒責罵她和學校不該擅作主張，「我只好說出女童已透露媽媽打算自殺的事，當時女童在旁不停哭泣」。

「沒想到女童媽媽一下子冷靜下來，語氣轉為平和安慰女兒，遺書燒炭都是『開玩笑的』，女童原本害怕不敢看媽媽一眼，後來回答願意跟媽媽回家。」

陳姓主任說，她和曹母交談近一個小時，可是曹母心意堅決，「因為縣府社工和警察都沒出現，我雖然百般不願意，也只能看著她們母女離開。」

....
....

（聯合報 99/4/19 A1）

C 則　　恨無法認祖歸宗　母女穿紅衣自殺

【記者俞泊霖/中縣報導】曹姓婦人和蘇姓男子婚外情生下一女，日前曹婦想幫 13 歲女兒認祖歸宗被拒，曹婦憤而帶女兒身著紅衣、手繫紅線燒炭死亡，曹婦並留下「咒文」，詛咒蘇妻家族絕子絕孫，女兒的遺言則寫下「爸爸，我要的真的不多，只要你真心對我就好了。」

....

警方調查，曹婦 2 日接住宿學校的女兒返回台中縣太平市租屋處共度清明連假，5 日晚間女兒未返回學校宿舍，同學向導師反映，指曹同學曾說「媽媽有買好多木炭」，校方研判曹姓母女可能要自殺，連忙通報社會處。

6 日上午社工員與蘇姓男連絡上，蘇男表示母女都在他身邊，人都好好的，下午曹婦家則沒人接電話；7 日社工前往曹婦租屋處查訪，卻無人應門，社工在門口留字條，隔日又追蹤仍無人接聽，13 日三度前往，還是沒人應門，沒人知道門內已傳出悲劇。

（自由時報 99/4/19 B1）

D 則　　　**社工 3 度登門　來不及救**

【記者佟振國/南投報導】台中縣曹姓母女燒炭自殺身亡，消息傳回女童就讀的南投縣埔里鎮某私立小學，師長均感痛心。校方說，4 月 2 日力阻母親把孩子帶走，雙方僵持一個多小時未果，也通報南投縣府社會處，但一直無法與家長取得聯繫，不料昨天竟接獲憾事。

田姓校長指出，該校採住宿制，學校為了保護女童的安全已盡了最大努力，學務主任、導師與家長周旋了一個多小時留人，但清明連假前夕家長親自到校接人，又沒有明確證據證明兩人可能尋短，師長只能眼睜睜看著孩子離校。

……………………………………
……………………………………

（自由時報 99/4/19 B1）

E 則　**穿紅衣綁紅線**　**詛咒負心人　母女燒炭亡**

【吳進昌、盧金足、馬瑞君/台中報導】設籍台中市曹姓婦人未婚生女，長年無法讓女兒認祖歸宗，又遭同居人元配威脅提告，十七日被發現身穿紅衣和十三歲女兒互綁紅線燒炭自殺。遺書中句句血淚，指摘同居人騙她，加上元配不會生，又沒雅量，將變厲鬼詛咒其家族「絕子絕孫」。

七日縣府林姓社工再度前往，還是大門深鎖，乃在大門上留紙條，要曹婦返家後與她聯絡；八日與中市社工聯絡，中市社工表示，已聯絡上曹婦的同居人蘇姓男子，對方告知母女在太平。中縣社工持續打電話都連絡不上人，因曹家門窗緊閉未發現異狀，社工又與南投社工聯絡，希望找到曹姓母女，對方告知曾聽曹母提及要帶女兒去參加活動。

……………………………………
……………………………………

（中國時報 99/4/19 A13）

F 則　　**非婚生女　比對 DNA 可認祖歸宗**

【陳凱勛、吳進昌/台中報導】曹姓母女靈堂設於台中殯儀館，學校老師相約前來上香，曹女哥哥說，妹妹燒炭彷彿早有計畫，先賣掉房產，搬到現今租屋處，又不讓他知道，只能感嘆妹妹走不出情關。而社會處官員指出，單親媽要為子女爭取認祖歸宗，大可向法院提請比對 DNA。

……………………………………
……………………………………

（中國時報 99/4/19 A13）

第十二章　教育性與關心點

第一節　社會教育
##　　　　是媒體最重要使命之一

　　教育性的標題是媒體最重要使命之一，對讀者的影響，慢則在往後的某一時期才會發揮它的潛移默化功能，快則立即顯現它的「救命」角色，這種標題一字一句在平時看似平淡無奇，但在緊急時，讀者若能因為這些經驗之談而脫險，不啻是「救人一命，勝造七級浮屠」

　　不管是哪一類新聞，易言之，編輯下題時，都要考慮這則報導除了資訊的傳播外，還會對閱聽人有何知識上、經驗上的累積交換，讓一個人不幸的遭遇，成為另一個人的救命良方，編輯具有這種偉大的情操，才是讀者之幸、全民之福。

　　■案例12-1-1，報導國中基測成績單寄出，教部邀請技職體系績優學生現身說法，A 則標題「昔日混幫派　今為吳寶春高徒」，凸顯去年拿下香港美食大獎金牌的王鵬傑改過向上，發人深省的故事，他曾在彰化混幫派，因朋友當著他的面遭人開槍打死，讓他猛然驚醒，努力考進高雄餐旅學院，跟著世界麵包大賽冠軍吳寶春學烘焙五年，成為教育部技專優異學生代表，對許多有相同遭遇者發揮相當鼓舞的作用，是何等有意義的社會教育。

　　B 則標題「基測成績寄發　讀技職選擇多」，以成績寄發為

主題，再加上「讀技職選擇多」，整個標題並沒有錯誤，但是「基測成績寄發」，對於參加基測者應是早已知曉之事，報紙刊登只是提醒作用而已，與基測無關的絕大部分讀者，對寄發並不關心，反而王鵬傑的故事更能引起讀者興趣，至於「讀技職選擇多」一語，用在技職招生宣傳，年年可見，毫無新意，屬於「萬年題」，不要也罷！整個標題完全漠視王鵬傑的奮發故事，失去了記者會邀請學生現身說法的更深一層意義，當然社會教育也付之闕如。

　　標題的挑選，要從許多重點中去考慮，不能只看表面的意義，往往所引出的新聞更具有可看性，編輯要會衡量重要性及其影響的層面，功力的高低就在此顯現出來（詳見第十四章第二節）。

案例12-1-1

A 則　　**昔日混幫派　今為吳寶春高徒**

　　【記者林曉雲/台北報導】去年拿下香港美食大獎金牌的王鵬傑，原本是八家將一員，在彰化混幫派，因為朋友當著他的面遭人開槍打死，讓他猛然驚醒，努力考進高雄餐旅學院，跟著世界麵包大賽冠軍吳寶春學烘焙五年。王鵬傑昨天成為教育部技專優異學生代表，公開向國中畢業生宣傳「技職教育讓他的人生逆轉勝」。

　　…………………（自由時報 99/6/3 A12）

B 則　　**基測成績寄發　讀技職選擇多**

　　【林志成/台北報導】今年第一次國中基測成績單今天寄出。

　　…………教部並邀請技職體系續優學生現身說法，鼓勵基測考生勇於選讀高職或五專。

　　高雄餐旅學院學生王鵬傑讀普通高中時，是學校相當頭疼的學生。…………

　　…………現在是世界冠軍麵包師傅吳寶春的徒弟。他認為，「或許是命中注定」。王鵬傑去年和學長、學弟聯手參加「香港美食大獎」，以國劇人物為主題，獲得現場麵包製作組金牌。

　　（中國時報 99/6/3 A6）

　　■案例12-1-2，是一則外籍配偶努力持家終於感動公婆的感人故事，但是原標題「家暴夫癌逝　公婆趕外配出門」，卻只道出前半段的不幸，把最有社會教育的後半段「感動公婆」完全拋棄了，令人扼腕！這位來自印尼的外籍配偶遇人不淑，丈夫好吃懶作，懷孕時被公婆迫簽本票，丈夫罹癌去世後，被公婆踢出門，令人一掬同情之淚，但她還努力磨合，終於獲得接納，是多麼好的一則社會教育題材，原標題無法顯現最感人的部分，不僅題不對文，也漠視社教的使命，宜改為「外配夫死被趕出門　努力磨合感動公婆」。

　　標題的社會教育功能，最能表現在社會新聞中，因為社會新聞的刊登，不在讓讀者看別人的不幸而幸災樂禍，最重要的是讓讀者從新聞報導中得到一些教訓，避免再重蹈覆轍，「前事不忘　後事之師」是最重要的真諦。（詳見第十章社會新聞）。

　　有些報社也在其「編採手冊」告誡編採人員，在處理社會新聞時，要從教育觀點，報導犯罪事件，多做原因分析，促使社會注意（新聞編輯學/荊溪人/P. 284）。

　　案例12-1-2

家暴夫癌逝　公婆趕外配出門

【記者曾懿晴/台北報導】印尼新娘張秀美當初與台灣老公一見鍾情，沒想到嫁到台灣才發現丈夫好吃懶作，嗜賭、酗酒樣樣好，懷孕時還遭公婆強迫簽下本票；張秀美努力扮演好媳婦的角色，婆婆生病時還請假到醫院照顧，終於感動公婆。

　　她在台灣生了一個又一個孩子，丈夫因飲酒導致肝癌過世，她年僅卅歲就作了寡婦。公婆還把她踢出家門，她連孩子都無法見上一面，一度想死。經過磨合努力，好不容易才讓公婆接納她。

（聯合報 98/12/20 A12）

■案例12-1-3，報導一位被押在警車上的嫌犯，竟然能抽出尖刀，刺死坐在駕駛座的警察，這種新聞罕見，關鍵性在這位嫌犯未上手銬，以致有機會突然抽出尖刀行凶，這是這條新聞最特別的地方，也是最有社會教育的特點。

A則標題，「未上銬　通緝犯刺警」，在主題上明顯點出新聞的重點，可惜的是未將結果明白表達出來，反而放在引題「27歲警身亡」，這種標題不符合標題製作原則，因為「27歲警身亡」放在眉題上，實際上是屬於引題的功能，這則新聞唸起來，整句應為「27歲警身亡　未上銬　通緝犯刺警」，文句不通順，讀者無法一目了然，若改為「未上銬　通緝犯刺警奪命」一行主題即可，語意也清楚多了。

B則沒有將「嫌犯未戴上手銬」凸顯出來，是一大缺失，「押解人犯遭刺　員警殉職」，令人看了只會將它視為一件普通凶殺案而已，知其然，不知其所以然，失去教導其他員警防範的功能。

C則標題「通緝犯未上銬　警車上刺傷警」，將命案的原因表達得很清楚，可惜的是未將「警員殉職」標出，這固然要怪記者在新聞中未將最後結果寫出來，以致編輯不知員警已死亡，但是一位有經驗的編輯處理這種「有生命危險」的新聞，通常會在清樣付印以前，要求記者再去了解有無進一步發展，若發現傷者不治，趕快將內文及標題改正，否則新聞慢半拍，隔日見報後，與友報相比，恐怕會臉紅，編採人員不得不慎。

案例12-1-3

A 則

27 歲警身亡
未上銬　通緝犯刺警

【記者陳金松/台北報導】台北市中山警分局大直派出所警員賴智彥，昨晚開警車協助載通緝犯戴志華返所時，疑因未替戴嫌上銬，在派出所門外遭戴持刀伏擊，肩頸部被刺多刀。戴殺警後，立即被其他員警制伏，賴則送馬偕醫院急救不治。

……………………………………

（聯合報 98/11/10 A1）

B 則

押解人犯遭刺　員警殉職

【張企群、廖嘯龍/台北報導】台北市驚傳員警押解通緝犯竟遭刺重傷！……………………

身負重傷的員警賴智彥（廿八歲），隨即被同事送往馬偕醫院搶救，因兩刀都命中要害，大量出血，院方進行搶救後仍告不治。

……………………………………

（中國時報 98/11/10 A15）

C 則

通緝犯未上銬　警車上刺傷警

【記者劉慶侯/台北報導】……………………坐在警車後座的戴嫌竟拿出預藏刀械朝賴員左、右肩各猛刺1刀，傷勢相當嚴重，在後騎車戒護的員警發現，及時開槍制止、逮捕嫌犯，並將傷者緊急送醫，有生命危險。

……………………………………

（自由時報 98/11/10 B1）

■案例12-1-4，A 則報導一位妙齡女子在家中睡覺時，突遭歹徒侵入，她利用各種脫身之道，終於擺脫魔掌，這是多麼有社會教育的新聞，主題「敬酒騙指紋　鬼靈精智取色狼」，內文更有多種脫身之道，例如：①假裝酒醉要嘔吐，躲近廁所思考脫身之道。②佯裝要當朋友，倒一杯酒給嫌犯，留下嫌犯指紋。③拿嫌犯手機撥打自己電話，留下嫌犯號碼。④佯稱肚子餓要外出用餐，搭嫌犯車子外出，又記下車號。⑤作勢要嘔吐，躲在超商請

店員報警。這些都是好的社教教材，也都是下標題的好選擇。

　　B 則報導一位夜歸女護士遭性侵後，又被重擊頭部，歹徒還以手指探詢有無鼻息，所幸被害人機警暫時閉氣才逃過一劫，主題「機車匪劫財色　護士裝死保命」，副題「……還以安全帽重擊　試探沒氣息才擺手」，完全披露被害人死裏逃生的方法，對女孩子提供很好的社會教育。

案例12-1-4

A 則　　敬酒騙指紋　鬼靈精智取色狼

【記者熊迺祺/台北報導】冷靜女子智擒色賊，台北市一名半裸睡的妙齡女子，警覺歹徒侵入租屋處摸她的胸部及下體，…………

…………女子驚醒後，先冷靜假裝酒醉要嘔吐，躲到廁所清洗，思考脫身之道，張明義趁機偷走女子的身分證。

女子離開廁所後，佯稱要和張明義當朋友，倒一杯酒給他喝，留下張的指紋，再拿張的手機撥打自己的電話，留下張的電話號碼，之後佯稱肚子餓要外出用餐，搭張的車外出，又記下車號。

途中，女子作勢要嘔吐，躲到超商內請店員報警。…………

（聯合報 98/11/19 A8）

B 則　　機車匪劫財色　護士裝死保命
假車禍真性侵　屏東1週發生2案　歹徒疑專挑落單護士
辣手摧花　還以安全帽重擊　試探沒氣息才罷手

【林和生/屏東報導】屏東出現犯案手法凶殘、且專挑落單護士摧殘的「機車之狼」！………

更令人髮指的是，歹徒要離開前，竟隨手持安全帽猛砸小芳頭部，連續幾次重擊，直至她動也不動倒臥草叢才停手，歹徒接著還以手指湊進小芳鼻孔，確認沒有氣息後，才將她包包拿走、從容離開，所幸小芳當時機警暫時閉氣才逃過一死。

（中國時報 99/11/23 A8）

第二節　攸關國計民生之點 應予重視

攸關國計民生的新聞，絕大部分是屬於生活、消費新聞，由於這種新聞與民眾生活息息相關，不分教育程度高低、不論貧富，都一體適用，影響層面比其他新聞還要廣，所以這種新聞要著重它的教育性關心點。

讀者看報紙時，往往會對內容產生一種關懷，不管是對自身利益的關心或是對他人安危的關切，下標時，要「將心比心」站在讀者的立場思考，什麼是讀者極欲知道的？什麼是讀者關切的？要能擺脫記者撰稿時的思路引導，才能標出讀者所要的標題，會有這種需要，乃是因為記者撰稿時，由於重點多，可用許多文字一一敘述，編輯下標時，只能用短短幾個字來表達，必須精確地抓住什麼是讀者最關心之「點」，如此，才能符合讀者的需要。

■案例12-2-1，A 則，台北市衛生局抽驗散裝豆素製品，發現豆腐、素雞不合格率高達八成，原因多為違規添加防腐劑苯甲酸、苯甲酸超量或殺菌劑過氧化氫殘留，A 則，直接標示「豆腐素雞　不合格率逾8成」，這種標示一般來說，忠於內文，沒有任何不當之處，但這是一種意義不大的「官式題」，讀者看到標題，頂多知曉豆腐、素雞不合格率很高而已，不會去注意內文所報導的衛生局提醒「烹調前以大量水浸泡，加上經常換水，可轉移殘留的過氧化氫至水中，去除殘留的過氧化氫。另可加水蒸煮、打開鍋蓋，讓苯甲酸與水蒸氣一起蒸發」。內文告訴讀者

「如何吃得更安心」的方法，比標題死板標示「八成不合格」，更有社教的功能，這就是抓住「教育性」重點的明證。

　　B則內文與A則相似，以如何煮豆製品為重點，標題「多泡水　掀鍋煮　豆製品安心」，直接標出問題的核心，吸引住讀者目光。

案例12-2-1

A則　　　**豆腐素雞　不合格率逾8成**

　　【記者林相美/台北報導】台北市衛生局抽驗散裝豆素製品，不合格率逾四成，值得注意的是，豆腐、素雞不合格率均超過八成，原因多為違規添加防腐劑苯甲酸、苯甲酸超量或殺菌過氧化氫殘留。衛生局昨天提醒，烹調前可先浸泡、換水、加水蒸煮，去除添加物。

　　姜郁美提醒，烹調前以大量水浸泡，加上經常換水，可轉移殘留的過氧化氫至水中，去除殘留的過氧化氫。另可加水蒸煮、打開鍋蓋，讓苯甲酸與水蒸氣一起蒸發。

（自由時報 98/11/24 A6）

B則　　　**多泡水　掀鍋煮　豆製品安心**

（聯合報98/11/24 B2）

　　■案例12-2-2，台北市衛生局公布金針的二氧化硫殘留抽驗結果，不合格率竟近半數，A則引題「太鮮艷　別買！」，主題「近半金針　二氧化硫過量」，雖然在引題中有提出「太鮮艷別買」，但若改為「金針　太鮮艷　別買！」當主題用，提醒讀者的教育功能性更強，副題改為「抽驗發現近半數不合格　衛生局提供洗煮方法」，比較能吸引人。

　　B則的標題「抽驗金針　高達四成六不合格」，雖然旁有一則圖說的小標題「別挑鮮艷的」，但主題與A則相似，都不免淪

為八股的「官式題」，類似的報導常常看到，令人「食之無味」！

案例12-2-2

A 則

太鮮豔 別買！
近半金針 二氧化硫過量

【記者高詩琴/台北報導】年節應景食品金針，黃澄澄十分討喜，但顏色若過於鮮豔，民眾要小心了，吃下肚的可能是二氧化硫超量的不合格金針。台北市衛生局昨天公布金針二氧化硫殘留抽驗結果，不合格率竟近半數。

⋯⋯⋯⋯⋯⋯⋯⋯⋯⋯⋯⋯⋯⋯

衛生局提醒民眾，二氧化硫超量的金針特色為顏色過於鮮豔、有刺鼻味道、非自然原味等；民眾可先把乾製金針浸泡於大量攝氏廿五度冷水一小時或四十五度溫水廿分鐘，再扭乾並重複以上步驟二到三次，即可將二氧化硫去除約七成，再加上開蓋煮沸三分鐘，可去除九成殘留量。

（聯合報 100/1/18 A8）

B 則 **抽驗金針 高達四成六不合格**

⋯⋯⋯⋯⋯⋯⋯⋯⋯⋯⋯⋯⋯⋯ ⋯⋯⋯⋯⋯⋯⋯⋯⋯⋯⋯⋯⋯⋯
⋯⋯⋯⋯⋯⋯⋯⋯⋯⋯⋯⋯⋯⋯ （中國時報 100/1/18 A6）

■案例12-2-3，報導日本核災之後，輻射物質飄散的問題及魚類會不會受污染？能不能吃？由於各種消息來源多，各報大多以綜合新聞的方式來處理，這種綜合報導，優點是將相近的新聞集中處理，精簡內容節省版面，缺點是限於標題用字有限，某些內容可能就無法標出凸顯，讀者若無細讀內容，就會喪失「知的權利」，內文中一些本屬很重要的關心點也同時埋沒在一片字海中。

引題「福島污海水 碘131超標3355倍」，主題「市售秋刀魚去年底捕獲 安啦！」，秋刀魚的安全性顯然是編輯所要強調的，這也吻合這段時間讀者不敢吃魚，媒體適時做出資訊傳播的

功能，也是對讀者所關心的新聞做出充分的反應，處理完全正確。但值得探討的是這則報導是一則「大雜燴」，內容包括：

　　1、日本福島核一廠海域測出碘131超標3355倍

　　2、台電副總表示，「銫」並未對台灣環境造成影響

　　3、台灣核廢料運往大陸未達成結論

　　4、漁業署副署長大嚼現烤秋刀魚，證明國內現有秋刀魚不受核災影響

　　以上四種新聞影響屬核災新聞，內容性質有很大的差異，可不可把它們拼在一起，而犧牲了一些內容在標題出現的機會呢？適當切割會不會比較好？是不是也比較可以對讀者關心的點做出凸顯報導？

　　案例12-2-3

福島污海水　碘 131 超標 3355 倍
市售秋刀魚去年底捕獲　安啦

【黃菁菁、陳宥臻、鄭閔聲/綜合報導】日本福島第一核電廠附近海域的輻射汙染再創紀錄……顯示放射性同位素碘一三一超過標準值三千三百五十五倍。…………

　　日本福島核電廠，散「銫」有毒物質，引起鄰近國家恐慌。台電副總經理徐懷瓊表示，銫的比重高，所以只會落在事故現場附近，…………與對岸集團高層洽談運輸台灣核廢料到大陸蘭州處理事宜，徐懷瓊昨日在立法院表示，是有到大陸洽談相關問題，但只討論可能性，還未達成結論。

　　為避免民眾不敢食用海鮮，影響漁民生計，國民黨立委黃昭順昨日邀請原能會副主委謝得志、漁業署副署長蔡日耀等人大嚼現烤秋刀魚，希望民眾安心食用本地漁產。

　　蔡日耀說，……目前市面上販賣的秋刀魚是去年十二月底前捕獲，不可能受日本核災影響。……

…………………………

（中國時報 100/3/31 A5）

　　■案例12-2-4，報導清明節前及清明節期間的天氣變化，相

信這是每個人都十分關心的大事，氣象局發出的預報自然是媒體報導的重點，尤其是清明節掃墓時是下雨天？或是晴天，最受讀者關心。

A 則標題的引題「又見三月雪　週五大回溫」，另一引題「濕冷3月天」，主題「清明連假掃陰霾」，把讀者最關心的焦點以主題標出，完全吻合讀者的需求，十分正確，刊在第一版，更值得稱許。

B 則主題「又見三月雪　週三起逐日回暖」，可見以「下雪」及「回暖」為重點，標題漠視內文中提及「清明節連續假期前半段各地天氣都是多雲到晴的好天氣」，沒有「將心比心」、「易地設想」，未以讀者的關心點來看這則消息，算是缺失；「三月雪」對少數愛雪人士是好消息，但對大部分讀者是無關痛癢的，尤其用一個「又」字，表示不久之前曾有下雪，在整條新聞內容比較之下，「三月雪」，並非最重要的關心點，用引題或副題表現即可。

C 則主題「冷度夠水氣足　玉山合歡山又降3月雪」，完全以「三月雪」為主題，內文對清明節連假的氣候皆未提及，可是在一週天氣預報表都有標出4月1日、4月2日、4月3日的各地天氣狀況，文中完全未作交代，記者似有失職之嫌，編輯也未適時提出修正，只有一句「預估週三後氣溫才會回升」，也僅在內文小標題中標出；如果比較「三月雪」及「氣溫回升」，哪一個重點較受讀者關心？相信應該會選後者。

A、B、C三則有關清明節連續假期的天氣預報，都是在民國100年3月28日見報，在撰稿及編排方面出現極大的差異，對「什麼是讀者所關心的新聞點」，有明顯的認知差異。

案例12-2-4

A 則　濕冷３月天　清明連假掃陰霾

【記者陳幸萱／台北報導】受到強烈大陸冷氣團影響，儘管快三月底了，玉山、合歡山昨天仍下雪！不過根據中央氣象局預測，今天雨勢將緩和，後天開始變暖，到周末清明假期開始，預估本島高溫都有廿七度以上，連假四天，有可能都以多雲天氣為主，民眾不用冒著寒雨掃墓。

林定宜說，清明連假的天氣應該較暖和，頭兩天會是多雲到晴的天氣，至於後兩天的天氣，還要持續觀察，因春天氣候變化大，確切的溫度和降雨情形，要等時間更接近才能預測。

（聯合報 100/3/28 A1）

B 則　又見三月雪　周三起逐日回暖

【李宗祐、沈揮勝／綜合報導】強烈大陸冷氣團發威，加上水氣充沛，玉山與合歡山昨日再度出現三月雪。中央氣局表示，這波冷氣團威力今日雖稍微減弱，但明日又有冷氣團報到，直至周三清晨各地都是冷颼颼的天氣。周三白天以後，各地氣溫逐漸回升，清明節連續假期前半段各地天氣都是多雲到晴的好天氣。

（中國時報 100/3/28 A4）

C 則　冷度夠水氣足　玉山合歡山又降３月雪

【記者○○○、○○○、○○○／綜合報導】春寒料峭！受到強烈大陸冷氣團影響，昨天清晨最低溫出現在淡水下午的九・九度，午後的台北也只有十一・十度，新竹十・四度，合歡山、玉山降下三月春雪，各地均濕冷如冬天。明天週二又將有新一波冷空氣南下，預估週三後氣溫才會回升。

明又有冷空氣　後天才回升

（自由時報 100/3/28 A8）

東日本的強震造成海嘯襲擊，損失慘重，所以地震、海嘯的預報成為民眾最關心的重點，如何逃命？如何早一點知道訊息？是人人極想知道的，一切的報導都應考慮這些因素，才能吻合民

眾的需求。

■案例　12-2-5　Ａ則引題「監測海纜抵台　6月完工」，主題「震前10秒、海嘯前10分鐘　簡訊通知逃生　10月上線」，這則標題完全以讀者極想知道的訊息為導向，直接告訴讀者，這條海纜的建立對逃難爭取多少逃命時間？如何得知逃命訊息？何時開始？種種的關心點，用斗大的字眼在標題上顯現，不看內文也知道重點，處理很恰當，可惜的是，這則標題也題文不合，內文提及「……提早十秒鐘知道地震發生，提早十分知道海嘯來襲……」，標題上並未明示這個重點，「震前10秒、海嘯前10分鐘」，讓人搞不懂與現在預警系統差別在那裏？編輯未搞清楚就貿然下題，記者「語焉不詳」也要負很大責任，若能在內文上改為「比現在（目前）提早……」，與Ｂ則寫法相同，多兩個字，語意就清楚多了，標題改為「震前多10秒　海嘯前多10分鐘」，就正確無誤。至於「海纜抵台，6月完工」，這個「因」，就不如主題所標的「果」，放在引題即可。

Ｂ則標題，引題「爭保命時間」，主題「地震觀測海纜　登陸」，副題「……強震可多出10-20秒預警　海嘯也多5-10鐘逃命」，整個標題四平八穩並沒有錯誤，可是疏忽了讀者的關心點，「地震觀測海纜　登陸」對云云眾生而言，有什麼意義？與目前相比有何不同？除了少數專家、學者外，大家還是不知所云，要靠引題、副題的補充性說明才知最重要的意義在哪裏，如此就不符標題製作原則，這種有點「官式」的主題，有值得檢討的必要。

案例12-2-5

A 則　　　　　　　監測海纜抵台 6 月完工
震前 10 秒、海嘯前 10 分鐘
簡訊通知逃生　　10 月上線

【曾百村/宜蘭報導】中央氣象局委託日本 NEC 公司建置的台灣第一套電纜式海底地震儀及海洋觀測系統，昨天舉行海纜登陸儀式。氣象局地震測報主任郭鎧紋表示，這套系統能讓民眾提早十秒鐘知道地震發生，提前十分鐘知道海嘯來襲，有更多時間可逃生。

....

郭鎧紋說，氣象局採用的海纜地震儀與日本在這次強震發生預警作用的八條海纜是同一套系統。這套觀測系統預計今年六月建置完成、十月啟用。配合中華電信，未來如果發生地震，民眾可接獲簡訊通知，早十秒知道將發生地震，早十分鐘知道海嘯來襲。

有人質疑，花四億五千萬元只能提前十秒得知地震來臨，有點不切實際。氣象局澄清，依往例，強震引發的海嘯才是導致傷亡慘重主因，如果替民眾爭取到十分鐘的逃命時間，將大幅降低傷亡人數。

....

....

（中國時報 100/3/25 A1）

B 則　　　爭保命時間　**地震觀測海纜　登陸**
氣象局斥資 4.5 億元裝設　　強震可多出 10-20 秒預警
海嘯也多 5-10 分鐘逃命

【記者蔡永彬、王燕華/宜蘭報導】「我們終於有一條自己的海纜！」台灣第一套設在外海的地震觀測系統，昨天舉行海底電纜登陸儀式。中央氣象局局長辛在勤預計，如果台灣東部外海發生強震，我們可以比現在多出十至廿秒預警；萬一引發海嘯，也多五至十分鐘逃命。

....

氣象局明、後年會再爭取經費，希望可以延伸到九十公里以外。郭鎧紋估計，屆時地震預警時間可以拉長至廿秒、海嘯預警更有廿分鐘。

....

....

（聯合報 100/3/25 A1）

■案例12-2-6，報導教育部補助文化大學推廣部開授「正骨

整復師培訓班」課程，免費培訓大專以上失業者成為整骨師，引題「教育部補助免費培訓」，主題「上短期課當整骨師　愛盲：遮掩失業率」，上短期課就可以當整骨師？讀者看到標題，不禁會問到：「我的健康保障在那裏？」，內文報導「……只要接受54小時課程，另實習120小時，通過後，加入中華民國中華民族損傷協會即能開業……」，又見內文「……愛盲基金會董事長、中醫師謝邦俊痛批……『誰被整到誰倒楣』」，這一連串的報導一定會嚇到讀者，這些就是讀者最關心的「點」，也是標題所要強調的部分。

　　換另一角度看，中醫師的焦慮有沒有道理？教育部這樣推廣「正骨整復課程」有無瑕疵？留給專家與讀者去判斷，編輯的責任就是把雙方的說詞很公正、很客觀地報導出來，「遮掩失業率」一詞，從整篇報導中，顯然不是愛盲基金會董事長、中醫師謝邦俊最想強調的重點。

　　編輯下標題要設身處地替讀者著想，找出內文中讀者最有興趣、最想知道的內容，才能符合標題製作原則，原標題「遮掩失業率」一詞，既不是讀者所關切之點，又非中醫師謝邦俊最想強調的重點，把它拿來當標題就不甚妥當，反觀整篇報導都在說明整骨師的養成過程，強調它的風險與難度，「簡直拿民眾的健康開玩笑」，最能刻劃中醫師的焦慮，「誰被整到誰倒楣」，也是受訪者的警語，這些與讀者關切的重點相吻合，也是標題的好材料。

　　牽涉到醫療的新聞，「健康」是唯一、也是重要的「點」，至於其他枝微末節，就丟一邊去，不要也罷！

案例12-2-6

> ### 教育部補助免費培訓
> ## 上短期課當整骨師　愛盲：遮掩失業率
>
> 　　【記者邱紹雯、林曉雲、陳怡靜/台北報導】教育部補助文化大學推廣部開授「正骨整復師培訓班」課程，免費培訓大專以上失業者成為整骨師。愛盲基金會董事長、中醫師謝邦俊昨天痛批是遮掩失業率的手段，接受不到200時課程的整骨師，「誰被整到誰倒楣」。
>
> ....
>
> 　　教育部訂定「大專以上人力加值方案」，最新一期審查通過「正骨整復師培訓班」，大專以上學歷失業者免學費，只要接受54小時課程，另實習120小時，通過後加入「中華民國中華民族損傷協會」即能開業。課程去年11年推出，20個名額立刻爆滿。
>
> 　　謝邦俊質疑，目前培養整骨師的途徑，無論是坊間國術館的拳頭師父還是醫療體系的物理治療師，從實務經驗到課堂知識都需經過好幾年學習，現濃縮成3個月、不到200小時的課程，就要投入就業市場，簡直拿民眾的健康開玩笑。
>
> ....
> ....
>
> （自由時報 99/1/7 B5）

　　■案例12-2-7，南投縣埔里鎮大成國中，原住民舞蹈社為創校42年的該校，抱回第一個全國冠軍盃，並於見報日前一天獻給學校，這本是一則值得慶賀的事，但指導老師卻面臨失業，這則新聞給人的衝擊性，顯然是後者大於前者，因為得到冠軍是四天前的事，指導老師失業是明天的事，雪中送炭的關懷，勝過錦上添花的慶賀。

　　A則標題，引題「創校42年首冠」，主題「大成國中原舞奪金」，副題「隊員把冠軍盃獻給學校　受僱期滿的指導老師劉文凱明天就失業　校方盼企業認養其薪資」，以「奪金」為主題，不管是時間點（最新發展）或關心點，拿捏上有失準頭，因為整條新聞的內容，都在報導「老師明天起失業」，全校師生如何關

切為他奔走，「奪金」一事反而是屬「配角」的舊事而已，所以把「關切老師失業」之事當做副題來標示，有反主為客之嫌。

B、C 則標題，則很明顯以「老師即將失業」為主，「金牌殘師薪事　大成國中奔走」、「幫原舞社奪冠　編舞老師卻失業」，都表現出師生對老師的關心，希望能引起社會大眾的共鳴，也與內文的報導相契合，「關心」就是這則報導的主軸，不能以副題來標示。

案例12-2-7

A 則　**創校 42 年首冠**　**大成國中原舞奪金**

隊員把冠軍盃獻給學校　受雇期滿的指導老師劉文凱
明天就失業　校方盼企業認養其薪資

【記者李東憲/埔里報導】「我是冠軍！」南投縣埔里鎮大成國中原住民舞蹈社的 30 個隊員，為創校 42 年的大成國中，抱回第一個全國冠軍盃，昨天把獎盃獻給學校，由校長蔡秋玲代表接受，師生欣喜之餘，對接受擴大就業方案受雇已期滿的指導老師劉文凱的前途，莫不深表關切。

大成國中原住民舞蹈社成立13 年，5 年前僅 17 歲的劉文凱，因車禍而失學、無業，但是因他具備舞蹈及編舞、歌曲創作等天賦，大成國中延請，以付給鐘點費方式，擔任原舞社指導老師，去年才改以擴大就業方案雇用，今天剛好期滿。

....

....

（聯合報 98/10/31 B2）

B 則　**金牌殘師薪事　大成國中奔走**

【記者陳鳳麗/埔里報導】即使車禍成殘，仍要認真教導埔里鎮大成國中原住民學生，仁愛鄉泰雅族勇士劉文凱帶領大成國中原舞社拿下全國母語歌舞劇冠軍，惟他的合約只到本月底，下週即無頭路，校方正努力奔走，盼能讓他劉下來。

....

（自由時報 98/10/31 B8）

C 則　　幫原舞社奪冠　編舞老師卻失業

【廖肇祥/南投報導】「二〇〇九E起舞動」國父紀念館頒獎會場，得獎名單公布，來自埔里鎮大成國中的原舞社舞者又笑又哭，笑得是吃苦沒白費，哭得是奪冠後指導老師劉文凱將面臨失業；因為三年前他車禍殘廢後，從舞者轉成編舞家，領取擴大就業微薄薪水，十月底合約期滿，必須走人。

....
....

（中國時報 98/10/31 C1）

■**案例12-2-8**，經建會核定台北都會區大眾捷運系統萬大－中和－樹林線計劃案，這是一則內容複雜的工程案，如果單從經建會的計畫案去報導，一來媒體的報導版面不夠刊登複雜的全文，二來工程的內容分階段、分期、線路銜接，……都很難立即明瞭，記者撰稿時就要懂得抽絲剝繭，化繁為簡，理出一篇既是整個計劃的重點，又能讓讀者輕易看得懂的報導，絕對不可只從中抽取一些枯燥無味的重點，不經消化的照抄，記者必須將此計畫案與現行的捷運路線銜接的部分，詳細地說明清楚，讓讀者的思緒能連接新、舊路線，標題用字也不可刻板、生硬，下標方向必須要注意生活化、關心點，這些都是對工程、建設這一類硬性新聞的處理原則。

A則標題「捷運萬大線　100年動工」，副題「連接中正、萬華區與中永和、土城樹林新莊　設22車站　市內全線地下化」，整個標題把這條捷運線的點標出來，讓讀者知道與他們息息相關的新聞點是什麼？讀者若有興趣知道詳細內容就會閱讀內文，若無興趣或時間，看了此則標題，也大概知道他們所關心的生活作息會有那些改進。

B則標題「捷運萬大－中和－樹林線　經建會通過」，一般來說這則標題，並沒有錯誤，但嚴格來說，是有不當之處，像

「經建會通過」之類的標題,就是屬於所謂的「萬年題」,每年不知有多少類似此種「通過」的案子,如果每次標題都如此標示,編輯可以毫不用心、毫不費力地下標,每天出現在標題上的「通過」不知有多少?讀者看了標題也不知道內容是什麼,遑論那些是與他們息息相關的新聞點,有人認為,讀者可以看內容就可知道了,但這不是標題存在的目的,標題必須明快點出新聞的重點,給讀者一個「吸引力」,引導讀者去看內容。

案例12-2-8

A 則　　　捷運萬大線　　100 年動工
連接中正、萬華區與中永和、土城樹林新莊　設22 車站
市內全線地下化

【記者黃福其、陳志豪/台北報導】經建會昨天核定台北都會區大眾捷運系統萬大－中和－樹林線計畫案,總經費高達898億元,預計民國100年中動工,第一期工程(萬華－中和段)約民國107年完工,連接北市中正、萬華區及北縣永和、中和、土城、樹林及新莊等五個縣轄市,可便利近200萬台北縣市民眾交通。

………………………………

(聯合報 98/12/8 B2)

B 則　捷運萬大－中和－樹林線　經建會通過

…………………………………
…………………………………

(自由時報 98/12/8 B5)

第三節 國際新聞
選擇與我國有關的內容

　　國際新聞在目前媒體仍然受到重視，報紙仍有相當版面刊登，當然都是國際間的大事，有些直接與我國有關，有些間接涉及台灣的利益，不管是那一種，凡是在文中提及我國，壞事、好事、大事、小事都要做凸顯刊出，一因事關台灣利益，都會引起讀者的關心，二為提升讀者國際視野，知道台灣在世界地球村的角色。

　　編輯處理國際新聞，絕大部分都靠編譯擷取外電翻譯，譯文中有關我國的內容，也應該在導言或前幾段中強調出來，提醒編輯注意，若是派駐外國的記者所撰，以我國的角度撰稿是毋庸置疑的，這些處理國際新聞的要點，本是想當然爾但並非可以完全做到，編輯遇到這種情形，也應在譯文中做一些調整。若有不利我國或有待澄清之事，更應主動要求編輯中心或採訪中心增加背景資料，或要求採訪相關單位（含政府、民間單位）提出說明，一為新聞平衡報導，二為愛國心使然。

　　其實，以上處理原則在一個組織健全的採訪中心或編輯中心，都會在編輯看到稿件之前就會主動去完成，但身為最後一位「守門人」，不得不有這種概念，以防「不測」。

　　國際新聞中有涉及我國之事件，標題應如何標示呢？可歸納以下三種原則：

　　一、我國是新聞事件主角或主角之一，涉及我國之事當然以主題來凸顯

二、我國非新聞事件主角或僅是有小小連帶關係之配角，為免沖淡國際事件重要性、影響性，不方便以主題標出時，應用切割新聞方式，加上背景資料，自成另一則新聞稿，以主題標出

三、完全與我國沒關連，選擇與我國就情感上較為親近的重點當主題

■案例12-3-1，瓜地馬拉前總統，在職時涉侵吞數千萬美元公款，並在美洗錢，紐約一個大陪審團已把他起訴，瓜國前總統涉貪污洗錢在美被起訴，本與我國並無多大關係，對國人而言，新聞價值不大，但因其所侵吞之公款，含有我國捐款，自然值得國人關注，A則標題「涉洗錢　瓜地馬拉前總統遭美起訴」，這個標題未有明顯不當，但把涉及我國捐款的150萬美元，未在主題中顯現，降低這則新聞在國人心中的份量，文中有小標題「A走台灣捐款四千八百萬」，但不夠明顯，無法顯現在國內的重要性。

B則標題，主題「瓜國前總統　污我捐款洗錢　美起訴」，副題「侵吞數千萬美元公款……台灣2000年援助150萬美元也據為己有……」，在主題中明顯標出「污我捐款」，立即顯現這則新聞在國內影響，也提高了它的重要性，進一步也提醒政府，往後的捐款，應注意其後續行蹤。

案例12-3-1

A則　涉洗錢　瓜地馬拉前總統遭美起訴

【編譯管淑平/綜合報導】我國中美洲邦交國瓜地馬拉前總統波狄優，由於涉嫌侵吞瓜國數千萬美元公款，包括台灣捐贈用於購買書籍的一百五十萬美元（約四千八百萬台幣），並利用美歐等國銀行洗錢，二十五日遭美國紐約曼哈頓聯邦法院大陪審團起訴，若罪名成立，他將面臨最高二十年徒刑。

A走台灣捐款四千八百萬

紐約檢方指出，波狄優侵吞的

公款包括國防部的四百萬美元，以及台灣「和平圖書館」計畫的一百五十萬美元。台灣在二〇〇〇年開立三張各五十萬美元的支票，捐這筆用於購買學校書籍的款項，波狄優在這些從一家紐約銀行開出的支票上背書後，把錢存入邁阿密的銀行，然後再轉到他前妻和女兒在巴黎一家銀行的帳戶。起訴書說，「這些台灣政府開出的支票沒有一張用於和平圖書館計畫，而是……被挪用。」

（自由時報 99/1/27 A8）

B 則　瓜國前總統　汙我捐款洗錢　美起訴
侵吞百萬美元公款　藉妻女名義全球洗錢　台灣 2000 年援助 150 萬美元也據為己有　事情爆發逃逸無蹤。
……………………………………………　……………………………………………
……………………………………………　（聯合報 99/1/27 A14）

■案例12-3-2，A 則報導英國《每日郵報》以專文介紹全球綠色未來之都，包括台灣台中市的「台灣塔」……等三個建築，「台灣塔」在這則新聞中是三個主角之一，自然是主題的不二之選「『台灣塔』」生態樹將誕生　英國驚艷」，讓國人非看這則國際新聞不可，也因此與有榮焉，其他的建築非我國所建，關係不大，讓它淹沒在新聞內文中，無傷大雅。

B 則報導哥本哈根會議是否要簽署協定，若是簽署協定對我國影響如何？駐外記者除了報導一般的新聞外，更要重視對我國的影響，標題「新約允　關稅碳稅邊境稅制裁　我出口添變數」，就是凸顯該約對我國的重要性，以我國為主要訴求重點，完全正確。

案例12-3-2

A 則 「台灣塔」生態樹將誕生 英國驚豔

【黃文正/綜合報導】英國《每日郵報》八日以專文介紹全球綠色未來之都,包括台灣台中市的「台灣塔」、中東阿布達比近郊的「瑪斯達城」(Masdar City),以及日本的「清水金字塔巨型城市」(Shimizu Mega-City Pyramid)都風光入列。

....

(中國時報 100/2/9 A12)

B 則 新約允 關稅碳稅邊境稅制裁 我出口添變數

【特派記者薛荷玉】全世界正在關注二戰之後,最重要的世界領袖集會－哥本哈根會議是否將簽署協定,還是只有政治宣言?……

....

這其中對台灣影響最大的,即新約中的貿易措施條文,它將允許美國等以關稅、邊境稅、碳稅等方式,實行貿易制裁,對台灣出口產品投下變數。

另一項迫在眉睫的影響是,新約規範對象從國家延伸到私人企業,未來可能以產業形式管制碳排放,如限制全球航空業、海運業、鋼鐵業的二氧化碳排放,台灣產業無法置身事外。且台灣無法以開發中國家名義自公約取得財務協助,企業未得補助,還是要盡義務,對國內企業壓力特大。

....
....

(聯合報 98/12/18 A1)

■案例12-3-3,報導一位越南孤兒被德國家庭收養後,不僅出任德國的衛生部長,很有可能出任德國自民黨主席和副總理,這則新聞的新聞重點在強調德國的政局變化,這位名為侯斯勒的越南裔不過是這場人事調整中的一員,與我國更是無關連,但是這位越南孤兒能夠在德國嶄露頭角,讓同為東方人的台灣民眾大感興趣,情感上也較親近。標題「越南孤兒 德國副總理人選」,就是很恰當的標示,至於德國政局如何變化,相信只有極少數的台灣讀者會關心,不必在標題上多所著墨。

案例12-3-3

越南孤兒　德國副總理人選

【柏林特派員陳玉慧/4日電】德國可望出現第一位亞裔副總理，在自民黨主席魏斯特威勒辭職後，越南裔的衛生部長侯斯勒是目前接任自民黨主席和副總理的熱門人選。

……………………………………

……侯斯勒今年 38 歲，是德國第一位亞裔部長，原是越南孤兒，被德國家庭收養……………………

……………………………………

……………………………………

……………………………………

（聯合報 100/4/6 A13）

第十三章　趣味性

　　趣味性新聞最受讀者歡迎，它遠離社會新聞羶色腥之害，亦無政治新聞之爾虞我詐之黑，長期以來，是報紙上人見人愛的一片淨土，最值得耕耘。

　　早期常見闢「大千世界」專版，刊載全球此類奇聞異事，坊間亦見有專報導此類新聞之報紙，可惜都被視為「配角」，很難長久經營下去，殊為可惜。

　　這種人情趣味新聞報導是基於對人性的訴求，是感性的、自然的，使受眾接受之際，不需付出許多閱讀或收聽、收視的勞力，卻可立即獲得心理的滿足或情緒的發洩，其最大功能在使一個社會人歸還為一個自然人（新聞報導學/王洪鈞/P. 424）。其功能既有如此之效，乃不失為報紙上不可或缺之訊息，雖然目前此類報導，大多散布在國際版、生活版或社會版，編輯處理時不可因其無關現實生活而漠視，仍應全力發揮，以饗讀者。

　　處理這種趣味性新聞，應該注意以下三點，本章並以實例說明之：

一、要將心比心，不可將悲劇塑造成喜劇（趣味性），讓當事人身心受傷害

二、不可將開玩笑之詞，毫不修飾地直接標示，讓人誤以為真

三、要標出味道來，用字遣詞雋永，讓讀者過目難忘，回味無窮

第一節　趣味性新聞最吸引人

　　趣味性新聞要從文稿中抓出，並不是很困難的，編輯要以輕鬆的態度去面對，但也要保持一顆敏銳的心，因為有些趣文本身一看就知道是趣文，有一些則是趣味性隱藏在其他一般性新聞中，不稍加注意，很容易被疏忽掉了，茲舉例說明如下：

一、本身就是一則趣味性新聞

　　這種新聞是所有編輯最喜歡的，文稿從頭到尾就是在敘述整個趣聞的經過，只要構思如何去安排標題的句子就可以，處理這種新聞，編輯一定要跳出文稿的牽引，不要把一則輕鬆有趣的報導，用一個四平八穩又有點八股的標題應付了事，一定要設法用輕快的筆調，活靈活現地標出味道來。

　　■案例13-1-1，新竹市有一對兄弟，名為考量、考究，父親名為考及弟，這則趣文，任何人一看，便有很大興趣想看下去，編輯跳出文稿牽引，標題「我叫『考及弟』　兒子考量、考究」，簡簡單單的字眼，用第一人稱，把味道全標出來，自是好的標題。

案例13-1-1

我叫「考及第」　兒子考量、考究

【記者高宛瑜/新竹市報導】新竹市東門國小有對兄弟，哥哥叫「考量」、弟弟叫「考究」，超特別的姓名讓想忘記都難；兄弟倆剛在美術比賽獲獎，校長看到獎狀上名字，還以為老師偷懶忘了寫姓，一問才知。

　　考量、考究的父親叫「考及第」，在竹科當主管，是否和兒子一樣，人如其名？他笑說被「盛名」所累，從小到大，師長、同學看到他名字，都認為他一定功課很好，會出人頭地。

（聯合報 100/1/6 A10）

■案例13-1-2，台南縣一位酪農檢查一頭發情的母乳牛時，慘遭發情公乳牛從背後攻擊，撞斷肋骨及左肩胛骨，幸無生命之虞，這是一則不幸的新聞，但編輯取信家畜疾病防治所長的看法，「公牛可能吃醋或基於保護母牛才攻擊」，跳脫文稿的牽引，從公牛的角度來做標題，「別碰我的她！」，將一件不幸的事件，用恰到好處、詼諧的口吻標示，令人不看一眼都很難，也給酪農們一個警示，將來一定要注意公牛會吃醋傷人。也許有人會認為這是一件不幸事件，要用嚴肅的態度去面對，不應用詼諧的口吻去表達，但是從這則新聞的重要性來看，趣味性大過於牛隻傷人，如果僅從牛隻傷人的角度來看，就是一則微不足道的小新聞，常常會看得到，不值得刊在全國版，但從趣味性－牛吃醋－的觀點來看，則是一則奇聞，難得一見，所以處理類似新聞，就要特別小心，既要標示趣味點，又不能流於幸災樂禍，引起讀者反感，這則標題，前一句用趣味性的口吻，表達牛隻吃醋，後半句「蠻牛撞斷主人肋骨」，用嚴肅的字句標出不幸，整個標題，恰到好處，既詼諧又嚴肅。

案例13-1-2

> ### 別碰我的她！蠻牛撞斷主人肋骨
>
> 【記者吳政修/台南縣報導】
> 台南縣新營市酪農施博仁昨天清晨檢查一頭發情的母乳牛時，慘遭一頭公孔牛從背後攻擊，撞斷肋骨及左肩胛骨。台南縣家畜疾病防治所長謝耀清指出，公牛可能吃醋或基於保護母牛才攻擊。
>
> 謝耀清說，公牛以為有人要對發情母牛不利，因嫉妒或基於保護母牛會攻擊人；飼主要查看發情母牛時宜溫和些，別讓公牛、母牛看到，較能確保自己安全。
> （聯合報 98/12/16 A9）

趣味性的新聞，有時靠編輯部的用心整合，將不同來源，但相互有關連性的趣文湊在一起，增添其可讀性，案例13-1-3，可說是難得一見，兩則新聞在新竹、桃園分別發生，對比性處理更饒富趣味，於是串成一則非常非常罕見的奇文，值得誇獎。

A則標題為「因政治憎綠　忌綠豆湯不吃青菜」，B則「為愛情憎藍　一家三代沒件藍衣」，兩則趣文並排刊出，標題用字又有對稱，令讀者看了不禁莞爾。

這種新聞，往往發生在不為人知的人群之中，或是暗藏在其他新聞內，起初，它可能是一句話或一件微不足道的小事，記者若有敏銳的新聞感，一定會發現它是一則好的新聞，從其他報導中抽出來，另外單獨撰寫。A、B兩則如果能很自然地在同一天出現，當然是求之不得，但是這個機率不大，往往需要編輯、記者相互激盪、配合，才會比較圓滿，例如本案例很可能是如此產生的：A則新聞是新竹記者最先發掘的。他又去訪問精神科醫師，才知道這是一種畏懼症，患者無所不怕，從怕高、怕蟑螂、怕颱風、怕電梯甚至怕與人四目交接，加上個人政治傾向及藍、綠對立而加重病情，當這則報導到達編輯部後，有同仁提及也有

怕藍的趣文，於是要求桃園記者去挖掘另一則五年前曾在法院曝光的往事，並訪問當事人，由文中「桃園法院五年前審理一對退休教師的新婚官司時……」「王婦昨天不太願意談及『藍色』往事，……」，可為佐證，當兩則新聞，同時到達編輯手中，這一篇對比趣味性報導，自然而然吸引許多讀者目光，編輯部的費心整合，居功厥偉。

案例13-1-3

A 則　　因政治憎綠　忌綠豆湯不吃青菜

【記者王慧瑛/新竹縣報】「我就是討厭綠色！」新竹縣六十多歲陳姓男子因為不喜歡民進黨，進而厭惡一切和綠色有關事物；他不喝綠豆湯，不吃綠色蔬菜，看到麵攤老闆娘穿綠色衣服，二話不說掉頭就走。更誇張的是，他為了避開綠色，常繞路不經過公園，對綠色能避就避。

署立竹東醫院精神科主任蘇柏文說，陳姓男子是畏懼症患者，這種患者無所不怕……陳姓男子可能有特殊體質，因個人政治傾向及藍綠對立而加重病情。

（聯合報 99/8/12 A11）

B 則　　為愛情憎藍　一家三代沒件藍衣

【記者游文賢、呂開瑞/桃園縣報導】「男」跟「藍」何干？桃園縣一名柳姓退休教師醋勁大，因為昔日情敵的名字有「男」，他視「藍」如「男」，為了不讓「男」貼近妻子，竟不讓妻子穿著藍色衣服，一禁就是卅年，妻子訴請離婚，法院判准。

桃園地院五年前審理一對退休教師的離婚官司時，才發現這場「藍色愛情戰爭」還波及當事人的兒孫。王婦訴請離婚勝訴的主要理由，在於法官認同「藍色的禁忌」帶她極大心理創傷。

（聯合報 99/8/12 A11）

■案例13-1-4是一則影視新聞，劉軒幫藝人陶喆作詞，笑言因為知道陶太多秘密，擔心有一天被他「解決」，標題「劉軒知

道太多秘密　怕遭陶喆滅口」，這本是一則開玩笑、嘻鬧的新聞，劉軒怎可能會遭陶喆滅口呢？但是標題直接將開玩笑的話，毫不修飾地直接標示，會讓一些讀者誤以為真，不甚恰當。這則報導在內文中既以點出「笑言」，標題中就不宜省略，應該忠實地、完整地標出這個「關鍵字眼」，改為「劉軒知道太多秘密　笑稱怕遭陶喆滅口」較恰當。

案例13-1-4

劉軒知道太多祕密　怕遭陶喆滅口

【王雨青/台北報導】劉軒由藝文界進軍娛樂界，在經紀公司規畫下接觸主持精品活動，也開創作音樂作品，籌備與 Janet 合作音樂專輯，他日前幫陶喆作詞，笑言也因知道陶太多秘密，擔心有天被他「解決」，「與其說幫陶喆創作，我其實像他的心理諮商師。」

（中國時報 98/10/6 D1）

二、趣味性元素，隱藏在其他新聞中

■案例13-1-5報導現代婦女基金會公布針對千名網友的「過度追求經驗」調查發現，近七成女性、四成男性有不愉快的被追經驗，但會產生安全恐慌的男性不到兩成，女性則逾四成，……，這是一則很常看到的調查報導，從新聞的導言及前後段，看不出它的趣味性，但到這四段「……曾有個案因追求心上人，竟找牙醫拔牙，將牙齒寄給女方表達『沒齒難忘』的愛意，不但嚇壞對方，……」，就顯現這則新聞的趣味性元素，此時，這則調查報告的新聞本身就被超越，編輯當然從「沒齒難忘」着手，主題「拔牙寄給心上人　嚇壞她……」就吸引許多人的目光。

B 則的引題「恐怖示愛」，主題「求愛勾勾纏　依性騷擾開

罰」，反而忽略一則報導的趣味性元素，導言中「情書附一顆牙齒，代表『沒齒難忘』；剁下小拇指，證明只有我對妳最真心……」，記者已將趣味性很清楚地在導言中凸顯出來，編輯卻下了一個面面俱到又看不出特色的「廣泛性」的標題，「恐怖示愛」可以代表「附上牙齒、剁下手指……」等恐怖行為，讀者必須看內文才知道實際的內容，不能吸引讀者的目光，「求愛勾勾纏 依性騷擾開罰」，也是宣示性的標題，不能說它不當，但看不出特色，很容易讓讀者忽略過去，編輯未將趣味元素凸顯出來，令人扼腕！

C 則引題「七成女性有被勾勾纏經驗」，主題「愛到沒齒難忘 男寄牙齒嚇壞女」，記者能在導言中把趣味性元素凸顯出來，編輯也能把「沒齒難忘」在主題標示，雙方處理很恰當。

案例13-1-5

A 則

沒齒難忘
拔牙寄給心上人　嚇壞她……

【記者何定照/台北報導】日劇「一○一次求婚」中男主角猛追女主角打死不退感動不少人，但若發生在現實，男主角恐怕吃上性騷擾官司。

現代婦女基金會公布針對千名網友的「過度追求經驗」調查發現。………

調查顯示，近七成女性、四成男性有不愉快的被追經驗，男性的遭緊迫盯人程度雖然較低。………

男女雖都有不快的被追經驗，但會產生安全恐懼的男性不到兩成，女性則逾四成，因為男追女常較劇烈。耕莘醫院精神科主任楊聰財表示，曾有個案因追求心上人，竟找牙醫拔牙，將牙齒寄給女方表達「沒齒難忘」的愛意，不但嚇壞對方，自己也被父母帶去求診。

………………………………
………………………………

（聯合報 99/2/5 A14）

B 則

恐 怖 示 愛
求愛勾勾纏　依性騷擾開罰

【記者謝文華/台北報導】情書附一顆牙齒，代表「沒齒難忘」；剁下小拇指，證明只有我對妳最真心！這些「恐怖的苦肉計」真實發生，非但沒感動對方，還吃上性騷擾罰單。

西洋情人節將至，現代婦女基

金會昨天公佈「麥擱勾勾纏！過度追求也不行！」調查報告，5成6受訪者曾有過不愉快的被追求經驗，女性更高達7成。

（自由時報 99/2/5 B2）

C 則

七成女性有被勾勾纏經驗
愛到沒齒難忘　男寄牙齒嚇壞人

【朱芳瑤/台北報導】追求心儀對象，許多人信奉「精誠所至、金石為開」，但小心做得太過火，變成性騷擾！一名廿五歲男子追女朋友，竟然將自己的牙齒連同情書

寄給對方，象徵「沒齒難忘」的愛意。女生被嚇到，男子的父母也直呼太離譜，押著兒子看精神科。

（中國時報 99/2/5 A8）

■案例13-1-6，報導民法親屬編修法，讓子女有權聲請隨父或母姓，兩年來有上千件向法院聲請姓氏變更的案件，聲請理由五花八門，全文舉出許多改名的例子，有以身體不適，求神問卦後，必須認祖歸宗為由；有以夢到亡父提醒他延續香火，決心改父姓為由；有以母親改嫁，兒子繼父感情不錯，不願自己結婚喜帖出現三種姓氏為由；有以喜好書墨為由，報請姓「黑」；有以從父姓房，從小被戲稱是「房事的房」為由，要求更改母姓……，在這麼多的例子，編輯不能把所有的有趣的「點」全部在標題上標示，只能挑選一、二個趣文，當標題題材，到底要選哪一個比較好？全憑編輯個人判斷，不管選擇哪一個，一定要考量這個題是否「稀奇」、「有趣」？會不會讓人看了標題想看內

文，原標題「被笑房事　房先生改從母姓」，儘管內文只是一兩句話，都有它的吸引力。當然，如果大部分內文都在報導這個趣味點是最好的，不過，從本則新聞的來源，很難要求大部分內文都在報導「房先生」改名的趣事，除非記者花更多的時間，再去訪問房先生本人或是新聞來源的單位能提供更多的資料，但這也是可遇不可求的。

案例13-1-6

被笑房事　房先生改從母姓

【記者蕭白雪、李順德/台北報導】民法親屬編前年修法讓子女有權聲請隨父或隨母姓，兩年多來有上千件向法院聲請姓氏變更的案件，聲請理由五花八門；有人說亡父託夢要認祖歸宗，有人說神明指示，甚至還有愛好書墨者希望改姓「黑」。

姓氏的發音或意義也成為民眾變更姓氏的理由，有人以喜歡書墨為由聲請姓「黑」；也有人因為從父姓「房」，從小被同學戲稱是「房事的房」，與父親久無往來，要求更改姓氏。

（聯合報 98/10/31 A8）

■案例13-1-7，報導台北市自閉症家長協會、伊甸基金會、兒福聯盟、台北勝利身心障礙潛能發展中心等單位創意公益商品，文中報導許多件，各有各的特色，如案例13-1-7，編輯只能選出一、兩件當題材，本則標題「送筷架催快嫁　創意公益商品搶市」，在內文中也只不過是一句話「還有新娘訂購『筷架』送給單身姊妹淘，要好友『快嫁』」而已，但它很有吸引力，拿來當標題，可以吸引讀者目光。

案例13-1-7

送筷架催快嫁　創意公益商品搶市

【李芳瑤/台北報導】Sandy四月即將步入禮堂，為了挑選送賓客的小禮物而傷透腦筋。無意間看到台北市自閉症家長協會「小貝殼工作坊」最新推出的玫瑰花心手工皂，她為之驚豔，一次訂購兩百組。以實際行動挺身心障礙者，也讓終身大事更添溫馨。

台北勝利身心障礙潛能發展中心的手工琉璃庇護工場生產的「荷包蛋琉璃碟」設計感強烈，也是熱銷品；還有新娘訂購「筷架」送給單身姊妹淘，要好友「快嫁」。庇護工場商品可上勞委會職訓局「庇護好站」瀏覽。

（中國時報 99/2/8 A10）

■案例13-1-8的 A、B 兩則標題，都是將一般性、看起來不是很有趣的新聞，很用心地標出它們的趣味性，編輯的努力值得肯定。

A 則標題「試吃伴手禮　先生，你的狗不見啦」，是將文中「有民眾忙著試吃到未注意愛犬險些走失，經廣播後獲協助找回」的一段話模仿廣播人員的口吻，用輕鬆有趣又有一點嘲諷語氣，以第二人稱標出，這則報導，令人看了標題不禁想看內文。如果本則標題僅是死板地按照文中所敘述，標出一般常見的「試吃伴手禮　愛犬險失還不知」，不能算不當，但是整個新聞的趣味性大打折扣。

B 則標題「蟬叫求偶　蟋蟀搶親……看鳴蟲特展」也是將一個普通的展覽，用心標出它的味道，換句話，將一則很平常的新聞，利用動態的標題，吸引住讀者的目光。用一些動詞所標示出來的所謂「動態標題」，一向在編輯台上受到賞識，標一個平鋪直敘的標題並不難，要讓標題從平淡無奇的文稿中活起來，則考驗編輯的功力。

　　如眾所皆知，記者撰稿往往都是從第三人稱出發，很不容易把一個熱鬧的場面描寫得淋漓盡致，畢竟靜態的文字不易表達動態的現場，如果編輯又不能跳脫記者文稿的牽絆，一個平淡的標題就出現了；如果編輯能夠用活潑的思路去考量，透過畫龍點睛的動態字句，親臨其境的感覺就在讀者心頭湧上來，如B則標題中「蟬叫求偶」、「蟋蟀搶親」……」，就很自然勾畫出一幅蟲鳴的大自然美景，如不標示這些動態字句，而用「小小解說員睜大眼看鳴蟲特展」這一類標題，就索然無味了。

案例13-1-8

A 則　試吃伴手禮　先生，你的狗不見啦

【記者黃福其/板橋報導】北縣觀光旅遊局昨天在板橋火車站舉辦「2010北縣精選伴手禮選拔」現場試吃及票選，商家都賣力促銷，吸引大批民眾報名參加試吃，有民眾忙著試吃到未注意愛犬險些走失，經廣播後獲協助找回。

....
....

（聯合報 99/5/17 B2）

B 則　蟬叫求偶　蟋蟀搶親……看鳴蟲特展

【記者蔡永彬/台北報導】市區綠地不多、蟲聲難尋。國立台灣科學教育館推出「鳴蟲特展」。…

　　展覽中舉了許多有趣的自然現象。楊中信表示，蟋蟀、蟬發聲目的之一是求偶，澳洲有種叫「獵蟲」的鳥，會模仿好幾種雌蟬的聲音回應雄蟬，等著獵物送上門。在夏威夷群島裡的 Kauai（可愛）島，有不會發聲的突變蟋蟀，他們躲在會發聲的附近，伺機「搶親」交配。……

....
....

（聯合報 99/4/14 B2）

第二節　數字是標題的好題材

看完稿件之後，立即要在文中找出重點，數字往往是好的題材之一，作為一位有經驗的編輯，會如獲至寶似的，立即將它串連起來，構成標題的骨幹，不僅能以最快的速度完成作題，而且又能討好讀者，有些報界先進也主張，以數目為重點的新聞，數目應在標題中標出，數目也屬於 How 的範圍(How much, How many)，數目包括：人數、款項、時間、面積、距離等數量，如火災、車禍等災禍新聞，人命的死傷及物質損害是災害的結果，標題中應將死傷人數或物質損害的數字標出（新聞標題之研究／郭伯佾／ P. 184）

壹、哪些數字值得用在標題上？

選用數字時，必須考慮哪些是絕對需要在標題上出現？哪些是不值得用在標題上？不能為了要採用數字，把文中的數字草率地堆積上去，懂得如何篩選是很重要的，茲例舉以下案例說明之：

■案例13-2-1，報導台東市一名家庭主婦中了台灣史上最高的十一億二千萬元樂透頭獎，得主忍了43天瘦了3公斤才去領獎，並捐出一億二千萬行善，這篇報導有許多數字出現，自然成了最佳題材，編輯將四個重要數字串連成標題，實在罕見，也吸引讀者目光。

這則報導報導因與金錢有關，所以有許多數字，例如實領多少？包了多少紅包給獎券行？這筆錢如何利用？甚至家庭主婦今

年幾歲？……這些數字在整條新聞中並不重要，不值得出現在標中，編輯所挑選的數字卻很恰當，中十一億，台灣史上最高，一定要標出！中了獎不馬上去領，居然還忍了43天，罕見！忍了43天，不因中獎高興而變胖，反而狂瘦3公斤，稀奇！捐出1.2億做公益，有愛心，值得鼓勵！四個數字接連出現在短短標題上，形成一個絕妙好題。

　　案例13-2-1

史上最高獎
中 11 億忍 43 天瘦 3kg 少婦捐 1.2 億

【記者賴昭穎/台北報導】中了樂透頭獎是什麼滋味？台東市一名三十幾歲的家庭主婦九月中了史上最高的十一億二千萬元頭獎，忍了四十三天終於現身兌獎；這段期間，她狂瘦三公斤，中獎當晚，她請老公用力捃她，確定不是做夢，直到現在，她還是覺得「太意外了」。

黃志宜說，中獎的少婦捐出一億二千萬元行善，是頭獎中獎人捐款史上第三高；另外還包了一百五十萬元大紅包，給賣出彩券的台東市「幸運彩券行」吃紅。

（聯合報 99/10/21 A7）

　■案例13-2-2是一則悲劇新聞，故不得把它當作趣文來看，惟文中的重點都與數字有關，亦可利用此點特性來發揮。

　　這位單親媽媽攜帶已經12歲的兒子一同燒炭自殺，死前連發簡訊15封給妹妹，這則悲劇有兩個特殊之點，一為為何連發15封簡訊？確實罕見，二為兒子已經12歲，如何能迫其一同自殺？這些都是讀者想知道的，自然成為標題的好題材，A則標題「攜12歲子燒炭　臨走簡訊15發」，編輯充分利用「12」及「15」這兩個數字特性，串成標題加深讀者印象，凸顯這個悲劇與其他類似新聞不同的地方，B則標題「簡訊傳遺言　單親媽攜子燒炭」，

雖也將「簡訊」及「攜子自殺」的特點標示出來，可惜未將最重要「15」及「12」特色呈現，讀者會以為這只是一般常見的自殺新聞而已，為何要強調將「15」及「12」標出？「犯罪行為之報導，果能適時產生預警作用，適足發揮新聞傳播之守望功能」（新聞報導學／王洪鈞／ P. 210），這位一心求死的婦女，連發15封簡訊，意謂著這個不尋常的動作，是這個不幸的事前徵兆，給讀者一個警惕，防患未然！一位12歲大男孩竟還掙脫不了死神糾纏，隨狠心母親赴死，令人不禁一掬同情之淚！「警方懷疑廚房內的兩碗藥燉排骨內可能添加○○藥……」、「警方在現場未找到○○藥等可疑藥物……」，這則報導的內文有揣測狠心媽媽下手的方法，把藥物名稱刊出來，等於提示殺人工具、手法，是很不恰當的。

案例13-2-2

A 則　　攜 12 歲子燒炭　臨走簡訊 15 發

【記者林昭彰/台北縣報導】北縣三芝鄉昨天發生母攜子燒炭自殺雙屍命案。單親媽媽鄭美鈴自殺前傳簡訊給妹妹，表示次子叛逆不服管教、加上生活壓力大、感情不順，想帶他一起走。並簡訊裡說「不該結束他（次子）生命，但留下來只會讓家裡跟我一樣難過」；家屬趕抵時已晚。

警方調查，前天深夜十一時五

十八分，鄭美玲（卅七歲，新竹市人）一連發出十五封手機簡訊給住在桃園市的妹妹，透露要帶次子一起死的念頭，說十二歲次子鄭彥廷愈來愈叛逆，……………………

警方在現場未找到○○藥等可疑藥物，……………………

…………………………………………

（聯合報 98/11/25 A8）

B 則　　簡訊傳遺言　單親媽攜子燒炭

…………………………………………

…………………………………………

警方懷疑廚房內的兩碗藥燉排

骨內可能添加○○藥……………

…………………………………………

（中國時報 98/11/25 A13）

貳、用數字串成的標題有哪幾種？

一、用「一」帶頭串起標題骨架

　　「一」有簡單筆劃，卻有最令人印象深刻的力量，凡是由「一」所串成的標題，絕對吸引讀者目光，有經驗的編輯也絕對不會放過它。

　　■案例13-2-3，紐約佳士得拍賣會售出一幅畫作，當年以新台幣六十一萬賣出，但由畫作左上角的一枚指紋，研判極可能出自達文西之手，若確是其真跡，價值將暴增到新台幣五十一億。這則報導有三個數字「一」、「六十一」及「五十一」，編輯能不能把握住機會發揮，就要看他的敏銳度如何了。

　　A 則標題「畫作疑留達文西指紋？價值51億」，從這個標題實在看不出戲劇性變化，畫作留有達文西指紋價值51億，與達文西其他畫作相比，顯無特別值得大書特書之處，把這幅畫作從新台幣六十一萬飆到五十一億的過程忽略掉，未將這則報導的特色凸顯出來。

　　B 則標題「指紋驗明正身　達文西真跡價值51億」與 A 則相似，讓人誤以為這又是一則普通的名畫故事，毫不吸引人。

　　C 則標題「1枚達文西指紋　讓60萬畫飆到51億」，充分將三個字運用在標題上，「一枚」、「60萬」、「51億」，距離有多大！讓人不禁發揮想像空間，驚訝三個數字怎會因一幅畫而串在一起，心中的遐想，連帶把這幅畫映在腦海中，忘也忘不了，是一個好標題。

案例13-2-3

> **A 則　　畫作疑留達文西指紋？價值 51 億**
>
> 　　【諶悠文/綜合報導】一九九八年紐約佳士得拍賣會出幅標示為「德國畫派，十九世紀初葉」的畫作，經科學鑑定，幾乎肯定出自達文西手筆，而最有力的證據就是畫作左上角殘角的一枚指紋。若確定為達文西真跡，其價值將高達一億英鎊（約五〇‧九億台幣）。
>
> ....
> 　　　　　　　　　　（中國時報 98/10/14 A14）
>
> **B 則　　　　　　　指紋驗明正身**
> **　　　　　　　達文西真跡價值 51 億**
>
> 　　【編譯張沛元/綜合報導】拜畫作左上角的一枚指紋之賜，藝術鑑賞家相信，一幅當年以一萬九千美元（約台幣六十一萬三千多元）低價賣出的肖像畫，極可能出自文藝復興三傑之一的大師達文西之手。倘若該畫作確是達文西的真跡，其價值將暴增為一億英鎊（幣五十億七百萬元）。
>
> ....
> ....
> 　　　　　　　　　　（自由時報 98/10/14 A12）
>
> **C 則 1 枚達文西指紋　讓 60 萬畫飆到 51 億**
> 　賣家誤認是德國畫家作品　買家請專家鑑定畫作殘缺指紋
> 　　　　與名畫聖傑若上的指紋高度相符
>
> ....　..
> ....
> 　　　　　　　　　　（聯合報 98/10/14 A14）

　　■案例13-2-4，Ａ則報導一位準新郎把籌備婚禮細節記在手機裏，不慎遺失手機，小倆口鬧得不愉快竟然分手，這則新聞實在罕見，標題「掉一支手機　毀一樁姻緣」，短短十個字，把一則又好氣又好笑的新聞，表達得很傳神，編輯抓住「一」支手機與「一」樁姻緣的巧合，簡潔有力的字句，讓讀者印象深刻。

　　Ｂ則報導一位橫行五年的襲胸之狼，犯案時被美工刀劃傷而留下一灘血，因而落網，這本是一則看來沒有特別之處的犯罪新

聞，編輯卻很用心利用「一灘血」和「橫行五年」的數字關係，把它串成一則令人印象深刻的標題，用心程度值得稱讚，也是會利用數字的很好案例。

　　一則再平淡的社會新聞，在稱職、認真的編輯手中，都會活化起來，乃是因為社會新聞所含新聞標題題材豐富，不管從哪個角度去標示，都會是一則標題，差別的是好、壞而已，例如Ｂ則新聞，有幾個可做標題面向：①橫行五年，作案上百件②府城襲胸之狼③專門尾隨夜歸女子④持美工刀襲胸威脅口交⑤被害女子極度反抗，嫌犯被自己美工刀所劃傷⑥現場留下一灘血跡，員警採得DNA比對⑦嫌犯沒有前科，偵辦沒有進展⑧看到穿著火辣、性感年輕女子，會忍不住衝動想犯案⑨嫌犯目前有女朋友……這些都是做題題材，要如何發揮，讓標題活起來，就要看編輯功力如何。

案例13-2-4

A 則　　掉一支手機　毀一椿姻緣

　　【記者楊培華/台北報導】掉一支手機，竟然「丟」了一個老婆！

　　籌備婚禮明細存手機
　　張先生把籌備婚禮細節記在手機裡，今年六月卻不小心遺失手機，他傳簡訊請撿到的人「高抬貴手」卻無回應，等到警方幫他找回手機，一場大好婚事已經告吹。

………………………………………
………………………………………
（自由時報 98/11/26 B2）

B 則　　1 灘血　揪出橫行 5 年襲胸狼

　　【洪榮志/台南報導】橫行五年、作案上百件的府城襲胸之狼落網！廿七歲男子張嘉誠專門尾隨夜歸女子，趁對方停車時，持美工刀襲胸或脅迫口交，讓大台南地區的女性聞之色變。台南市警方六日深夜將他逮捕到案，清查出十多起性侵害及強制猥褻案件，擴大偵辦中。

………………………………………

> 　　日前張某再度於永康市犯案時，因被害女子極力反抗，他不慎被自己的美工刀劃傷，現場留下大灘血跡。員警採得血跡進行 DNA　　　　　　　　　　比對，鎖定靠打電工為業的張嘉誠涉嫌重大。⋯⋯⋯⋯⋯⋯⋯⋯⋯
>
> ⋯⋯⋯⋯⋯⋯⋯⋯⋯⋯⋯⋯⋯⋯⋯
>
> （中國時報 98/11/8 A8）

　　■案例13-2-5，則是兩則應用「一」字當「骨架」的比較特殊標題，A 則引題「俄華商市場　疑遭縱火」，主題「一隻螞蟻大火　160億飛了」，俄羅斯莫斯科切爾基佐夫斯基大市場大火，貨品損失高達五億美元，相當於一百六十億新台幣，切爾基佐夫斯基譯為「一隻螞蟻」，給編輯一個靈感，利用「一」字帶頭串成標題骨架，把火災的重大損失新台幣一百六十億元一起標示出來，由於「一」及「一百六十億」差距實在太大，讀者必然印象深刻，也凸顯這場大火損失令人咋舌。

　　B 則標題「美眾院版健保　一字值7290萬」，報導美國國會眾院民主黨版健保法案，全文共40萬字，規劃10年間支出8940億美元，平均每字224萬美元，約新台幣7290萬元，果然一字千金，編輯也充分利用「一」和「7290萬」的懸殊差距，加深讀者的印象。

　　善用這種強烈對比的標題，比不用這種方式的標題，更使新聞的可看性、趣味性大增，有時內文不會很明顯地出現這種提示，編輯在看稿子，必須隨時留意稿件間所暗藏的玄機，懂得去換算數字間的變化，例如與長距離最有關的外太空新聞，若能因為換算而標出讀者易瞭解的數字，全球一圈、二圈⋯⋯就更有意義了。

案例13-2-5

A 則	俄華商市場　疑遭縱火

一隻螞蟻大火　160 億飛了

【大陸新聞中心/綜合報導】俄羅斯莫斯科切爾基佐夫斯基（譯為一隻螞蟻）大市場本月十七日凌晨發生大火，大量中國商人的貨物被燒毀，雖無人傷亡，但貨品損失高達五億美元（約一百六十億新台幣）。俄國警方目前朝人為縱火調查。

....

（聯合報 98/10/20 A12）

B 則	美眾院版健保　一字值 7290 萬

【國際中心/報導】美國會眾院民主黨領袖 29 日公開空前的健保改革法案。.................

民主黨版健保法案的複雜程度也創下紀錄，全文共 40 萬字，共 1990 頁，規畫出 10 年間支出 8940 億美元的藍圖，平均每字 224 萬元（約新台幣 7290 萬元），果然一字千金。

....
....

（聯合報 98/10/31 A15）

二、由 2 個或 3 個數目字串成標題

一則新聞往往與好幾個數字有關，如果這些數字有其特殊性或必要性，自然成了標題的好題材，如果能很自然、不做作地將它們融入標題，同樣具有意想不到的效果，茲列舉如下：

■案例13-2-6，A 則報導蘇貞昌宣布挑戰台北市長，發表參選感言，引題「派系力挺　民眾熱迎」，主題「蘇 7 分鐘談話 12 次掌聲」，這則報導不在着重蘇貞昌的談話內容，而在描述現場的氣氛，內文「蘇貞昌短短七分多鐘的參選感言，現場就響起十二次熱烈掌聲」、「走出廟門不過短短十多公尺，卻在群眾包圍下，花了近五分鐘才坐上車……」，這本是一則動作很多，卻又都是瑣碎小事的現場描述，要找出一個具代表性的主題不太容

易，若以這些瑣碎小事當主題，又顯得不登大雅之堂，編輯巧妙選擇「數字」當主題，以「四兩撥千斤」之力，吸引住讀者目光，事半功倍。

B 則引題「口腔癌重生」，主題「日嚼50顆檳榔　拔掉18顆牙」，這是一則口腔癌患重生的故事，類似報導時有所聞，如果再用老生常談的「吃檳榔會得口腔癌」……引不起讀者看內文的興趣，失去標題原有的功能性。這位患者一天吃 50 顆檳榔而罹癌，手術後嘴巴張不開，忍痛拔掉18顆牙，才能再用杯子喝水、吃粥、吃麵，重拾幸福感覺，這種慘痛的遭遇，正是給檳榔愛好者最好的教訓，「50」及「18」的恐怖數字令同好者心頭一驚，也是這則報導的獨特之點，善加發揮，比用一些教條式字眼，更有實際的意義。

案例13-2-6

A 則　派系力挺　民眾熱迎　蘇 7 分鐘談話　12 次掌聲

【朱真楷/台北報導】蘇貞昌宣布挑戰首都，儘管民進黨主席蔡英文表示「高度肯定、深具信心」，但發表會現場卻不見任何黨務高層，只有青年部主任以個人名義現身。…………………………………………………………………………蘇貞昌短短七分多鐘的參選感言，現場就響起十二次熱烈掌聲，最後當他說出「天佑台灣，大家加油」時，支持者再度陷入瘋狂，「凍蒜」聲不絕於耳，走出廟門不過短短十多公尺，卻在群眾包圍下花了近五分鐘才坐上車。蘇貞昌首都第一炮，徹底展現「衝衝衝」的高人氣。

（中國時報 99/3/4 A4）

B 則　口腔癌重生　日嚼 50 顆檳榔　拔掉 18 顆牙

【記者陳惠惠/台北報導】口腔癌患者阿國原本一天要吃五十顆檳榔，「每天吐出來檳榔汁有一千西西，裝滿五百西西紅茶杯子兩個」。他術後嘴巴張不開，忍痛拔掉十八顆牙，才重拾用杯子喝水的

感覺。

衛署國民健康局昨天推出有聲書「重生的幸福」，收錄十二名口腔癌病友及家屬的故事，說明小小的檳榔如何摧毀、改變人的一生，阿國是其中之一。………………………………………………………

（聯合報 98/11/30 A6）

　　由三個數字所串成之標題，給人的印象更深刻，也更具趣味性，這種標題可遇不可求，因為要考量「數字」上標題的必要性，有時就算文稿中有許多數字，也不可強行串成標題，以免違反標題製作原則。

　　■案例13-2-7，A 則，英國男童季隆‧威廉森被稱為「七歲畢卡索」，他的16幅畫作在不到14分鐘即悉數成交，得款新台幣91萬元。這則外電新聞，在導言中即將重要的元素顯示出來，編輯若懂得利用數字來做標題，輕而易舉完成工作，文中所提及16幅畫，其實也可以作為標題題材，編輯捨棄不用，有點可惜；否則「7歲畢卡索賣16幅畫　14分鐘91萬」更具有吸引力，外電的新聞寫作往往很標準，重要的元素都會在導言中交代清楚，值得國內記者學習。

　　B 則報導高市一家酒店的「N1」桌子，八年來促成9對佳偶，引題「一號桌很靈驗」，主題「求婚桌　8 年促成 9 佳偶」，「一」、「八」、「九」三個數字，原可以在主題中串成一對完整的標題，可惜的是，原標題把「一號桌」放在引題，依照標題製作原則，引題是可以被省略的，那麼主題中剩下「八」、「九」就不完整，所以原題應改為「一號求婚桌　8 年促成 9 佳偶」就可以了，標題不管怎麼變化，製作時都應考量到基本原則，不可隨意發揮。

案例13-2-7

A 則　　7 歲畢卡索賣畫　14 分鐘 91 萬

【編譯王麗娟/報導】英國男童季隆‧威廉森只有 7 歲，不過他的 16 幅畫作 28 日展出時，吸引遠從日本和加拿大而來的買家，不到 14 分鐘即悉數成交，得款 1 萬 7000 英鎊（約台幣 91 萬元），平均每幅畫可賣台幣 5.7 萬元。這個年紀就展露如此繪畫天分的，以往只有畢卡索一人，英國媒體因此稱季隆為「7 歲畢卡索」。

....

（聯合報 98/11/30 A13）

B 則　　　　　一號很靈驗
求婚桌　8 年促成 9 佳偶

【記者謝梅芬/高雄市報導】今天是白色情人節，高雄軟體科學園區一名張姓工程師，聽說高雄市金典酒店有一張求婚桌，早一個月前就訂位，打算今天和女友共進晚餐並求婚。

金典酒店行銷企劃經理王恩普說，飯店卅九樓大廳酒吧靠窗位置，有張編號「N1」的桌子，八年來有九位男士在這張桌前求婚成功，因此被飯店服務人員稱為「一號求婚桌」。

....

（聯合報 99/3/14 A6）

三、極其巧合數字所串成標題

有時候，一些極其巧合數字所串成標題，令人拍案叫好，真正是可遇不可求啊！

■案例13-2-8，A 則，報導一位27歲年輕人，潛入七十七歲老翁家裡，偷走包括17兩黃金在內，價值77萬元之貴重物品，嫌犯在七時七分被逮捕，這則新聞與「7」有關的，一共有5個，實在罕見，標題「偷77歲翁77萬　7時7分落網」，編輯選了其中3個「7」，捨棄了「廿七」歲及「十七」兩黃金，還是很有趣味性。

　　B則，台東一位身高185分分，體重85公斤的國中生，控告一位身高 155 公分，體重 58 公斤的女生性侵，文中出現兩人體重「85」公斤及「58」公斤的趣味性，當然是編輯發揮的好題材。

　　C則，陳姓男子再一週可退伍，卻在離家70公尺的地方發生車禍，標題「再 7 天退伍　再 70 公尺到家……」，利用「7」及「70」串成主題，把一則悲劇的特別凸顯出來，惟傷者後來情況如何？是重傷？是遭到不幸？未在內文及標題中明示，是一大缺點。這種悲劇的新聞，利用「懸疑性」標題，給人一種「故弄玄虛」、「釣人胃口」之感，有點不夠厚道，應該用嚴肅的詞句表達才恰當，原題宜改為「再 7 天退伍　再 70 公尺到家　車禍重傷」。「車禍重傷」是這條新聞最重要的元素，「再7天退伍　再70公尺到家」只不過是這個不幸的巧合而已，屬陪襯性質，不能反客為主，取其「巧合」捨棄「最重要元素」。

　　案例13-2-8

A 則　　偷 77 歲翁 77 萬　7 時 7 分落網

・　【潘建志/屏東報導】屏東潮州有名廿七歲年輕人，潛入七十七歲老翁家裡，偷走包括十七兩黃金在內，價值七十七萬元貴重物品，失風後老翁猛追嫌犯未果，幸有巡邏員警幫忙，順利在七時七分逮到嫌犯破案。案件所有數字全與「七」有關，讓員警直呼「真是Lucky 7！」

……………………………………
……………………………………

（中國時報 98/12/20 A12）

B 則　　85 公斤壯漢　控 58 公斤女性侵

　　【記者尤聰光/台東縣報導】台東一名身高一八五公分、體重八十五公斤的大塊頭國中生，去年控告一名身高一五五公分、體重五十八公斤的蘇姓女子性侵；檢察官認為兩人體型懸殊，加上蘇女喝得比少年還醉，不可能硬上他，因此不起訴處分。

……………………………………

（聯合報 99/11/4 A11）

C 則　再7天退伍　再70公尺到家……

【記者吳世聰/布袋報導】再一週就可退伍的陳信齊，離家70公尺，卻踏不進家門；陳信齊駕車肇禍，父母趕到現場時，他還夾在駕駛座上，父母只能哀泣，眼睜睜看著愛兒生命，在吵嘈的搶救聲中一點一滴流逝。

陳的女友曲思儀，家人從台北縣三重市趕到醫院，因傷勢嚴重，家人心急如焚，盼能逢凶化吉。

（自由時報 99/1/17 B1）

■案例13-2-9，是一個專題報導的兩則新聞，編輯也是充分利用數字，串成標題，A則引題「83歲／我像25歲敢做夢」，主題「機車伯　2年逛700警所」，B則引題「92歲／腳是生來走的」，主題「迷路嬤　4年走失200次」，工整的對句，加深兩則新聞的相似性及趣味性，是很難得一見的專題報導，值得誇獎。

案例13-2-9

A 則　83歲／「我像25歲敢做夢」
機車伯　2年逛700警所

【記者王慧瑛/新竹縣報導】住在台北市八十三歲的阿伯何清桐，天天騎機車「逛」派出所，兩年來跑了七百多個管區，到一處就請警員簽名見證，目標是遍訪全台一千七百多個派出所。他得意地說：「我覺得自己像廿五歲，還很敢做夢！」

（聯合報 99/5/17 A3）

B 則　92歲／「腳是生來走的」
迷路嬤　4年走失200次

【記者游振昇/台中縣報導】台中縣九十二歲阿嬤劉林員喜歡「走路」，但老是忘了回家的路，四年來迷路至少兩百次，最遠走到廿多里外的台中港，兒子劉義順三不五時到派出所領回媽媽；親友勸阿嬤別亂走，身體硬朗的她理直氣壯說：「腳就是生來走的。」

（聯合報 99/5/17 A3）

第十四章　新聞取材差異比較

第一節　同一新聞
　　　　　重要性判斷之比較

　　這一則新聞到底重不重要？值不值刊在第一版當頭條？要不要以較大的標題或篇幅凸顯刊出？這是各報在決定當天重大新聞時最傷腦筋的問題，考慮因素很多，決定的空間卻不大，畢竟第一版頭條只有一個，各版的頭條也只有一個，一旦做出決定，要經得起讀者及報社高層的考驗，更要接受友報、同業的「指指點點」。本報若作出正確決定，友報不敢不跟進，若判斷有閃失，該做大的未做大，第二天自己會汗顏，讀者也可能來電譏諷「不專心、不專業」，影響不可謂不大啊！

　　新聞組織的要素有：時、地、人、事，但是同樣的或類似的時、地、人、事組織而成的新聞，並不一定能獲得同樣的價值評估，即令編輯給予同樣重視的處理，但在讀者的感受中，也會產生不同的效果，就以不同地區、不同報紙的編輯而論，他們的選擇仍有「所見略同」的可能，但也很可能大不相同，因為各報的編輯執筆不同，讀者的要求各異，因而影響各報新聞的取捨，不過，能使各報編輯都能所見略同的決定因素，還是新聞本身的衝擊力或影響力，凡是能造成震撼的新聞，無論是實質或心理上的大震撼，一定會被敏感的編輯察覺（新聞編輯學/徐昶/P.363）。

　　的確，新聞本身的「衝擊力」或「影響力」是判斷這則新聞重要性的最大因素，也是各報編輯能所見略同的，撇開專業性媒體有其特殊的專業考量外，綜合性媒體實在沒有太多理由為自己的判斷不當留下藉口，縱然各報另有其他因素需要考量，處理或略有不同，但是如果與友報相差甚遠，那就值得探究一番。

　　比較媒體之間對同一新聞重要性的判斷，約略可從兩大方向來思考

　　一、是否對大多數人造成影響力、衝擊力？

　　二、媒體立場或編輯政策為何？

　　茲舉例分析如下：

一、是否對大多數人造成影響力、衝擊力？

　　考量一則新聞的重要性，固然有許多因素，其中最重要的是這則新聞是否對大多數人造成影響力、衝擊力，因為它既然是對大多數人造成影響力、衝擊力，必然是與大多數民眾息息相關，不管是生活上的食衣住行育樂、政治上的政策決定、軍事變革、政黨變化，官員上台下台……都有絕大數人所關心的題材，這種新聞當然要以最顯著地位置凸顯刊出，換句話說，最多數人關心的新聞，要刊在最明顯的位置，影響較少人的消息，就刊在較不明顯的位置，這是相互比較而做的結果，也因當天新聞的冷熱有別，產生不同的判斷，惟若是同一天各報所刊的新聞相較，就要看各報編輯人員對重要性判斷的良窳。

　　■案例 14-1-1，報導民國 100 年西太平洋地區第一個颱風「艾利」於5月7日下午二時形成，預估二、三天外圍環流就會影響台灣，這則消息影響全台每一位民眾，是一則很重要的消息，

理應受到媒體相當程度的重視。

　　A 則標題「首號颱風艾利　10日影響台灣」，刊在該報 A7版，與「今日天氣」之表格資料排放在一起，顯然該則新聞並未受到特別重視，與平日之氣象預報一樣，除非特別去看，否則不會吸引讀者眼睛。但第一號颱風形成，預估外圍環流即將影響台灣，對全台每一位民眾造成影響力、衝擊力是毋庸置疑，這是一則令每個人都關切的新聞，未能特別看待它的重要性，就新聞處理來看確有值得商榷之處。

　　該報當天第一版有以下三則新聞，主題為：

　　1.端節助漲　雞價、糯米壓不住

　　2.接回雲娣　哀慟關中放聲哭

　　3.星國會選舉激戰　在野黨熬出頭

　　首颱形成與以上三則新聞相比，影響力、衝擊力毫不遜色，未能把它擺在頭版上，除非是與媒體立場或編輯政策有關，否則就令人不解了。

　　B 則主題「今年首颱艾利形成　本周影響台灣」，刊載該報第一版最下面的位置，標題、內文與颱風動向圖凸顯刊出，自然引起讀者注意。

　　C 則引題「今年第一颱」，主題「輕颱艾利恐撲台」，刊在該報第一版頭條，斗大的標題顯示這則新聞的重要性。A則與B、C 則相比，顯然有很大的處理區別。

　　案例14-1-1

A 則　　首號颱風艾利　10日影響台灣

【陳至中/台北報導】今年西北太平洋地區第一個颱風「艾利」昨天下午二時形成，以每小時十四公里的緩慢速度朝西北方菲律賓呂宋島方向前進，預估最快十日，外圍環流就會影響台灣，未來強度及

速度不排除增加，氣象局正在密切
觀察中。

（中國時報 100/5/8 A7）

B 則　　今年首颱艾利形成　　本周影響台灣
今晚到明天　東半部可能有水氣移入短暫降雨
周二至周四　除中部外各地都有可能降雨

【陳幸萱/台北報導】今年第一個颱風「艾利」昨天下午形成，至昨天晚上仍為輕颱。中心由菲律賓東方海面往西北西方向移動，多國氣象單位皆預測，颱風將往台灣東部外海靠近。中央氣象局表示，周二至周四颱風會影響台灣，為東半部帶來降雨；至於雨勢大小、距台灣遠近、是否增強為中度颱風等，都還需要觀察。

（聯合報 100/5/8 A1）

C 則　　今年第一颱　　輕颱艾利恐撲台

【林嘉琪、劉力仁/台北報導】今年西北太平洋地區第一個颱風「艾利」（ARER）形成，並可能在周一通過菲律賓後朝台灣東部外海挺進，中央氣象局預報中心主任鄭明典評估，艾利「有八成機會」會走台灣東邊外海「這條路」，周二會到周四的花東和宜蘭會有明顯雨勢。

至於艾利能否解台灣水庫的口渴？專家認為「機會不高」，不過水利署副署長吳約西卻表示：「很期待、這是個及時雨。」

（自由時報 100/5/8 A1）

■案例14-1-2，報導「中國首富」陳光標三日後將率領五十餘位大陸企業家來台捐出新台幣五億元，在春節前為台灣低收入戶及弱勢族群寒冬送暖……，這是一則對台灣人「晴天霹靂」的新聞！自從開放大陸探親後，所有台灣人都知道探親要帶金錢給大陸親戚，通俗的說法，就是要回大陸「散財」，曾幾何時，輪到大陸人士來台「發錢」，絕大部分台灣人都不相信，也不願相信這個事實，心理的衝擊有多大啊！三天後來台必然引起台灣大騷動，政府與大多數民眾都不想看到那種場面，但又不能拒絕陳

光標等人來台，實在無奈又無奈，此則新聞絕對有其可看性、重要性、衝擊性，一定要予以重視。

甲報 A 則報導刊在該報1月24日 A13「兩岸新聞版」，標題「陳光標將來台發『感恩紅包』」，標題不大，內文也不多，安排在不顯著的最下面位置。

B 則也刊在1月25日 A12「兩岸新聞版」，標題「陳光標送紅包　28 日在永和濟貧」，也是排在最不重要的版底，標題也不大。

C 則刊在 1 月 26 日　A1（頭版），引題「中國首富」，主題「陳光標今登台　赴 3 縣發紅包」，A3 版引題「陳光標來台行善」，主題「地方反應兩極　無關藍綠」，整版刊出相關新聞，至此開始做大篇幅報導。

D 則是另一媒體（乙報）的報導，刊在該報1月24日 A1（頭版），主題「大陸首善　來台濟貧　紅包五億」斗大的標題，配上陳光標在南京啟動春節行善捐款的照片，相關新聞刊在同一天 A3版，首日即大篇幅刊出，接下來幾天也是如此。

比較甲、乙兩報處理本則消息的編輯政策，可以看出甲報一開始是「冷處理」，兩三天後再「熱處理」，乙報則是直接「熱處理」，兩者有很大的不同，孰優孰劣？

陳光標要來台送紅包的消息曝光後，由於給台灣人很大的衝擊力，電子媒體或其他媒體先後跟進，如何濟貧？中央政府與地方政府態度如何？無不引起讀者熱烈討論，低收入戶、貧戶的反應又是如何？可以預見必然引起一股熱潮，媒體判斷，後勢精彩可期，從頭至尾「熱處理」是理所當然的，予以「冷處理」，除非是報社編輯政策或有其他考量，否則就令人難以理解。

案例14-1-2

A 則　　　陳光標將來台發「感恩紅包」

【大陸新聞中心/綜合報導】有大陸首善稱號、江蘇黃浦再生資源利用公司董事長陳光標昨日表示，大陸五十四名企業家將於本月二十六日組團赴台，發放一億一千萬元人民幣的「感恩紅包」，每個紅包一萬元到五萬元台幣不等，以感謝台灣民眾幫助大陸災民。

………………………………………

（中國時報 100/1/24 A13 兩岸新聞版）

B 則　　　陳光標送紅包　28 日在永和濟貧

【陳俊雄/新北市報導】以高調行善著稱的大陸江蘇黃浦再生資源利用公司董事長陳光標，計畫引入這套捐款模式，在台灣築起錢牆，面對面致贈善款，對此，新北市長朱立倫表示，把大家集合起來發紅包並不妥當，婉拒捐贈現金，最後在市議員金介壽牽線下，由國民黨新北市出面提供名單，廿八日上午十一時在永和秀朗國小頒贈。

………………………………………

（中國時報 100/1/25 A12 兩岸新聞版）

C 則　中國首善 陳光標今登台　赴 3 縣發紅包
以從事商務申請獲准入境　停留一周將到竹、投、花 3 地
發給每個受災戶台幣 1 萬元

【張企群、管婺媛、顏玉龍/綜合報導】號稱中國「首善」的大陸富商陳光標，宣布將來台捐款行善，卻因行善風格與方式過於高調引發爭議，台灣不少縣市政府都對此不以為然，甚至婉拒其前來捐款，在修正來台行程及提出商務理由之後，內政部聯審小組昨天審核通過，核准陳光標一行四十七人來台，將於今（廿六）日抵台，確定會去南投、新竹與花蓮三縣；據指出，陳光標本人將會親自發「紅包」。

………………………………………

（中國時報 100/1/25 A12 兩岸新聞版）

D 則　　　大陸首善 來台濟貧　紅包 5 億

【胡明揚/南京報導】「中國首善」陳光標預定二十七日率領五十餘位大陸企業家來台，他昨天表示，將捐出新台幣五億元（人民幣一點一二億元）在春節前為台灣的低收入戶及弱勢族群寒冬送暖，每戶原則一萬元，極貧困者最多五萬元慰問金，估計至少上萬人受惠。

………………………………………

（聯合報 100/1/24 A1）

　　■案例14-1-3，報導總統府正式提名四大法官人選，這本是一般的程序而已，沒有特殊之處，但Ａ則卻將其刊在一版頭條，並造成當時一股風暴，連馬總統、蕭副總統、司法院長都出面道歉，乃因Ａ則報導四名人選中，有一位是「三歲女童遭性侵案做出『無法証明違反意願』判決的合議庭審判長」（Ａ則引題）的邵燕玲，由於該判決催生白玫瑰運動，逾三十萬人網路連署、實體連署破十萬人，上萬民眾走上凱道要求開除「恐龍法官」，如今邵燕玲又被提名為大法官人選，民眾會如何反應？不言可喻，刊在一版頭條，處理相當正確，也凸顯該報編採的用心。

　　Ｂ則、Ｃ則、Ｄ則皆是一般性的提名報導，記者未能特別注意被提名人物背景，按一般通稿撰寫新聞，編輯當然未予重視，這是很正常的，但次日看到Ａ則出現在友報第一版頭條，跑線記者之懊惱可以想像的，只能徒呼負負。

　　邵燕玲受爭議的背景，若在刊登Ｂ、Ｃ、Ｄ則的報社內有任何一個人注意到，相信沒有一家媒體可以「視而不見」忽略過去的，可惜的是他們卻都忽略掉了，基於編、採作業是一種團隊合作，記者固然要負最大責任，其他人員多少也有疏失之處。

案例14-1-3

| Ａ 則 | **三歲女童遭性侵案**
做出「無法證明違反意願」判決的合議庭審判長
爭議法官邵燕玲　馬提名大法官 |

【王寓中、曾韋禎、謝文華、項程鎮、楊國文/台北報導】去年審理三歲女童遭性侵案、做出「無法證明違反意願」爭議判決的最高法院合議庭審判長邵燕玲，將成為馬總統新提名的四大法官之一，立

委及白玫瑰社會關懷協會昨晚聞訊同表震驚，直斥荒唐！

　　最高法院刑九庭審判長邵燕玲的合議庭，去年八月將一起性侵女童案發回高雄高分院更審。該案中，男子吳進義以吸管、眼鏡架、

手指性侵三歲女童，女童哭喊「不要！」一、二審都認定吳嫌違反女童意願，依「加重強制性交罪」重判，但邵燕玲合議庭推翻前審判決吳徒刑七年二月的法律見解，並要求重查吳某是否適用刑度較輕的「與未滿十四歲男女性交罪」，引發社會重大爭議。

去年 30 萬人連署抗議　促開除恐龍法官

邵燕玲合議庭指出：「違反意願的方法，須以客觀事實為限，若僅利用未滿十四歲幼女懵懂不解人事，可聽任擺佈的機會予以性交，實際上未違反意願，只能成立對未滿十四歲男女性交罪。」

此一判決和另兩起輕判性侵女童案，引爆民眾怒火，並催生白玫瑰運動，逾卅萬人網路連署、實體連署破十萬人，上萬名民眾走上凱道要求開除「恐龍法官」。

……………………………………
……………………………………

（自由時報 100/3/31 A1）

B 則　　府今提名四大法官　三名為女性

【仇佩芬/台北報導】據了解，總統府將於今天正式提名四大法官人選，其中三人為女性。

四名被提名人分別是：司法院司法人員研習所所長陳碧玉、最高行政法院法官兼庭長黃璽君、最高法院法官兼庭長邵燕玲，以及台灣大學科技整合法律研究所教授羅昌發。

……………………………………

（中國時報 100/3/31 A6）

C 則　　大法官換血　府提名四人

【毛嘉慶、羅暐智、蘇聖怡/台北報導】四大法官今年九月底任期屆滿，總統府提名審薦小組已完成新任大法官的提名，馬英九總統今將接見四名大法官被提名人：司法院司法人員研習所所長陳碧玉、最高行政法院法官兼庭長黃璽君、最高法院法官兼庭長邵燕玲及台灣大學科際整合法律學研究所講座教授羅昌發。

……………………………………

（蘋果日報 100/3/31 A10）

D 則　近送立院　馬提名大法官　女性 3 人

【記者李明賢、王文鈴/台北報導】總統馬英九決定提名陳碧玉、黃璽君、邵燕玲、羅昌發出任大法官，提名咨文近期送立法院。這次大法官提名以女性居多，因為十五名大法官中，僅有的兩位女性將於九月卸任。

……………………………………

（聯合報 100/3/31 A11）

　　重大新聞要分辨其重要性比較容易，但有些似大非大，卻對許多人造成影響的新聞，卻很容易被疏忽，案例14-1-4報導自民國100年5月1日起商家必須提供優惠給自備飲杯消費者的新制上路，首日發現業者不是未公告說明，就是字體太小，不知情的消費者，根本無從得知優惠，這則消息看起來是小事，卻影響所有消費者的利益，理應予以重視。

　　■案例14-1-4 A 則主題「自備杯未優惠　全台抓違規」，副題「……部分店家　未張貼優惠公告　開出173張勸導單」，主題著重「未優惠」，明顯提醒消費者不要讓自己權利睡著了，把它刊在第一版頭條，的確是恰當的安排。

　　B 則主題「自備杯優惠　173家不合格」，則是一個「官式」的標題，根據環保局的公告而下標，讀者不易從標題中得知自己權利受剝奪，而且把它刊在A6版，小小的標題也不易引起讀者注意。

　　同一則新聞，A 則與 B 則的下標走向與版面安排迥異，可以看出編輯部的用心程度。

　　　　案例14-1-4

A 則　　　　自備杯　未優惠　全台抓違規
星巴克、怡客、便利商店、麥當勞等部分店家
未張貼優惠公告　開出 173 張勸導單

　【高詩琴、蔡明樺、蔡佳好、高堂堯、鄭惠仁、蔡容喬/連線報導】昨日起，全台連鎖飲料、速食店和便利商店須提供優惠給自備飲杯消費者，新制首日各地環保局稽查卻發現，包括星巴克、怡客、統一、全家超商、麥當勞等知名店家，都有零星未張貼優惠公告等違規行為，消費者無從得知有優惠，均開單勸導限一個月內改善。

　　環保署昨傍晚公布各地稽查結果，全台稽查一千七百多家門市，共有一百七十三間店不合格，其中以台南市，開出一百三十張勸導單，為各縣市之冠。台北市抽查七百間超商、連鎖飲料店與速食店門

市，全數通過，最優。

．．．．．．．．．．．．．．．．．．．．．．．．．．．

（聯合報 100/5/2 A1）

B 則　　　自備杯優惠　173 家不合格

【李宗祐/台北報導】「一次用飲料杯」源頭減量公告昨天首日生效，環保署動員各縣市環保局加強稽查，全國共稽查一千七百一十二家業者，有一成、一百七十三家不符規定，包括知名的 7-ELE-VEN、咖啡連鎖店 85 度 C 和摩斯漢堡等部分門市都因標示不符合規定而被開勸導單，限期改善，，若再被查獲違規，將面臨最高三十萬元罰款。

．．．．．．．．．．．．．．．．．．．．．．．．．．．

．．．．．．．．．．．．．．．．．．．．．．．．．．．

（中國時報 100/5/2 A6）

二、媒體立場或編輯政策為何？

有許多新聞的安排，無法以是非對錯來下結論，這些新聞許多是表面看起來較不重要的報導，編輯部的作法卻與友報有很大不同，讀者乍看下不易明瞭，若與媒體立場或編輯政策連在一起思考，便豁然開朗了。

■案例14-1-5，報導美國一位兩岸專家指出，任何國家想與台灣交往，都先徵求中國大陸同意，A 則主題「馬休兵後果」，副題「葛萊儀指中國只容許星與台洽談 FTA　他國與台交往　須問北京」，安排在該報 A12的頭條凸顯刊出，B 則標題「華府學者：他國與台交往看中共臉色」刊在 A13的左下角，篇幅極小。

這兩則報導比較，就可以看出兩報立場或編輯政策對編輯作業的影響，刊登 A 則報導之媒體對馬政府長期以來都持批評的立場，處理這種新聞自然以頭條刊出，讓讀者很容易看到，刊登 B 則報導之媒體被認為是親馬政府，這則對馬政府不利的消息，自然想沖淡它的重要性，標題用淡淡的字體，安排在極不顯眼的位

置，也就不足為奇了。

案例14-1-5

> ### A 則　　　　馬休兵後果
>
> #### 葛萊儀指中國只容許星與台洽談 FTA
> #### 他國與台交往　須問北京
>
> 【駐美特派員曹郁芬、華府十五日報導】美國的兩岸專家葛萊儀今天說，雖然馬政府曾表示，台海兩岸簽ECFA後，許多國家會跟進和台灣簽自由貿易協定（FTA），但一位中國資深官員曾告訴她，北京只會容許新加坡與台灣洽談FTA做為一個試點，而不願見到新加坡之外的更多國家與台灣談FTA。不過，，如果北京希望見到馬英九連任，不排除北京會在台灣的國際參與上再做些讓步。
>
> 馬政府上台後　國際空間擴展有限
>
> 美國布魯金斯研究所以台灣的國際參與為題舉辦研討會。葛萊儀在會中強調，馬英九的外交休兵讓邦交國數目穩定，但在擴展台灣國際活動空間方面，進展其實有限，其另一個副作用是許多國家現在與台灣交往時都要先徵詢北京的意見。
>
> ....
> （自由時報 100/3/16 A12）
>
> ### B 則　華府學者：他國與台交往看中共臉色
>
> 【華盛頓特派員劉永祥/十四日電】華府智庫「國際戰略研究中心」資深研究員葛萊儀十四日指出，............，其他國家與台灣往來時，把台灣定位為中華人民共和國的一部分。
>
> 她說，有些國家採取行動加強與台灣關係前，會先徵求中國同意，避免遭報復。............
> ....
> ....
> （聯合報 100/3/16 A13）

一件刑事案的起訴是何定義？就是「檢察官對於被告以確定刑罰權之存在及其範圍為目的，而向該管法院所為之請求」（法律學/台灣商務印書館/p.235），換句話說，其目的就是「確定刑罰權」及「向法院提起」。

在實務上處理這種新聞，基本上存有兩種心態：

第一種：案子既然已起訴，表示有進一步發展的意義，應予再刊登一次（案發時已刊一次）

第二種：起訴只是中間一個過程而已，將來不一定會判刑，不值得再刊登一次。

以上兩種心態何者正確？就新聞刊登的角度而言，各有各的支持者，支持第一種看法者雖然再刊登一次，唯標題大部分未將「起訴」字眼標出（詳見第五章「最新發展」），其論點是「起訴」字眼若太多，反而不好看，而將其再標示成案發時的標題，讀者容易誤為又是一件新案；支持第二種看法者，大都將這種起訴案件捨棄不用，若遇到重大案件也不會刊的太大。

其實，一件刑案已起訴，依起訴定義來看，應有其不同的意義，也有其刊登的必要性，重大案件起訴，自然也應予重視，重要性的判斷也應視其「是否對大多數人造成影響力或衝擊性」而定，案例14-1-6報導命理詐騙集團利用電子媒體施行假法術顯神通，向百餘名民眾詐財三千餘萬，詐騙手法令人瞠目結舌，站在媒體社教立場，自應廣為週知，避免其他人再上當，A 則引題「你被騙了嗎？」主題「電視命理節目　詐騙3000萬」，副題「……加黃磷香灰自燃　……抹膠水鬼頭現形……」，揭穿詐騙份子陰謀，將其刊在第一版上，自是報社編輯政策使然。B 則「命理詐財　陳海浪集團12人被訴」則刊另一媒體C2中彰投版，版面不大，內容也不詳細，可見該報的編輯政策並不重視這則報導，兩者之間沒有所謂的對錯，只有處理的恰不恰當而已。

■有些媒體喜歡把一些無關緊要，卻有輕鬆一面的新聞刊在第一版，當做重要新聞處理，無非是希望在第一版真正重大新聞之間，有一則饒富趣味的話題，以調和版面，有時是一則報導，有時是一張圖片，有時是圖文並茂，這是媒體的編輯政策使然。

案例14-1-6

A 則 你被騙了嗎？**電視命理節目 詐財 3000 萬**
「蓬萊仙山」假法術顯神通 加黃磷香灰自燃
捐僧衣消災解厄 抹膠水鬼頭現形……

【白錫鏗、李奕昕/台中報導】名山廣播社老闆陳海浪勾結命理師，在電視「蓬萊仙山」、「台灣衛視」等頻道推出命理節目，利用假法術顯神蹟，再藉消災之名，向百餘民眾詐財三千餘萬，昨被台中檢方依詐欺罪起訴。

………………………

例如過錳酸鉀遇水變成紅色，陳等人持沾有過錳酸鉀的刀佯裝殺雞，再以乙醚讓雞短暫昏迷，不知情的民眾以為雞已見血死亡，等乙醚藥效退了，雞又開始活動，很自然認為是起死回生的神蹟。

陳等人有時會以香灰及米放入紅包袋，偷偷加入黃磷，自燃起煙，造成「香灰自燃」效果。或在被害人衣服上，偷偷以膠水塗抹人形或鬼頭，再倒上香灰浮現人形、鬼頭；或在雞蛋內以針筒注入顏料，使得雞蛋出現血色，唬的被害人目瞪口呆。

………………………

（聯合報 100/2/17 A1）

B 則 命理詐財 陳海浪集團 12 人被訴

【馬瑞君/台中報導】香灰灑在衣服上出現鬼頭人型，是出意外的徵兆？答案揭曉，原來是用膠水黏著香灰的詐騙花招；藝名「陳明山」的陳海浪組成命理詐騙團，鼓吹民眾買命書及算命，再以捐贈僧衣等方式詐財，累計詐騙金額三千一百多萬元，台中地檢署偵結，依詐欺罪嫌將陳海浪等十二人起訴。

………………………

（中國時報 100/2/17 C2 中彰投）

案例14-1-7，報導南投縣竹山鎮紫南宮，在其六星級（亦有人稱七星級）的廁所內辦畫展，在廁所外有樂團吹奏樂曲，形成一幅奇特景象，這本是一則新鮮話題的趣味性新聞，論重要性，絕對登不上第一版，但因編輯政策之故，A 則大大的標題「畫展＋演奏 廁所飄藝文香 六星級暢快」出現在該報最重要版面，令人不看也難。B 則引題「紫南宮 人山人海」，主題「三師聯

奏 七星級廁所飄樂」，則刊在另一媒體Ｂ版（彰投版），兩報對該則報導大相逕庭，這都是因為編輯政策造成的結果，無關新聞的重要性。

判斷新聞的重要性，因人而異、因時而異、因報而異，也因當天新聞之間的比較而異，其探討原因錯綜複雜，很難一語貫之，惟從「是否對大多數人造成影響力、衝擊力？」及「媒體立場或編輯政策為何？」來思考，雖不能涵蓋所有面向，但也不至於失去應有的判斷力。

案例14-1-7

A 則 畫展＋演奏 廁所飄藝文香 六星級暢快

【廖志晃／南投報導】竹山紫南宮不僅以「借發財金」聞名遐邇，還兼具人文藝術氣息，六星級廁所內居然可以辦畫展，翰墨飄香促進通體舒暢；廁所外還有管樂團演奏，樂音悠揚令人俗慮全消，也讓熙來攘往的遊客大開眼界，驚喜連連！

昨天上午，南投縣投緣畫會成員在廁所內舉辦聯展，畫家施來福、廖春熹等人則在廁所旁揮毫作畫，為遊客快筆素描；人跡雜沓的廁所沒有一絲異味，卻是風來翰墨香！

（中國時報 100/3/1 A1）

B 則 紫南宮人山人海
三師聯奏 七星級廁所飄樂

【張家樂／南投報導】台灣俚語說「廁所裡彈琴－臭彈」，由醫師、律師和老師組成的「天國樂團」，昨天到竹山鎮紫南宮的七星級廁所前演奏，吸引大批遊客欣

賞。紫南宮主委莊秋安說，敢安排樂團在廁所前演奏，就證實了紫南宮的廁所確實有七星級水準。

（聯合報 100/3/1 B 彰投）

第二節　同一新聞
抓重點迥異之比較

　　明眼的讀者都會發現，明明是同一則新聞，為何在不同的媒體上會有迥然不同的標題呢？這是什麼原因造成的呢？如果仔細閱讀內文和比較標題，便可明白這種情況來自三種原因：

　　一、記者取材角度不同，影響標題走向

　　二、編輯抓重點有別，出現迥異標題

　　三、為特定對象服務，標出特定標題

　　不管以上哪一種原因，都直接影響讀者對新聞的認知，前兩者都是編採人員所造成的新聞處理結果，而後者則是一種身在報社的無奈結果，這兩種都值得新聞從業人員細細體會。

一、記者取材角度不同，影響標題走向

　　同一則新聞，由於重點有許多面向，記者對該則新聞的體會如何？直接影響下筆撰寫的方向，與記者的敏感度或對新聞重要性的認知有直接關係，在一般導言中就可以看出記者要強調的是什麼重點，編輯自然受到很大的影響，只有少數的編輯另有考量，會在其他段落中去抓重點，所以一位優秀的記者會帶動編輯下一個令人眼睛為之一亮的標題，反之，編輯很可能生出一個老生常談，令人乏味的字句。

　　■案例14-2-1，一名廚師與女友復合不成，強押上車持刀瘋狂砍殺四十多刀，幸被兩位路人搭救送醫撿回一命，A 則主題

「廚師為愛抓狂　砍女四十餘刀」，副題「……兩勇男破窗救人
逮凶」，這則標題完全根據記者撰稿的方向下題，標題與內文相
合，但是忽略這則新聞最重要的刊登價值，本書在第十章「社會
新聞」，及第十二章「關心點與教育性」一再強調社會新聞的刊
登在於它的「教育性」，而不是宣揚砍砍殺殺的社會黑暗面，這
則新聞撰稿的走向，仍在強調兇嫌與被害人之間的情仇，對於兩
位路人的見義勇為反而只有短短幾句交代而已，記者不重視，編
輯也未在這個重點上多做發揮，致使這兩位路人的行為受到忽
視，喪失它的「教育性」。

　　B 則標題「路過……車內聲淒厲　破窗……救出血泊女」，
編輯也是根據走向下標，記者能在一則情殺的新聞中，挑出最重
要的路人見義勇為救命過程當做撰寫重點，而把情殺原因與過程
當作次要重點，值得稱讚，這則新聞的寫法完全符合報導社會新
聞要強調它的「教育性」，鼓勵讀者見賢思齊，也是對兩位路人
一種公開表揚，致於情殺原因與過程在類似新聞中常見，省略報
導即可。

　　一則新聞的深層含意可能比事情的表面更重要（詳見第十一
章第一節），記者撰稿要分辨重要性在哪裡，路人的見義勇為是
由於情殺而來，表面上，情殺新聞是主要新聞，殊不知路人救命
的重要性更勝之，有經驗的記者要大膽地轉變撰稿方向，就算記
者做不到這一點，有經驗的編輯也應考量到救人的意義與重要
性，不能全被記者之稿牽著鼻子走，這也是為什麼「編輯要比記
者強」的原因。

　　C 則標題「惡男鎖車虐殺女友　2勇漢破窗救人」，把情殺和
救人同時在主題上標出，算是一個沒有缺失的標題，雖然記者撰
稿偏重情殺的內容，但是編輯並未忽視救人的重要性。

案例14-2-1

A 則　　廚師為愛抓狂　砍女 40 餘刀
求女友復合不成　綁人上車　剁豬肉般瘋狂砍殺
19 歲女雙手肌腱、腳筋全斷　兩勇男破窗救人逮凶

【甘嘉雯/桃園報導】龜山鄉發生恐怖情殺案，北投某日式餐廳廚師陳建飛，與詹姓前女友復合不成，五日強押上車以膠帶綑綁，再持水果刀、西瓜刀瘋狂砍殺四十多刀；警方說陳建飛「幾乎把人當豬肉來砍」，女子雙手肌腱、腳筋全斷。幸好兩名路人搭救並報警，詹女撿回一命，警方隨即逮捕陳嫌，檢方訊後，聲押獲准。

詹女淒厲的求救聲，引起每天行經此路段上班的邱豐魁、高智源注意，互不認識的兩人看到車內發生砍殺，徒手打破車窗，並將陳建飛拖出來壓制在地。其餘圍觀民眾幫忙報警，並請救護車趕緊將詹女送醫，警網立即到現場將嫌犯逮捕。

（中國時報 100/5/7 A11）

B 則　路過……車內聲淒厲　破窗……救出血泊女

【曾增勳/桃園縣報導】「當時如果我落跑，車內女子一定會死掉！」男子丘豐魁、高智源，前天聽見女子淒厲呼救，循聲發現詹女被困車內，遭一名男子不斷砍殺；丘打破車窗，與高合力制伏男子，救出詹女。

身高一七四公分、身材壯碩的丘豐魁說，他騎車經過龜山復興二路，聽見女子的哀嚎聲，好奇停下來查看，發現詹女被困車內滿臉是血，陳還不斷拿刀猛砍詹女。「我當時只想到不救她，她一定會死掉！」

高智源表示他溜狗經過巷口，看見陳把詹女推上車，………「愛不到她，決定先殺掉她。」二十二歲陳建飛在北市一家日本料理店擔任廚師，被捕之後供稱……

（聯合報 100/5/7 A8）

C 則

惡男鎖車虐殺女友
2 勇漢破窗救人

毀容斷筋　狂砍 40 刀

【周敏鴻、謝武雄/桃園報導】只因不滿女友分手，竟兇殘毀容、斷筋，狂砍 40 刀，意圖使她淪為廢人！恐怖廚師陳建飛，

………若非有兩名勇敢的路人破窗擒兇，詹女恐遭不測。

（自由時報 100/5/7 B1）

■案例14-2-2，也是一則記者撰稿方向影響編輯下題的好例子，一名科技廠老闆被控殺人再布置成車禍，一審判死刑，更二審至更七審均判無罪，由於纏訟超過6年，且經同審級法院二次以上無罪之更審判決，適用刑事妥速審判法規定檢方不得再上訴，終告無罪定讞。

A 則報導了這位科技廠老闆的不幸遭遇，記者從「他被認定涉案至無罪定讞經中間的15年纏訟，讓他從月賺百萬的大老闆至公司負債數千萬倒閉」的角度來撰稿，又引用「未來冤獄賠償，賠再多也永遠無法彌補身心的傷痛」，道出這位大老闆變成一無所有的悲痛，記者能從一則近來常見的刑事妥速審判法的判例中，挖出這則令人同情之故事，表示靈敏度過人，體認「事件的更深一層意義比表面更重要」的道理，讓一件看似普通的判決，變成一則發人深省的故事，編輯也能把握住這個特點，整個標題令人眼睛為之一亮。

B 則標題「涉殺人　1審死刑　更七審無罪定讞」，C 則引題「更七審纏訟15年」，主題「適用妥速審判法　死罪變無罪」，都是純以一件刑案的角度來報導，記者皆未在內文中談及當事人的不幸遭遇，使得整則報導變得稀鬆平常，標題也就難以吸引人，更甭談當事人「奮戰到最後一刻」的教育性。

案例14-2-2

A 則　　**大老闆變死刑犯　無罪後一無所有**

前偉嘉科技老闆 被控殺友 經歷 16 次審判、近 2 年羈押
無罪定讞 律師：不落實無罪推定 這不會是最後一件

【鄭惠仁/台南報導】一場車禍，讓曾是知名光碟廠商偉嘉科技老闆周國棟從此陷入深淵，檢警認定他殺人再布置成車禍，法院一度判他死刑，到更二審才改判無罪；更七審維持無罪，依刑事妥速審判法規定檢方不得再上訴，纏訟十五年、經歷十六次審判，官司終告無罪定讞。

偉嘉科技曾是國內數一數二的光碟生產大廠，一度還準備上櫃，長達十五年的纏訟，讓周國棟從大老闆到一無所有，他說，一審被判死刑，遭羈押一年九個月，等交保回家，原本月賺百萬的公司已負債數千萬，最後倒閉，「未來冤獄賠償，賠再多也永遠無法彌補身心的傷痛！」

．．．．．．．．．．．．．．．．．．．．．

「案發當時我三十八歲，正事業有成，誰想到會災禍臨頭！」周國棟說，因為問心無愧，雖然一審被判死刑，「但我堅信終有一天會判無罪」。．．．．．．．．．．

「我就是不低頭，即使被槍斃，我也要奮戰到最後一刻，再用行動證明自己的清白，」周國棟說，他不斷聲請重新調查，結果證明檢警發現他用來打死黃進明的拐杖鎖上面並無血跡反應。

．．．．．．．．．．．．．．．．．．．．．

（聯合報 100/3/17 A11）

B 則　　**涉殺人 1 審死刑　更 7 審無罪定讞**

商人被控　纏訟 15 年

【黃博郎/台南報導】周國棟被控在高速公路以枴杖鎖打死有生意往來的黃進明，棄屍路中；本案纏訟 15 年，一審判死刑，二審改判 15 年，更一審判 10 年，更二審至更六審均判無罪，台南高分院昨更七審再判無罪，全案定讞。

．．．．．．．．．．．．．．．．．．．．．

（自由時報 100/3/17 B2）

C 則　　**更 7 審纏訟 15 年**
適用妥速審判法　死罪變無罪

【黃文博/台南報導】五十一歲電腦商人周靖喆，十五年前被控在高速公路上殺死客戶黃進明，一審被判死刑，最高法院發現此案有多項疑點，七次發回台南高分院更審，其中六次均改判無罪，適用刑

事妥速審判法，同審級法院二次以
上無罪之更審判決者，不得上訴最
高法院，全案就此定讞。
　　原在台北經營電腦生意的周靖

喆（原名周國棟）……
……………………………………
……………………………………
（中國時報 100/3/17 A11）

■案例14-2-3，Ａ則報導了一位曾引廢氣自殺獲救的男子，
五天後又上吊往生，但另一家媒體的記者在報導這則新聞時，由
於撰稿的角度不同，出現很大的差異，其內容完全著重在路人搶
救過程，反而把他自殺的原因列為次要的，這兩則標題及報導的
方向，孰優孰劣？

　　首先必須了解這是一則社會新聞，社會新聞最重要的是要具
有「教育性」，Ｂ則報導指出，這位路人想報警沒手機，又不敢
靠近，枯等兩個小時借手機報案，喪失搶救先機，令人扼腕！這
則自殺新聞中的路人搶救處理方式明顯是不當的，記者把握這個
富有教育性的點，希望讀者引以為戒，是很正確的撰稿方向。

　　Ａ則報導的記者抓住「勸導五天後無故又上吊」這個新聞
點，基本上並無不當，唯錯失了一個教育讀者的機會，殊為可
惜。

案例14-2-3

Ａ則　　引廢氣被救　5天後上吊走了

【張瑞楨/中縣報導】死意堅
決！台中縣蔡姓男子6天前在神岡
鄉引汽車廢氣自殺，卻因汽車老舊
電力系統故障，車窗關不緊而獲
救，不料，他昨天再度於大雅鄉上
吊自殺身亡，拯救他的警察得知此
事，相當驚訝地說「花了半天時間
開導，卻毫無效果，太令人遺憾
了」。

　　不料昨天清晨4時許，打掃社
區的林姓居民撞見大雅鄉一座土地
公廟涼亭，吊著一具屍體，嚇得魂
飛魄散，遲至清晨6時許才報案，
警方沒有找到遺書，檢察官相驗後
以自殺結案。
……………………………………
（自由時報 98/11/8 B2）

B 則

等借手機 不敢解繩
想救上吊者　傻等 2 小時…早掛了

【游振昇/台中縣報導】台中縣蔡姓男子日前引廢氣自殺，因車子老舊車窗關不上而獲救，昨天清晨他在涼亭上吊，打掃的清潔工發現，想報警沒手機，又不敢靠近。枯等兩小時，終於有人路過，借手機報案，但蔡已死亡多時。

警方說，搶救上吊者，把握第一時間非常重要，林姓清潔工等了兩小時才報案，即使搶救也來不及。

....

蔡姓男子與妻、兩名女兒同住。蔡妻說，丈夫失業已久。蔡妻說，丈夫最近曾說，「該借的都借了，沒地方借了」，可能借錢四處碰壁輕生。前晚他向妻子說「妳先去睡覺」，自己在樓下看電視、喝酒，之後就出門自殺。

（聯合報 98/11/8 A9）

■案例14-2-4，A 則報導的主題「險搭失事飛機　台大生遺書寫愛」，B 則標題「登喜馬拉雅山學領導　台大生豐收」，這兩則標題哪一則較吸引人？不言可喻。

仔細比較這兩則新聞報導的方向，顯然 A 則記者比較能抓住新聞的獨特性，為什麼？台大學生去喜馬拉雅山學領導，有什麼吸引讀者呢？這跟一般大學生登山有何不同呢？A 則報導能在一則看似不太起眼的新聞中，抓住「遺書寫愛」這個不常見的特點大力發揮，而把其他較無趣的過程與內容當做撰寫的配角，讓整條新聞可看性大增，也引領編輯做出一個比較吸引人的標題。反觀 B 則新聞的報導方向，就缺少一個「特點」，全篇報導平鋪直敘，雖文中有提到「每個團員都寫一封遺書，還將遺書寄回台灣給自己」可惜未受到編輯重視，「台大生豐收」這種歌功頌德式的老生常談字眼，一點也引不起讀者興趣，若改為「台大生寫遺書寄自己」就比較吸睛。

新聞稿的撰寫，最忌諱的是未能凸顯新聞元素中的最獨特

點，而把幾個重點平均分配在內文中，有時編輯在緊迫的作業中很難去辨別哪個重點才是標題的好題材，尤其是較資淺的編輯往往就隨便抓一個當標題，整條新聞的可看性就大為降低，這是新聞寫作的缺失。

案例14-2-4

A 則　　險搭失事飛機　台大生遺書寫愛

【薛荷玉/台北報導】台大第二屆領導學程昨天發表 2 年來成果，學生們身體力行「戶外領導學」，先登雪山，再爬喜馬拉雅山，但令學生最難忘的卻是，因差點搭上失事小飛機，學生都提前寫下遺書；見證困苦與死亡，成為學生們的最大收穫。

13 位學生去年暑假遠征尼泊爾，成功挑戰 5364 公尺的喜馬拉雅山基地營，但欲搭飛機回首都加德滿都時，卻因山區大霧滯留，一班搭乘 10 餘位外國旅客的小飛機甚至墜毀，機上乘客無一生還。

財務金融系 4 年級學生蘇妤說，她把對家人的愛寫在遺書上，但又怕父母接到「遺書」會擔心難過，把收件人改成自己的名字。

（聯合報 100/5/17 AA4）

B 則　　登喜馬拉雅山學領導　台大生豐收

【林志成/台北報導】台大學生除了上課啃雞腿，還會做什麼呢？台大領導學程十三位學生，去年暑假遠去爬喜馬拉雅山學領導，期間因為天候因素被滯留在山上九天，而且與墜機事件擦身而過，他們隨機應變，滯留山上期間到附近小學進行口腔衛教及課後輔導，展現台大人的智慧與靈活度。

財金系四年級蘇妤表示，在登山口登飛機時，前一班小飛機墜毀，十多名乘客死亡。她們很慶幸沒有搭上死亡班機，但已嚇出一身冷汗。當天，每個團員都寫一封遺書，她還將遺書寄回台灣給自己。

（中國時報 100/5/17 A11）

■案例14-2-5，報導雲林一位吳阿嬤與兩名外孫相依為命，但阿嬤「叫不醒」，孫子打電話向老師求救，但阿嬤已回天乏

術，才發現原來孩子的母親把兩位小孩交給娘家的吳阿嬤養育，自己領走單親津貼離家。A 則與 B 則報導的角度有異，一則報導阿嬤與外孫之情，一則描寫母親與孩子的疏離，也因此出現迥然不同的標題。

A 則報導重點著重在教育性，兩位小孩發現阿嬤「叫不醒」，立即打電話向老師求救，給所有小孩一個良好的示範，時時提高警覺努力挽回悲劇，B 則報導則有譴責母親之意，告訴天下為人父母者要能體會孩子思親之苦，「落跑媽 孤星淚 『媽的模樣快忘光』」，深刻描繪出母子間的不幸，兩則報導的內容各擅勝場，優劣見仁見智，唯可印証記者的撰稿方向，深深影響編輯下標題的角度。

案例14-2-5

A 則

與 2 外孫相依 難度寒冬
阿嬤叫不醒　小六孫向老師求救

【張朝欣/雲林報導】五十七歲吳阿嬤七年來與兩名外孫相依為命，十日清晨就讀國小六年級的孫子準備上學，發現阿嬤「叫不醒」，打電話給學校老師求救，但阿嬤已回天乏術，兩個孩子難過地說「媽媽不要我們，阿嬤也離開了」。孩子的媽只生不養，最後一次回家是兩年前來拿消費券。

六十餘歲的姨婆表示，孩子的媽媽只生不養，把孩子丟在娘家，只有缺錢時才會回來，最後一次回來是兩年前的事，竟是為了要拿消費券，孩子不懂事，大人則氣的說不出話來。

（中國時報 100/1/18 A7）

B 則　## 落跑媽　孤星淚　「媽的模樣快忘光」

【蔡維斌/雲林縣報導】吳姓婦人外遇離婚後生下兩子，生父不養，她找賴姓男子認養，賴過世後，她又把兩子帶回雲林娘家給阿嬤養，沒多久又丟下兒子離家，還領走孩子的單親津貼，阿嬤日前病死，小兄弟無依靠。雲林縣政府將協助安葬、安置，追究單親津貼全

被母親領走與棄養的責任。

....

....

　　不過，小兄弟卻不願和媽同住。「小祥」說，去年暑假和阿嬤

在田裡拔草，抬頭忽然看到車窗裡熟悉身影，「是媽媽耶」母子眼光瞬間交會，媽媽又離開了，但哥哥都快忘了媽媽的模樣。

（聯合報 100/1/18 A10）

　　■記者撰稿時，一句用心的文字敘述，往往給編輯莫大的靈感，也讓好標題躍然紙上，讀者不想看內容也難，案例14-2-6就是一個明顯的案例，這則新聞報導民國100年2月27日深夜11點30分時，在國道三號南投段228公里處發生一起車禍，造成一死八傷，更不幸的是這類悲劇新聞每隔幾天總會在報上出現，標題的用字，一再重複很難吸引人，所以下標時除了考慮教育性外，盡職的編採人員也要「處心積慮」地想讓這則報導變的不一樣，記者從新聞內容中找出奇特之點，用筆去凸顯敘述，編輯也就容易順理成章的配合標出。

　　A則標題「228前夕　國三228公里大車禍」編輯的靈感來自「昨天是228紀念日……意外巧合讓救護人員訝異……」，記者能將這種巧合很自然地在導言中凸顯出來，尤其「意外巧合」四字令人印象深刻，編輯再不懂得善加利用就有虧職掌了；B則標題「國道翻車連環撞起火　1死8傷」，標題沒有不當之處，但與A則相較就遜色多了，其實記者在導言第一句話就寫到「國道三號南投段二二八公里處，二十七日深夜發生連環車禍」，只是未明言這種「意外巧合」，編輯也未從內文中看出這個巧合，才標出一個常見且不起眼的車禍標題，殊為可惜。

案例14-2-6

A 則	228 前夕　國三 228 公里大車禍
	友人結伴出遊 疑超車不慎　6 車連環撞 造成 1 死 8 傷
	意外巧合 救護人員也訝異

【謝瓊雲/南投報導】昨天是 228 紀念日，國道三號 228 公里處前天深夜卻連環車禍，共有 6 輛車相互擦撞，造成 1 死 8 傷，意外巧合讓救護人員訝異，檢警昨天勘驗現場和相驗遺體，釐清車禍原因。

（聯合報 100/3/1 B2）

B 則	國道翻車連環撞起火 1 死 8 傷

【廖志晃／南投報導】國道三號南投段二二八公里處二十七日深夜發生連環車禍，因擦撞被甩出車外的駕駛人羅偉庭送醫不治；而散落的引擎蓋等物件，致使後方來車翻覆、起火燃燒及追撞，共造成一人死亡、八人輕傷。

（中國時報 100/3/1 A8）

■案例14-2-7，報導一位男子殺死前妻埋屍荒野再自盡，警方根據遺書找受害人屍體，A 則與 B 則標題卻不同，這種現象主要是記者撰稿的差異造成，A 則內文指出「棄屍地點畫錯，但警方仍循著『味道』在……發現蔡婦屍體」，但 B 則內文則僅提到「警方依地圖指示……毫無所獲，直到天亮，才找到仰臥草叢內的蔡婦遺體」，同一則刑案，兩位記者的寫法不同，編輯下標就有異，可見記者撰稿左右編輯下標的重要性。B 則報導把這則新聞最重要的轉折點，用幾個平淡字眼交代過去，令人不禁懷疑記者是否盡到採訪本份呢？否則這種很明顯的關鍵點，竟然不知把它凸顯出來，反觀 A 則報導的記者能將特點在導言中寫出來，值得誇獎。

記者是站在採訪的第一線，若是未能盡責，編輯第二天看到

友報時，只能徒呼負負，為了避免這種缺憾，編輯與編採部門主管都要提高警覺，多從電子媒體先去瞭解案情，一旦發現與來稿有不同，要勇於要求記者查證、彌補，如此可有效避免缺憾發生。

案例14-2-7

A 則　殺前妻再自殺　**棄屍點畫錯　警靠屍味尋獲**

【甘育瑋、劉時均/花蓮縣報導】花蓮市男子許自力，疑和前妻蔡玉雪有感情糾紛，殺害前妻後自殺身亡。警方依據他遺留的「棄屍路線圖」，雖然棄屍地點畫錯，但警方仍然循著「味道」，在花蓮光復鄉自強外役監附近草叢發現蔡婦屍體。

…………………………………

（聯合報 100/3/1 B2）

B 則　**夫殺妻自盡　警依遺書找到屍**

【○○○/花蓮報導】男子許自力疑醋勁大發，先殺掉前妻蔡玉雪埋屍荒野，再回到住處上吊身亡。警方根據他留下的五封遺書，昨天上午在光復鄉找到蔡女遺體。

許某還畫了一張地圖，清楚指出棄屍地點，就在光復鄉大全村花漣溪上游堤防邊，鄰近台九線二五三點二公里的測速照相機處，方便家人尋找。

警方前晚依照地圖指示，出動警力展開地毯式搜尋，毫無所獲，直到昨天天亮，才找到仰臥在一處草叢內的蔡婦遺體。……

…………………………………

…………………………………

（中國時報 100/3/1 A8）

二、編輯抓重點有別，出現迥異標題

長久以來，新聞界對於記者與編輯間的角色扮演，有一個有趣的比喻，把記者當做赴市場採購的買菜人，而編輯則是一個廚師，雖然不見得很貼切，唯也很相近，可見編輯的重要性，難怪，新聞界前輩徐昶（「新聞編輯學」作者），一再告誡編輯：

「編輯要比記者強，才能勝任愉快啊！」

編輯可以把一則平淡的報導，由於抓的重點匠心獨具，讓新聞身價上漲百倍，也可以把一則很重要的新聞，編成一則稀鬆平常的報導，編輯功力的強弱，由此就可看出端倪，有時編輯部主管人員的提醒，也會讓編輯快速地抓住重點，譬如，在編前會議中針對各主要新聞的分析，指出當天的重點新聞處理原則及方向，都會給編輯帶來很大方便，但是這種協助有限，大部分還是靠編輯自己的靈敏度和用心，才能成為優秀的新聞從業人員。

■案例14-2-8，情人節當天，衛生署疾管局公布男性使用保險套的調查結果，這是同一來源的報導，由兩位記者撰寫，角度難免有異，但內容是一樣的，A 則標題「兩成男性　19歲前就有性行為」，編輯自導言中取材，但疏忽文中提及「……和幾年高中職生有一成五性經驗的數字相比，十九歲前兩成有性經驗的比例，算是增加很有限……」，可見 A 則標題並無新意，記者不察，在導言中老調重彈，編輯也跟著疏忽。

B 則標題「帶套套　男人啊！心有餘力不足」，則著重在「高達六成八男性認為……應使用保險套」及「最近一次性行為中，百分之四十七使用保險套」，顯然比較有新意，其實A 則內文也提及「只有四十七％受訪者有使用保險套」，可惜只用在內文小標「逾半男性愛愛不戴套」。

案例14-2-8

A 則　　兩成男性　19 歲前就有性行為

【王昶閔/台北報導】今天是西洋情人節，衛生署昨天公布調查顯示，高達兩成男性在十九歲前即有初次性行為，所有受訪者中卻有高達一成，誤以為只要在射精前戴上保險套就可以了！

逾半男性愛愛不戴套

……………………………………

衛生署疾管局去年底針對十五到五十九歲男性進行調查發現，在這些活躍期的男性中，第一次發生性行為時，只有四十一％使用保險套，而最近一次有性行為者，只有四十七％受訪者有使用保險套，高達三十二％過去一年從未使用保險套，甚至有十％錯誤認知保險套僅需於射精前一刻戴上即可。

北醫婦產科教授鄭丞傑則指出，和幾年前高中職生有一成五性經驗的數字相比，十九歲前兩成有性經驗的比例，算是增加很有限，代表衛生與教育單位的宣導奏效，但戴保險套的比例卻停滯不前，成為隱憂。

（自由時報 100/2/14 A1）

B 則　　帶套套　男人啊！心有餘力不足

【張嘉芬/台北報導】今天是情人節，疾病管制局昨天公布男性對保險套使用調查，高達六成八的男性認為，從事性行為時，應使用保險套。但真正「提槍上陣」，使用保險套者竟未達半數，男性對保險套使用的認知，遠遠高於行動力。

疾管局去年底委託調查一千一百多位十五歲至五十九歲男性，最近一次性行為中，僅百分之四十七的人使用保險套，百分之三十二受訪者，過去一年甚至從未使用保險套。

進一步分析發現，高達百分之二十的人，十九歲以下就已初嚐禁果，與前兩年調查的結果差不多。不過，值得注意的是，第一次發生性行為時，僅百分之四十一的人使用保險套，不利性病防範與愛滋病防治。

（聯合報 100/2/14 A5）

■案例14-2-9，報導馬英九總統大動作抗議中共在世衛名稱上矮化我為「中國台灣」，中共國台辦發言人范麗青表示，希望台灣方面能夠客觀冷靜地看待，這則報導內容相同，在不同媒體卻出現迥異的標題，A 則引題「馬總統大動作澄清　中共密集磋商釋善意……」主題「范麗青稱中華台北『衛生署』」，把焦點集中在稱呼台北的名稱上，因為內文提及「這是中共官方首次在公開場合稱我方官方機構為中華台北『衛生署』，有別於過去所

稱呼的『衛生部門』」，而把范麗青所稱：「……大陸方面釋放
的善意」的官腔官調捨棄，編輯慧眼獨具。

　　B 則標題「我參與世衛　國台辦：大陸善意」，則完全以大
陸國台辦的發言為報導重點，其實內文中提及「……世衛組織秘
書處邀請中華台北衛生署以觀察員身分參加世界衛生大會
……」，並沒有得到編輯的重視。

　　A 則能以「中華台北衛生署」為重點，並有另一則題為「大
陸這樣稱呼我部門」的配合稿，很有可能是當天編前會所決定的
「重點新聞」，並發動相關記者撰稿配合，幾篇稿子串成豐富的
內容吸引讀者，這種「重點處理」的報導方式，尤受歡迎，也是
各媒體召開編前會議的目的，作法值得稱讚、推廣。

案例14-2-9

A 則　**馬總統大動作澄清　中共密集磋商釋善意…**

范麗青稱中華台北「衛生署」

　　【賴錦宏/北京報導】針對馬
英九總統前天大動作抗議中共在世
衛組織名稱上矮化我為「中國台灣
省」，中共國台辦發言人范麗青昨
天表示，這是世衛組織的事情，不
是中國大陸的事，兩岸應該共同維
護和平發展的大局，很多事情可以
坐下來好好商量。

　　范麗青昨天在國台辦例行記者
會上稱，…………近年來，隨著

兩岸關係的改善，世衛組織秘書處
邀請中華台北衛生署以觀察員身分
參加了世界衛生大會，得到了台灣
同胞的歡迎，這也是大陸方面釋放
的善意。

　　這是中共官方首次在公開場合
稱我方官方機構為中華台北「衛生
署」。

....

（聯合報 100/5/12 A2）

B 則　**我參與世衛　國台辦：大陸善意**

　　【連雋偉/北京報導】針對世
衛組織密函將台灣列為中國的一
省，大陸國台辦發言人范麗青，昨

否認與大陸有關，並希望台灣方面
能客觀冷靜看待這件事。

....

> 國台辦昨上午的例行記者會，台灣記者問題全數圍繞世衛矮化台灣事件，范麗青對此問題回答時指出，…………近年來，隨著兩岸關係改善，世衛組織秘書處邀請中華台北衛生署以觀察員身分參加世界衛生大會，得到台灣同胞的歡迎，這也是大陸方面釋放的善意。
>
> …………………………………
> （中國時報 100/5/12 A4 最下面）

　　■總統接受外國媒體訪問並不罕見，一些政策性的宣示，也常利用這個機會傳達，記者改寫總統府公布的訪問稿或直接譯自外電，不外乎要報導以下重點，茲舉案例14-2-10及一些過去的訪問為例：

　　（一）**哪些屬於新的政策性的宣示？**例如，當年蔣經國總統接受華盛頓郵報訪問，透漏即將宣布解嚴。

　　（二）**哪些屬於總統個人動態揭露？**例如，馬總統表明要競選連任。

　　（三）**哪些屬於政治事件新回應？**例如，共諜羅賢哲案對台美軍事合作的影響、稱對岸為「大陸地區」或「大陸」、對大陸政治改革的期望。

　　（四）**哪些屬於老調重彈的重申立場？**例如，馬總統呼籲美國售我F-16 C/D戰機、兩岸發展先經濟後政治、公開呼籲大陸釋放劉曉波。

　　前三者當然是標題好題材，但究竟是以哪個重點比較好？編輯甚至是編輯部主管都要仔細做比較，要有正確判斷或選擇，最重要的是要分辨那些已經見過報、那些是讀者已耳熟能詳，這些內容就不值得再做主題，若是皆非新信息，則選擇影響層面較廣的題材為主題，詳視整篇內容，當然以「馬總統將競選連任」算是最新內容，雖然絕大多數人早已判斷出馬總統的意向，但究竟這是馬總統親口透露的，當然自有其意義，A則標題及B則標題

就是這種選擇，C 則標題「馬籲美軍售　與中協商有恃無恐」，則不免淪為老調重彈，毫無新意，也吸引不了讀者目光。

案例14-2-10

A 則　　馬總統首度證實將競選連任

【仇佩芬/台北報導】馬英九總統昨天接受美國《華盛頓郵報》專訪，再度呼籲美國出售包括F-16 C/D戰機等武器給台灣。馬英九在專訪中強調，台灣是一個主權獨立國家，在推動兩岸和解之際，台灣需要在有足夠自我防禦能力的前提下對大陸談判，而非在恐懼中與大陸協商。

馬英九也首次對外國媒體證實，自己將競選連任。……

日前軍方破獲少將羅賢哲共諜案，是否涉及洩漏重要情報，甚至影響美國對台軍售？馬英九認為，經過我方評估，已經針對羅賢哲洩漏的情報可能影響的領域，做了損害控管；台美軍事合作也沒有受影響，將持續進行。

專訪同時間及大陸人權問題及仍在獄中的民運人士劉曉波，馬英九表示他曾公開呼籲大陸釋放劉曉波，……

專訪中，馬英九重申兩岸簽署ECFA，對民眾帶來實際利益，他同時強調，對於推進兩岸關係，現階段仍集中在經濟議題，政治議題並非優先項目。他也希望兩岸將來就中華文化推廣能夠互相競爭、學習。

（中國時報 100/2/18 A13）

B 則　　華郵專訪　馬展現連任企圖心

【李明賢/台北報導】馬英九總統昨天接受美國華盛頓郵報專訪時，首度展現連任企圖心，表明之前競選的政見都是規畫八年，跟當初競選台北市長一樣，「我們需要比較長的時間來實踐政見」。

……強調憲法對中國大陸定位就是「中華民國的大陸地區」，政府公文書禁止稱呼「中國」是遵守憲法；……

馬總統表示，中華民國是主權國家，必須有自我防衛力量，與大陸協商也不希望在恐懼中進行；他呼籲美方售我 F-16 C/D 戰機。

專訪過程，華郵記者關切中國政治改革議題，並詢問馬總統對中國國家副主席習近平未來接班後，

是否可能更積極尋求政治改革？

　　馬總統用英文回答「We hope so.」（我們希望如此）希望逐漸看到大陸在這方面有更多的進展，

一方面這會使得兩岸關係進一步改善，另一方面大陸人民有更多機會表達意見。

　　　　　　　（聯合報 100/2/18 A1）

C 則　　　　　　　華 郵 電 訪
馬籲美續軍售　與中協商有恃無恐

　　【張沛元/綜合報導】美國華盛頓郵報昨晚「台灣時間」刊出專訪馬英九總統的內容，馬英九表示，台灣是一個主權獨立國家，儘管兩岸關係近年來日趨熱絡，但美國仍應持續對台軍售，因為台灣必須站在有恃無恐的立場上與中國協商。此外，馬英九也首度透露計劃競選連任。

…………………………………………

　　　為完成政治藍圖　透露尋求連任

　　習近平預定二〇一二年接班，同年馬英九本屆總統任期屆滿。馬英九在訪問中也透露有意尋求連任，他表示，當他四年前投入總統大選時，所規劃的政治藍圖需要八年時間才能完成，我們需要更長的時間表來落實我們的政綱。

　　　　　　　（自由時報 100/2/18 A2）

　　■案例14-2-11，報導行政院工程會新任主委李鴻源上任，不改其直言個性，對目前的公共工程缺失大膽揭露，指出兩大重點，一為核電廠的耐震不足，二為將規劃「防災地圖」，各報報導皆提及這兩個重點，到底要採哪個為主題呢？要從影響層面來判斷，那個措施影響最多數人，就應該是主題的題材。

　　核電廠耐震不足，是一個令人驚嚇的問題，自從日本福島核電廠事件後，全世界各國無不檢討核能廠措施及核能政策，小小台灣竟有四個核電廠，耐震不足，將造成國人恐慌，新任主委直言不諱，必會引起共鳴而力圖改進；建置全國六十個偏鄉、孤島部落的「防災地圖」，讓一旦發生災害，鄉長、部落頭目可知道去哪裡避難，這是一個很好的措施，但畢竟影響層面不若核電廠

大，A 則及 B 則主題強調「耐震應補強」顯然比 C 則「規劃防災地圖」更受到多數人關心。

案例14-2-11

A 則　新官上任不改直言　李鴻源：核電廠耐震應補強

【何醒邦/台北報導】行政院公共工程委員會主委李鴻源昨天上任，面對全球災害頻傳，他不改直言風格指出，工程會將全力製作台灣六十個孤島部落的「防災地圖」，並將在第一時間拜訪台電董事長陳貴明，討論核電廠耐震補強及疏散方式。

日本發生核災後，外界關心台灣核電安全。李鴻源也說，台灣發生規模九的地震雖然機會不大，但有可能發生規模八的大震；核一、核二耐震只能到規模六到七，這是不爭的事實，台電應提出具體補強方案。

李鴻源指出，工程會當務之急是建立「災害管理」標準程序，把災害控制至最小，工程會也將建立六十個偏鄉、孤島部落的防災地圖，一旦發生災害，鄉長、部落頭目可知道去哪避難、準備哪些東西及如何對外聯絡；防災地圖就是要讓災區知道如何在三天內自保。

（聯合報 100/4/2 A13）

B 則　李鴻源：核電廠抗震不足　台電應老實講

【徐義平、謝文華／台北報導】日本核災擴大，台灣三座運行核電廠，耐震程度多大？昨日工程會主委李鴻源上任首日公開表示，台灣要遇上規模九地震，機會不大，但仍有可能遇上規模八的強震。目前核一和核二廠只能承受規模六至七地震，台電應找出補強方案，並對民眾老實說出核電廠抗震不足的事實。

李鴻源指出，五月汛期將屆，防災是首要重點，將先做出全台「防災地圖」，針對全台逾六十個偏鄉孤島部落的防災地圖，並落實宣導定期演練，將災損降至最低程度。

（中國時報 100/4/2 A4）

C 則　　**汛期將屆　李鴻源規劃防災地圖**

【陳宥勝，羅融/台北報導】五月汛期即將來到，行政院公共工程委員會新任主委李鴻源昨天表示，將規劃製作全國逾六十個偏鄉孤島部落的「防災地圖」，希望將災損降至最低程度。

至於核電廠安全問題，李鴻源是會找時間拜訪台電董事長陳貴明，希望台電清楚告訴民眾核電廠抗震不足是事實。李鴻源說，台灣可能發生比九二一規模還要大的強震，目前核一廠、核二廠只能承受六至七級震度的地震，台電應面對並想出補強對策。

（自由時報 100/4/2 A12）

■案例14-2-12，報導一位婦人及兒子疑似忘了拉手煞車，兩人合力阻擋下滑的車身，慘遭一死一傷，A題「忘拉手煞車　車滾下坡　母死子傷」，B題「肉身擋下滑轎車　母死子傷」，兩則標題皆未有不當之處，但都有缺憾的地方。

　　兩位編輯皆從導言中擷取主題題材，以致未將內文中皆有提及的兩大富有教育性重點同時標出，「忘拉手煞車」及「肉身擋車」的不當，是這則社會新聞給讀者的教訓，也是這則報導最重要的價值，可惜記者都未在導言中同時寫出，編輯也就「掛一漏萬」。社會新聞內容複雜，記者不見得在導言中把所有重點顯現，編輯必須在看完全文後，自己找出重點，不能完全依照導言下題，這就是為什麼本書一再強調要「跳脫文稿牽絆」的原因，本題若改為「忘拉手煞車　肉身阻擋　母死子傷」就比較圓滿。

案例14-2-12

A 則　　**忘拉手煞車　車滾下坡　母死子傷**

【簡光義／苗栗報導】沒拉手煞車釀憾事！婦人黃秀梅十五日駕駛自小客車，載丈夫及兒子宋邦豪到卓蘭山上水果園工作，將車停在陡峭的斜坡時，疑似忘了拉手煞車，就下車沿下坡路段往前走，結

果轎車突然往前滑行，黃婦被撞當場斃命，兒子腿部骨折送醫。

………………………………………

宋邦豪說，因車子是母親開的，停車熄火後他沒注意有沒有拉起手煞車，不料與母親走下坡時，驚見車子滑行下來，兩人回身企圖

將車子撐住，但下滑力量實在太大，他失足滑倒，小腿被輾壓受傷，母親則直接被車子推擠撞上果樹，當場倒地不起。

………………………………………

………………………………………

（中國時報 100/2/17 A8）

B 則　　肉身擋下滑轎車　母死子傷

【祁容玉、范榮達/卓蘭報導】台中市新社區婦人黃秀梅與兒子宋邦豪，前天到山區果園工作，因力擋停在斜坡下滑的轎車不慎，黃秀梅身體被輾過，送醫不治；宋邦豪雙腳骨折。死者丈夫宋光榮目睹太太死在自己車子輪下，傷心哭嚎「怎會這樣？」

………………………………………

檢警懷疑車子雖熄火，疑因沒

有拉手煞車，且還打在空檔，以致車子順勢下滑，造成不幸。

檢警指出，最近一年苗栗縣大湖、泰安、卓蘭山區都發生過車子停在斜坡，下滑撞死人意外。車子停斜坡，最好熄火拉手煞車，打在 P 檔，必要時可用石頭、磚頭障礙，預防車子往下滑。

………………………………………

（聯合報 100/2/17 B2 大台中）

■案例14-2-13，也是一則富有社教性質的悲劇，四名國中生戲水，兩人不幸溺斃，三則報導內容相似，標題的取材卻不盡相同。

A 則引題「四人行兩人溺斃」主題「同學溺水　丟腳踏車當救生圈」，抓出最特殊的「丟腳踏車當救生圈」當主題，選擇正確，可惜的是疏忽了此題的副作用，腳踏車輪是塑膠製，浮力足夠救人嗎？恐不是每一個人可以一、二秒間分辨的，站在社教的立場上，應該在主題立即做一個正確的指導，所以本題改為「……丟腳踏車當救生圈　無效」就比較完整，也告訴讀者不要學這個無效的笨辦法。

　　B 則主題強調「踏青苔滑落水」，有社教的意義，但未將笨拙的「腳踏車輪救人」的特點指出，誠為美中不足，C 則主題「國一生戲水　4人同行2溺斃」則是一個「萬年題」，不能說它不正確，卻是一個意義不大的標題，記者在最後一段「……遇有人溺水，應就地取材竹竿、繩索等物品拋入水中……至於腳踏車車身會下沉，不宜當作救援工具」，未受到重視，殊為可惜。

案例14-2-13

A 則　　　　　四人行　兩人溺斃
同學溺水　丟腳踏車當救生圈

【梁貽婷／台中報導】台中市東勢區東新國中國一男生陳俊偉、涂光晏，十九日和同學一行四人相約至大甲溪畔水坑戲水，未料不會游泳的陳、涂一下水就失足滑落水底，同行兩同學試圖游泳營救失敗。救難人員在報案十六分鐘後就將兩人救上岸，但送醫急救仍回天乏術。

……看見一旁自己騎乘的腳踏車輪是橡膠製，直覺應會浮出水面，洪生就把冼姓同學的腳踏車丟入水坑，希望能給溺水者當浮板。

結果腳踏車一落水，就咕嚕一聲沉入水底，洪、冼兩人束手無策，才趕忙通知在公園放風箏的大人打電話求救。

（中國時報 100/3/20 A9）

B 則　　**踩青苔滑落水**　　**兩國中生溺死**

【李東憲/東勢報導】台中市東勢區東新國中一年二班班長涂光晏和同學陳俊偉，昨天下午和另兩名同學到東勢河濱公園大甲溪畔的水窪戲水，疑因踩青苔失足溺斃，親友同悲。

……兩人情急之下，把單車拋入水中，希望車胎可以暫充救生圈，但卻毫無效果，……

（聯合報 100/3/20 A11）

C 則　　**國一生戲水　4 人同行 2 溺斃**

【謝鳳秋／台中報導】昨天下午，4 名國一男生到台中市東勢河

濱公園大甲溪畔水潭戲水，2 名學生陳俊偉、涂光晏不諳水性呼救，

同伴以為腳踏車輪會浮起，竟丟車救人，直線距離僅 300 多公尺的消防分隊獲報趕到，仍來不及挽救兩條年輕的生命。

……洪姓少年認為腳踏車輪胎是橡膠，會浮起來，急得把車子丟下水潭，要讓溺水的 2 人拉住，不料徒勞無功。

消防局第二救災救護大隊組長楊世葆表示，遇有人溺水，應就地取材竹竿、繩索等物品拋入水中，拉溺水者上岸，不宜貿然下水救人，至於腳踏車車身會下沉，不宜當作救援工具。

（聯合報 100/3/20 A11）

■案例14-2-14報導一名竊嫌曾讓新北市新北大橋「失明」，後又侵入住宅行竊，A則主題「賊偷百公斤保險櫃……1人1車1手扶」，副題「曾偷電纜　讓新北大橋失明……徒手扳開鐵窗……」，B題「上回弄瞎新北大橋　這次徒手扳鐵窗闖空門」，兩則新聞內容大致相似，編輯抓主題則有很大差異，這是來自編輯主觀上認知差異，哪個「點」較特殊？社會新聞的「元素」很多，要比較後找出最特別的、最吸引人的重點來作主題，本則報導中A則題材的吸引力顯然超過B則，因為「百公斤保險櫃……1人1車1手扶」，配上兩則報導都有的一張竊嫌臨走時被監視器錄下的照片，顯然是此案中最特別之處，B則卻選擇慣竊前後兩次毫無新意的偷竊手法當主題，忽略了過程特殊性，比較之下，吸引力就遜色多了。

　　本節上所討論的標題，皆無錯誤或嚴重不當之處，惟抓重點的優劣卻影響到標題的價值，這是任何一位想下更好標題的編輯所要重視的。

案例14-2-14

A 則　**賊偷百公斤保險櫃……　1人1車1手扶**

曾偷電纜　讓新北大橋失明　交保兩個月　徒手扳開鐵窗
侵入民宅行竊　搬運「特技」監視器全錄下……

【林昭彰/新北市報導】元月間因在三重區偷竊電纜，讓新北市地標新北大橋「失明」的竊嫌許盟華，交保後，二十五日又侵入住宅行竊，還表演了特技單手騎機車，運走重達百公斤保險櫃。

警方調查，身高一百八十六公分、體重九十公斤的許盟華（三十五歲）體格壯碩，二十五日下午侵入蘆洲區長安街一處公寓頂樓，徒手把鐵窗扳開一個小縫，鑽進屋內搜刮財物。

....

（聯合報 100/3/28 A9）

B 則　　　**上回弄瞎新北市大橋**
這次徒手扳鐵窗闖空門

【吳柏軒/新北市報導】今年1月7日晚上，用繩索垂吊偷盜電纜線，讓新北市地標新北大橋「失明」的慣竊許盟華，這回身高186公分、體重90公斤的他，竟徒手扳斷鐵窗，再從不到30公分寬的縫隙侵入民宅，與同夥竊走重達百公斤的保險箱！

大搖大擺搬走百公斤重保險箱

警方查出，許嫌及同夥搬出重達百公斤的保險箱後，許盟華要同夥蔡家富走路回三重，他自己則騎著車，右手操控油門，左手撐著放在後座的保險箱，一路搖搖晃晃騎回三重住處，殊不知過程全被監視器拍下。

....

（自由時報 100/3/28 B1）

三、為特定對象服務，標出特定標題

不管是記者或是編輯，如果所處理的稿件或是所撰寫的新聞是要為特定對象服務，很難被要求做到公正性、客觀性，這是媒體人的無奈，也是新聞界的陋規，當然，所選擇的標題重點，就是該特定對象，而且是正面性的字眼，毫無商榷的餘地。

為特定對象服務，大致可分為以下幾種：

（一）為所任職的媒體服務

（二）為刊登廣告的客戶服務

（三）為上級所交辦的對象服務

（四）為與私人有關的事或人服務

這四種服務在媒體上常常可以發現，有的報導一目了然，有的報導很技巧地淹沒在其他內容中，不易被發現，但若仔細比較，還是可以察覺的，茲分別說明如下：

（一）為所任職的媒體服務

這種服務最易被讀者發現，因為它往往在標題上就標出名稱，例如該媒體得到競賽殊榮、擴充營業規模……等，當然報社有喜事，願與讀者共享之，看起來是天經地義，其實是剝奪了讀者知的權利，因為在有限的版面裏，刊了這則在讀者看來不是新聞的新聞，等於擠掉另一則新聞刊出的機會。若是參加比賽，編輯所下的標題一定是吹捧該媒體的成績，而輕忽其他單位的努力，這是一種帶有偏頗的報導，反觀記者撰稿，因為文字較多，表達較容易，顯得較公正、客觀。

早期，有些媒體在高層人士交接時，都會派記者採訪報導儀式，不僅圖文並茂，還刊在顯著位置公告週知，可憐編輯哪有拒絕的權利，無不照單全收。

■案例14-2-15報導兒少媒體監督連線，公布二〇〇九年平面媒體兒少新聞報導內容監看報告，各報在刊登時，無不選擇對自己最有利的部分當作標題，A則報導「聯合最重兒少　蘋果多負面報導」，就是選擇對該媒體最利的部分－報導數量1308則－當主題，對其他較差的表現部分則隱而不發，B則報導也是如此，

該媒體數量540則敬陪末座，完全不提，而找出較有利該媒體的「正面比例」，所以內文完全以該「點」為報導重點，標題「兒少新聞　《中時》正面比例最高」，也就見怪不怪了。

案例14-2-15

A則　　聯合最重兒少　蘋果多負面報導

【曾懿晴、陳俍任/台北報導】數個兒少團體所組成的兒少媒體監督連線，昨天共同公布二○○九年平面媒體兒少新聞報導內容監看報告。調查發現，四報中以聯合報最重視兒少新聞，蘋果日報最多負面兒少報導，愛用「姦」字表達性侵。

……………………

　　兒少媒體監督連線針對家暴、

性侵害、性騷擾、兒虐等四大分類，分析今年一至十一月，聯合報、中國時報、自由時報、蘋果日報四大平面媒體的兒少新聞報導。調查發現，各報兒少新聞報導數量中，以聯合報一三○八則居冠，其次依序為自由、蘋果，中時僅五四○則，敬陪末座。

……………………

（聯合報 98/12/30 A8）

B則　　兒少新聞　《中時》正面比例最高

【唐鎮宇/台北報導】兒少媒體監督連線昨日公布今年平面媒體兒少新聞監看報告，四大報兒少新聞高達五成二是負面報導，又以《蘋果日報》數量最多、比例最高。……………………

……………………

　　《自由時報》在一一○五則新聞中，正、負面各約四十六％；《聯合報》一三○八則中，負面約四十三％、正面約四十五％；《中國時報》五四○則中，負面約三十八％、正面約五十二％。

（中國時報 98/12/30 A8）

（二）爲刊登廣告的客戶服務

這種服務是媒體的悲哀！為了廣告費，討好客戶，不惜犧牲報導的原則，近年來，由於經濟不景氣，連過去一向趾高氣揚的媒體，也在大玩置入性行銷，將廣告新聞化，利用讀者信賴媒體

的特性，替廣告客戶宣揚一番，記者所撰寫的一定是吹捧的報導，編輯所下的標題當然是充滿阿諛的字眼。

這種「置入性行銷」自然引起其他未分一杯羹的媒體韃伐，往往新聞、特稿兩面夾攻，編輯當然配合媒體政策，所下的標題也是火辣辣的攻擊性字眼。

■案例14-2-16，報導立法院內政委員會審查客委會今年度預算案，三家媒體的報導有很大不同，A 則誇獎客委會政績，B、C 則是抨擊客委會大玩置入性行銷，各媒體抨擊壁壘分明，關鍵在廣告費的分配引發這場戰火，各媒體的報導自然分為「有廣告」和「無廣告」兩種。

案例14-2-16

A 則　　客委會政績 立委肯定

【何定照/台北報導】立法院內政委員會昨天審查行政院客家委員會年度預算案，與會立委多肯定主任委員黃玉振政績，對「客家基本法」十月下旬在行政院院會通過後，客委會很用心地希望全國民眾了解這個法的意義尤表好評，也讚許他在創新客家文化產業的表現。

立委吳育昇肯定黃玉振施政，並期許客委會除了辦活動，也應將活動轉換為長期文化策略、和民眾結合，……………

………………………………………

（聯合報 98/11/3 A5）

B 則　　客委會廣告　被轟獨厚聯合報系

【曾薏蘋/台北報導】為報導《客家基本法草案》內容，客委會日前花一百萬元，向聯合報買下大篇幅廣告，卻引來立委郭素春的質疑，懷疑客委會獨厚特定媒體，與客委會主委黃玉振出身聯合報系有關。黃玉振尷尬地表示，這是因為聯合報系是唯一有日報和晚報的媒體。

………………………………………

………………………………………

（中國時報 98/11/3 A11）

C 則　　客委會砸百萬　大玩置入性行銷

【陳曉宜/台北報導】行政院長吳敦義甫於立法院公開表示，政府不會再做新聞置入性行銷，戕害媒體新聞自主權，但國民黨立委郭素春昨天立刻拿出整版報紙揭發，客委會又花一百萬元做新聞置入性行銷，客委會主委黃玉振一開始不願承認，但最後坦承給了聯合晚報四十萬元、聯合報六十萬元。

吳搋明令禁止　說一套做一套

郭素春昨在內政委員會質詢黃玉振時，拿出聯合晚報報導「客家基本法」的整版「新聞」詢問黃玉振，黃玉振遲疑未答，郭素春又說「你的肖像這麼大，你不知道？」黃玉振竟回答「這是當天新聞」。郭素春聽後立刻反問「這是新聞？你跟聯晚這麼好，做這麼大的新聞？有沒有花錢嘛！你有沒有看到這篇廣告？」

....

（自由時報 98/11/3 A4）

（三）為上級所交辦的對象服務

這種服務可分為為人服務或為事服務，此類報導比較不留痕跡，因為人世間處處都是新聞，人人都可成為報導對象，只不過是重要性有重有輕而已。

■案例14-2-17，報導富比士雜誌亞洲版選出年度最佳前五十大企業，台灣共有8家入選，A則「富比士亞洲50大企業　旺旺上榜」，因為該媒體是旺旺集團關係企業，編輯當然就以「旺旺上榜」為重點作出標題，刊在第一版上，B則「50強8台商　宏達電獲利第一」，刊登在同一家媒體第二版，所抓重點就完全不同，所下標題自然與A則大相逕庭。

此外，上級也會交辦記者報導某些人物或事物，其中奧妙，記者與編輯不見得清楚，文稿自然是歌功頌德，標題當然是正面褒獎字眼。

案例14-2-17

A 則

台灣 8 家入選
富比士亞洲 50 大企業　旺旺上榜

【林上祚/台北報導】《富比士雜誌》亞洲版，近日甄選出亞洲年度最佳五十大企業，該項評比已經進入第五屆。台灣方面今年有八家企業入選，中國大陸則有十五家企業入選，是亞洲地區表現最佳的二個區域；去年回台發行台灣存託憑證的旺旺中國控股，今年首度獲得入選亞洲五十最佳企業殊榮。

根據富比士雜誌報導，亞洲五十大最佳企業，係從九一〇家亞洲上市公司挑選，這些企業營收與股票市價，均須達三十億美元，以上，富比士依據過去五年獲利數字，再參考該公司明年的獲利展望，與公司管理階層的經營能力，選出較具潛力個股。

台灣今年有八家企業入選亞洲五十大，包括宏碁、鴻海、宏達電、矽品、康師傅、冠捷科技、旺旺中國、緯創，其中旺旺係首度入榜。

....
（中國時報 98/10/21 A1）

B 則　　**50 強 8 台商　宏達電獲利第一**

【林上祚/台北報導】富比士亞洲最佳五十大企業，台灣共有八家進榜，檢視這八家公司財務數字可以發現，這幾家業者除了宏達電外，其餘七家明年獲利成長率均在一〇％以上，康師傅與旺旺因為所在的中國內需市場仍持續成長，明年獲利成長率仍高達二六％與二二％，是成長最快的二家企業。

營的宏達電，過去五年資本報酬率高達五七％，股票殖利率也高達七‧八％，是過去五年獲利數字最優異的企業。宏達電目前在智慧型手機全球市占率已經來到六％，僅次於諾基亞、蘋果、黑莓機製造商 RIM，宏達電去年首度與 Google 合作，目前二款 Google 手機表現不算太出色。

....
經營之神王永慶之女王雪紅經　（中國時報 98/10/21 A2）

（四）為與私人有關的事或人服務

這種稿件可歸類為人情稿，只要文字或標題不太肉麻，很難

被察覺，如果記者在受訪者言談中找出獨特的新聞特點，編輯也可能製作出一個富有新聞性的標題，讓人看不出這是一則有特別目的的報導。

　　為特定對象服務的標題或是文稿，雖說有一些無奈，記者與編輯也應抱持新聞報導的正確態度去完成，讓這些有目的的痕跡盡量淡化，有努力就會有成績。

第十五章　新聞標題之修辭應用

　　在實務界，除了中文系畢業的編輯外，大多數的同學都未曾受過「修辭學」的訓練，他們所使用標題字，常常在似懂非懂中，憑著自己的中文造詣，不知不覺中運用到修辭學，也因此產生一些似是而非，甚至積非成是的不當。

　　要在一則動輒數百字的稿件中，快速下一個精準、又要吸引讀者的標題，看似容易，做起來卻不是一件簡單的事，若能對中國語文中的修辭學有所涉獵，絕對對下標有很大的幫助，而且一些誤用也可避免，所以值得老編與新手予以重視。

　　修辭的方法，包括一、調整語文表意的方法；二、設計語文優美的形式，而調整語文表意的方法可以有感歎、設問、摹寫、仿擬、引用、藏詞、飛白、析字、轉品、婉曲、夸飾、譬喻、借代、轉化、映襯、雙關、倒反、象徵、示現、呼告等二十種途徑；設計語文優美的形式可以有類疊、鑲嵌、對偶、排比、層遞、頂真、回文、錯綜、倒裝、跳脫等十種途徑（修辭學/黃慶萱/P.7），其中在標題上最常用的是「雙關」、「析字」、「設問」，本書將此三種修辭方法分別設立專節說明（「設問」詳見第九章第一節），其他修辭方法劃歸本章第三節探討。

　　翻開報紙，很容易看到一些標題字體與旁邊其他的字體不同，或是某些標題字加上引號（「」），這些做法如果運用得當，是屬於雙關、析字的應用或是要強調這個語句重要性的一種標示，否則就是編輯個人一時興起，賣弄文句的牽強附會作法，這其中到底有何區別？筆者依據自身經驗，並參考新聞界前輩、先進著作，歸納以下表列，並分節詳述之。

種類	標準雙關語		非標準雙關語			
定義	一個語詞同時兼顧到兩種事物的修辭方式		新聞內容與字面詞意可相合，但與傳統詞意不相合		新聞內容與字面詞意不相合，但與傳統詞意相合	
			A種		B種	
字面詞意與新聞內容是否相合	是		是		否	
常見用詞	字音雙關： （同音不同字） 「郝」滿意 真「醉」過 「詐」彈 「鹽」燒 有「子」望 「泰」恐怖 「泳」往直前 「破」在眉睫 不強出「投」	詞意雙關： （同字不同意） 「挺」棒 「沒」齒難忘 「老」師 「危機」 看「法」不同 神「機」妙算 好「客」氣 「猛」剷黨紀 千里「一線」牽	字音雙關： （同音不同字） 你「農」我「農」 「鹽」多必失 「跌跌」不休 「漲」聲響起 突發其「響」	詞意雙關： （同字不同意） 外「公」 外「婆」 識「相」 「蟲蟲」危機	字音雙關： （同音不同字） 太魯「蟒」 「髮」外施恩 洋基「投」大 不「藥」馬家軍	詞意雙關： （同字不同意） 向客家人不「客」氣挖選票 沒「跳」票
傳統詞意與新聞內容是否相合	是		否		是	
常見用詞	好滿意 真罪過 炸彈 延燒 有指望 太恐怖 勇往直前 迫在眉睫 不強出頭	挺棒 沒齒難忘 老師 危機 看法不同 神機妙算 好客氣 猛剷黨紀 千里一線牽	你儂我儂 言多必失 喋喋不休 掌聲響起 突發其想	外公 外婆 識相 蟲蟲危機	太魯莽 法外施恩 洋基頭大 不要馬家軍	向客家人不客氣挖選票 沒跳票

參考資料：新聞標題製作/顧郎麟/P.39、新聞標題之研究/郭伯佾 P.42

第一節　雙關語要恰到好處

雙關語（又稱為「變體詞」），簡單地說，就是一個語句，除了本身原來的意思（傳統詞意）之外，又有其他一種衍生的含意（字面詞意），也就是一個語句含有兩個意思，讓讀者看到標題時，連想到另一層含意，而且兩個意義都能符合新聞的報導。在標題上經常可以看到，用得好，令人拍案叫絕，用得不當，輕者令人搞不清楚是啥意思，重者與內文的含意恰恰相反，不可不慎，因此，筆者又將其分為標準雙關語與非標準雙關語 A、B 兩種。這種雙關語的字體通常與其他標題字不同，以凸顯其雙關語的角色。

標準雙關語可分為三類：（新聞標題之研究/郭伯佾/P.41）

一、字音雙關（同音不同字）：一個語詞除了本身的意義外，又兼含另一個同音的語詞的意義

二、詞意雙關（同字不同意）：一個詞在句中兼含兩種意思的

三、句意雙關：就是一句話或一段文字，雙關到兩件事物，如：「深耕溉種，立苗欲疏，非其種者，鋤而去之」，後兩句雙關非姓劉的諸呂，諸侯應該共擊之（史記‧齊悼惠王世家）。

雙關語修辭法運用的原則有三：

一、是要蘊藉，有經得起讀者思考與分析的深意

二、是要風趣，應該是一種不傷感情的嘲諷

三、是要鮮活，以具體的事物去雙關抽象的事物

在報紙上常用的標準雙關語，僅限於「字音雙關」及「詞意雙關」兩種，第三種的句意雙關限於標題用字精簡，幾乎在標題用不

上。

　　標準雙關語還有一個特別重要的原則，就是字面詞意或傳統詞意，都要符合文稿內中文解釋的意義，缺一就不是好的標準雙關語，應避免使用為宜。

　　茲分別敘述，分析如下：

一、字音雙關（同音不同字）：

　　字音雙關是目前在報紙上最易被濫用，不當的標題尤其多，雙關語的原來美意，被破壞殆盡，殊為可惜。

　　■案例15-1-1，Ａ則，報導道奇來台進行熱身賽，台北市長郝龍斌前往天母棒球場視察，對場地檢整表示滿意，標題「視察天母球場「郝」滿意」，「郝」與「好」同音，在標題上很好用，字面詞意是「郝」市長滿意，傳統詞意為「好」滿意，用得恰當。

　　Ｂ則，報導一位醉漢，睡在沙發上，手臂滑落，女兒好心扶起，竟怪罪女兒吵他，持拐杖鎖打一家人，引題「真是『醉』過……」，一語雙關，字面詞意為「喝醉酒的過錯」，傳統詞意為「罪過」，雖有主觀意見，但是用字溫和，又有批駁這種不當行為的功能，是可以被接受。

案例15-1-1

Ａ則　　　視察天母球場「郝」滿意

【記者錢震宇/台北報導】道奇熱身賽下周登場，台北市長郝龍斌昨天前往天母棒球場視察，對於場地檢整狀況表示滿意，並強調天母球場設備符合美國職棒大聯盟標準，市府將持續維護，希望能以好的場地，重燃台灣職棒熱潮。……
……………………………………
……………………………………
（聯合報 99/3/5 Ｂ）

B 則

真是醉過……

錯怪女兒吵他　拐杖鎖打一家子

【記者張協昇/台中報導】發酒瘋六親不認！台中市 34 歲王姓男子，20 日晚間酒後在住處沙發睡著，因手臂滑落，女兒好心前往扶起，竟遭發酒瘋的王某不分青紅皂白毆打，妻子、岳母及岳父相繼勸阻，也遭持拐杖鎖毆打，岳父趕緊跑到吳姓鄰居住處請求幫忙，吳某前來制止也被王嫌毆打，直到警方據報趕到才制伏王嫌。………

（自由時報 99/2/22 B4）

■案例15-1-2，A 則報導美國職棒國民隊的希望「小史」史崔斯柏格強調，要等到至少單季能撐上 200 局的肌耐力，再來談復出，標題「小史復原佳　不強出『投』」，這個「出『投』」字句，字面詞意是「出來當投手」，傳統詞意為「出人投地」，兩種意義都能恰到好處，一點也不勉強。

　　B 則，報導洋基投手張伯倫拉傷肌肉，致使戰力老的老，傷的傷，拖垮熱身賽戰績，標題「張伯倫拉傷　洋基『投大』」，「投大」的傳統詞意為「頭大」，表示「大傷腦筋」，但是「投大」字面詞意是什麼？很難有合理的解釋，勉強的使用「雙關語」，只會讓讀者「丈二金剛摸不著頭緒」，真的是「頭大」了！這是屬於非標準雙關語的 B 種。

案例15-1-2

A 則

小史復原佳　不強出投

能撐上 200 局再復出

【記者林世民/綜合報導】國民隊希望「小史」史崔斯柏格復原進度佳，已走過隊友王建民「進 2 步退 1 步」的復健尷尬期，經過去年衝過頭經驗後，小史強調，要等至少單季能撐上 200 局的肌耐力，再來談復出。

（自由時報 100/3/16 B6）

B 則　　　　張伯倫拉傷　洋基投大

【記者林世民/綜合報導】洋基今年恐怕得繃緊神經，繼春訓時投手米崔拉傷左側腹斜肌之後，張伯倫跟著傳出相同傷勢，戰力老的老，傷的傷，拖垮洋基隊熱身賽戰績，昨天以 1:2 敗給紅襪後，熱身賽戰績 6 勝 11 負，在美聯墊底。

....

....

（自由時報 100/3/16 B6）

■案例15-1-3，A 則，報導泰國一所寺廟的停屍間發現三百四十八具死胎，標題「『泰』恐怖　曼谷廟宇堆數百胎屍」，這「泰」字雙關語，字面詞意為「泰國」，傳統意義為「太」字，同音不同字，讀者很快就知道所要表達的意義。

　　B 則，報導因為日本福島電廠核能輻射危機，大陸民眾瘋狂搶購食鹽，標題「日核災『鹽』燒大陸　搶購飆漲」，「鹽燒」兩字，字面詞意可被解釋為「鹽在大陸被熱烈搶購」，傳統詞意為「延燒」，意指核電危機由日本延燒到大陸變成「鹽」的危機，兩種意義還都可解釋得通。

案例15-1-3

A 則　　　「泰」恐怖　曼谷廟宇堆數百胎屍

【梁東屏/曼谷十七日電】泰國警方接受投訴前往一所廟宇進行調查，結果在停屍間赫然發現三百四十八具死胎，警方強烈懷疑可能是診所進行非法墮胎，勾結停屍間管理人員儲藏死胎，然後等待廟宇和尚為無人認領屍體作焚化超渡時一併處理。

....

（中國時報 99/11/18 A16）

B 則　　　日核災「鹽」燒大陸　搶購飆漲

繼「斷奶粉」潮再掀鹽荒　每包 1.3 元人民幣賣到 5～15 元

吃鹽補碘？專家說每天得吞 3 公斤

【李文輝/綜合報導】日本核災引發周邊國家緊張，大陸外交部昨首次表示，希望日方「及時、準確地」向外界通報現場情況。繼先

| 前斷奶粉後，日外洩核輻射也「鹽
燒」大陸，各地民眾瘋搶買鹽補碘
防核造成斷鹽、鹽業股逆勢大漲； | ....
....
（中國時報 100/3/18 A15） |

■案例15-1-4，報導南投縣清境農場改採「一票到底」制，以致門票價格暴漲二‧五倍引發爭議，標題「漲門票不清境　研議恢復分段收費」，若非對「清境農場」這個名字很熟悉的人，看此標題，一定不清楚在講甚麼，因為「清境」兩字未用「變體字」，無法凸顯它是字音雙關，改為「清境漲門票『不清境』研議恢復分段收費」，多「清境」兩個地名字，讓「不清境」變成字音雙關，成為「清境農場因為漲門票一事，變成不清靜」，這「不清靜」就成「清境」的反諷，另外「不清境」的字面詞意就成了「不再是清境之地」，整個標題語意清楚多了。

　　雙關語修辭法運用的原則：「是要蘊藉，有經得起讀者思考與分析深意」、「是要鮮活，以具體的事物去雙關語抽象的事物」，所以應用時要有深意，不能太模糊，不能太抽象，讓讀者一目了然，毫不牽強附會，否則適得其反，寧願不用也罷。

　　案例15-1-4

漲門票不清境　研議恢復分段收費

【陳文信/台北報導】南投縣清境農場門票價格暴漲二‧五倍引發爭議，民宿業者九日北上向立委陳情。退輔會農林觀光處長林秋同解釋，門票已十年未漲，這次是遊客建議改採「一票到底制」才調漲。退輔會近日內會廣納各界意見，研擬是否恢復「分段收費制」。

....
....
（中國時報 99/2/10 A5）

二、詞意雙關（同字不同意）

　　「詞意雙關」如同「字音雙關」一樣，也常在標題上被應用，真正用得恰當的標題卻寥寥可數，不恰當的標題絕大部分是在字面詞意及傳統詞意，有一種符合內文報導或中文解釋得通，另一種則不知所云。

　　■案例15-1-6，A 則報導揭密網站「維基解密」創辦人艾山吉在倫敦被羈押的恐怖經歷，不但與戀童癖與殺童犯關在一起，還斷了一顆牙，標題「艾山吉被押9天　『沒齒難忘』」，「『沒齒』難忘」字面詞意是沒有牙齒，令他忘不了，傳統詞意卻是成語「沒齒難忘」的意義，比喻一個人「永遠不會忘記」，兩種都吻合內文報導，實在是不可多得的絕妙好題。

　　B 則報導一位老闆支持棒球隊，凡是球隊學生來店，一律50元吃到飽，標題「『挺棒』黃爸牛肉麵　球員50元吃到飽」，也是一個好的標題，「挺棒」的字面詞意是表彰黃爸「挺棒球」的熱誠與心意，傳統詞意是用「挺棒」來誇獎黃爸的行為，一語雙關，用得多自然、恰當，又符合內文的報導。

　　案例15-1-6

A 則　　艾山吉被押 9 天「沒齒」難忘
【蔡鵬如/綜合報導】揭密網站「維基解密」創辦人艾山吉交保後，廿一日首度接受媒體專訪，吐露於倫敦「旺斯沃斯監獄」羈押九天期間的恐怖經歷，他不但與戀童癖和殺童犯關在一起，還斷了一顆牙，令他「沒齒」難忘。

（中國時報 99/12/22 A12）

B 則　　挺棒！黃爸牛肉麵 球員 50 吃到飽

【記者鄭筑羚/板橋報導】開台式熱炒店的黃阿聰喜愛棒球，兒子在他耳濡目染之下加入板橋新埔國小棒球隊，為了讓這群小選手表現更好，黃阿聰準備特製牛肉麵幫他們補充營養，廣受球員們歡迎，索性開店專賣牛肉麵，凡是球隊學生來吃麵，一律 50 元吃到飽，…

………………………………

（聯合報 100/2/21 B2）

■案例15-1-7，A 則報導台北客家義民祭的重頭戲「挑擔奉飯」登場，主題「義民祭千擔頭　街頭好『客』氣」，「客」字有兩層意義，一為客家人，二為客氣，這個標題把兩層含意都用上了，「街頭好『客』氣」，傳統詞意為「挑擔奉飯，待人好客氣」，字面詞意是「街頭瀰漫客家人的氣息」。

B 則報導國民黨對違紀參選者，絕不姑息，考紀會開除七人，主題「國民黨『猛』鍘黨紀　開除七人」，由於國民黨考紀會主委是阮剛猛，因此標題就拿「猛」字做文章，傳統詞意是誇讚國民黨一口氣開除七人的「勇猛」，字面詞意是指阮剛「猛」的鍘黨紀，標題用得很自然，難得一見。

C 則報導台北市中山區劍潭里在社區公廁外造一個狗廁所，設「狗馬桶」使用，引題「造福溜狗族」，主題「狗馬桶　嗯嗯真方『便』」，「方便」這個字句，傳統詞意是「不會礙手礙腳」，字面詞意是狗「大便」的「便」，一個「便」字有雙關語的作用，讀者也能很快聯想起來。

案例15-1-7

A 則

義民祭千擔頭 街頭好客氣
鄉親齊唱和　沿街敲鑼打鼓
今最後一天 美食攤位、彩繪紙傘活動多

【記者黃驛淵/台北報導】「2009 台北客家義民祭」重頭戲「挑擔奉飯」昨天登場，早上由台北市長郝龍斌領軍，各社團挑著 1200 擔的擔頭從仁愛國小出發，沿路敲鑼打鼓、「挑擔奉飯」，還有精采陣頭表演，重現客家原味。客委會表示，今年擔頭共 1200 擔更是歷年之最。

....

....

（聯合報 98/10/19 B）

B 則

違紀參選「絕不姑息」
國民黨「猛」鍘黨紀 開除七人

【羅暐智、陳惠芳/綜合報導】國民黨立委傅崐萁等七人違紀參選縣市長，國民黨考紀會昨日「加班」開會，一致決議開鍘。考紀會主委阮剛猛表示，這是展現國民黨維護黨紀的決心，絕不姑息、放縱。

....

....

（中國時報 98/10/12 A1）

C 則

造福溜狗族
狗馬桶 嗯嗯真方便

【記者黃驛淵/台北報導】為了狗狗方「便」，台北市中山區劍潭里八月底，在社區公廁外造了一個狗廁所，不但有迷你「狗馬桶」，一旁還懸掛清理狗便的小器具，讓里民遛狗不再煩惱狗便無處丟。

....

....

（聯合報 98/10/11 A6）

第二節　標準雙關語與
非標準雙關語之區別

非標準雙關語與標準雙關語有何不同呢？舉例分析如下：

（Ａ）**標準雙關語：是指具有兩層意義**，一為衍生字面詞意，一為傳統詞意，而且兩者都能符合新聞內容，沒有牽強或不自然，以下所舉的均是平時在報紙上常見的標準雙關語：

1.「詐」彈：具有「炸彈」及「假的炸彈」的雙層意義

2.有「子」望：具有「孩子」及「指望」的雙層意義

3.「泳」往直前：具有「游泳」及「勇往直前」的雙層意義

4.「老」師：具有「年老的教師」及「老師」的雙層意義

5.「危機」：具有「處於危險狀況的飛機」及「危險的狀況」雙層意義

6.看「法」不同：具有「法律」及「對某事看法不同」雙層意義

7.神「機」妙算：具有「計算機」及「很會計算」雙層意義

8.千里「一線」牽：具有「電話線」及「經紅線把男女雙方連在一起」雙層意義。

9.「破」在眉睫：具有「破案」及「很急迫」的雙層意義

（Ｂ）**非標準雙關語 A 種：符合字面詞意，但不符合傳統詞意**（除非是相當特殊或巧合的新聞，那就變成標準雙關語），以下所舉的均是平時在報紙上常見的例子：

1.「跌跌不休」：具有「不停止」的字面詞意，未與「喋喋不休」傳統詞意相合

2.「漲」聲響起：具有「漲價」的字面詞意，未與「掌聲響起」傳統詞意相合

3.突發其「響」：具有「聲音」的字面詞意，未與「突發其想」傳統詞意相合

4.「外」公：具有「外面的老公」的字面詞意，未與「外祖父」傳統詞意相合

5.「外」婆：具有「外面的老婆」的字面詞意，未與「外祖母」傳統詞意相合

（C）非標準雙關語 B 種：符合傳統詞意，但不符合字面詞意，舉例如下：

1.「髮」外施恩：具有「法外」的傳統詞意，未與「髮外」的字面詞意相合

2.洋基「投」大：具有「頭大」的傳統詞意，未與「投大」的字面詞意相合

3.太魯「蟒」：具有「魯莽」的傳統詞意，未與「魯蟒」的字面詞意相合

4.不「藥」馬家軍：具有「不要」的傳統詞意，未與「不吃藥的馬家軍」的字面詞意相合

5.不「客」氣挖選票：具有「肆無忌憚」的傳統詞意，未與「不要客家人……」的字面詞意相合

■案例15-2-1，A 則報導一位獨臂竊嫌偷去一台冷氣機被逮到，美髮店女失主原諒他，並提供免費理髮服務，標題「獨臂男行竊　失主『髮』外施恩」，「『髮』外施恩」顯然是由「法外施恩」而來，字面詞意不符合內文報導，「『髮』外施恩」的意義如何？「頭髮以外施恩」？不看內文一定看不懂所言何事，所以它是非標準雙關語 B 種用法。

　　B 則報導一位珠寶竊嫌，犯案時滿口檳榔，且身材高大，專門以「假貨換真品」，商家報同行防範，終於被認出，標題「老闆識『相』　珠寶大盜栽了」，這個標題顯然是借用「識相」傳統詞義，此處的「相」應指「外表、動作」而言，「識相」的字面詞意（借用意義）指這位老闆眼光好，看出嫌犯的外表、動作，讀者可快速瞭解其中含意，此題中的「識相」與傳統詞意「知所進退，行事得體」的「識相」不相關，符合非標準雙關語A 種用法。

　　C 則報導大陸搶購食鹽風潮平息，隨之而來的是出現退鹽潮，標題「『鹽』多必失　大陸發生退鹽潮」，「『鹽』多必失」是借用「言多必失」的傳統詞義，字面詞意（借用意義）是指「鹽多了必然要失去一些」，語意清楚完整，讀者能快速瞭解其中含意，而傳統詞意的「言多必失」與本則新聞內容毫無關係，所以是非標準雙關語A 種的應用，新聞內文中的「一『鹽』難盡」、「無『鹽』以對」「『鹽』黃子孫」，則比較屬於標準雙關語的用法。

案例15-2-1

A 則	獨臂男行竊　失主髮外施恩

　　【記者王善嬿/嘉市報導】嘉義獨臂竊賊偷走 90 公斤重的冷氣機被逮到，美髮店女失主呂碧雲見他處境堪憐，原諒他還幫忙向警方求情，並願意提供免費理髮服務！

…………………………………………
…………………………………………

（自由時報 100/3/17 B3）

B 則	老闆識「相」　珠寶大盜栽了

　　【張企群/台北報導】「滿嘴檳榔，身材高大，就是他沒錯！」珠寶大盜吳正明，專門以「假貨換真品」的掉包手法，竊取珠寶行或鐘表店的鑽戒、名表，被害商家通報吳嫌長相特徵提醒同業防範，吳

嫌前往新北市鶯歌區欲重施故技，被業者一眼就認出，暗中報警將他逮捕到案。

（中國時報 100/3/16 A11）

C 則

「鹽」多必失
大陸發生退鹽潮

【楊芬瑩/綜合報導】大陸商務部昨宣布，民眾爭搶買鹽的情況已經平息，市場秩序恢復正常。隨之而來又出現退鹽潮。不少大陸民眾說，這幾天是一「鹽」難盡，無「鹽」以對；退鹽潮則印證「鹽」多必失，中國人果然是「鹽」黃子孫。

（中國時報 100/3/21 A13）

■案例15-2-2，A 則報導開心農場盛行之際，許多公務員上班時利用公家電腦種田，標題「上班你『農』我『農』　公務員被罰寫悔過書」，標題中的「你『農』我『農』」就是利用「你儂我儂」這個語句，字面詞意（借用意義）是「你種田我種田」，很清楚表達內文的報導，而男女之間親密關係的「你儂我儂」的傳統詞意，則與本條新聞無任何關聯，這是非標準雙關語A種的用法。

B 則報導台北市男性精液品質欠佳，造成不孕問題，標題「台北男人『蟲蟲危機』　不孕主因」，「蟲蟲危機」本是一部電影的名稱，此中的「蟲」是昆蟲，並非精蟲，兩者不相關，編輯很技巧地利用電影中的「蟲蟲危機」這個語句，字面詞意（借用意義）是指「男人的精蟲出現危機」，讓讀者很清楚了解所要表達的意義外，也令人不禁莞爾，這是非標準雙關語A種用法。

電影的片名是讀者耳熟能詳的，常常在標題上被利用，早期編輯最喜歡用，尤有甚者，曾有一則標題，居然全用電影片名堆砌而成。電影片名用在標題上，若能都很符合題意，不失是絕妙

好題，但若是用得勉強，需要讀者用盡腦筋思考其中含意，就不恰當了。

　　C 則報導一位甘蔗攤販找來黃金蟒招來客人，結果民眾早被嚇跑，引題「太魯『蟒』」，主題「小販披蟒嚇跑客人」，「太魯蟒！」的傳統詞意是在指責這位攤販的舉動太過魯莽，但是「太魯蟒」字面詞意是什麼？沒有另一種意義存在，只因「蟒」與「莽」音相近，就把它套上去，這是非標準雙關語B種用法。

案例15-2-2

A 則　上班你農我農　公務員被罰寫悔過書

【記者李欣芳、黃維助、林嘉琪/綜合報導】開心農場快速流行，外界關注公務員在上班時間玩線上遊戲的規範問題，人事行政局昨天指出，已發函通令公務員上班時間不得從事公務以外行為，更不宜利用公家電腦作非公務使用。

台南市長許添財表示，過去台南市府曾在上班時間抓到二十幾個公務員上網玩不該玩的遊戲，還寫了悔過書。……………………………………………………………………………………………

（自由時報 98/10/15 A9）

B 則　台北男人蟲蟲危機　不孕主因

【記者何玉華、林相美/台北報導】台北市立聯合醫院婦幼院區分析1年內不孕求診的資料，男性精液品質欠佳比率高達6成6，台北縣衛生局「婚後孕前健康檢查」中，接受精液檢查的 370 名男性

中，也有3成5精液品質欠佳，尤以數量過少及活動力不良為最大宗，顯見不孕問題，男性精液品質的影響越來越大。

……………………………………

（自由時報 98/10/19 B5）

C 則　　　　太魯蟒！
小販披蟒嚇跑客人

【記者陳燦坤/雲林報導】雲林口湖鄉一名賣甘蔗攤販找來黃金蟒「錢錢」幫忙搶錢，昨天亮相果

真成為市場目光焦點，攤位圍滿人群，但幾個鐘頭後甘蔗都沒賣掉，錢錢鬧脾氣被帶回家，小販怪大家

> 對動物明星不捧場，民眾則表示一
> 堆人早已嚇跑，誰敢上門光顧？　　　（中國時報 98/10/20 B3）

　　■案例15-2-3，報導部落格行銷從燒得火紅，到受景氣及效果影響，**大大不如前**，標題「景氣冷　部落格行銷也『微軟』」，『微軟』這兩個字，近年來被用在電腦業巨擘microsoft公司的中文譯名，已成專門名詞，標題中的字面詞意（借用意義）是指「部落格行銷稍微下跌、疲軟」，應能清楚表達題意，但與傳統詞義（應指microsoft的中文名稱）一點關係也沒有，一般來說，它是非標準雙關語A種的用法。

　　但嚴格來說，這個標題有值得商榷之處：

　　一、用「微軟」這兩個字是否恰當？眾所皆知電腦業的巨擘「microsoft」公司的中文譯名是「微軟」，純以英文字直接翻譯，不符合該公司的特色，「微軟」就字面而言是「稍微軟弱」，與微軟公司在電腦業的呼風喚雨大相逕庭，這個標題把讀者已熟知、根深柢固的強大微軟公司的「微軟」公司名，放在一個行情恰恰相反的網路行銷疲軟上，是否恰當呢？若只顧雙方都在電腦網路上發展，而把它們串在一起，更顯得唐突。

　　二、若說標題中的「微軟」非指「微軟」公司，而是中文的「稍微疲軟」，加上引號只是強調重點，如此，讀者看「微軟」兩字各有解讀，到底哪一個才是下標的原意呢？

　　許多年前，某報刊登一則有關頭髮的負面新聞，標題把「美吾髮」公司的名稱，套用上去，引起該公司的抗議，投訴新聞評議委員會，後來判定該標題不當。

　　下標題的一字一詞都要考慮週詳，不能心血來潮，想到一個稍有相關連、意思差不多可套用的專有名詞就套用上去，所造成

的負面效應恐怕是始料未及的，編輯要小心，主管階層也要及時
修正。

案例15-2-3

景氣冷　部落格行銷也「微軟」

【黃哲斌/台北報導】近兩年，台灣部落格行銷也燒得火紅，部落客收廠商產品或金錢，發表「心得分享」的例子比比皆是；然而今年以來，受到景氣及效果遞減等影響，部落格行銷案源已不若以往，部落客及廣告廠商都被迫尋找其他出路，希望共度景氣寒冬。

（中國時報 98/10/7 A5）

　　■案例 15-2-4，報導一位研究生在街頭演出行動劇凸顯訴求，穿上警察制服被送辦，檢方認為他主觀上並無犯意給予不起訴，標題「『裝』假警察抗議送辦　研究生『警』張嚇到」，這個標題有三個層面值得探討：

　　（一）「『警』張」這個詞句，顯然是由「緊張」而來，描述這位研究生當時的心理狀況，在本則報導內文中，「『警』張」字面詞意解釋不通，也許想要表達「警察緊張」的意思，但前一句標題已表明他是「扮演」警察，焉可再以真警察的「警察緊張」來表達呢？何況全文中並無「緊張」之意，只有「警嚇」的描述，可見為了利用「『警』張」這個字句而強加上標題，太過牽強了。

　　（二）標題前一句「『裝』假警……」中已有一「警」字，第二句再用上一個字「警」字，同一標題用兩個重複字是不恰當的。

　　（三）這則新聞已經發展到不起訴處分，但原題仍停留在案發當天的情況，未將最新發展清楚標示出來，也是一大缺失，本題改為「扮警演行動劇　研究生不起訴」較妥當，簡簡單單表明

意思，不必為了牽就雙關語，使整句標題變得彆扭又奇怪，何況原題中「『裝』假警抗議」與「扮警演行動劇」在詞意上也有很大差別。

　　變體詞（雙關語）的意義是衍生性質，這種衍生性的意義，因為沿用已久，已為社會大眾普遍接受而成為時下的社會語言。變體詞（雙關語）不宜再任意作擴張解釋，擴張解釋人言人殊，是沒有共識的一己之見，與讀者的理解不會有交集（新聞標題製作/顏郎麟/P.42），可惜的是，言者諄諄，聽者藐藐，報紙上還是出現許多不當的標題。

　　　　案例15-2-4

「裝」假警抗議送辦	研究生「警」張嚇到
【記者黃博郎、王述宏/綜合報導】台灣的社會運動蓬勃發展，常有學生投入並在街頭搬演行動劇以凸顯訴求，但稍有差池，每易觸法，不可不慎！一名研究生去年就因演出行動劇時穿上警察制服而被	警方送辦，這名男生當時頗受驚嚇，昨天檢察官認為他主觀上並無犯意，給予不起訴處分，他顯得輕鬆許多。 ………………………… （自由時報 100/4/2 A26）

　　■案例15-2-5，A 則報導大陸前國家體育局領導人袁偉民出書爆料，指出曾橫掃世界體壇的「馬家軍」在 2000 年雪梨奧運前，被驗出使用興奮劑，導致全數被排除在參賽名單外，引題「袁偉民新書爆料」，主題「雪梨奧運不『藥』馬家軍」，不「藥」的意思有兩種含意，字面詞意為「不吃藥」，傳統詞意是「不要」，但「馬家軍」既吃興奮劑，焉能說「不吃藥」，為了「不要」這個傳統詞意，疏忽「不藥」的字面詞意。這是非標準雙關語 B 種用法。

　　另有一則報導，指蔡英文在桃竹苗客家地區，舉辦造勢活

動，拉高綠營在客家選票熱度，主題為「綠軍不『客』氣　藍營現焦慮（中國時報100/11/11 A4），「不『客』氣」的字面詞意為「不要客家人……」，傳統詞意為「肆無忌憚」，內文僅與傳統詞意相合，這是非標準雙關語B種用法；另有一則新聞報導王世堅「跳」以實現諾言，標題用「沒『跳』票」來表達，「沒跳票」的傳統詞意為「實現諾言」，可精確表達內文意思，但「沒跳票」的「沒跳」字面詞意為何？顯然與原意相反，所以改為單純標示的「沒跳票」即可，為了強調「跳」字，加上一個引號，被視為雙關語反而有所不當。

案例15-2-5

袁偉民新書爆料
雪梨奧運不藥馬家軍

【特派記者賴錦宏/北京報導】由馬俊仁職掌的「馬家軍」曾橫掃世界體壇，拿下多項世界及奧運女子長跑冠軍。中國大陸前國家體育局領導人袁偉民日前撰文表示，「馬家軍」在 2000 年雪梨奧運前，被驗出使用興奮劑，導致在奧運前夕，全數被排除在奧運參賽名單外。………………………………
………………………………………
………………………………………
（聯合報 98/10/13 B3）

■「析字」在標題上的運用，常常與「雙關語」混淆，有新聞界先進、前輩把它們歸為一類，稱之為「變體詞」，取其字體與其他標題字不同之故。

黃慶萱教授在「修辭學」一書指出，析字就是在講話行文時，刻意就文字的形體、聲音，意義加以分析，由此而創造出修辭的方式來，可分為「化形析字」、「諧音析字」、「衍義析字」三種，但依標題製作的需要，僅有下列兩者可運用：（修辭學/黃慶萱/P. 215. 220. 224. 232. 234）

　　一、諧音析字之「借音」：二字字形不同，因諧音的關係而借用

例：①姓何的嫁給姓鄭，鄭何氏！→「正合適」

　　②甲：我每天兩百次仰臥起坐。

　　　乙：你少蓋了！

　　　甲：我每天喝八大杯水補充水分。

　　　乙：你少蓋！

　　　丙：你少鈣？那麼請喝加鈣的健酪（電視廣告）→「蓋」
　　　　　與「鈣」同音。

副題 {
　　二、衍義析字之「演化」：由字義推演變化而成

例：①兵變！燒情敵機車釀禍，軍人落網（聯合報新聞標題）→
　　　　「兵變」指男友義務當兵，女友感情生變。

　　②真是「羞死了」！　←主題

　　　少女好事被撞破

　　　回家上吊自殺了（某報新聞標題）→「羞死了」通常並
　　　不意味真的死去，此係別解。

　　從以上案例來看，「析字」與「雙關語」對一般非專門研究文學的編輯而言，實在很難分辨不同之處，初學者也不必太過傷腦筋，只要能充分運用「雙關語」即可。

第三節　其他常見修辭方法

　　中國語文之修辭學廣泛應用在所有作品之修辭，但新聞標題之修辭，因專業因素使然，不一定需要使用每一種修辭技巧，本節所討論的修辭方法，在標題上較少應用，因此依郭伯佾所著之「新聞標題之研究」一書中的大綱，只對一些相較之下使用較多的用法再做說明：

一、感　嘆

　　以呼聲表露情感

（一）利用歎詞構成的感嘆句

　　1.表驚訝或讚嘆：案例15-3-1，A 則中的「呀」、B 則裏的「哇」、C 則所用的「啊」都是表驚訝的感嘆句。

　　　案例15-3-1

A 則　　　罰六萬元？媽呀！要賺兩個月
....
.... 　　　　　　　　　（聯合報 100/4/11 A3）
B 則　開兒房門……哇！15 歲少女藏 6 天
....
.... 　　　　　　　　　（聯合報 100/4/1 A15）

C 則　　　　穆斯林崇尚「五」
　　　　55555 車牌　天啊！標出逾億

....
....　　　　（聯合報 100/4/13 A6）

2.表傷感或痛惜：案例15-3-2，標題中的「唉」就是表痛惜的感嘆句。

案例15-3-2

唉……半日春陽　今晚又變冷

....　　.......................................
....　　　　（聯合報 100/4/3 A2）

3.表歡笑或譏嘲

4.表憤怒或鄙斥

5.表呼問或應諾

（二）利用助詞構成的感嘆句

■案例15-3-3 A、B、C、D四則標題中的「啦」及「嘍」就是利用助詞構成的感嘆句。

案例15-3-3

A 則　　　　全中運開幕
　　　　煙火秀　讚啦！

....　　.......................................
....　　　　（聯合報 100/4/24 B4）

B 則　　快來佔位子　東海小童賣藝啦

....
....　　　　（聯合報 100/4/27 AA4）

C 則	**周董跳不動嘍** **30 而喘快歌放壓軸**
	（中國時報 100/5/2 D2）
D 則	**紫斑蝶曬春陽嘍　國道緊急讓路**
	（100/4/3 A5）

（三）利用歎詞及助詞構成的感嘆句

二、摹　寫

對事物的各種感受，加以形容描寫

（一）視覺的摹寫
（二）聽覺的摹寫

■案例15-3-4，A 則中的「砰」、B 則裏的「轟」、C 則所使用的「嘟嘟」都是聽覺的摹寫。

案例15-3-4

A 則	**砰！2 車禍 2 死 1 重傷**
	（中國時報 100/4/2 AA2）
B 則	**轟！「斷手越過我車頂」** 現場在 30 公尺外　屍體飛落她車前 工程師驚魂未定：啊！我手斷了！
	（聯合報 100/4/23 A6）

C 則　　　**信義計畫區　早年火車嘟嘟過**

....　..

....　　　　（中國時報 100/6/7 C1）

（三）嗅覺的摹寫
（四）味覺的摹寫
（五）觸覺的摹寫
（六）綜合的摹寫

三、仿　擬

對前人作品的摹仿

（一）廣義的仿擬，也稱仿效

（1）擬句：摹仿前人的句話

■案例 15-3-5，A 則標題中的「笑顏已遠」就是摹仿前人「哲人已遠」的擬句。B 則標題中的引題「衝冠一怒為『小三』」即是摹仿前人吳梅村「圓圓曲」中的「衝冠一怒為紅顏」。

案例15-3-5

A 則　　　　　流淚的同學　斷腸的家人
　葉小妹告別式　完成三遺願　笑顏已遠

....　..

....　　　　（中國時報 100/3/30 A4）

B 則

衝冠一怒為「小三」
圍毆人反遭刺死　補償金減半

（聯合報 100/6/26 B2）

四、引　用

援用別人的話或典故、俗語，一般是引用名人的話語，但在標題上稍有改變，已不限於名人，新聞人物的話語都可引用。

（一）明引：明白指出所引的話出自何處

（1）全引：明引一句或數句，文字不加刪改。

■案例15-3-6標題中「吃不了苦　別來當空服員」就是全引內文中受訪者的話。

案例15-3-6

「吃不了苦　別來當空服員」

（中國時報 100/4/6 A5）

五、飛　白

把方言、俗語、吃澀、錯別，故意加以記錄或援用的

（一）方言的飛白

把鄉土性的語加以記錄或援用

■案例15-3-7，標題中「LP」是閩南語中指男性生殖器的簡稱，是一種方言。

案例15-3-7

> **吃人夠夠**
> ## 毀人 LP 判刑　還笑他沒 LP 再起訴
>
> ....　　..
> ....　　　　　　（自由時報 100/4/30 B2）

（二）俗語的飛白

把流行於社會大眾間口頭語言詞組加以記錄或援用

　■案例15-3-8，標題「頭殼壞去」、「大風吹」都是把社會大眾間口頭語言的詞組用在標題中的案例。

案例15-3-8

> A 則　　職務輪調「大風吹」　積弊已久
>
> ....　　..
> ....　　　　　　（中國時報 100/4/3 A3）
>
> B 則　一旦 MIT 與 MIC 沒區隔　台灣產業就完了
> 　　　技術入股中國　養蘭業批頭殼壞去
>
> ....　　..
> ....　　　　　　（自由時報 100/4/7 A10）

六、夸　飾

　　誇張舖飾，超過客觀事實

（一）物象的夸飾

　■案例 15-3-9，標題「首都激戰　郝蘇龍虎鬥」標題中的「龍虎鬥」就是物象的夸飾。

案例15-3-9

> **本報民調　首都激戰　郝蘇龍虎鬥**
> 游蔡拚郝龍斌皆居下風，若換蘇貞昌挑戰，反而以３個
> 百分點領先，雙方實力不分軒輊。
>
> （中國時報 99/2/9 A1）

七、譬　喻

以另一件有相擬之點的事物來比方說明某一件事物

（一）明喻

■案例15-3-10，標題中「人潮若夜市」、「現場如戰場」、
「屋像廢墟」都是明喻的一種。

案例15-3-10

> A 則　**屋像廢墟車成廢鐵……現場如戰場**
>
> （中國時報 100/4/24 A3）
>
> B 則　**現場如戰場　清出 100 噸廢棄物**
> 老字號「新興堂香舖」拆了　成州國小開始上課
>
> （聯合報 100/4/25 A3）
>
> C 則　**爭睹戰機　人潮若夜市……過癮！**
>
> （中國時報 100/4/13 A3）

D 則 　　　邱毅指更一審未傳證人與醫師
　　勵馨：性侵女童案　像照妖鏡

....　..
....　　　　　（中國時報 100/4/3 A2）

（二）隱喻

　　■案例15-3-11，標題中的「雞同鴨講」、「講一畚箕、做一湯匙」就是隱喻。

　　　　案例15-3-11

A 則　撞老外　雞同鴨講後　變肇事逃逸
　　　肇事人下車攙扶並聽完責罵　以為沒事即離去
　　美籍廚師氣得報警　檢方認他無意肇逃不起訴

....
....　　　　　（聯合報）

B 則　綠：勞工政策　講一畚箕、做一湯匙

....
....　　　（中國時報 100/4/30 A6）

八、借　代

　　放棄通常使用的本名或語句不用，而另找其他名稱或語句來代替

（一）以事物的特徵或標幟代替事物

　　■案例 15-3-12，標題中「披綠夾克」、「車震」、「狼吻」、「顧腹肚」、「未爆彈」就是以來物的特徵或標幟代替事

物。

案例15-3-12

A 則	激戰最終回　史瓦佐披綠夾克 領先名人賽前 3 回合的麥克羅伊意外爆桿 伍茲獵鷹一度並列領先　史瓦佐最後 4 洞連射 4 鳥奪冠 …………………………………… ……………………………………（中國時報 100/4/12 C4）
B 則	中嘉南 已上路　取締怠速　抓到車震　好糗 縣市自製測定儀　多以勸導為主　環署：轉運站、市場、 　　校門口加強稽查　消防車、冷凍車考慮不罰 …………………………………… ……………………………………（聯合報 100/4/11 A3）
C 則	放學遭狼吻　校園開放變治安死角 …………………………………… ……………………………………（中國時報 100/4/13 A8）
D 則	沒了國光汙染　還要顧腹肚 帶窮鄉拚經濟　別繳白卷 …………………………………… ……………………………………（中國時報 100/4/23 A2）
E 則	1/4 署醫淪陷　還有未爆彈 …………………………………… ……………………………………（中國時報 100/4/3 A3）
F 則	這個醫師　救狗 7-ELEVEN …………………………………… ……………………………………（聯合報 100/4/11 A8）

（二）以事物的所在所屬代替事物

　　■案例15-3-13，標題中「桃花源」、「西雅圖」就是以所在代替事物。

案例15-3-13

A 則　　陳若曦：桃花源在台灣　　不必外求
………………………………………………………………………
……………………………………（聯合報 100/4/23 A4）
B 則　　　　蔡英文：打造彰化像西雅圖
………………………………………………………………………
……………………………………（聯合報 100/5/16 B）

（三）以事物的作者或產地代替事物

　　■案例15-3-14，標題中「安真」、「小龍女」、「黃蓉」皆是人名，標題中往往引伸代表某類型的人物。

案例15-3-14

A 則　　　　扁辦前主任　陳淞山建議
蔡英文　應從小龍女變黃蓉
………………………………………………………………………
……………………………………（聯合報 100/5/3 A15）
B 則　　處處有「安真」　靠細心賣贏男人
………………………………………………………………………
……………………………………（中國時報 100/4/25 A9）

九、映　襯

把兩種不同的或特別是相反的觀念或事實對列，兩相比較，從而使語氣增強、義意明顯的修辭方法

（一）對襯

用兩種不同的觀點描寫兩種不同的人、事、物

■案例15-3-15，標題中「叫媽太難……叫媽太遲」、「樓下……樓上……」、「他巧手……她志在……」都是對襯的一種。

案例15-3-15

A 則　　嫌吵　樓下敲屋頂　樓上掄菜刀	
…………………………	…………………………
…………………………	（聯合報 100/4/12 A9）
B 則　小學……叫媽太難　　喪母……叫媽太遲	
…………………………	…………………………
…………………………	（聯合報 99/11/25 A11）
C 則　　　　　　國中技藝競賽 他巧手美髮　　她志在配線	
…………………………	…………………………
…………………………	（聯合報 100/4/12 B）

十、倒　反

言辭表面的意義和作者內心真意相反的修辭

（一）倒辭

把正面的意思倒過來說，中間並沒含有諷刺的意思

■案例15-3-16，標題「這不是提謝拉！」，把他正是「提謝拉」倒過來來說，中間未含諷刺的意思。

案例15-3-16

這不是提謝拉！
開季 5 場 4 轟

【記者徐正揚/綜合外電報導】開季才打 5 場就轟 4 發全壘打，紐約球迷大概都有「這不是謝　提拉！」的感覺…………………………
………………………………………
（自由時報 100/4/7 B6）

（二）反語

非但把正面的意思反過來說，而且其中含有諷刺的意思

■案例15-3-17，標題「諷府挺陳碧玉　法官論壇：快申請綠卡吧」，不僅把正面反過來說，而且含有諷刺的意思。

案例15-3-17

諷府挺陳碧玉　　法官論壇：快申請綠卡吧

【記者楊國文台北報導】……有法官諷刺陳碧玉說：「公務員取得外國居留卡不受限制，同仁　們趕快申請一張吧！」…………
………………………………………
（自由時報 100/4/11 A1）

十一、象　徵

語文中，任何一種抽象的觀念、情感與看不見的事物，不直接予以指明，而由於理性的關係、社會的論定，從而透過某種意象的媒介，間接加以陳述。

（一）人物方面的象徵

指的某一個人，而非一群人。

（二）事物方面的象徵

■案例15-3-18，「山姆大叔」代表美國、「紫領族」代表兼顧個人嗜好、突破傳統的新興職缺，「天龍人」代表自我感覺優越的人，都是指某一個群體。

案例15-3-18

A 則　　美軍顧問團 駐台 60 周年　尋訪山姆大叔足跡	
....	....
	（中國時報 100/5/2 C1）
B 則　　　紫領族就業市場美得冒泡 美容、美療師、模特兒、調酒師……工作＝興趣 時尚又好玩　這就是紫領族　擠進求才榜前 50 大工作	
....	....
	（聯合報 100/5/2 A5）
C 則　　仿《航海王》虛擬「呆丸島」 「天龍國」在哪？網友諷在台北	
....	....
	（中國時報 100/4/11 A3）

十二、呼　告

對於正在敘述的事情，忽然改變平敘口氣，而用對話的方式來呼喊

（一）普通呼告

對於面前的人，變平敘的口氣為呼告口氣

■案例15-3-19，標題「你們看錯了」，是公牛隊記者會當面嗆媒體；「你們對得起球迷啊？」，是球迷當面嗆興農牛。

案例15-3-19

A 則	季後賽頭號種子 公牛嗆媒體「你們看錯了」
....	（聯合報 100/4/15 B4）
B 則　牛天天爆　觀眾喊　「你們對得起球迷嗎」 1372 人進場本季最少　林克謙 7 局手痠配球亂 半局打 14 人次　牛隊：上半季結束前找洋投	
....	（聯合報 100/4/15 B3）

（二）示現呼告：

呼告不在面對的人

■案例 15-3-20，標題「大帝你跑龍套喔」、「你還在咳嗎」、「你知道嗎」都是呼告不在面對的人。

案例15-3-20

> A 則　　霸氣……8分　大帝你跑龍套喔
>
> ....
> ....
> 　　　　　　　　　　　　　（聯合報 100/6/9 B4）
>
> B 則　你還在咳嗎　不是感冒　是黴漿菌作祟
> 「會行走的肺炎」一人咳全家感染　春節至今患者多3成
> 　　有人咳了一兩個月　恐持續流行到下月
>
> ....
> ....
> 　　　　　　　　　　　　　（聯合報 100/4/19 A5）
>
> C 則　　「討打條款」超車應按喇叭　你知道嗎
> 　交通規則明文規定　客運司機未遵守被檢方認定過失
> 司機怨「現在誰敢按喇叭啊」　交通隊承認「不按比較好」
>
> ....
> ....
> 　　　　　　　　　　　　　（聯合報 100/4/19 A8）

十三、類　疊

同一個字詞語句，接二連三反覆地使用著

（一）疊字：字詞連接的類疊

1.名詞疊字

2.指稱詞疊字

3.形容詞疊字

4.副詞疊字

5.動詞疊字

■案例 15-3-21，標題中「賺飽飽」、「塞塞塞！拜拜

拜！」、「比高比激凸」都是動詞疊字的應用。

案例15-3-21

A 則　　**主場 3 連戰　桃猿荷包賺飽飽**
搬家搬對了　不僅戰績維持第一　球迷、票房也大幅增長
球團用心經營獲得回報

....
....　　（中國時報 100/5/2 C4）

B 則　**塞塞塞！拜拜拜！　清明連假放輕鬆**

....
....　　（聯合報 100/3/31 A6）

C 則　　　　**艋舺燿輝**

　　　　　　哇！比高比激凸

....
....　　（聯合報 100/4/11 C2）

十四、對　偶

上下兩句字數相等，句法相擬，平仄相對的

（一）句中對
（二）隔句對
（三）長對
（四）單句對

■案例 15-3-22，A 則「王晶誇霆鋒專情　千繪讚柏芝溫柔」，B 則「王心凌餵鯊被咬　賀軍翔醉學狗叫」，C 則「聰明吃　快樂動　肥胖 OUT」，都是對偶中的單句對。

案例15-3-22

A 則	王晶誇霆鋒專情　千繪讚柏芝溫柔
	（中國時報 100/6/4 D2）
B 則	王心凌餵鯊被咬　賀軍翔醉學狗叫
	（中國時報 100/6/18 D 4）
C 則	聰明吃　快樂動　肥胖 OUT
	（中國時報 100/6/18 A5）

十五、排　比

　　用結構相擬的句法，接二連三地表達出同範圍、同性質的意象，在標題上比較少應用。

十六、倒　裝

　　特意顛倒文法上的順序的句子

敘事句述詞之倒置

　　意在描述現況，如 A 則標題「八卦山脈昆蟲生態　國小巡展」。

敘述句止詞之倒置

　　當做動詞的受詞，如 B 則標題「新移民子女　謝立功探視」。

案例15-3-25

A 則	**八卦山脈昆蟲生態　國小巡展**
....	.... （聯合報 100/3/30 B2）
B 則	**新移民子女　謝立功探視**
....	.... （聯合報 100/6/13 A11）

第十六章　其　他

第一節　「懸疑性」標題好？
　　　　還是「直敘式」標題好？

　　長久以來，編輯台上有兩派意見互相激盪，各有立論、主張，孰是孰非，至今沒有定論，最後往往以主其事長官的意見為意見，因此，同一則新聞在各報出現截然不同形式、風格的標題，優劣端視讀者如何體會、分辨。

　　這個爭論的焦點，就是「懸疑性」標題及「直敘式」標題的不同，到底該採哪一種較適當？

何謂「懸疑性」標題？它有以下特色：

　　用字如「天馬行空」，帶有濃烈的「懸疑性」，大有語不驚人死不休的味道，十分吸引人。

　　由於形容詞多，讀者僅能約略知曉所要表達之意，無法一窺全貌，亦即一知半解，甚至曲解原意，直到看完內文才恍然大悟，原來如此。

　　擁護者主張：

　　（1）標題就是要吸引人，用字遣詞富有懸疑性才能從眾多標題中脫穎而出

　　（2）標題只是引導的功能，內文才是讀者要看的，標題不

夠清晰，才能迫使讀者去閱讀內容

何謂「直敘性」標題？它有以下特色：

用字平鋪直敘、簡單扼要，讀者一目了然，不看內文就知什麼內容，八九不離十。

毫無深入幽境引人入勝之感，常被認為毫無「味道」，吸引不了讀者目光。

擁護者主張：

（1）標題用字應淺顯通俗，讓人看標題就知道內容，節省讀者閱報時間

（2）標題字句應盡量避免讓讀者引起誤解或是須思考揣摩半天才能略知一二

只表達三分意思，吸引讀者非看內文不可的「懸疑性」標題，對上只看標題，就可以知道七分的「直敘式」標題，雙方各擅勝場，主張也難分高下，當然，最好的標題是擁有兩者「吸引人」又「表達清楚」的優點，這就要看編輯的功力如何了。

由於新聞性質不同，也會影響採用哪一種標題，最重要的是依新聞的內容來作決定，若是用「懸疑性」標題太過模糊，就要往「直敘式」略做修正，若是用「直敘式」標題太過「八股」，不仿加一點「懸疑」的味道，依其性質，也大略可歸納以下原則：

（一）社會新聞：內容較為複雜，如用「懸疑性」標題，容易掉入「不知所云」的泥沼中，最好的方式就是抓住新聞中最奇特的「點」，以「直敘式」的標題來表達。

（二）政治、國際新聞：內容嚴肅，以使用「直敘式」標題為宜

（三）生活、消費新聞：軟、硬新聞皆有，編輯比較容易發揮，依其性質，「懸疑性」及「直敘式」標題可視情況交互應用。

（四）體育、娛樂新聞：體育新聞相似性高，娛樂新聞多屬活潑、消遣性新聞，宜用「懸疑性」標題發揮，增加其變化及可看性，惟仍應適可而止，不要違反新聞道德或造成誤會。

以上不管哪一種新聞，新進編輯宜由簡入繁，也就是先採用「直敘式」標題，假以時日，再嚐試「懸疑性」標題，以免標示不當鬧出笑話。

■案例 16-1-1，A 則標題「為了父母　老情報員最後一戰」，這是一則標準的懸疑性標題，光從標題的文字，絕對看不出所要表達的內容是什麼，只知道這位老情報員為了父母要做一件事而已，「老情報員最後一戰」是多麼富有懸疑性的字句，就像電影的片名一樣，十分吸引人目光，雖不知其確切內容，但有一股吸引人尋找答案的動力。

B 則標題為「為雙親正名　88歲老兵碰壁17載」，則是一則「直敘式」的標題，很清楚地告訴讀者，這位88歲老兵為了替雙親正名，到處碰壁17年仍無結果，讀者無須看內文就知道新聞內容，這是「直敘式」標題的優點。

嚴格來說，這兩則標題都沒有不當之處，只是編輯下題的方向有所差異而已，孰優孰劣，端看讀者之見。

案例16-1-1

A 則　　為了父母　老情報員最後一戰

【錢震宇/台北報導】一錯錯了六十年。八十八歲的老情報員吳武英，早年因部隊集體核發身分證誤植他的出生年及父母名字，為了認祖歸宗，他回到大陸老家申請文件，甚至曾到法院自首偽造文書，

但均無法更改戶籍資料。他傷心的說，如果有生之年若無法幫他父母正名，那最後真的只能「含淚離去」。

（聯合報 99/6/24 A15）

B 則　　為雙親正名　88 歲老兵碰壁 17 載

奔波兩岸　盼有生之年了卻心願

【黃忠榮/台北報導】高齡八十八歲的老兵吳武英，為了替雙親正名，前後在海峽兩岸奔波十七年，卻屢遭碰壁。白髮蒼蒼的吳武英說：「如果大家能幫我了卻心願，我謝謝大家；如果不能，那只有含淚『離開人世』。」

（自由時報 99/6/24 A14）

■案例 16-1-2，A 則標題「大門敞開　遊客逛進猛虎區……」，這則標題顯然把一個不幸事件以「懸疑性」的標題標示，至少有以下兩點不當：

（一）懸疑性標題有帶一點「戲謔」的味道，要讀者自己去揣測內容，但用在這種不幸事件上，有失莊重、嚴肅的態度。

（二）這種不幸事件的刊登，首重社會教育，要讓讀者不要重蹈覆轍，題中未把死傷結果標出，很容易讓其他人仿效，造成更大的不幸。

「懸疑性」標題，往往帶有抽象的概念，令人有「天馬行空」的想像空間，用在嘻笑怒罵的娛樂、體育新聞，大體上不會有副作用，但用在災難等不幸事件，就要考量它所產生的不當聯想，例如本則標題不免讓人想到「有人受傷？」「遊客僥倖逃過一劫？」……省略結果，讓不同讀者而有不同的閱讀判斷，失去標示完整的功能。標題雖然要力求簡明扼要，但是也不能要求簡要，而損害其完整性，凡是新聞的主體、因果、來龍去脈，必須在標題中指出的，就不應該省略（新聞標題之研究/郭伯佾/P. 180）。

　　新聞界前輩荊溪人也指出，為了便利讀者閱讀，所以標題的最基本要求，就是要使讀者對標題的意義能完全理解，近代標題製作又要求通俗，而不尚艱深難解，如果常在標題上掉文，不能使讀者理解，使失去了標題的功能（新聞編輯學/荊溪人/P.172）。

　　B則標題「迷糊父子誤闖野生虎區　一死一傷」，則是A則的對照組，使用「直敘式」標題，將一個不幸的事件嚴肅地、清楚地表達出來，「迷糊」、「誤闖」、「一死一傷」都是具有社教的功能，提醒讀者參觀動物園要提高警覺。

　　C則標題「網上買直銷品　歹徒跟著來……」，這則新聞到底發生了什麼事情？讀者光看標題一定不知道，必須閱讀內文才知道，原來「歹徒騙說帳務出錯勾成分期付款，要求民眾操作提款機詐騙」，原題想要塑造一則懸疑性的標題，可是太過「懸疑」，導致喪失完整性，令人不知所云。

案例16-1-2

A則　大門敞開　遊客逛進猛虎區……

　　【賴錦宏/綜合報導】前天下午十三時許，坐落於西安南郊秦嶺野生動物園發生老虎襲擊遊客事件。一對父子誤入虎區遭四、五隻猛虎襲擊，父親當場被咬死，孩子則被及時趕來的動物園工作人員搭救，僥倖虎口脫險。

………………………………………

………………………………………

（聯合報 99/6/15 A16）

B則　迷糊父子誤闖野生虎區　一死一傷

　　【大陸新聞中心/綜合報導】中國大陸前天發生一起駭人聽聞事件，來自陝西省合陽縣一對父子疑似不知道野生動物園須乘車參觀，竟以「徒步」的方式參觀西安秦嶺野生動物園，在園方不察下，走入猛虎區後，立即遭到五隻東北虎猛烈攻擊，父親當場命喪虎牙，兒子則在園方人員駕車衝撞老虎間，被拉上車撿回一命。

………………………………………

（中國時報 99/6/15 A13）

C 則　　網上買直銷品　歹徒跟著來……

【廖炳棋/台北報導】近來陸續有民眾上網購買直銷公司產品，被歹徒騙說帳務出錯勾成分期付款，要求民眾操作提款機詐騙，刑事警察局表示，從三月底到四月初，一週內有逾三十多人被騙。

（聯合報 99/6/15 A16）

■案例16-1-3，報導台灣高球女將曾雅妮在英國高球公開賽以一桿之差獲勝，在世界四大賽中，獲得三大不同冠軍，全世界有此佳績者共有四個人，而曾雅妮是年紀最輕的選手。

A 題「曾雅妮　真有你的！」，是一則典型「懸疑性」的標題，利用「真有你的！」這句在任何地方、任何場合都可用的字句，來表達曾雅妮的厲害，可是到底是哪一種勝利？沒有任何一個人看到標題就知道答案，懸疑性十足，清晰度是零，所以，這種主題一定要有副題或引題來補充或解釋，才不至於太過模糊，以免失去標題的完整性，原題改為引題「英國公開賽一桿險勝」，主題「曾雅妮　真有你的！」，就比較清楚，也更能顯現曾雅妮這次奪冠的價值。

其次，也有人標示「真有『妮』的！」，利用「妮」及「你」的兩字字音相似，加深標題予人的印象，值得稱讚；「真有『妮』的！」也是一句帶有主觀意見的字句，適時地「誇獎」新聞中的人物，其功能與適時「批駁」不當行為、言詞一樣，兩者有異曲同工之妙。

B 題的引題「英國公開賽」，主題「曾雅妮驚險奪冠」，副題「四大賽只缺美國公開賽　就完成大滿貫」，這種是「直敘式」的標題，雖無任何「懸疑性」，卻中規中矩表達一個標題應有功能，完整的敘述曾雅妮戰績，令人一目了然。

案例16-1-3

A 則　　　　曾雅妮　真有你的！

【雷光涵/綜合報導】台北高球女將曾雅妮今天凌晨在英國女子高球公開賽第十八洞擺脫澳洲郝爾糾纏，以一桿之差獲勝。

....

曾雅妮在此封后，等於在三場不同的四大賽奪冠。史上有瑞典索倫絲坦、澳洲韋柏拿過所有四大賽冠軍，獲得三大不同冠軍的只有三個人，包括南韓朴世莉、英國戴維絲、美國梅隆，妮妮年僅二十一歲，是當中最年輕的。

....

（聯合報 99/8/2 A1）

B 則　　　英公開賽　曾雅妮驚險奪冠
四大賽只缺美國公開賽　就完成大滿貫

【趙新天/綜合報導】同組對手緊追不捨的壓力，曾雅妮挺過來了！台灣時間今天凌晨，她以總計二七七桿，以一桿之差，贏得英國女子高爾夫公開賽冠軍，賽後她的壓力全部釋放開來，忍不住抱著桿弟，留下歡喜的眼淚。

....
....

（自由時報 99/8/2 A1）

第二節　夾題應用有一定規則

　　夾題，另一稱謂為「破半字」（主題字大小一破為二，半形），乃是製作標題的一種權宜措施，一種折衷做法。

　　標題有大小之分，才能分出輕重之別，不能要多大空間就用多大空間，當做好的標題，經過精簡之後，所有的字數擠在一定的空間時，必須要用很小的字或是極端變瘦（長1、長2……）或是極端壓平（平1、平2……）才能容納時，從版面美觀的觀點來看，是不恰當的，這時，編輯就可採取「夾題」的權宜措施，將某一些字縮小，某一些字放大，其目的有二：一為大字較能吸引讀者目光，二為有利於版面美觀。這種權宜作法乃是不得已為之，在整個版上不宜過多，甚至儘量不要使用，如必須使用也要遵循以下一定的規則：

　　一、夾題的字句是可以省略不唸（不用）的，整句主題在省略夾題之下，必須不影響原來題意；若增加使用夾題的字句，會使整個主題題意更清楚，但也不可使題意出現矛盾或不通暢。

　　二、若不唸（不用）夾題的句子，會使整句主題出現不符原來題意，或是題意不清時，夾題的句字就必須改為與主題字一樣大小（全形），捨棄夾題的用法。

　　夾題的使用，有以下三種形式：

A 型：夾題放在主題當中，做為補充主題的題意，使主題更清晰，其形式如下：

　　　□□□ 🔲🔲 □□□□□□
　　　　　🔲🔲

■案例16-2-1 A 則，北市大巨蛋 BOT 案，北市大巨蛋談判小組與遠雄集團面對面談判，但無具體結論，標題「大巨蛋市府遠雄談判　無共識」，「市府遠雄」是兩個談判主角，編輯用夾題方式，把它夾放在主題中，如果把這個夾題蓋住，略而不念，整個標題變成「大巨蛋談判　無共識」，並未影響整個題意的完整，若增加「市府遠雄」夾題使用，標題題意更加清楚，這是一個夾題正確的使用方法。

B 則，紐約市長簽屬一項禁菸法案，公園、海灘、廣場等公共休閒場所，全面列為禁菸場所，主題「紐約擴大禁菸　公園廣場都不准」，題中把重要的「公園、廣場」利用夾題方式表達，違反了夾題可以「蓋住不唸」的原則，也就是說「公園、廣場」可以略而不唸，整個主題變成「紐約擴大禁菸　都不准」，語焉不詳，大大的影響原來的題意，所以這種標示是不正確的，必須改為「紐約擴大禁菸　公園、廣場都不准」。若因字數變多，原來空間容納不下，可用字型變瘦（長 1、長 2……）的技巧來彌補，絕對不可因為「公園、廣場」是兩個對等的場所，而把它們的字體隨意縮小，減低他們的重要性。

C 則，報導國稅局選定醫療美容及器材、旅遊業、宅配業和房屋出售這四大行業，列為營業稅查核重點，原題為「四大行業美容旅遊售屋宅配　國稅局釘（盯）上」，因為將重點的四大行業「美容、旅遊、售屋、宅配」用夾題方式表現，依夾題可以省略不用原則，原題變成「四大行業　國稅局釘（盯）上」，四大行業為何？語焉不詳，成了一個空洞的語句，這就是「語意不清」的缺失，所以應將「美容、旅遊、售屋、宅配」改為主題字的大小（全形），捨棄夾題的用法，原題宜改為「國稅局盯上美容、旅遊、售屋、宅配」較妥當。

案例16-2-1

A 則　　大巨蛋市府遠雄談判　無共識

【林佩怡、石文南/台北報導】北市大巨蛋 BOT 案，北市府大巨蛋談判小組八日與遠雄集團面對面談判，但無具體結論，市府強調，遠雄表示會考慮更換廠商，也會詳讀監察院糾正內容，但遠雄副總蔡宗易強調，不可能恢復原協力廠商竹中工務店。

....
（中國時報 98/10/9 C2）

B 則　　紐約擴大禁菸　公園廣場都不准

【王良芬/紐約二十三日電】紐約市長彭博（Michael Bloomberg）二十二日正式簽屬一項嚴厲的禁菸法案，今後公園、海灘、廣場等公共休閒場所，全都列為禁菸場所。彭博說，要讓紐約市民在公共場所免受二手菸侵害，享受沒有菸蒂汙染的清潔環境。

....
（中國時報 100/2/24 A7）

C 則　　四大行業美容售屋旅遊宅配 國稅局釘上

【賴昭穎/台北報導】選後各國稅局將開始大查稅了。財政部已選定醫療美容及器材、旅遊業、宅配業和房屋出售這四大行業，列為營業稅查核重點，十二月底前為輔導期，明年一月到六月對業者展開調帳查核，被查到逃漏稅得連補帶罰。

....
（聯合報 99/11/30 A1）

■夾題中的語句，理應隨主題的字句一氣呵成唸下來，成為一個完整意思，所以用詞要通順不拗口，語意要連貫不矛盾，夾題中的語句固可略而不唸，但增加夾題的句子也不可與主題的句字相悖，造成主題語意不通或思緒不順。

　　案例16-2-2，報導2010台灣建築獎揭曉，花博新生三館被評為首獎，主題「花博新生三館被罵太貴建築首獎」，從原題的標示方式，整個標題唸下來應為「花博新生三館被罵太貴建築首獎」，

「被罵太貴」是用夾題方式出現在主題中，使得整個主題唸起來語意不通、矛盾，難道是「被罵太貴建築首獎」嗎？顯然不是，所以夾題的句字配合整個主題句字成為一個完整的意思，是相當重要的，夾題隨意插入，往往造成一個怪異不通的標題，原題若改寫「被罵太貴花博新生三館　建築首獎」，就妥當了。

案例16-2-2

花博新生三館被罵太貴建築首獎

2010台灣建築獎揭曉　與蘭陽博物館並列

評審團稱許「台灣綠建築指標作品」

【陳宛茜/台北報導】二〇一〇台灣建築獎昨天揭曉，之前因造價引發爭論的花博新生三館，打敗近兩百件參選作品，和建築師姚仁喜設計的蘭陽博物館並列首獎…………………………

九典聯合建築師事務所設計的花博新生三館（夢想館與未來館、生活館），上月遭議員質疑造價過高引發風暴，設計者張清華挺身出面澄清。…………………………

（聯合報 99/10/26 A1）

B型：夾題擺在主題的左方（橫題）或主題的上方（直題），作為引題之用，其型式如下：

□□□□□ □□□□□□□
□□□□□
（夾題）

■案例 16-2-3A 則，報導利比亞的格達費政權面臨攤牌之際，內閣閣員相繼宣布辭職，兩名幻象機飛行員駕機叛逃至馬爾他，但格達費誓言在利比亞奮戰到底，標題「利比亞閣員求去戰機叛逃格達費誓戰到底」，即是用夾題方式表達引題「閣員求去、戰機叛

逃」而把主題「格達費誓戰到底」字體放大，造成醒目吸引人的效果，是正確的標示。

B 則，國營事業變賣資產，九個年度高達2317億元，每年變賣257億元，標題「國營事業拼命賣地　年逾250億元」，在這則標題中，「國營事業」是主詞，是無法簡稱、省略的字句，將它縮小字體改為夾題的方式呈現，依夾題的使用原則，可以省略不用（唸），那麼主題就成為「拼命賣地　年逾250億元」，誰賣地？不知所云，所以如此標示是不當的，宜改為「國營事業賣地　年逾250億」。

C 則，中油表示，未向利比亞購油，各項油品的安全存量都在六十八天以上，短期供油不成問題，標題「中油：未向利比亞購油　安全存量68天」，即將「中油：」改成較小的字眼，以夾題方式表現，這種標示，也是在節省空間的要求下，刻意忽略主詞，是一種不當的作法，應將「中油：」放大至全形，與其他字眼一樣大小才是正確，因為「中油：」這個消息來源在整個標題是不能省略不用（唸），它的重要性無可取代（詳見第四章第四節）

案例16-2-3

A 則

利比亞　閣員求去　戰機叛逃　格達費誓戰到底
籲支持者上街對抗　2幻象機駕駛拒濫炸示威者
尋求政治庇護　多名駐外大使辭職

【編譯張佑生/綜合報導】格達費的文臣武將紛紛跟他劃清界線，但他二十二日上電視發表示威爆發以來首次長篇演說，誓言留在利比亞奮戰到底，並呼籲支持者上街和示威者對抗。

……格達費政府的司法部長、駐聯合國副大使、駐阿拉伯聯盟大使、駐印度大使、駐澳洲大使和一名駐中國外交官相繼宣布辭職，或譴責他屠殺民眾，指責他背叛國家，要求他下台。

有一群軍官呼籲同袍加入示威群眾。利比亞空軍兩名幻象機飛行員廿一日從的黎波里一個空軍基地，駕機叛逃至鄰近的馬爾他。

　……
　……………………………………
　……………………………………

（聯合報 100/2/23 A1）

B 則　國營事業 拼命賣地　年逾 250 億元

【施曉光/台北報導】行政院長吳敦義昨天更在立法院宣示政府要守住土地金雞母，絕不輕言出售。不過，根據立法院預算中心評估報告指出，國營事業仍持續變賣

資產，最近九個年度高達二三一七億元，平均每年變賣二五七億元。
　……………………………………
　……………………………………

（自由時報 98/10/7 AD）

C 則　中油：未向利比亞購油　安全存量 68 天

【林淑慧/台北報導】利比亞情勢動盪，中油公司昨天說，中油沒有向利比亞購油，油源不受影響，但因國際油價飆漲，購油成本增加不少。

中油強調，目前各項油品的安全存量都在六十八天以上，短期供油不成問題。
　……………………………………

（聯合報 100/2/24 A3）

標題的表現沒有一定的模式，完全要視內容的需要來決定，文字的排列，如果制訂任何固定的模式，而把文字往上堆砌套用，是一種「削足適履」的非常不當作法，違反標題長久以來的閱讀習慣及標示原則，讓人無所適從。

這種「削足適履」的統一模式標題，有時會排列地很自然，看不出任何瑕疵，也就是說恰好符合標題的製作原則，有時卻完全與製作標題的原則背道而馳，這種設固定模式的作法不外乎有以下兩種目的：

一、塑造固定模式，博取整齊劃一的美名

二、使用固定模式，凸顯與眾不同，形成編排特色

不管是以上哪種目的，都有值得商榷之處：

第一：每天所刊登的新聞，則數不同，內容也不一，性質也互異，用一個簡單的比喻，要他們同時穿上同樣的衣服，固然可博取整齊劃一的美名，但失去每則新聞之間的異質性，嚴重抹煞每則新聞的特色，如要追求整齊劃一的美觀，要從字體的應用去整合，例如，主題限用哪種字體？引題及副題要用哪種字體配合？整版頂多二至三種字體，因為沒有限定字體，任憑每位編輯個人喜好隨意採用，就會形成雜亂不堪的版面。

第二：每一家報紙的特色，應著重在版面的整體規劃上而不是只注重標題的模式，例如有些報紙喜歡用大照片凸顯新聞的重點，有些標題喜歡用有顏色的字體，有些標題刻意加上小刊頭吸引人……這些特色因內容的不同而調整，自然而不做作，讀者不看報頭，也很容易分辨出是哪一家報紙。

標題設定某一個固定模式，最令人詬病的是「削足適履」的嚴重缺陷，每則新聞內容不同，前因後果也不一，用多少字來作標題最適當？更沒有一定的規則可循，同一則新聞稿由不同的編輯來下標，很難出現一模一樣的標題，頂多是極相似而已，要求這些標題套在一定模式上，強人所難，會產生可精簡而不精簡，該強調之處不強調，該用主題表達，為了遷就模式，而不得不改用引題或副題來取代，總之，整個標題製作原則完全被破壞掉，如前所言，可能會有一、兩個標題剛好巧合，套在模式上符合製作原則，絕大部分標題一定是「七零八落」，不符合長久以來閱報習慣，更甭說符合標題製作原則了。

■案例16-2-4 A則，愛心菜販陳樹菊女士出版正式授權自傳—「陳樹菊－不平凡的慷慨」，版稅三十萬，全捐給陳樹菊文教基金會籌備處，依標題的形式，引題「擦肩而過的無緣戀情　短短4頁輕輕帶過　愛心菜販陳樹菊出書」，主題「版稅全捐出」，

這樣的標示形式，並不符合標題製作原則，首先來看主題「版稅全捐出」，蓋住了引題性質的夾題，什麼書的版稅全捐出？主題缺少完整性的敘述，不符製作原則，不能當主題，而且愛心菜飯把版稅捐出，一點都不稀奇！而引題中的「愛心菜販陳樹菊出書」，其實才是主題，卻放在引題的位置，是不恰當的，編輯為了遷就該報每一版頭題的固定模式，也只好勉為其難。如果仔細看這個標題，發現編輯的原來下標並沒有不當，引題是「擦肩而過的無緣戀情　短短4頁輕輕帶過」二句話，主題是「愛心菜販陳樹菊出書　版稅全捐出」，為了遷就頭題固定模式，只好將「版稅全捐出」字體放大，卻也因此違反了「大字」就是主題原則，「愛心菜販陳樹菊出書」反而淪為引題，這就是「削足適履」的明證，本則標題若改為「無緣戀情　輕輕帶過／版稅30萬　全部捐出／陳樹菊出書」就較妥當。

　　B則，就是一則遷就固定模式又恰好排列的較自然，且符合標題製作原則的案例，引題「預算書有疑慮　索資料還要行文／議員要市府說清楚」，主題「怒送百封公文」，本則標題原來主題應為「議員要市府說清楚　怒送百封公文」，編輯遷就該報每一版頭題固定模式，把「怒送百封公文」放大，由於這句話是新聞中最重要的「點」，所以還算是符合夾題製作原則。

案例16-2-4

A則　擦肩而過的無緣戀情　短短4頁輕輕帶過
愛心菜販陳樹菊出書　版稅全捐出

【趙靜瑜/台北報導】愛心菜販陳樹菊昨天出版正式授權自傳《陳樹菊－不平凡的慷慨》，藉由作家劉永毅的深刻描繪，勾勒出她不為人知的內心世界。

（自由時報 100/2/22 A6）

B 則

預算書有疑慮　索資料還要行文
議員要市府說清楚

怒送百封公文

【唐在馨/台中報導】台中直轄市一千七百億的年度總預算即將審議，但民進黨議員楊典忠想要詢問預算相關內容，仍獲得市府「須透過議會行文才能要資料」，他氣的昨天送出百封公文，都是針對有疑慮的預算要求各單位說明。

．．．．．．．．．．．．．．．．．．．．．．．．．

．．．．．．．．．．．．．．．．．．．．．．．．．

（自由時報 100/2/19 A16）

C 則：夾題擺放在主題的右方（橫題）或下方（直題），作為副題之用，其型式如下：

（夾題）

■案例16-2-5 A、B 兩則是同一家報紙每一版頭條新聞之標題採用固定模式的比較，A 則主題「用釣竿脫貧」，副題「學習理財、時間管理等課程　大專生家扶上課收穫豐」，副題即是利用夾題方式表達，主、副題間的關係，符合標題製作原則。

B 則標題模式與 A 則標題相同，但主、副題之間的關係就不符標題製作原則，依原標題之形式，主題為「財產來源不明罪」，副題為「法務部擬修法降低起訴門檻　施行2年　沒起訴半件」，這個標題有兩個不當之處，首先是主題語意不完整，「財產來源不明罪」是在表達什麼？缺少具體的內容，其次是副題的表達次序有問題，依一般閱讀習慣，視線應由上而下或由左至右連接成一句完整意思或是前因後果語意要連貫、不衝突，但「法務部擬修法降低起訴門檻　施行2年　沒起訴半件」，唸起來語意不連貫，若改為「施行2年　沒起訴半件　法務部擬修法降低起訴門檻」語意就連貫、清楚了，所以原副題上下兩行應顛

倒過來才正確,其實,原標題原意應為:主題「財產來源不明罪施行2年 沒起訴半件」,副題「法務部擬修法降低起訴門檻」,為了遷就固定模式,把「財產來源不明罪」隨意放大,再加上原副題上、下兩行排放不當,整個標題就出現雙重的缺失。

案例16-2-5

A 則　用釣竿脫貧	學習理財、時間管理等課程 大專生家扶上課收穫豐
【謝鳳秋/豐原報導】台中縣家扶中心脫貧方案今年為十名大專生上理財等課程,學生收穫滿滿,…………………………… ……………………………… 　家扶與中國信託合辦「青年自立釣竿計畫」脫貧方案,利用點燃	生命之火愛心專款,協助十位大專生提早開始培養進入職場的能力,為他們上理財、時間管理、職涯探索等課程,並用「對等補助」方式鼓勵他們存款。 ……………………………… （自由時報 100/2/18 AA2）
B 則　財產來源不明罪	法務部擬修法降低起訴門檻 施行 2 年　沒起訴半件
【項程鎮/台北報導】立法院於九十八年四月三日三讀通過的貪汙治罪條例「財產來源不明罪」,施行至今近兩年,檢方連一件也沒有起訴。法務部考慮修法以降低起訴門檻,朝向「公務員只要在一定	時間內財產暴增,又不願說明時就能起訴認罪」方向研修,刑度則維持現行條文的三年以下徒刑。 ……………………………… ……………………………… （自由時報 100/2/15 A6）

再一次強調,中文報紙歷經幾十年的磨合,媒體與讀者之間已建立一套不成文的閱讀習慣,要徹底的、大幅度的顛覆這個習慣,恐不是短期可達成,而且任何的改變,都要符合讀者「習以為常」的自然舉止,才能達成目標。

參考資料

1. 王洪鈞（民國八十九年），《新聞報導學》。台北：正中書局。
2. 胡開誠（民國八十年），《刑事訴訟法論》。台北：三民書局。
3. 徐昶（民國八十一年），《新聞編輯學》。台北：三民書局。
4. 荊溪人（民國九十一年），《新聞編輯學》。台北：台灣商務印書館。
5. 郭伯佾（民國七十五年），《新聞標題之研究》。台北：中國文化大學出版部。
6. 黃東熊（民國七十五年），《刑事訴訟法論》。台北：三民書局。
7. 黃慶萱（民國九十七年），《修辭學》。台北：三民書局。
8. 陳靖華（民國九十三年），《我國法院組織與訴訟制度變革之研究》。高雄：國立中山大學政治學研究所碩士論文。
9. 雲五社會科學大辭典第六冊（民國六十三年），《法律學》。台北：台灣商務印書館。
10. 顧郎麟（民國八十八年），《新聞標題製作》。台北：亞太圖書出版社。
11. 陳石安，《新聞編輯學》。作者自印。
12. 聯合報、中國時報、自由時報、蘋果日報、聯合晚報之新聞報導。